목회적 돌봄과 상황

목회적 돌봄과 상황
Pastoral Care in Context

초판 발행: 2000년 11월 25일
재판 발행: 2004년 4월 21일
지은이: 존 패턴
옮긴이: 장성식
발행처: 도서출판 은성
등록: 1974년 12월 9일 제9-66호
주소: 서울 강동구 성내동 538-9
전화: 02-477-4404
팩스: 02-477-4405
http://EunsungPub.co.kr
e-mail: esp4404@hotmail.com

출판 및 판매에 관한 모든 권한은 본 출판사가 소유하고 있습니다.
출판사의 사전 서면 허락 없이 상업적인 목적으로 번역, 재제작, 인용, 촬영 등을 할 수 없음을 알려드립니다.

Printed in Korea
ISBN 89-7236-258-1 33230

Originally published in English under the title of *Pastoral Care in Context* by John Patton.
Published by Westminster/John Knox Press, in U. S. A. in 1993.
All rights to this book, not specially assigned herein, are reserved by the copyrights owner.
All non-English rights are contracted exclusively through Westminster/John Knox Press.

Pastoral Care in Context

An Introduction to Pastoral Care

by

John Patton

translated by

Chang, Seung-Sik

PASTORAL CARE IN CONTEXT
AN INTRODUCTION TO PASTORAL CARE

목회적 돌봄의 개론
목회적 돌봄과 상황

존 패튼 지음
장성식 옮김

목차

역자 서문 / 9

감사의 글 / 13

저자 서문 / 15

제1부 공동체적 돌봄과 상황
    제1장 공동체적 돌봄: 기억함으로서의 돌봄 / 31
    제2장 상황적 돌봄: 재구성으로서의 돌봄 / 63

제2부 돌봄, 인간으로서, 경청자로서, 그리고 가르치는 자로서
    제3장 돌보는 사람의 특징 / 97
    제4장 자문을 통한 돌봄 / 127

제3부 돌봄을 위한 상황으로서의 인간의 문제들
    제5장 인간의 유한성과 상실: 돌봄의 위기 / 161
    제6장 인내와 환자: 돌봄의 필요 / 193
    제7장 자아학대와 타인 학대: 돌봄의 실패 / 223
    제8장 특별한 관계: 돌봄의 균형 / 259

제4부 상담가와 신학자로서의 목회자
    제9장 목회상담: 유효성과 소개의 사역 / 295
    제10장 목회적 돌봄에 관한 신학적 반성 / 327

부록 / 339

주 / 341

색인 / 361

역자 서문

오늘날 한국교회에서는 목회적 상담이나 목회적 돌봄에 대한 관심이 팽배하고 있다. 목회적 상담과 돌봄에 관한 세미나도 자주 열리고 많은 목회자들은 상담을 배우려고 기관들을 찾아다니고 있다. 그러나 많은 관심에 비하여 목회상담의 정의나 역할 등에 관해서는 아직까지 불확실한 것들이 많다.

목회 상담을 어떻게 정의해야 하는지 목회 상담은 교회 상황에서 목회자들에게만 해당되는지 평신도들과는 관계가 없는지, 그리고 교회를 담임하고 있는 목회자들의 목회적 돌봄의 책임은 어디까지인지. 목회 상담은 일반 상담과 마찬가지고 비밀이어야 하는지 등에 관하여 아직까지 개념이 불확실하다. 이 책은 이와 같은 목회적 상황에 가장 적절한 대안을 제시하고 있다.

이 책은 John Patton의 *Pastoral Care in Context*를 번역한 것이다. 저자는 이 책의 서문에서 목회적 돌봄의 패러다임의 변화를 설명하고 있다: 돌봄의 메시지, 내용을 강조하는 고전적 패러다임, 메시지를 주고 받는 사람을 강조하는 임상 목회적 패러다임, 그 사람이 처한 상황을 강조하는 공동체적 상황적 패러다임. 21세기의 포스트 모던한 사회 속에서 적합한 목회적 돌봄은 무엇일까? 패턴은 그의 임상 경험과 해박한 지식과 신앙을 근거로 새로운 대안을 제시하고 있다.

이 책은 미국 목회 상담학계에서도 앞서가는 개념의 책이다. 패턴은 목회 상담학(Pastoral counceling)을 통하여 그의 이론을 설명했고, CPE 슈퍼바이저로서의 오랜 연륜과 자신의 삶을 근거로 인간의 가장 심오한 문제 가운데 하나인 용서에 관한 책(*Is human forgiveness Possible?*)을 저술하였다. 그리고 *From Ministry to Theology: Pastoral Action reflection*에서는 사건에 대한 신학적 반성을 통하여 자신의 사역의 효율성을 극대화 하면서 신학과 삶을 연결시키는 방법을 논하고 있다. 패턴은 연륜과 경험과 지식과 신앙과 삶을 근거로 Pastoral Care in Context에서 목회 상담의 새로운 패러다임을 제시하고 있다.

이 책의 특징을 몇 가지만 설명한다면 다음과 같다.

1) 저자는 목회 상담(Pastoral counceling)이라는 단어보다는 목회적 돌봄(Pastoral care)을 강조하고 있다.
2) 돌봄을 Remembering(재구성, 기억함)으로 설명하고 있다.
3) 목회적 돌봄은 목회자만의 전유물이 아니고 교회 전채의 역할이다. 목회자 중심의 돌봄에서 교회에 속한 모든 사람(평신도를 포함)들의 돌봄이다.
4) 그러면 목회자는 누구이며 평신도의 차이는 무엇인가? 목회적 돌봄의 영역에서 평신도가 전문가(specialist)이고 목회자는 교회의 대표자(representative)이다.
5) 교회의 목회적 돌봄에서 목회자의 책임은 무엇인가? 목회자는 치유자가 아니고 돌보는 사람(carer)이다. 목회자의 역할은 유효성과 소개의 사역이다.
6) 목회자와 교인 사이의 목회상담은 비밀이어야 하는가? 일반적으로 내담자(환자)와 상담자(심리치료사) 사이의 상담은 비밀을 원칙으로 하고 있다. 그러나 내담자의 온전한 치유를 위해서는 상담자들의 그룹 내에서 비밀이 없어야

한다. 목회 상담은 목회자들의 전유물이 아니고 교회의 역할로서 교회 내에서 목회자와 상담을 도와주는 그룹 내에서는 목회자의 상담을 알고 있어야 하고, 그래야 목회자에게 적절하게 도움을 줄 수 있다.

역자가 미국 Columbia Theological Seminary에서 공부할 때는 이 책이 출간되기 전이었고 역자는 이 책의 원고로 공부를 하였다. 역자는 패턴에게 배우면서 그리고 한국으로 돌아오기 전에 이 책을 한국어로 번역하고 싶다고 말했었다. 그때마다 패턴은 힘이 들 것이라고 웃으면서 말했다. 그 때에는 그 말의 의미를 심각하게 받아들이지 않았지만 역자가 귀국하여 번역을 시작하면서 그 말의 의미를 실감하게 되었다. 아직도 우리나라에 목회 상담이 정착되지 않았기에 적절한 용어를 찾기도 힘들었고 또 패턴의 글은 논문으로 이루어져서 매우 힘이 들었다. 많은 우여곡절 끝에 4년여만에 이 책을 출판하게 되었다. 출판과정에 많은 도움을 주신 은성출판사의 사장님과 직원들에게 감사를 드린다. 그리고 항상 부족한 사람을 위하여 비전을 제시해 주시고 용기를 주시는 천안대학교 장종현 총장님께 감사를 드린다.

2000년 가을에
장성식

감사의 글

나는 이 책의 주제들에 관하여 많은 사람들과 대화를 나누었다. 그들의 이름을 다 기억하지는 못하지만, 그들에게 감사를 드린다. 이 책의 저술에 관하여 처음에 나는 Vanderbilt 신학원의 리스튼 밀즈(Liston Mills)와 이야기했었다. 그는 이 책의 주제에 관하여 많은 아이디어를 제공해 주었지만, 이 책을 함께 저술하는 일은 사양하였다. 1990년 가을 학기에 캔들러(Candler) 신학원의 목회상담학 개론(Introductory Pastoral care)을 수강한 학생들은 이 책과 비슷하게 구성된 과정을 수강하면서 의견을 제시해 주었다. 에모리 대학 졸업생으로서 그 과정을 함께 지도한 폴 존슨(Paul Johnson)의 조언은 매우 도움이 되었다.

콜롬비아 신학교(Columbia Theological Seminary)의 교수인 Brian Childs, Jasper Keith, Ben Kline, Beverly Gaventa, Charles Cousar, Lucy Rose, Walter Brueggemann은 원고를 읽고 논평해 주었다. Ruthanne Huff는 많은 자료들을 정리해 주었다. Interdenominational Theological Seminary의 Edward Wimberly와 조지아 주립대학의 멜빈 드럭커(Melvin Drucker)는 나에게 용기를 주었다. 나의 딸 레베카 패튼 팔코(Rebecca Patton Falco)는 학대에 관한 부분을 읽고 평해 주었다.

나는 목회적 돌봄을 행하는 평신도(Lay Pastoral Carer)들과의 대화와 인터뷰를 통하여 많은 정보와 영향을 받았다. 임상목회 교육자인 바바라 쉬한(Barbara Sheehan), 론 선더랜드(Ron Sunderland), 피터 토마스(Peter Thomas) 등은 그들의 이끌고 있는 목회적 돌봄을 행하는 평신도들의 프로그램들에 대한 인터뷰를 하게 해 주었다. 휴스톤에 있는 Memorial Drive Presbyterian Church의 Mac and Anne Turnage는 그곳에서 진행 중인 평신도 사역 프로그램들과의 대화를 도와 주었다. 애틀란타에 있는 글렌 메모리얼 병원의 베티 애즈베리(Betty Asbury)와 콜롬비아 신학교(Columbia Seminary)의 목회상담학 전공 대학원생인 데이비드 슈(David Shew)는 그들이 관여해온 평신도 목회적 돌봄 프로그램을 소개해 주었다. Sr. Nora Ryan은 병원 사역으로부터 비롯된 그녀의 신학적 순례에 관한 이야기를 들려 주었다. 또 Sr. Jude Connelly는 카톨릭 교회가 목회적 정체성과 권위에 관한 나의 견해를 어떻게 해석하고 있는지를 이해하는 데 도움을 주었다. 1991년 여름 네덜란드에서 개최된 International Congress on Pastoral Care에 참석한 참석자들, 아일랜드의 Breda McGee, 브라질의 Leo Pessini, 잠비아의 Shirley Mills 등은 그들이 관계하거나 지도하고 있는 평신도 목회적 돌봄에 관한 이야기들을 들려 주었다. 그리고 핀란드 Chaplains Association에서의 초대는 이 책에 대한 나의 연구에 큰 자극을 주었다.

마지막으로, 비판과 지원을 하는 방법을 잘 알고 있으며, 그것을 사랑과 인내로 보여준 나의 부인이며 동반자인 헬렌에게 깊은 감사를 표한다.

저자 서문

목회적 돌봄의 영역에서 많은 변화가 이루어져 왔다. 이제는 병원이나 교구 내의 전문적인 일을 하는 유럽계 남자 목회자들만이 목회적 돌봄에 관한 책을 읽을 것이라고 생각하는 사람들은 거의 없다. 오늘날 목회적 돌봄은 온갖 계층과 상황에 처한 하나님의 사람들에 의해 창조적이고 능률적으로 제공되고 있다. 돌봄은 성직자 개인의 전문적 책임일 뿐만 아니라 영적으로 자신을 돌보면서 다른 사람들을 위하여 돌봄의 일을 하는 사람들의 작은 공동체 안에서도 발견되는 역동적인 것이다. 그러므로 이 책의 독자들 중에는 성직자들 뿐만 아니라, 카톨릭 교구의 기독교적 돌봄의 공동체의 지도자가 되는 남미의 여인, 안수받은 목회자가 없어서 잠정적으로 교회를 책임지고 있는 작은 침례교회의 은퇴한 보험설계사 등도 포함된다. 또 경로 센터에서 임종하는 사람들을 돌보면서 자신의 종교적 유산에 관계하며 자신이 제공하고 있는 돌봄에 관하여 진지하게 생각하기를 원하는 사람들에게도 필요하다.

이 책의 기본 가설은 목회적 돌봄을 제공하는 주체는 성직자와 평신도를 포함하는 돌봄의 공동체라는 것이다. 목회적 돌봄의 사역은 에베소서 4장과 고린도전서 12장에서 바울이 사용한 몸이라는 이미지에 따라서 계층적인 것이 아니라 총체적인 것으로 이해되어야 한다. 이 말은 평신도와 성직자를 위한 목회적 돌봄의 신학과 이론은 같아야 한다는 것을 의미한다. 제임스 펜하겐(James C. Fenhagen)은 교회가 본연의 의무에 충실하기 위해서는 성직자와 평신도 사이에 새로운 분위기가 존재해야 한다고 설명한다. 교회는 "목회자 주위에 모인 공동체가 아니고…많은 사역들의 공동체이고…우리는 평신도와 성직자 사이의 많은 영역에서 계속 존재하고 있는 거리감에 관하여 설명해야 한다."[1]

평신도 목회적 돌봄에 관한 많은 자료들은 평신도 목회적 돌봄은 항상 성직자들이 제공하는 목회적 돌봄에 부수되는 것이거나 차선의 방법이라는 가설을 무의식적으로 유지하고 있다. 나는 이렇게 되어서는 안 된다고 생각한다. 목회적 돌봄을 위한 시간, 교육, 또 타인을 양육해야 하는 책임 등의 관점에서 보면 성직자와 평신도 사이에는 큰 차이가 있지만, 성직자에 의한 것이든 평신도에 의한 것이든 공동체에서 이루어지는 돌봄의 사역은 동일한 사역이다.

목회적 돌봄의 영역에서 많은 변화가 일어나고 있으며, 같은 현상이 기독교 신학에서도 발생하고 있다. 이 변화를 해석하고 있는 신학자들 중 한 사람인 피터 하지슨(Peter Hodgson)은 기독교 신학의 전통을 세 가지 패러다임으로 구별할 수 있고 말한다: 고전적 패러다임(초대 교부 시대에서 종교개혁까지), 근대적 패러다임(18세기 초반부터 20세기 후반까지: 계몽적 시기), 포스트 모던 패러다임.[2] 시간의 틀과 패러다임의 내용은 다르지만, 목회적 돌봄의 사역도 이와 같이 분류할 수 있을 것이다: 고전적 패러다임, 임상목회적 패러다임, 공동체적 상황적 패러다임. 간단히 말하면, 목회적 돌봄의 고전적 패러다임은 기독교 국가의 시작으로부터 종교개혁을 지나 사역에 역동적인 충격을 준 근대 심리학 탄생까지이다.[3] 고전적 패러다임의 주요 강조점은 기독교 신학과 전통에서의 돌봄의 요소인 목회적 돌봄의 메시지에 있었다. 임상 목회적 패러다임은 돌봄의 메시지를 주고 받는 데 관련된 사람을 강조한다. 에드워드 쏜톤(Edward Thornton)은 임상목회 교육에서 사람에 관한 강조를 목회자가 해야 하는 것(do)에 대한 관심에서부터 시작해서, 목회자가 알아야 하는 것(know)으로 관심을 옮기면서, 목회자가 말해야 하는 것(say)을 강조하고, 마지막으로 목회자가 되어야 하는 것(be)에 관한 질문을 해야 한다고 설명한다.[4]

역사적으로 여러 시기에 목회적 돌봄을 위한 공동체적 상황적 패러다임이 표현되고 있지만, 최근 30년 동안에 이러한 패러다임이 출현한 것은 제2차 바티칸 공의회와 교회협의회에 의해 예증된 새로운 초교파 경향과 관련이 있다. 로마 카톨릭교회와 개신교에서 공동체적 상황적 패러다임은 성직의 권위가 교회의 성직자의 위계 질서로부터 특정한 교회의 공동체에게로 이동되고 있다는 것도 포함한다. 이것은 경제적 상황, 그리고 인종과 성별과 관련된 해방 운동에 의하여 더욱 발전되어 왔다. 공동체적 상황적 패러다임은 성직자들 뿐만 아니라 평신도들을 포함하는 돌봄의 공동체에 초점을 둔 임상 목회적 초점을 초월한다. 이것은 돌봄의 메시지와 이 메시지를 주고 받는 사람들 모두에게 영향을 주는 상황적 요인에도 주의를 요한다.

나는 고전적인 패러다임이나 임상 목회적 패러다임이 공동체적 상황적 패러다임에 의해 부정된다고 생각하지 않으며, 세 가지 모두가 역사의 현 시점에서 교회의 목회적 돌봄을 실행하고 다시 생각해 보는 데 필요하다고 생각한다. 새로운 것과 오래된 것을 확인하기 위한 시도로서 나는 폐기와 보전의 과정, 물려 주고 물려받음의 과정인, 헤겔의 순화(sublimation)의 개념을 알고 있다.[5] 목회적 돌봄의 사역에 관하여, 나는 폐기와 보전을 바란다: 과거의 패러다임들 중 가치있는 것은 보전되기를 원하지만, 내가 배우고 가르친 목회적 돌봄보다 덜 계급적이고, 편협하지 않고, 이기주의적이지 않은 돌봄의 견해를 제시하기 위하여 그 중 일부는 폐기되어야 한다.

오늘날에도 보전되고 재해석되어야 할 고전적 패러다임의 특징은 인간을 창조하시고 계속 경청해 주시고 기억하고 계신 하나님의 메시지이다. 보전되어야 할 임상 목회적 패러다임의 특징은 다음과 같은 가설이다: (1) 어떤 사람이 다른 사람을 돌보는 방법은 그 자신을 돌보는 방법과 피할 수 없는 관계가 있다: (2) 목회적 돌봄은 항상 한 사람의 존재와 행위를 포함한다: (3) 돌봄의 관계에 실존적이고 사변적으로 참여함으로써 사람들을 돌보는 방법과 자기 자신에 관하여 가장 잘 배울 수 있다.

공동체적 상황적 패러다임은 목회적 돌봄에 대한 과거의 이해와 새로운 이해를 제공한다. 하나님의 백성이라고 주장된 사람들을 돌보고 그 돌봄을 축하하는 공동체 및 돌봄을 다른 사람들에게까지 확장하는 공동체로 형성하시는 하나님에 관한 성경적 전통을 근거로 하는 공동체적 상황적 패러다임은 옛 이해이다. 목회적 돌봄을 안수 받은 목회자의 일로만 여기지 않고 돌봄을 위한 다양한 상황과 돌봄의 공동체를 강조하는 것은 새로운 이해이다. 공동체적 상황적 패러다임에서 목회적 돌봄은 공동체의 구성원들로 하여금 그들이 기억되고 있는 하나님의 흩어진 백성임을 상기시키는 신앙 공동체의 사역이다. 오늘날의 목회적 돌봄에서는 세 가지 요소를 사용해야 한다: 메시지, 메시지를 주고 받는 사람, 메시지의 의미에 영향을 주는 상황에 관심을 갖는다. 그러므로 이 책은 목회적 돌봄의 메시지, 사람, 상황 등과 관련하여 목회적 돌봄을 생각해 볼 것을 제안한다. 이 책에서는 돌보는 자들을 향한 하나님의 행동, 하나님의 백성으로서의 그들 자신, 그리고 그들이 사역하는 대상들을 듣고 기억할 것을 요구한다.

이 책의 중심적인 신학적 고백, 또는 논제는 하나님은 하나님과의 관계, 그리고 인간 상호 간의 관계를 위하여 인간을 창조하셨다는 것이다. 하나님은 우리를 듣고, 기억하시고, 사람들과의 개별적인 관계로 부르시는 창조를 통하여 관계를 지속하신다. 우리가 하나님의 기억 안에 있는 존재이기에, 인간의 돌봄과 공동체가 가능하다: 그러므로 돌봄의 공동체의 구성원인 우리는 자신의 돌봄을 듣고 기억함으로써 하나님의 돌봄을 유비적으로 표현한다.

이 책에서는 목회적 돌봄을 위한 중심적인 성경적 주제를 "기억되고 기억하는 것"이라고 주장한다. '성경적 주제'라는 단어를 사용한 것은 목회적 돌봄의 사역에 성경을 전거로 사용하는 것에 대한 견해를 암시한다.[6] 이것은 성경은 목회적 돌봄을 행하는 방법을 말해 주는 것이 아니라, 오늘날 돌봄을 위한 상황에서 표현이 허용된 주제들을 제공한다는 견해이다. 이러한 견해에서는, 기억이라는 돌봄의 권위는 목회적 돌봄을 위한 고전적 패러다임을 성경적으로 표현하지만, 임상목회적 패러다임과 공동체적 상황적 패러다임을 통해서도 표현될 수 있다고 주장한다.

이러한 책을 저술하는 일은 위험한 일이다. 자료를 정리하는 데 있어서 여러 가지 가능성이 있고, 상이한 목회적 문제점들이 언급되기도 한다. 나는 무엇이든 하기 위하여 모든 것을 다 알아야 하는 성격으로 묘사되는 워커 펄시(Walker Percy)의 소설의 주인공과 같은 기분을 느꼈다.[7] 다행히 나는 펄시의 주인공이 소설에서 얻은 통찰에서 위안을 얻을 수 있었다. 그는 자신이 모든 일을 해야 하는 것이 아니라, 한 두 가지 일만 하도록 운명지어진 것임을 깨닫게 된다. 나도 한두 가지 일에 만족하기를 바란다: (1) 경청과 기억으로 목회적 돌봄의 주제를 발전시키는 것, (2) 그 주제와 목회적 돌봄이 논의 되어야 할 심오한 인간의 문제들의 일부와 내가 동일시해온 목회를 위한 세 가지 중요한 패러다임과 관계시키는 것을 나는 다음의 구조를 사용하여 설명하려 한다.

이 책 제1부에서는 목회적 돌봄의 공동체적 요소와 상황적 요소에 대해 고찰하며, 그것들을 경청과 기억이라는 주제와 연결하려 한다. 제1장에서의 관심은 목회적 돌봄의 초점을 목회자 개인의 영역을 넘어서 기독교 공동체 안에서의 돌보는 사람들의 큰 집단으로 확대하는 것이다. 제1장에서는 돌봄을 인간성의 중심 차원으로 논의한다. 그리고 돌봄을 공동체의 이해와 관련짓고, 돌봄이 표현되고 공동체가 발전되는 도구인 기억에 대한 이해와 연결한다. 그러나 돌봄과 공동체는 단순한 순간적인 경험이 아니다. 하나님이 창조하실 뿐만 아니라 창조된 것들을 기억하고 계신 것처럼, 그것들은 시간을 통하여 존재한다. 하나님은 인간이 하나님과의 관계와 인간 상호 관계를 파괴하기 위하여 범한 일들을 용서하고 망각하면서 창조를 통하여 관계를 유지하신다. 인간은 언약을 지키며 하나님께서 그들의 돌봄에 부여하신 것을 기억하고 돌봄으로써 하나님께서 행하시는 일에 반응한다.

이 책에서 논의되는 공동체는 대체로 기독교 회중, 또는 기독교 회중 내의 그룹들이다. 그러나 어떤 경우에 병원이나 사회사업 기관처럼 사역을 위한 다른 상황 안에 존재하는 공동체일 수도 있다.

교회는 특별한 역사와 경험을 기념하고 기억해야 한다는 점에서, 다른 돌봄의 공동체들과는 다르다. 그러나 공동체의 본질이 때로는 명확하고 때로는 애매하다는 점에서 보면 다른 공동체들과 같다. 이 장에서는 어떻게 목회적 돌봄이 공동체의 기억으로부터 성장했는가, 그리고 돌보는 공동체의 조성에 어떻게 공헌하는지를 살펴볼 것이다.

제2장에서는 돌봄과 관련된 중요한 상황적 문제를 논의하려 한다. 기억으로 이해되는 돌봄은 돌봄의 상황에 영향을 주는 다양한 상황에 비추어 돌봄을 받는 사람들을 재구성(re-member)하거나 새로이 보아야(re-vision) 한다. 재구성된(re-membered) 사람은 그 사람이나 상황의 지배적인 비전과는 달리 볼 수 있고, 또 보여줄 수 있는 사람들이다. 여러 면에서 상황적인 질문은 인간이나 문화에 있어서 보편적인 것과 독특한 것에 대한 질문, 그리고 인간이 자신의 상황 및 그 상황의 보편성보다는 특수성을 알지 못한다는 문제에 대한 질문을 변형한 것이다.

이 장에서는 계층, 인종, 또는 성별 등이 돌보는 사람과 돌봄에 어떤 영향을 주는지에 관한 문제를 논의했다. 신학적/윤리적 가설과 신념은 목회적 돌봄에 어떤 영향을 주는가? 이 장은 돌봄을 받는 사람이 제시하는 문제 자체가 상황이라는 사상을 소개한다. 만일 목회적 돌봄의 근본 과제가 듣고 기억하는 것이라면, 제시되는 문제는 제공되어야 하는 돌봄의 유형에 영향을 주는 상황, 돌봄을 받는 사람을 이해하기 위한 배경이다. 목회적 돌봄은 문제 해결에 기여할 수도 있지만, 그것이 기본적인 일은 아니다.

제2부에서는 인간, 학습자, 그리고 교사로서의 돌보는 자에 관하여 논의한다. 제3장은 돌보는 자의 성품에 초점을 둔다. 또한 고전적 패러다임과 임상 목회적 패러다임에서 표현되고 있는 "목회자의 인격적 자격은 무엇인가. 그것은 목회자의 사역에 어떤 영향을 주는가?"라는 질문을 던진다. 이 장에서는 인간들의 관계적인 특징을 인정하면서, 돌보는 사람 또는 목회자의 심리적인 프로필이나 성격 유형을 묘사하기보다는 어떻게 그가 관계 안에 존재하는가를 묘사한다. 이런 설명이나 묘사는 성직자들만 아니라 "모든 성도들"에게 적용된다. 이것은 한 사람의 사람 됨과 그의 행위 사이의 역동적 관계를 포함한다. 믿음의 공동체의 구성원은 하나님께서 그들을 기억하고 계시다는 것을 기억함으로써 구성원의 자격을 유지하고 다른 사람들에게 사역을 한다. 그러므로 돌봄에 있어서 기억의 차원은 사역자로서의 정체성을 발견하고 사용하는 방법의 기능을 갖는다.

제4장에서는 돌봄의 공동체의 구성원들이 사역을 배우는 방법을 조사하며, 그들이 어떻게 사역을 위한 "준비"를 하는가를 주시한다. 수퍼비전(supervision)과 자문(consultation)에 목회적(pastoral)이라는 수식어를 사용한 것은 설교, 교육, 심방 등 보다 중요한 과제를 성취하기 위해 지정된 단순한 실천적 기술이 아닌, 사역으로서의 기능들을 지적한다. 이 장에서는 오늘날 식별되고 해석될 수 있는 한도 내에서 지도력과 권위에 대한 신약성서의 견해를 살펴 보며, 그것을 새로운 패러다임 안에서 성직자만이 아니라 공동체의 구성원에게 적용된 수퍼비전(supervision)에 대한 임상 목회적 이해와

관련짓는다.

"목사"라는 용어는 행정적 차원에서는 성직자의 기능과 연결되지만, "목회적"(being pastoral)이라는 것은 성직자에게만 사용되는 것은 아니다. 믿음의 공동체의 구성원인 성직자와 평신도는 행정적인 책임과 성직의 책임이라는 면에서 근본적으로 다르게 생각될 수도 있다. 이 장에서는 성직자-평신도의 차이를 개념화하는 그리 보편적이지 않은 방법을 전개하려고 한다. 성직자를 믿음의 공동체의 사역 전체를 대표하는 사람, 즉 일반의(generalist)라고 한다면, 평신도는 특별한 유형의 사역 전문가이다. 성직자는 특정한 사역의 전문가들과 관계를 맺어주고 소개시켜 주는 교회의 대표자(representative) 또는 일반의이다.

위계 조직을 갖춘 보건소나 병원에서의 임상 사역 경험에서 생겨난 임상 목회적 패러다임은 수퍼바이저로서의 목회자의 역할을 기본적으로 "성도들을 준비시키는" 목회자의 역할로 이해한다. 여기에는 상호 중재의 이미지를 포함하는 동료 의식이 충분히 인식되지 않고 있다. 그러므로, 이 장에서 패러다임의 변화는 수퍼비전과 자문 사이의 역동적 관계, 그리고 그런 관계들이 공동체의 구성원들에 관하여 밝히는 것들을 포함한다. 공동체의 규범은 비-계층적이기 때문에, 교수-학습의 관계는 감독적이라기 보다는 자문적이어야 한다. 그러나 사실은 인간에게는 동료관계에 대한 강한 저항이 있기 때문에 교수-학습의 관계는 수퍼비전과 자문 사이의 갈등과 공동체의 구성원들이 동료관계를 추구하면서도 거부하는 방법 사이에 갈등을 포함한다. 기억의 중요성은 회상의 경험 학습과 상상적으로 재구성된 목회적 사건들로부터의 학습에 초점을 맞추면서 나타난다.

제3부는 목회적 돌봄에서 다루는 주요한 인간적인 문제들 중 네 가지를 제시한다. 목회적 돌봄에서는 실제적으로 이보다 더 많은 문제들을 대하게 되지만, 여기에서 선택한 문제 상황은 그 상황을

너머 인간 조건의 본질을 조명해 주는 듯하다. 훌륭한 목회적 돌봄은 특정한 상황의 상세한 내용을 전달하며, 어떻게 그런 상황이 모든 사람에게 일반적인 인간 상황의 표현이 되는가에 조율을 맞춘다. 목회적 돌봄을 행하는 사람들은 그들의 돌봄의 반응이 구체적 욕구들과 학대, 질병 등의 특정한 문제들에 적용될 수 있게 하려 한다. 그들은 각각의 문제들이 인간의 조건에 관하여 말하고자 하는 것이나 공동체가 나타내는 돌봄의 특성에도 주의를 기울이야 한다. 옛 이미지를 사용해 보면, 잃어버린 양도 목자와 남아 있는 양들에게 할 말이 있다.

1-4장에서는 사역에 함께 참여하는 평신도와 성직자의 일로서의 기독교 공동체의 돌봄을 제시하였다. 5-8장에서는 인간의 문제들에 관하여 고찰하면서 성직자와 평신도의 책임의 차이점을 찾아 보려 한다. 평신도와 성직자는 제5장과 제6장의 문제를 충분히 효과적으로 다룰 수 있다. 그러나 제7장의 문제와 친밀함과 가까움을 포함한 제8장의 문제를 다룰 때에는 전문적 사역이 요구된다. 성직자들, 또는 목회적 돌봄이나 상담 전임자로 사역하는 사람들은 일반적으로 중독이나 학대의 문제를 전달하는 데 필요한 강경론을 택하기에 유리한 위치에 있다. 그들은 가족의 특별한 관계가 포함된 개인적 문제를 처리하는 데 필요한 비밀 보장을 확보하는 데도 유리하다. 평신도 사역자들(**Lay Carer**)도 네 가지 문제를 전달하는 데 관여하지만, 7, 8, 9장의 목회적 상담에서는 돌봄과 상담에 관여하는 성직자와 전임 사역자들에게 더 많은 관심을 가지려고 한다.

제5장에서는 특히 인간의 유한성과 상실의 고통을 받아들이는 것에 관해 설명한다. 돌봄의 공동체의 구성원들이 반응해야 할 가장 중요한 문제라고 할 수는 없지만, 죽음과 임종을 목회자가 우선적으로 다루어야 할 일로 설명한다. 주디스 보이스트(**Judith Voirst**)의 『필요한 상실들』(*Necessary Losses*)처럼, 이 장은 슬픔에 대한 우리의 견해를 넓혀 여러 종류의 상실, 상실 자체와 유한성이라는

사실을 포함하게 해준다. 이 장은 삶의 상황에서 발생하는 불가항력적인 문제와 여러 가지 유한성과 상실들을 다룬다. 유한성과 상실은 인간에 관하여, 또 돌봄과 공동체에 관하여 뭐라고 말하는가? 듣고 기억하는 것은 자신의 유한성과 상실을 깨닫고 있는 사람들의 돌봄에 어떻게 기여하는가?

제6장에서는 근본적으로 돌봄의 공동체와 목회자의 주요 관심사인 질병과 아픔의 문제를 다룬다. 여기서는 목회의 문자적인 의미를 "인내"(being patient)와 "환자 됨"(being a patient)에서 찾으려 한다. 여기서는 환자를 돌보는 사역에서 인내가 듣고 기억하는 것의 가장 중요한 차원이라고 논한다. 그리고 목회자 자신이 환자가 되는 방법을 탐색해 본다. 환자가 어떻게 수용되고 거부되는가? 인간은 "기다리는 존재"라는 사실은 사람이 다른 사람과 함께 하거나 하나님과 함께 하는 곳에서 어떻게 관계하는가? 그러면 돌봄에서의 인내의 차원은 무엇인가?

제7장에서는 학대(남용)라는 표제 아래 중독증, 폭력, 상처입음 등에 관하여 다룬다. 여기에서는 학대를 돌봄의 실패—일반적으로 돌봄을 받고 있는 사람의 박탈감에서 생겨남—로 이해한다. 오늘날 이 주제에 관한 "이상주의적"인 저서들이 무척 많기 때문에, 이 문제의 영역에서 취하는 주장은 모두 논란의 여지를 갖게 된다. 그럼에도 불구하고 돌봄의 공동체와 목회자들에게 해야 할 것과 해서는 안될 것에 대한 실질적 지침을 제공할 수 있는 비판적 입장은 오늘날 특히 중요하다. 더욱이 학대하는 사람과 학대받는 사람을 향한 사역에서 해야 할 일과 해서는 안될 일은, 특히 사람이 자신을 살리기 위하여 무엇을 할 수 있으며 그 과정에서 다른 사람이 어느 정도로 도울 수 있는가에 대한 보다 넓은 신학적 질문과 관련된다. 중독과 학대는 돌봄, 공동체, 그리고 기억과 어떤 관련이 있는가?

제8장은 가정 내의 문제, 그리고 그 외에 인생에서의 다른 가깝거나 특별한 관계 안에 있는 문제를 다룬다. 여기에서는 삶에서 나타

나는 다양한 문제들을 사람의 개성과 관계성 사이의 균형, 그리고 우리와 가장 가까운 세 세대 사이의 돌봄의 균형과 관련지어 해석한다. 사람은 자기 앞 세대나 뒤의 세대와의 관계를 맺지 않은 채 한 세대만의 가족 구성원들과의 특별한 관계를 적절하게 발전시킬 수 없다. 여기에서는 부모와 자녀 사이처럼 혈연 관계에 의한 관계, 부부 관계, 친구 관계 등에서의 친밀함이라는 문제를 다룬다. 여기에서 우리 세대들(과거 세대, 현재 세대, 미래 세대를 포함한 세대들)을 위한 돌봄이 오늘날 특별한 관계를 해결하는 가장 적절한 이미지임을 주장한다. 여기에서는 가족 관계와 가정생활이 인간의 관계를 이해하고 돌봄에 대한 소명을 이해하는 데 공헌하는 점들을 다룬다.

이 책 제4부에서는 특히 상담가요 돌봄의 신학자로서의 목회자의 기능에 대하여 논한다. 제9장은 앞에서 다루었던 부분들과는 상당히 다르다. 여기에서는 특정한 유형의 목회적 상황을 다루는 것이 아니라 목회 상담과 위탁 소개라는 보다 구조적인 돌봄의 방법을 다룬다. 여기에서는 특별한 상담 교육을 받지 않은 목회자가 상담할 때에 해야 할 일과 하지 말아야 할 일을 강조한다. 그리고 목회 상담이 내담자를 다른 돌봄의 사역자들에게 소개하는 사역이 될 수도 있음을 강조한다.[8]

목회적 돌봄에 대한 가장 효과적인 학습에는 돌봄을 행하는 경험과 돌봄을 받는 경험에 대한 반성이 포함된다. 낙관적으로, 이런 경험은 자격을 갖춘 목회적 수퍼바이저(pastoral superviser)가 있는 임상적 상황에서 발생한다. 종종 목회적 돌봄의 과정에는 임상적 요소와 교실 학습 요소가 포함된다. 임상 경험이 가능하지 않을 때에는 개인적 반성이나 돌봄의 문제에 관한 대화나 소그룹 토의 등으로 대치될 수도 있다. 그런 방법에 관하여, 이 책에서는 각 장 끝부분에 반성과 토의를 위한 질문을 두었다. 그리고 부록으로 각자의 경험을 토대로 학습을 촉진할 수 있는 과제들을 두었다. 과제에는 그룹의 지도자가 학습자들로 하여금 추상적이고 개념적인 것보다는 경험적인 것에 초점을 두도록 권장하기 위해서 어떤 사건을 이야기하는 것이 포함된다.

제10장에서는 목회적 돌봄의 이론과 실천에 관한 신학적 반성의 몇 가지 방법을 조사한다. 여기에서는 "목회적 경험은 신학적 이해에 어떻게 기여하는가? 그리고 사람의 신학적 신념은 돌봄의 일에 어떤 영향을 주는가?"를 질문한다. 그리고 이 책의 신학적 방법에 관한 반성으로 끝을 맺는다.

나는 35년 이상 목회해온 경험, 특히 대부분의 시간을 병원 원목이나 전문적인 목회상담 사역을 하면서 경험한 것을 토대로 이 책을 저술했다. 이 경험들은 지난 2년 간 목회적 돌봄을 행하는 평신도들과 그들의 사역을 촉진하고 교육시키는 데 관여한 사람들, 그리고 내가 실시한 인터뷰를 통하여 국제적인 목회적 돌봄과 상담 운동과 관계 있는 사람들과의 폭넓은 대화에 의해 풍요로워졌다.

이 책이 안수를 앞둔 신학생이나 돌봄을 보다 효과적으로 배우는 데 관여한 돌봄의 공동체의 구성원들을 위한 목회적 돌봄의 과정의 기초 자료 또는 지도서로 사용되기 바란다. 이 책은 임상적 교과서이기보다는 목회적 돌봄을 이론적으로 반성하고 재정립하는 책이다. 이 책에서는 많은 사례를 사용하지만, 가장 훌륭한 학습 사례는 이 책의 저자의 것이 아니라, 목회적 돌봄에 관여한 사람의 것이라고 가정한다. 그리고 목회적 돌봄의 가장 좋은 과정은 강력한 임상적 요소들을 가지고 있는 사람들, 즉 자신의 경험들로부터 반성할 수 있고 배울 수 있는 돌봄의 상황에 관여한 돌보는 사람들이라고 가정한다.

나는 지금까지 가능하면 여성 사역자들, 다른 나라 문화권의 사람들, 평신도와 성직자들과 폭넓은 대화로 협력하면서 목회적 돌봄의 과제에 대한 그들의 이해와 경험에 대한 나의 견해의 한계들—백인 남성 성직자, 목회 상담가, 교수 등의 견해의 한계들—을 수정하려고 노력해 왔다. 나는 그들의 견해가 근본적으로 나의 견해와 다르다고 생각하지는 않는다. 그러나 나는 인종, 성별, 문화의 차이를 초월하는 돌봄의 공통성이 있다고 생각한다. 그리고 만일 사람이 자신의 특정한 견해를 인식하고 자신의 최소한의 편견을 인식할 수만 있다면, 자신의 것과는 완전히 다른 돌봄의 공동체와 관련하여 중요한 것을 말할 수 있을 것이라고 믿는다.

제1부
공동체적 돌봄과 상황

제1장

공동체적 돌봄: 기억함으로서의 돌봄

사람이 무엇이관대 주께서 저를 생각하시며 인자가 무엇이관대 주께서 저를 돌보시니이까(시 8: 4)

환자: (병원 원목의 방문을 받고) 목사님, 나를 기억해 주세요.

    이 책에서 목회적 돌봄의 이해는, 우리가 하나님의 기억 안에 보존되기 때문에 인간적 돌봄과 공동체가 가능하다는 신학적 신념을 바탕으로 한다. 그러기에 돌봄의 공동체의 구성원인 우리는, 하나님의 돌보심과 흡사하게 서로 듣고 기억함으로써 돌봄을 표현할 수 있다. 하나님은 우리와 관계를 맺기 위하여 우리를 창조하셨고, 우리의 말을 들어 주시고 우리를 기억하시고 또 관계 안에서 우리를 만나심으로 창조의 관계를 계속하신다. 공동체적 상황적 패러다임에서의 목회적 돌봄은, 우리를 위한 하나님의 행위, 하나님의 백성인 우리 자신, 그리고 우리의 사역 대상을 경청하고 기억함을 통하여 이루어지는 기독교 공동체의 사역으로 본다. 이 장에서는 돌봄, 공동체, 그리고 상호 간의 관계와 기억 등의 의미를 연구함으로써 이 주제를 논의하려 한다.

돌봄의 의미

파커 팔머(Parker Palmer)는 임상목회 교육 협회(Association for Clinical Pastoral Education) 연설에서 애니 딜라드(Annie Dillard)의 말을 인용하여 돌봄은 인간 정신의 근본적인 부분이라고 주장한다. "인간 존재의 깊은 곳, 심리학이 경고하는 폭력성과 공포의 바로 밑에서, 과학으로 분석할 수도 없고 이름 붙일 수 없는 것…통합적 영역, 우리 자신의 삶과 서로를 위한 복잡하고 무어라 설명할 수 없는 돌봄을 만나게 된다. 이것은 학습된 것이 아니라, 선천적으로 주어진 것이다."[1]

나는 우리 자신의 삶과 서로를 위한 복잡하고 무어라 설명할 수 없는 돌봄이 인생의 첫 관계에서 학습된다고 생각하지만, 이것이 선천적으로 주어진 것인지 학습되어진 것인지의 여부는 돌봄의 본질에 관한 확신에 비하면 그리 중요한 것은 아니다. 같은 확신을 성경적으로 설명할 수도 있다.

> 하나님이 가라사대 우리의 형상을 따라 우리의 모양대로 우리가 사람을 만들고 그로 바다의 고기와 공중의 새와 육축과 온 땅에 기는 모든 것을 다스리게 하자 하시고 하나님이 자기 형상 곧 하나님의 형상대로 사람을 창조하시되 남자와 여자를 창조하시고 하나님이 그들에게 복을 주시며 이르시되 생육하고 번성하여 땅에 충만하라 땅을 정복하라 바다의 고기와 공중의 새와 땅에 움직이는 모든 생물을 다스리라 하시니라.(창 1:26-28)

이 책은, 성서는 세상에서의 생활에 능력을 주는 방법으로 성경을 해석하는 권위를 가진 공동체를 창조하시고 돌보시는 하나님을 계시해 준다는 확신에 기초를 두고 있다. 창세기 1:26-28은 하나님의 형상(*imago Dei*), 인간 안에 존재하는 하나님의 형상에 관한 교리를 뒷받침하는 표준적 본문이었으며, 또한 목회적 돌봄에 관한 중요한 신학적 기초를 제공한다. 이것은 인간이란 어떤 존재이며, 무엇을 해야 하는지 말해 주는 성경에서의 최초의 시도이기도 하다. 하나님의 형상으로 창조된 인간에 관한 신학적 이해는 여러 방법으로 개념화되었다. 그러나 전통적으로 이것은 하나님께서 인간에게 주신 가능성, 능력과 제휴된 가능성으로 해석되어 왔다. 그러나 최근의 해석들은 인간의 책임은 세상을 지배하거나 군림하는 것이 아니라 돌봄이라고 주장한다.[2] 조셉 시틀러(Joseph Sittler)에 의하면, 지배(dominion)라는 단어는 라틴어를 영어로 직접 번역해 놓은 것이다. 영어로 지배(dominion)는 통치(domination)를 의미한다. 그러나 이것은 틀린 번역이다. 히브리 원문은 "그리고 하나님께서 너희들은 땅을 돌보며 그것을 적절한 위치에 유지해야 한다"[3]고 했다. 나는 이것이 거의 정확한 해석이라기보다는 신학적으로 적절한 해석이라고 생각한다.

또 시틀러(Sittler)는 하나님의 형상이란 본질이나 속성이나 특성을 지적하는 단어가 아니라 관계를 나타내는 단어라고 강조한다.[4] 이 창세기 본문을 재해석한 것(지배가 아닌 돌봄)에 의하면 인간은 땅을 돌보는 소명을 부여 받았다.[5]

돌봄의 개념을 좀 더 광범위하게 생각해 보면, 『옥스퍼드 영어 사전』은 돌봄의 두 가지 견해를 보여 준다. 첫번째 이해는 근심(anxiety)의 개념을, 두번째는 배려(solicitude)의 개념을 포함한다. 돌본다는 것은 걱정하고 근심하고 슬퍼하는 것이다. 또한 돌본다는 것은 자기 자신보다는 남을 위하는 입장에서 걱정하고 배려하고 사랑하는 것이다. 두 가지 의미 모두 목회적 돌봄을 이해하는 데 중요하다.

돌봄은 통제와 예언 능력에 대한 인간의 기본적 관심을 나타낸다. 그것은 현재를 보존하고 미래를 조정하는 것과 관계한다. "to be care-full"이란 근심, 걱정한다는 것이다. 이것은 알려지지 않은 미래에 대한 불안한 기다림을 포함한다. 돌봄은 또한 다른 사람의 필요에 대한 배려와 관심의 의미를 갖는데, 이것은 돌보는 자의 주관적 필요를 근거로 하는 것이 아니라, 다른 사람의 필요에 대한 객관적 인식을 근거로 한다. 목자라는 고전적인 상징은 아직까지도 돌봄의 의미를 묘사하는 데 유용하게 쓰이고 있다. 목자는 전체 양 무리에게 관심을 갖지만, 전체의 욕구에 관심을 갖는 것만큼 개개의 양의 욕구에도 관심을 갖는다.

돌봄의 의미와 강력하게 관련된 사람은 하이데거(Martin Heideger)이다. 하이데거는 우리 자신의 삶에 관하여 느끼는 근심으로서의 돌봄과 남을 위하여 기울이는 배려로서의 돌봄을 이해해야 한다고 인정한다. 그는 돌봄을 인간 실존의 기본 현상으로, 그리고 그 해석의 단서로 본다.[6] 돌봄은 인간을 인간되게 만드는 것이다. 만일 우리가 돌보지 않는다면, 우리는 인간성을 상실하게 된다.[7] 우리의 유한함과 덧없음이 돌봄을 가능하게 해준다. 우리가 시간적으로 제한을 받기 때문에 시간의 제한을 받는 한계에 창조적으로 대처하기 위하여, 나를 위하여, 또 남을 위하여 돌보려는 도전을 받는다. 하이데거는 목회적 돌봄을 베푸는 사람에게 있어서 돌봄은 우리가 느끼거나 생각하고 행동하는 것 이상의 것임을 상기시키는 데 도움이 된다. 우리가 존재한다는 사실은 인간 실존의 기본이며, 그 자체가 돌봄이다.

최근에 윤리학자 넬 노딩스(Nel Noddings)는 돌봄에 대한 유익한 해석을 제시했다. 그녀는 돌봄이 소외를 줄이고 도덕적 행위를 인도하는 데 필요한 덕목으로 본다. 그녀는 도덕적 판단의 최고 단계는 원칙들의 우선순위들을 재구성하는 것과 관련된 것이 아니라 돌봄을 유지하고 강화하는 것과 관련된 것이라고 주장한다. 노딩스는 남자들의 행위보다는 여자들의 행위에서 윤리적 규범을 찾으려고 노력하면서, 여자들은 확실한 상황으로부터 공식이나 연역적 논쟁 등을 허용하는 요소들을 끌어내기보다는 민감하고 수용적이며 책임 있는 행위자로서 그 상황에 머물려 한다고 주장한다.[8]

돌본다는 것은 정해진 규칙에 의해 행동하는 것이 아니고, 애정과 존중에 의해서 행동하는 것이다. 그러므로 돌봄의 행위는 규칙의 속박을 받지 않으며 다양해질 수 있고, 전체적으로는 예상할 수 있으나 구체적으로는 예상할 수 없을 것이다. 노딩스에게 중요한 것은 오늘날 윤리적 사고의 많은 부분을 차지하고 있는 "이성적-객관적인 것"은 돌봄과 헌신(commitment)의 신선한 기초로부터 재정립되고 새로이 방향을 설정한다는 것이다. 만일 이 일이 일어나지 않는다면, 돌보는 자는 자신만을 위하여 봉사하는 과정에 빠지게 되고 그의 생각들은 돌봄의 원래 목적에서 완전히 멀어지고 분리된 것이 되고 만다.[9]

노딩스는 돌보는 태도(caring attitude)의 원형은 모자(母子) 관계에 있다고 상기시킨다. 우리가 돌봄을 받았던 최초의 기억, 그리고 돌보고 또 돌봄을 받았던 기억들의 증가로 말미암아 표현되는 태도들이 보편적으로 받아들여지고 있다.[10] 윤리적 돌봄은 그러한 원형적 관계에 근거하지만, 의도적이라는 점에서 다르다. 윤리적 돌봄은 사랑을 동반하기도 하지만, 항상 타인에 대한 책임이 포함된다. "우리는 돌보는 동안에 '나는 당연히 돌보아야 한다'는 직접적이고 원초적인 음성을 들으며, 죄책감을 느낄 가능성이 있다. 그러나 지속적으로 돌봄을 행할 때에도 죄책감이 있을 수 있다. 돌보는 사람은 다른 사람에 대한 책임을 인정하면서도 또한 자신을 위한 깊고 지속적인 돌봄을 주장한다.[11]

최근에 어떤 사람은 노딩스의 저서를 논평하면서, 유용한 부록을 제공했다. 즉, 돌봄의 윤리가 성공적으로 사용되려면 "자아의 경계를 분명히 인식하여 자아를 상실하지 않은 상태에서 몰두해야 하는 벅찬 일을 실천할 수 있는" 행위자가 요구된다. 게다가 돌봄의 윤리는 "자신의 능력을 현실적으로 인식하며, 합리적으로 책임질 수 있는 의식을 가지고 있기 때문에 돌봄이 효과적이지 못한 상황에서 벗어날 수 있는 행위자"를 전제로 한다.[12]

노딩스가 돌봄에 관한 견해로 제공하고 있는 많은 것들이 임상목회적 패러다임 안에서 발달된 목회적 돌봄과 크게 공명한다. 여성적인 것으로 간주되어온 관계들에 대한 이런 감각의 발달은 성별에 관계 없이 좋은 목회자가 되는 데 필요한 자질이다. 임상목회적 패러다임의 가장 훌륭한 특성은, 자신이 행하는 것에 관여되어 있음을 깨닫는 것, 그리고 행위자와 행동을 분리하여 평가할 수 없다고 강조한 것이다. 돌봄의 책임, 그리고 그 책임을 제대로 성취하지 못하는 데 따르는 죄의식에 대처하는 법을 배우는 것이 임상 경험이 제공해온 가장 중요한 것 중 하나이다.

인간 생활에서 돌봄의 중요성은 아무리 강조해도 지나치다고 할 수 없다. 돌봄은 가장 중요한 인간 관계의 고통스러운 부분일 수도 있고, 만족스러운 부분일 수도 있다. 우리가 인생에서 경험한 최초의 느낌이나 단어들 중 하나는 우리에게 중요한 사람이 우리를 돌봐주는가의 여부와 관련이 있다. 부정적으로 표현해서, "상관하지 말아"라는 말은 우리가 하거나 듣는 말 중에 가장 아픈 것이다. 돌봄은 신학, 철학 또는 윤리학의 관점에서 인간이 되는 데 중요한 것이다.

돌봄의 의미 및 그 의미에 함축된 것들은 다음과 같이 정리할 수 있다:

(1) 하나님의 형상은 관계성과 책임—자신과 타인을 위한 돌봄을 통하여 표현되는 하나님을 향한 인간의 반응들— 안에서 찾아볼 수 있을 것이다. 돌봄의 두 가지 의미인 근심과 배려는 자신과 타인을 돌아보게 하고, 공동체에 관한 논의에서 거론될 개인성과 관계성과 비슷한 방법으로 서로와의 관계 안에 존재한다.

(2) 근심으로서의 돌봄이나, 하이데거의 "존재를 위한 돌봄"은

자신의 유한성과 타인의 유한성을 표현한다. 우리가 돌보는 사람들도 결국은 죽어 우리를 떠날 것이다.
(3) 타인을 돌보는 것은 자아를 돌보는 것과 분리될 수 없다. 그것은 하나님에 대한 우리의 관계와 하나님께서 주신 돌봄의 소명에 기초를 둘 뿐만 아니라, 부모와 자식 사이의 관계 특히 모자 관계에 근거한다. 그 외의 모든 관계는 그 기본적인 관계에서 나온다. 그 관계에 대한 실망과 거부는 모든 관계의 비틀림의 원인이 된다.
(4) 우리의 관계성과 돌봄의 소명 때문에, 충분하고 적절한 돌봄을 행하지 못한 결과로서 죄의식이 나타난다. 그러므로, 인간이 된다는 것은 유죄하다는 것이고 그 죄를 해결하기 위한 방법을 찾아야 한다는 것이다.
(5) 돌봄은 인간성의 근본이고, 틸리히가 말한 것 같이 우리 존재의 무의식적인 표현이다. 그러나 목회적 돌봄의 사역으로의 소명을 받은 사람들은 돌봄 및 돌봄의 방법을 보다 효과적으로 학습할 수 있으며, 또 마땅히 학습해야 한다.

공동체의 의미

목회 사역과 관련된 돌봄의 공동체들과 더불어 경험하고 논의한 공동체의 의미에 관하여 반성하면서, 나는 신학자인 대니얼 데이 윌리엄스(Daniel Day Williams)가 기독교 공동체에 관한 그의 경험에 대해 말했던 강의를 회상한다.

"중요한 것은 경험 자체이다…친근하지 않은 세상, 온갖 종류의 위협이 가득한 세상에 홀로 존재하면서 집단에 적응하기 위

해 발버둥치면서 살고 있다는 인식, 진정한 사랑이 존재하는 집
단이 있다는 것을 발견하는 것이 중요하다. 교회 안에는 당신을
진정으로 돌보아 주는 그룹이 있다. 물론 당신이 극복할 수 없
는 악에 연루되어 있으며 삶에서 본질적으로 옳은 것에서 벗어
나 있다는 의식, 죄의식도 존재한다. 그리고 죄인들이 아직도
하나님의 돌보심의 범주 안에 있다는 은혜를 발견한다. 거기에
서 삶의 회복의 가능성을 발견한다. 새로운 삶, 마땅히 되어야
하는 것으로 회복되기 시작하는 삶의 경험이 있다…철학이나
세계관이나 세상에 관한 일반적 지식은 가장 중요한 이것을 해
석하는 데 도움이 되어야 한다."[13]

나는 신학 대학원 시절에 시카고 남부에 있는 작은 교회에서 사역했었다. 그 당시 어느 나이 든 교인과 공동체의 의미에 관하여 나눈 대화를 기억하고 있다. 마티스(Mathies) 박사는 남부 다코타의 독일인 공동체에서 성장했다. 루터 교인이 되지 않고 감리교인이 된 이유를 물으니, 그녀는 "감리교인들이 나를 마벨(Mabel) 자매라고 불렀기 때문입니다"라고 간단하게 대답했다. 그 공동체는 그녀를 그들에게 속한 사람으로 여긴 것이다.

최근에, 나는 남서부에 있는 큰 장로 교회에서 평신도 사역자들과 면담하면서 어떻게 그들이 자신을 사역자로 이해하는가에 관하여 조사했는데, 나탈리(Natalie)라는 여인은 이렇게 말했다:

"나는 이 교회에서 자랐습니다. 내 아버지가 돌아가셨을 때, 많은 교인들이 여기 있었는데, 그들은 내가 의식하지 못했지만 필요했던 것을 나에게 주었습니다. 아마 당신은 이것을 돌봄을 받는 집단에의 소속감이라고 말할 것입니다. 나는 사람들을 방문할 때에 그들에게 내가 받은 것과 같은 느낌, 즉 소속감을 주기를 원합니다."

나탈리는 사람들로 하여금 "그들이 중요한 집단에 소속되어 있

다"고 느끼게 하려 했다. 그녀는 자신이 돌봄을 받았던 일을 기억하며, 사람들도 그녀와 같은 돌봄을 경험하기를 원한다. 그녀가 경험한 아버지의 죽음은 그녀로 하여금 다른 사람들의 슬픔에 공감하게 하는 데 도움이 될 것이다. 그러나 그녀는 자신의 삶의 경험 뿐만 아니라 돌봄의 공동체의 구성원으로서 경험한 것도 제공해야 한다. 윌리엄 교수, 마티스 박사, 나탈리 등은 모두 돌봄을 받은 것과 공동체의 일원이었다는 경험을 기억한다. 나는 이러한 고찰을 하면서 사역의 기초로서의 공동체의 중요성을 강조한다.

  윌리엄 윌리몬(William Willimon)은 공동체를 묘사하는 하나의 방법을 제시한다. 그는 모든 돌봄의 공동체에 적용할 수 있는 다섯 가지 특징을 밝혔는데, 그것은 다음과 같다: 공동의 정체성, 공동의 권위, 공동의 기억, 공동의 비전, 함께 공유하는 삶, 세상에서 공유하는 생활.[14] 나는 모든 돌봄의 공동체가 이 다섯 가지 특징을 동등하게 나타내지는 않지만, 그 중 몇 가지 요인을 가지고 있다고 생각한다.

  돌봄의 공동체 내의 공동의 정체성은 대체로 공동체가 기능하는 방법에서 찾아볼 수 있다. 내가 만난 목회적 돌봄을 행하는 평신도들은 모두 봉사하는 공동체로서의 정체성을 가지고 있었고, 보다 큰 기독교 공동체의 중요한 일부라는 의식을 가지고 있는 것 같았다. "우리는 이 특별한 사역에 관여하고 있으며, 그것을 자랑스럽게 생각합니다." 나는 이러한 사람들의 집단을 만나고 또 그 지도자들과 면담을 하면서, 그들이 표현하는 공통된 권위가 경험의 권위임을 알게 되었다. 그들은 자신이 사역할 때에 일어난 일들을 이야기하고, 그 경험이 장래의 사역에 도움을 줄 가치에 대한 확신을 표현했다. 그들은 자신이 받은 사역 훈련과 수퍼비전에 대해서 긍정적으로 말했고, 그것이 그들의 경험으로부터 학습하는 데 얼마나 도움을 주었는지에 대해 말했다.

  공동체가 지닌 또 다른 특성은 공동의 기억이다. 나는 사역 집단들을 방문하여 목회적 돌봄에 관한 그들의 경험을 경청하고 학습할 때, 특별히 그들이 지닌 공동의 기억에 주의한다. 그들의 공동의 기억은 특정한 교인이나, 집단 또는 집단 내의 중요한 개인에 관한 이야기, 또는 단순히 "우리는 이렇게 시작했으며, 우리에게 일어난 일은 다음과 같습니다"라는 말로 표현되었다. 목회적 돌봄을 행하는 평신도들은 기독교 메시지와 전통의 중요성을 말하고, 그들이 행하는 돌봄의 사역이 그 메시지에서부터 자라난다는 것을 잘 알고 있는 듯하다. 그러나 그 메시지를 신학적 궤변으로 표현하지 않으며, 그것이 목회자가 행한 설교나 성찬 예식에서 표현되는 기억과 동일한 것이라고 지적할 것이다.

모든 돌봄의 공동체들이 교회의 회중과 관련된 것은 아니다. 종합병원의 호스피스 팀이나 공동체 봉사 기관의 지도자와 같은 세속적인 환경에서 돌봄을 제공하는 돌봄의 공동체도 있다. 이런 집단들도 자기들이 사역하면서 극복한 어려웠던 점과 특별한 역사를 말한다. 공동의 기억은 공동의 삶과 분리될 수 없다. 내가 면담한 그룹들의 특별한 형태의 사역에서 공통된 부분은 환자 방문이었다. 공동의 비전은 자기들의 특별한 사역을 그들이 속해 있는 공동체나 교회 회중의 삶에 중심으로 받아들이는 것이다. 예를 들면, 나탈리가 속해 있던 평신도 사역 집단의 구성원들은 자기들이 행한 일은 단순히 개인으로서의 방문 이상의 것이라고 고백한다. 그들은 소속감을 느꼈고, 목회적으로 돌보는 사람으로서 그들이 하는 일은 자기들을 돌봐 주는 공동체를 대표하는 일이라고 말한다.

파커 팔머(Parker Palmer)는 공동체는 외적인 실체가 되기 전에 이미 하나의 내적인 사실이라고 논평한다. "우리의 일반적 삶, 우리의 진실한 공동체, 토마스 머튼(Thomas Merton)이 우리의 감추어진 전체성이라고 한 것은 원래 외적인 실체에서 발견된 것이 아니라 우리의 내적 삶에서 발견되는 것이다." "우리가 사회적 현상이라고 생각하는 공동체는 사실은 관상적인 행동(contemplative act)이다. 그것은 우리가 서로에게, 세상에게, 그리고 하나님의 실재에게 관련되어 있음에 대한 깊은 내적 통찰에 도달하는 것으로서, 주어지는 것이다. 이것은 우리의 중심 안에 있는 지식이다. 공동체를 가르칠 수 있는 외적인 윤리는 존재하지 않는다."[15]

그러나 팔머는 성직자들과 평신도들은 기독교 공동체를 원한다고 말할 때에 일반적으로 사회 안에서 보는 것과 반대되는 것을 원한다고 한다. 교회는 갈등 대신에 위로를 주어야 한다; 사람 사이의 거리감 대신 친밀감을 주어야 하고; 비판 대신 확신을 주어야 한다. 그는 공동체에 대한 이러한 이상적인 가정 같은 이미지에 대해 의심을 제기하며, 그것은 공동체에 대한 우리의 이해와 경험을 부당하게 제한하며 사람들로 하여금 갈등을 숨기도록 강요한다고 주장한다. "그런 교회는 나그네를 환영하지 못하며, 우리 안에 생소한 것이 생겨 나는 것을 허락하지 않는다."[16]

팔머는 공동체를 이상화 된 가정의 친밀함과 동일한 것으로 여기는 것은 버려야 한다고 말한다. 내 제자 한 사람은 신학교 예배 시간에 공동체를 주제로 설교하면서, 공동체를 마음이 맞고 행복한 가정으로 생각하는 사람들은 가족들이 함께 어디론가 떠나려 할 때 자동차 뒷좌석에서 이루어지는 다툼을 잊고 있다고 말했다. 공동체에 관한 팔머의 이미지는 "낯선 이들의 공동체"—사람들이 상대방 안에서, 그리고 자기 자신 안에서 낯선 이를 대면하며, "여전히 그들이 서로의 구성원임을 알고 있는 장소—이다.[17]

그러므로, 공동체의 경험이 중요한 것과 같이, 팔머의 낯선 이들의 공동체라는 이미지는 공동체를 경험하는 것 자체가 목적이 아니라고 주장한다. 물론 그것은 관계를 갖고자 하는 인간의 욕구를 제대로 표현하고 있지만, 공동체는 마지 못해 사역의 행위를 회피하려는 파악하기 어려운 이상이 될 수도 있다. 교회 및 다른 돌봄의 공동체들은 근본적으로 함께 있기 위하여 모이는 것이 아니라, 구성원들이 인간으로서 사역을 감당하기 위하여 서로를 필요로 하기 때문에 모이는 사역자들의 공동체이다. 공동체의 구성원들의 관계는 중요하다. 그러나 공동의 일에 참여하고 있으며 혼자서 삶의 책임과 어려움을 경험하는 것이 아니라는 의식이 보다 중요한 듯하다. 공관복음의 이미지를 사용하면, 베드로는 변화산에서 내려가 산 밑에 있는 사람들을 위해 사역하기보다는 산 위에서 예수님과 모세와 엘리야와 함께 남아 있으려는 유혹을 받았다. 사역에 관계하는 사람들의 상징적인 내적 관계가 특별한 공동체적 관계의 기쁨을 경험하는 것보다 중요하게 여겨진다. 다른 사람과 함께 사역하는 것이, 단순히 함께 있음으로써 얻어지는 만족보다 더 중요하다.

공동체에 관한 이론적 견해

공동체에 관한 보다 경험적인 견해들을 뒷받침하는 이론적·신학적 근거는 여러 곳에서 발견된다. 캐나다의 신학자 더글라스 존 홀(Douglas John Hall)은 근본적인 존재론적 범주는 "존재"(being)가 아니고 "함께 하는 존재(being with)이다"라고 주장했다. 성경적 전통의 기초적인 존재론은 함께 하는 존재라고 주장하는 것은 존재의 근원이요 근저이신 존재(Being)에서부터 가장 작은 피조물에 이르기까지 모든 존재는 관계 안에 있는 존재(being-in-relation)라고 말하는 것과 같다.[18]

프랭크 컥페트릭(Frank G. Kirkpatrick) 역시 관계성의 중요성에 초점을 맞추면서, 개인과 공동체 모두의 욕구와 관심을 변증적으로 표현하려는 공동체의 "상호간의/개인적" 모델을 주장한다.[19] 그는 종교철학자 마틴 부버(Martin Buber)와 존 멕머레이(John MacMurray)의 이론을 따라서, 성경적인 공동체의 개념은 사람들, 하나님, 그리고 인간 상호 간의 관계에 대한 적절한 형이상학적 견해에 근거를 두어야 한다고 주장한다.[20] 부버와 같이, 그는 고립된 인간이라는 개념은 허구에 불과하다고 생각한다. 인간에게 있어서 관계는 근원적인 것이다. 혼자로서의 "나"는 없고 나와 너(I-Thou)라는 관계에서의 "나", 또는 나와 그것(I-It)이라는 관계에서의 "나"만 있을 뿐이다.[21] 인간에게는 하나의 공동체가 되어야 하는 과업이 주어졌다. 부버는 공동체란 "삶에서 공통적으로 배분된 것, 또는 공동의 삶을 영위하기 위해서 서로 공통으로 배분한 것과 결합된 사람들"이라고 정의한다. 그러나 공동체의 중심으로서 공동체의 조건들을 창조하시는 하나님 없이는 공동체가 이루어질 수 없다.[22]

철학자 존 맥머레이(John Macmurray)의 연구는 부버의 견해를 보충해준다.[23] 그는 자아를 출발점으로 취하고, 자아를 순수하게 고립된 개체로 보는 현대 철학의 자아중심주의에 관심을 가진다. 맥머레이는 사유(thinking)는 관계성, 자아가 우선적으로 행위자이며 부차적으로 사유자일 때만 가능한 관계성의 관점에서 이루어져야 한다고 주장한다. 그는 사유와는 달리 행동은 "우리의 모든 능력이 동원되는 지극히 구체적인 자아의 활동"이라고 생각한다. 사유는 실질적인 행동과의 만남 안에서 행동에 대한 저항이나 지원으로 발견된다. 맥머레이에게 있어서, 공동체 내의 사람들의 결합은 공동체 안에서 각각의 사람이 구별되는 개인으로 남아 있으면서 또한 각 사람이 타인 안에서 또는 타인을 통하여 자신을 실현하는 결합이다.

홀, 부버, 맥머레이 등은 공동체에 대해서 각기 다르지만 보완적인 해석을 제시한다. 홀은 관계성의 존재론적인 본질, 즉 존재하는 것(being)의 의미로서의 "함께 존재하는 것"(being with)을 강조한다. 부버는 하나님과의 동반자로서의 인간적 관계를 강조한다. 맥머레이는 행동과 관계 모두를 강조하며, 관계의 근본적인 본질을 주장하면서도 활동하는 개체로서의 자아의 특성이 상실되지 않도록 하는 데 관심을 둔다. 그러므로 공동체 내의 사람들의 결합은 각기 특성이 있는 개인으로 머물러 있으면서, 또한 상대방 안에서, 그리고 상대방을 통하여 자신을 실현하는 결합이다. 관계성은 개성을 무시하지 않으며, 오히려 개성을 요구한다. 개성이 존재하기 때문에, 사람들 사이에 차이점이 있기 때문에, 관계를 형성하고 풍성하게 하는 데에는 그러한 차이점들이 필요하기 때문에, 공동체의 삶이 되는 순수하고 상호적인 관계가 가능하다. 그러나 관계성의 요구와 개성의 요구 사이에는 항상 긴장과 변증적 관계가 존재하며, 공동체의 삶은 그러한 근본적인 긴장에 의해 잘 표현된다.

하나님은 인간의 관계성의 표현으로 공동체를 창조하셨다. 그러나 이 관계성은 수동적 조건이 아니다. 공동체는 인간의 행동을 통하여 존재하게 되고, 하나님과의 관계를 통하여 힘이 부여된다. 땅을 돌보라는 소명을 통해서, 인간은 서로를 돌보는 법을 배운다. 인간은 관계를 갖도록 창조되었으며, 인간 관계와 하나님과의 관계를 통해서 자신의 개성을 발견하지만, 기독교 공동체의 목적은 관계를 경험할 뿐만 아니라, 사역에 힘을 부여하기 위해서 관계를 경험하는 데 있다.

교회 및 다른 돌봄의 공동체들의 특징은 행동의 공동체, 관계의 공동체, 그리고 의미의 공동체라고 할 수 있을 것이다. 이 세 가지 중 어느 하나가 나머지보다 더 중요한 것은 아니다. 각기 나머지 둘에게 도전하고 바로잡는 역할을 한다.[24] 교회는 참된 관계를 제공하고 사람들로 하여금 세상과 삶에서 의미를 발견할 수 있게 함으로서 지구와 지구에 살고 있는 인간들을 돌보는 일을 촉진하기 위하여 존재한다.

나탈리 및 목회적으로 돌보는 다른 평신도들의 교회에 관한 언급은 신학적이지 못하다. 그 이유는 그 표현에 위로가 부족하기 때문일 것이다. 그들은 사역에 대해 신학적 방법으로 말하는 법을 배우기 전에 사역하는 법을 배웠다. 그들은 예배나 성경 공부 때에는 꽤 편안하게 언어를 사용하지만, 그들이 행한 것이나 행하고 있는 것에 초점을 두는 집단 내에서 교회적 언어로 설명할 때에는 편하지 못하고 익숙하지 못하다.

나는 거기에는 다른 이유가 있다고 생각한다. 교회의 사역에 관여하는 평신도들은 자기들이 섬기는 교회의 양의성(兩義性)을 잘 알고 있다. 이것은 교회나 교회 지도자들의 실패에 관한 그들의 대화에서 나온다. 그들은 마땅히 되어야 할 교회와 현재의 교회 사이의 괴리를 경험하여 안다. 그들은 신학자 피터 하지슨(Peter Hodgson)이 변증적으로 말한 것을 알고 있으며, 그것에 대해 일상적 언어로 말한다. 피터 하지슨은 "교회의 존재의 여러 차원이 분리되지는 않았지만 통일성 없는 교회가 어찌 하나님의 선물이요 성령 충만한 공동체요 역사적인 기관이 될 수 있겠는가?"[25]라고 말한다. 내가 면담한 사역 집단에 속한 많은 사람들은 신학 교육을 받지 못했거나 이러한 문제를 분명히 표현할 언어를 잘 알지 못했지만, 자기들이 경험한 교회가 이상적이면서 실질적인 교회라는 것을 인정했고, 또 그것을 비판적이면서도 사랑으로 표현할 수 있었다.

하지슨은 일반적으로 하나님의 나라라고 번역되는 *basileia*, 그리고 전통적으로 보편성(catholicity)과 통일성(unity)과 사도성(apostolicity)이라는 특징을 갖는 교회(*ecclesia*)라는 두 개념에 대해 설명함으로써 교회의 양의성을 다룬다.[26] *Basileia*는 세상에서 하나님과 이웃과의 관계 안에 있는 인간이 되는 새로운 방법—새로운 공동체, 사랑의 교제, 해방, 혈연 관계가 아니라 인간적이고 윤리적인 관계에 기초를 둔 새롭고 본질적인 가정—을 나타내는 이미지이다. 교회는 시간적으로 자체를 유지할 수밖에 없는 제도가 될 수밖에 없지만, 에클레시아(*ecclesia*)는 역사적 교회의 다양성으로 구현된 바실레이아(*basileia*)의 이미지(image), 징표(sign), 성례전(sacrament), 미리 맛봄(foretaste)이다. 에클레시아는 바실레이아의 비전을 명백하게 드러내지만, 그것을 단편적으로만 구체화한다.[27]

여기에서 나는 돌봄의 공동체의 본질에 대하여 이론적으로 말하지만, 돌봄의 공동체로서의 교회의 긍정과 부정을 다양한 방법으로 경험한 목회적 돌봄을 행하는 사람들은 이러한 "긍정과 부정"(yes and no), 아니면 "긍정과 긍정"(yes and but also)의 변증법을 경험적으로 이해할 수 있을 것이다. 교회의 돌봄 및 이것이 지닌 양의성은 목회적 돌봄을 행하는 평신도들과의 면담에서도 다양한 방법으로 끊임없이 나타난다. 하지슨이 밝힌 지적인 문제들을 다루거나 교회의 구성원들에 의해 표현된 교회에 관한 실제적 양의성을 받아들이는 데 있어서, 교회에 관한 이러한 변증적 견해는 중요하다. 교인들은 공동체를 많이 경험해 왔지만, 교회의 인간적 한계를 너무나 잘 알고 있으며, 그것을 지나치게 요구하지 못한다. 교회는 존재해야 하지만, 교회의 힘과 권위는 문제가 된다. 신학적으로 교회에 대해서 이러한 양의성을 말하면서, 세상에 필요한 구조이며 영속적인 사회적 실체인 *ecclesia*의 실체, 그리고 모든 구조적인 표현들, 특히 교회를 비판하시고 바로잡으시는 세상에서의 하나님의 활동의 역동적인 기능인 *basileia*를 인정하는 것이 중요하다.

공동체에 관한 이런 이해와 사역을 위한 그 의미를 요약하면 다음과 같다:

(1) 하나님은 공동체의 창시자로서, 인간 관계의 차원으로 공동체를 만드시고, 그 안에서 일어나는 상호 간의 인격적 관계를 가능하게 하심으로써 그 안에 개입하신다.

(2) 그러나 이 관계는 수동적 조건이 아니다. 행동은 관계를 이루기 위한 수단이다. 인간은 자신이나 타인을 위하여 위험을 무릅쓰고 행동하며, 그 과정에 자신과는 다른 사람들을 개입시킨다. 참된 관계를 성취하기 위하여 차이점을 가진 사람들과 함께 일하는 과정이 공동체의 삶의 본질이다.

(3) 인간의 관계성은 개성을 부인하지 않는다. 관계는 개성을 요구한다. 개성이 존재하기 때문에, 사람들 사이에 차이점이 있기

문에, 그리고 여러 가지 관계를 성취하고 풍성하게 하는 데에는 그러한 차이점들이 필요하기 때문에, 공동체의 삶이 되는 참된 상호 관계가 가능하다. 그러나 관계성의 요구와 개성의 요구 사이에는 긴장이나 변증적 관계가 항상 존재하며, 종종 공동체의 삶은 그런 근본적인 긴장으로 잘 표현된다.

(4) 그 밖에도 공동체의 삶의 표현은 공동체의 공동의 정체성, 공동체 삶에 대한 공동의 기억, 공동체로서의 가능성에 대한 비전, 그리고 공동체 밖의 사람들과의 관계 등에서 찾아볼 수 있다.

(5) 하나님이 인간들의 모든 공동체를 만드시고 유지해 주시는 분이시지만, 공동체는 신적인 것과의 관계를 표현하는 공동체이며, 그렇지 않은 공동체이기도 하다. 이 문제는 신학적으로 다양한 방법으로 표현되어 왔다. 그 중 한 방법이 *basileia*와 *ecclesia*, 또는 역동성과 형식 사이의 긴장으로 표현하는 것인데, 그 둘은 각기 상대방을 판단하고 도전한다. 교회의 지속적인 과제는 공동체의 가능성을 입증하는 것이고, 또한 공동체가 가능성을 표현하지 못한다는 것과 참된 공동체가 다른 곳에 존재할 수도 있다는 것을 인정하는 것이다.

(6) 목회적 돌봄은 돌봄의 공동체에 참여하는 데서 성장해 나온 사람과 사람 사이의 반응이며, 사람들로 하여금 돌봄을 주고 받게 하고 공동체를 경험할 수 있게 해 주려 한다.

(7) 공동체적 상황적 패러다임의 공동체의 차원은 기독교의 메시지는 공동체 안에서 경청하고, 경험하고, 기억하는 것이라고 강조하고 있는 고전적 패러다임의 개정판이다. 교회 밖에는 구원이 없다는 고전적 기독교의 신앙고백은 교회가 개인과 하나님 사이를 중재하는 것으로 이해되는 것이 아니라, 교회는 공동체로서 그 안에서 각 사람은 공동체적 관계의 상황 안에서 하나님을 알 수 있다고 강조하는 것으로 이해된다.

(8) 임상 목회적 패러다임은 목회자의 인격 및 메시지와의 불가분

성을 강조한다. 공동체적 상황적 패러다임의 공동체적 차원은 기독교 공동체와 그 구성원을 돌봄의 전달자로 강조하면서 임상 목회적 패러다임을 확대한다. 공동체적 차원은 인간의 관계성을 강조하면서, 안수받은 목회자를 공동체와 분리하여 보지 않고, 공동체와의 관계 안에서 보며, 공동체의 일부로서 발생하는 관계들을 촉진하고 이끌어가는 지도자로 본다. 목회적 돌봄은 안수받은 목회자가 이끌고 육성하는 공동체의 행위이지만, 우선적으로 공동체의 책임이기도 하다.

기억하고 돌보는 공동체

> 돌봄은…기억함을 의미한다. 다시 말하면, 상대방을 마음속에 간직하는 것이다. 그러므로 돌봄은, "기억"(memory)이라는 단어가 돌봄, 배려, 근심, 슬픔을 뜻하는 희랍어 *merimna*와 같은 어원을 갖는다는 사실을 받아들임으로부터 시작한다. 기억함(remembering)은 우리가 기억하고 있는 것을 다시 강화하고 기념함으로 돌보는(caring) 것이다.[28]

돌봄과 공동체는 분명히 서로 연결되어 있다. 그러나 그것들을 충분한 관계로 이끌어 가는 것은 기억이다. 공동체는 "반드시 기억되어야 하고 회복되어야 하는 잃어버린 지식이다. 기억됨(remembered)은 re-member(재구성)를 의미한다. 그것은 몸체를 제자리에 재배치하는 것을 의미한다. 기억(remember)의 반대는 망각(forget)이 아니라 해체(dis-member)이다. 우리가 떠나온 곳을 망각할 때, 사실 우리는 어떤 것을 해체하게 된다."[29] 나는 기억하기 때문에 돌볼 수 있다. 내가 기억하기 때문에, 나는 기억하시는 하나님을 기념하는 공동체를 경험할 수 있다. 게다가, 내가 기억되고 있다는 것을 아는 것이 힘이 되어, 나는 사람들의 말을 경청하고 기억함을 통하여 그들에게 돌봄을 표현할 수 있다.[30]

"예수여, 당신의 나라에 들어가실 때 나를 생각하소서"(눅 23:42). 우리 세대의 많은 사람들은 여러 해 전에 젊은이들의 집단에서 무슨 의미인지 알지 못한 채 "주여, 주여, 나를 기억하소서!"라고 노래했던 것을 기억한다. 최근에 와서야 나는 이 단순한 말이 의미하는 심오한 뜻을 깨닫게 되었다. 그 말은 돌봄을 향한 인간의 욕구를 의미한다. 아마 목회적 돌봄의 사역을 일차적으로 승인하는 것을 의미할 것이다. 그것들은 고립된 단어들로 이루어진 것이 아니다. 성경의 많은 곳에서 이 청원의 말이 나온다. 병원이나 양로원에서도 이러한 청원의 말을 많이 듣게 된다: "목사님, 저를 기억해 주세요." 심지어 기도라는 단어 사용을 주저하는 사람들의 요청에서도 이 말이 나타난다. 구약 성경의 여러 곳에서 시편 기자는 하나님께 이스라엘을 기억해 달라고 요청한다: "옛 적부터 얻으시고 구속하신 당신의 기업의 지파로 삼으신 당신의 회중을 기억하소서"(시 74: 2).

하나님께서 기억하시기 때문에, 우리는 기억한다

신학자 돈 샐리어스(Don Saliers)는 "성경에 나타난 하나님 묘사의 특징은…자기 백성을 기억하시리라는 것이다"라고 했다. 호세아서에서 계시된 하나님은 통렬하게 "오 에브라임아 내가 너를 어떻게 포기할 수가 있겠느냐!"라고 말씀하신다. 성경적 신앙의 중심은 우리를 버리지 않기로 약속하신 하나님이다.

> 하나님은 우리 및 역경 속에 있는 모든 사람을 기억하시면서, 모든 피조물을 사랑하여 존재하게 하신 긍휼과 언약으로 행동하신다…우리 이전의 세대들, 우리 다음의 세대들과 마찬가지로, 우리는 하나님을 기억하는 법을 배워야 하며 하나님께 우리를 기억해 달라고 요청해야 한다.[31]

구약 학자 차일즈(Brevard Childs)는, 구약 성경에서는 하나님의 생각과 행동의 구분이 있을 수 없고, 하나님의 기억하심에는 항상 기억의 대상들을 향한 하나님의 움직임이 함축된다고 주장한다. "하나님의 기억의 본질은 하나님께서 이전의 약속 때문에 어떤 사람을 향해 행동하시는 것 안에 있다."[32] "하나님의 기억하심의 대상은 계약의 수혜자(노아, 창 8:1; 아브라함, 창 19:29)이거나, 계약 자체이다."[33] 신학자인 랠프 클라인(Ralph W. Klein)은 하나님의 기억은 "그의 구원의 행위와 동등하고,[34] 창세기의 "P" 문서의 신학적 메시지를 구성하는 데 가장 유용한 주제라고 주장한다.

폰 래드(Gerhard Von Rad)는 창세기 주석에서 하나님께서 방주에 있는 노아를 기억하신 것을 이렇게 설명한다.

> 그것은 담대한 신인동성동형론으로서 하나님의 구원의 결정을 특별히 인상적으로 만들어 준다. 구원을 향한 움직임이 시작되었는데, 이것은 하나님이 노아를 기억하고 계셨다는 사실에서만 발견될 수 있다. 온 땅을 삼킨 혼돈의 힘이 노아 및 그와 함께 한 모든 것들을 파멸로 이끌기 전에, 하나님은 그 혼돈의 힘을 제어하였다.[35]

월터 브르그만(Walter Brueggemann)은 같은 구절을 주석하면서, "인간적 사건들의 흐름과 무관하지 않은" 하나님을 말한다.

> 그것은 기억하시는 하나님의 복음이다…그의 기억하심은 계약 동반자와의 은혜로운 약속의 행위, 헌신적인 연민과 동정심의 행위이다. 이것은 하나님은 자신에게만 몰입하시는 것이 아니고, 계약의 동반자인 창조에 몰입하고 계신 분임을 주장한다. 이것이 하나님의 기억하심이다. 그것만이 희망을 주며 새로운 삶을 가능하게 해 준다(삼상 1:11, 19; 삿 16:28; 시 8:4; 10:12; 74:1-3; 렘 15:15). 특히 욥기 14:13은 하나님의 기억은 죽음의 영역에서 희망의 마지막 근거라는 확신을 명확히 한다.[36]

브르그만은 "잊혀진다는 것은 이스라엘 백성들만의 문제가 아니라, 순수한 목회적인 문제"라고 주장한다.[37] 하나님의 기억에 대한 구약 성경의 믿음과 그리스도이신 예수님이 하나님의 기억하심의 증거라는 신약 성경의 확신 이외에 목회적 돌봄을 위한 더 근본적인 성서적 근거는 없다고 나는 생각한다. 이스라엘을 기억하시는 하나님은 예수님의 산상 설교에서 한 마리 참새에게도 관심을 가지시는 하나님(마 6:26)이시고, 지으신 인간들을 귀히 여기시고 기억하시는 하나님이시다.

기독교인들은 하나님께서 자기들을 기억하시는 데 응답하여, 성례 안에서 말해지고 다시 말해지는 예수님의 이야기를 기억함으로써 믿음을 발견하고 새롭게 한다. 그들은 예수님이 행하신 것과 말씀하신 것을 기억한다. 그것을 보여 주는 가장 중요한 예는 고린도전서에서 찾아볼 수 있다: "내가 너희에게 전한 것은 주께 받은 것이니"(고전 11: 23). 그리고 나서 바울은 다음과 같이 기억한다:

> 주 예수께서 잡히시던 밤에 떡을 가지사 축사하시고 떼어 가라사대 이것은 너희를 위하는 내 몸이니 이것을 행하여 나를 기념하라 하시고 식후에 또한 이와 같이 잔을 가지고 가라사대 이 잔은 내 피로 세운 새 언약이니 이것을 행하여 마실 때마다 나를 기념하라 하셨으니.(고전 11: 23b-25)

기억(*anamnesis*)의 공동체인 교회는 돌봄의 행위로서 기억하라는 도전을 받는다. 교회사에서 성찬식 거행과 관련된 "기억"에 관한 신학적 논쟁이 많았지만, 기억의 중심 의미는 과거 사건의 단순한 기억을 의미하는 것이 아니다. 이것은 부재하지만(absent) 현재 속에 살아 활동하는 어떤 것을 다시 보여줌(re-presenting)이다. 성찬의 예식과 관련된 이런 기억은 과거와 현재, 그리고 미래를 하나로 묶는다.

기억의 목회적 차원은 바울의 편지 중 여러 곳에서 찾아볼 수 있다. 바울의 기억은 단순한 추억의 회상이 아니다. 그는 과거의 관계들의 힘을 염두에 두고 있다. 그의 편지 중에서 가장 개인적이고 목회적 돌봄의 좋은 예가 되는 빌립보서는 "내가 너희를 생각할 때마다 나의 하나님께 감사하며"(빌 1:3)라는 말로 시작하며, 뒤에 "내가 너희 무리를 위하여 이와 같이 생각하는 것이 마땅하니 이는 너희가 내 마음에 있음이며…너희가 다 나와 함께 은혜에 첨예한 자가 됨이라"(빌 1:7)[38]고 쓴다.

가장 사적이지 않은 편지인 것처럼 보이는 로마서도 인상적으로 기억과 감사로 끝을 맺는다. 적어도 23명을 거론하면서 감사를 표하는데, 이름과 관련하여 특별한 기억도 언급된다. 예를 들면: "예수 그리스도 안에서 나와 함께 일하고, 나의 목숨을 위하여 자기의 목이라도 내어 놓은" 브리스길라와 아굴라(롬 16:3, 4), "그 어머니가 곧 내 어머니인" 루포와 그의 어머니(롬 16:13). 실제로 바울이 쓴 편지가 아닐 수도 있는 에베소서도 바울이 사역했던 사람들과의 관계의 정신 안에서 기록되었다. 저자는 기도를 요청하면서 목회적 기억함을 묘사한다: "모든 기도와 간구로 하되 무시로 성령 안에서 기도하고 이를 위하여 깨어 구하기를 항상 힘쓰며 여러 성도를 위하여 구하고 또 나를 위하여 구할 것은 내게 말씀을 주사 나로 입을 벌려 복음의 비밀을 담대히 알리게 하옵소서 할 것이니"(엡 6:18-19).

인간의 조건: 기억상실과 기억

기억에 관한 문헌 중에는 듣고 기억함으로서 이해되는 목회적 돌봄에 적합한 매력적인 문헌이 많다. 망각이 우리 시대의 특징으로 되어 있기에, 오늘날 기억은 특히 중요한 듯하다. 지그문트 프로이드의 연구와 정신분석학자들의 문헌들은 삶과 건강에서 기억의 중요성을 강조하고 있다. 철학자 에드워드 케이시(Edward Casey)는 기억에 대한 연구에서, 우리 정신생활의 안전에서의 약점은 기억에 대한 불신이라는 프로이드의 설명을 지적하면서, 정신분석은 "망각의 힘과의 계속적인 갈등"[39]으로 구성된다고 말한다. 프로이드의 연구에서는 고통스러운 기억들을 강조하고, 어떻게 그것들이 억압되고 거부되는지를 강조한다. 그의 고전적 논문 "회상, 반복과 해결"(Recollection, Repetition and Working Through)은 정신분석적인 해결이 어떻게 반복하고자 하는 강박증을 극복하는지, 그리고 어떻게 사람들이 기억하고 변화하는 것을 허용하는지에 대해 논한다.[40]

독일인 목사요 정신분석학자인 요아힘 샤펜베르그(Joachim Scharfenberg)는 프로이드의 치료 방법의 특징은 과거를 되풀이하려는 강박증 때문에 미래에 대하여 개방하지 못하는 역사에 무관심한 사람들이 역사로 돌아가는 것을 도와 주는 것이라고 말한다.[41] 분석자는 그들이 기억을 재발견하도록 도와준다. 환자는 자신의 삶의 이야기와 재결합하고, 부정으로부터 새롭고 더 자유로운 삶의 이야기를 만든다. 그러므로 정신분석학적 기억은 억압되고 무시되어 온 아픈 기억들을 드러내어 재해석함으로써 보다 통합된 과거의 형태를 발견하려 한다.

체코의 소설가 밀란 쿤데라(Milan Kundera)는 기억과 망각의 관계에 관하여 질문했다. 쿤데라가 '찬란한 가벼움'(splendid lightness)이라고 표현한 것은, 기억할 때 참을 수 없이 견디기 어려운 것을 적극적으로 망각함으로써 배양된다. 그러나 쿤데라는 "실제로 견디기 어려운 것이 슬픈 것이고, 가벼운 것이 찬란한 것인가?"라고 의아해 한다. 그의 소설의 답은 "아니오"이다. 그는 인생의 가장 견디기 어려운 짐이 삶의 가장 강렬한 성취의 이미지가 될 수 있다고 다짐한다. 짐이 무거울수록, 우리의 삶은 세상에 더 가까워지고 실제적이고 진실해진다.[42]

기억은 과거에 발생했던 것에 대한 생각을 보유하는 심리학적으로 증명할 수 있는 능력 이상의 것을 의미한다. 하이데거(Martin

Heidegger)에 의하면, 기억은 "회상의 집합이며, 돌이켜 생각하는 것"[43]이다. 하이데거의 말에 의하면, "기억은 처음에는 회상하는 능력을 의미하지 않았다. 원래 기억의 의미는 헌신의 의미와 같았다. 헌신은 지나가 버린 것에 관계하기보다는 현재에 존재하는 것과 미래에 임할 것에 동일한 방법으로 지속적으로 집중하여 함께 하는 것을 의미한다."[44]

어거스틴은 기억은 자아의 연속성을 창조하고 유지하며, 과거나 현재 뿐만 아니라 미래와도 관계한다고 생각했다.[45] 어거스틴이 이해한 것 같이, 기억은 임상목회적 패러다임의 중심적 관심사들 중 하나, 즉 "계속 동일한 사람으로 지속한다는" 정체성의 의식에 기여한다.[46] 돈 샐리어즈도 같은 방법으로 기억을 설명한다. "우리의 심오한 감정들은 우리가 어떻게 기억하고 무엇을 회상하는가와 밀접하게 연결되어 있다…기억하는 능력이 없으면, 우리는 자신의 삶과 세계에 관한 이야기를 의식하지 못한다."[47]

어거스틴에 의하면, 기억은 개인의 정체성 의식에 기여할 뿐만 아니라, 사람이 하나님을 찾아야 하는 곳이기도 하다. 어거스틴은 자신의 삶의 사건들이 하나님의 의도와 목적을 드러낼 수 있다고 믿고서 자신의 전(全) 생애를 기억하려고 체계적으로 노력했고, 하나님께서 주신 소명을 찾으려 했다. 어거스틴은 기억도 창조적 상상력과 마찬가지로 영적 활동이 될 수 있다고 믿었다. 기억의 능력 때문에, 그는 볼 수 없는 것을 말할 수 있었다. 그러므로 하나님이 기억 속에 거하신다는 것이 알맞은 말이다."[48]

듣고 기억함으로서의 목회적 돌봄

자정 무렵이었다. 나는 달라스 국제 공항에 있었다. 나는 4시간

전에 휴스턴에서 비행기를 타고 애틀란타로 갈 계획이었다. 그러나 기계적인 문제 때문에 비행이 취소되었다는 통보를 받았다. 그날 밤에 집에 가려면 우선 달라스로 가서 애틀란타로 가는 마지막 비행기를 타야 했다. 그래서 나는 처음 비행기를 탔을 때보다 집으로부터 훨씬 멀리 떨어진 곳에 있게 된 것이다. 그 때문에 나는 피곤하고 짜증이 나 있었다.

내가 조급하게 비행 탑승을 기다리고 있는데, 승무원 유니폼을 입은 젊은 여인이 나에게 와서 "패튼 박사님이 아니십니까?"라고 물었다. 나는 놀라움과 호기심으로 머리를 끄덕이며 그렇다고 말했다. 그 여인은 자기 어머니가 몇 년 전에 나의 사무실을 청소했었다고 말했다. 그 여인은 "저는 어머니와 함께 청소를 했었기 때문에 선생님을 기억합니다"라고 말했다. 그제야 나는 그녀의 어머니 진(Jean), 그리고 함께 다니면서 어머니를 돕던 가족들을 기억할 수 있었다. 내가 늦게까지 사무실에서 일하면서 지쳐 있을 때, 청소를 하던 그들이 놀랄 정도로 쾌활했던 것도 기억이 났다. 그 여인은 자기의 새 직업과 가족들에 대해 이야기를 한 후, 비행기를 타기 위하여 급히 떠났다. 놀랍게도 나는 더 이상 피곤하지 않았다. 누군가가 나를 기억해 주었다는 사실 때문에, 기다리는 시간도 그리 짜증스럽지 않았다.

칼 로저스(Carl Rogers)의 연구는 목회적 돌봄에 강력한 영향을 미쳤다. 이것은 목회자 본인을 강조하는 임상목회적 패러다임의 강조점의 일부가 되었다. 로저스와 그의 제자들은 심리치료 기법들을 민주화하여 보다 많은 사람들이 이용할 수 있게 했으며, 많은 사람들에게 돕는 기술 훈련을 제공했다.[49] 그런데 안타깝게도, 많은 사람들은 그 기술을 피상적이고 진부하게 배웠다.

로저스의 가장 영향력 있는 제자인 겐들린(Eugene Gendlin)은 기술에는 잘못이 없었고, 단지 듣는 능력이 충분히 학습되지 않았었다고 말한다. 그가 경험에 대해서 말한 것은 다양한 단계의 경험을 가지고 목회적 돌봄을 행하는 사람들에게 있어서 무척 중요한 것이다. 겐들린에 의하면, 로저스가 가르친 전통적인 내담자-중심의 반응은, 돌보는 사람의 말을 진정으로 들어주는 삶의 상황을 가진 사람에게만 전달될 수 있다. 이 기술의 핵심은 경청할 때와 경청한 것을 전달할 때의 정확성이다. 그러나 들은 것을 모호하게 근접하게 전달하는 일이 자주 있다. 겐들린은 그것을 "특별한 모서리가 빠진" 것이라고 표현한다. 돌보는 사람에게 자신의 관심을 전달하려는 사람은 돌보는 사람의 부정확한 반응에도 불구하고, 자신이 원래 느꼈던 것을 고수하려고 노력한다.[50]

도움을 구하는 사람은 자기가 털어 놓은 내용을 고수하면서, 자신이 말한 것을 명확히 하려고 노력함으로써 청취자의 부정확한 반응에 대처하려 한다: "그런 게 아니야, 여태까지의 일들은 이렇고 저렇고 하기에 그게 그렇지 않단 말이야." 돌보는 사람은 그 모든 것이 부정확한 반응에 대한 대답이란 것을 알지 못한 채 자기가 들은 말을 되풀이한다. 그 순간 도움을 청하던 사람이 듣는 사람으로부터 구하려던 것은 일반화와 저급한 공통분모 때문에 상실된다.

> 자신이 느낌을 털어놓는 사람의 말을 경청하고, 이해하고 정확하게 반응하고 도와줄 능력이 없는 치료사는 환자를 혼자 내버려 두는 것과도 같다. 치료사가 다른 유익한 일을 한다고 해도, 만일 그가 환자의 말을 들어주지 못한다면, 환자는 내면의 문제를 내버려두게 된다. 환자를 정말로 화나게 하는 것은 그의 문제가 거론되지 않고 다루어지지 않았다는 사실이 아니다. 자신의 이야기가 경청되지 않으면, 그의 내면 의식은 확대되지 않으며, 홀로 남을 뿐만 아니라 억압된다. 때로는 침묵하고 벙어리가 된다. 거기에는 어떤 관계도 있을 수 없다…경청하는 방법으로 반응하는 것은 다른 모든 방식의 반응을 위한 기본적인 선행 조건이다. 다시 말해서, 이것은 여러 방법들 중 하나가 아니라, 다른 방법을 위한 선행 조건이다.[51]

낯선 사람이 자신의 삶에 대해 이야기하는 사실들과 감정들을 경청하고 명확히 하고 반응하는 것의 중요성을 당신에게 호소할 것이라고 상상하기는 어렵다. 목회적 돌봄을 베푸는 사람들은 듣고 기억하는 방법에 대해 규칙적인 수퍼비전과 자문을 받아야 한다. 귀 있는 자는 들을지어다!

마지막으로, 일반적으로 기억은 시간과 관련이 있지만, 기억하는 데에는 장소도 중요하다. 기억을 돕는 중요한 것은 케이시(Edward Casey)가 말한 "장소에 대한 특정한 인식"이다. 장소는 "기억해야 할 항목들을 일정한 순서로 배열해 놓은 바둑판과 같은 일을 한다. 바둑판 같은 장소들을 다시 방문하며 마음 속으로 하나씩 조용히 생각함으로써 이러한 항목들을 기억하게 된다."[52] 기억은 그것들의 본질적인 거주지로서의 특정한 장소들을 찾는다…장소들은 기억된 내용들의 동결된 장면(congealed scenes)이다: 장소는 기억한 것들의 위치를 정하는 데 기여한다. 만일 특별한 장소―장소가 발생한 시간보다 우선할 수도 있다―에 있다고 기억된다면, 기억은 단단히 자리를 잡을 것이다.[53]

장소는 흔히 지도 상의 한 점 또는 지역, 장소로 인식되기 때문에, 시간과 비교하여 무시되기도 한다. 그러나 장소는 그보다 훨씬 더 중요한 의미를 갖는다. 목회적 돌봄을 베푸는 사람은 자신이 돌보는 사람들이 중요하게 여기는 장소에 신경을 써야 한다. 사진이 유용할 수도 있다. 훌륭한 목회적 돌봄에는 사람들이 말로 어떤 상면을 묘사하는 일을 돕는 것이 포함된다. 그것은 돌봄을 베푸는 사람들의 정신 속에 그가 기억하고 기념할 수 있는 심상들을 자극해준다.

수잔(Susan Allen Toth)은 두 권의 자서전을 저술했다. 하나는 그녀의 어린 시절에 대한 것이고, 또 하나는 대학 시절에 대한 것이다. *New York Time Book Review*에 실린 에세이에, 그녀는 자신이 기억하는 사람과 기억하지 못하는 과거의 사람들의 반응에 대한 이야기를 썼다. 그녀는 "나를 가장 놀라게 한 것은 자신의 삶이 기록되고 소중히 여겨지기를 바라는 일반인들의 욕구였다. 독자들은 자전적 이야기로 가득 채워진 긴 편지에서 '당신의 이야기가 바로 내 이야기입니다'라고 말하곤 했습니다"라고 말했다.[54]

그녀는 저자 사인회에서 고등학교 시절의 연극 선생님을 만난 일을 회상한다. 그녀는 자신의 책에 그 선생님의 어린 딸의 죽음에 관해 썼었다. 그 일은 대략 23년 전에 있었던 일이다.

> 나는 등장 인물의 이름과 몇 가지 사실들은 바꾸어 썼다. 나는 그 아이의 이름이 수지라는 것을 기억하고 있었지만, 메리라고 바꾸었다. 선생님은 내 손을 잡고 내가 책을 출판한 것을 축하하신 후에, 잠시 말을 멈추셨다. 과거에 딸을 잃은 끔찍한 사건으로 인해 내 눈을 들여다 보시는 선생님의 얼굴은 굳어졌고 슬픔의 그림자가 드려졌다. 선생님은 "너는 책에서 그 아이의 이름을 메리라고 했는데, 실제 이름을 기억하고 있는지 알고 싶구나"라고 말씀하셨다. 내가 그렇다고 말씀드렸을 때, 선생님의 얼굴은 편해졌다.[55]

목회적 돌봄을 행하는 사람은 자신이 돌보는 사람의 실제 이름을 기억해야 하며, 그 이름은 그가 돌보는 사람을 상징한다. 그것은 곧 "나는 당신이 어떤 삶을 살아왔는지 알 수는 없지만, 그 중 일부를 기억하며, 그것을 존중하고 소중히 여깁니다"라는 뜻을 전달하는 방법이다.

돌봄과 공동체의 발전에서 기억함과 기억됨은 중요한 요인이다. 나는 어린 시절에 다녔던 교회에서 거행된 어머니의 장례식을 회상한다. 초점은 나의 어머니, 그리고 어머니의 삶에 대한 사람들의 기억, 그리고 어머니의 삶과 관련하여 감사한 일들에 집중되었다. 그러나 사람들은 나에 대해서도 기억하고 있었다. 주일학교 때 나를 가르치셨던 선생님은 "너는 아직도 내 학생이야"라고 말씀하셨다.

나의 부모님과 친한 친구이며 동료였던 할머니는 "나는 헤르만이 죽었을 때 네가 쓴 편지를 아직도 기억하고 있단다"라고 말했다. 또 어떤 분은 "너는 아버지를 꼭 닮았구나"라고 말했다. 이런 말과 느낌 속에서 내가 아직도 그 공동체의 구성원으로 받아들여지고, 또 돌봄을 받고 있다는 것이 확실해졌다.

정리

돌봄은 기억함이다. 기억함이 돌봄이다. 이것은 신·구약 성경에서 하나님께서 자기 백성을 기억하신다는 묘사에서, 초대교회 교인들의 예수 그리스도 안에서의 하나님의 행위를 기억함에서, 기독교 공동체의 특정한 구성원을 바울이 기억하고 있음에서 확인되고 있다. 더욱이, 기억함이 돌봄이라는 개념은 목회적 돌봄을 베푸는 사람들에게 기도를 부탁하는 사람들에 의해 거듭 확인되고 있다. 이것은 자신이 죽을 때에 홀로 있고 싶지 않다는 것을 돌보는 사람들에게 알릴 방법을 찾고 있는 노인들이나 임종을 앞둔 환자들에 의해 다양한 방법으로 확인된다. 개신교인들은 알지 못하지만, 마리아의 기도는 가장 강력한 기도의 동력일 것이다. 그것은 돌봄의 가장 강력한 상징인 마리아에게 "지금, 그리고 죽는 순간에 죄인인 우리를 위해 기도해 주십시오"라고, 즉 우리를 기억해 달라고 요청하는 기도이다.

공동체적 상황적 패러다임의 중요한 가설 중의 하나는 개개인의 목회적 돌봄의 행위자가 아니라 공동체에 의해 주어진 돌봄이라는 사실에 목회적 돌봄의 능력이 있다는 것이다. 목회적 돌봄을 행하는 사람은 돌봄의 공동체의 축복과 힘을 가지고 사역한다. 그는 자신이 돌봄을 받았기 때문에 확신을 가지고 공동체의 돌봄을 타인에게 전달할 수 있다. 자아를 돌보는 것과 타인을 돌보는 일이 병행한다. 무엇보다 중요한 것은, 하나님의 기억 속에는 돌봄과 공동체가 함께 있다는 것이다.

어거스틴은 하나님을 찾는 장소로서의 우리의 정체성을 유지하는 데 있어서 기억의 중요성을 알고 있었다. 사람들로 하여금 자신이 누구인가를 기억하게 하고, 또 기억 속에서 하나님을 기억하고 탐구하도록 도와 주는 것임을 제시하는 것보다 더 강력한 목회적 돌봄의 방법은 없다고 생각한다. 이것을 다른 방법으로 개념화하면, 헨리 나우웬(Henry J. M. Nouwen)을 비롯한 여러 학자들이 인간의 이야기들을 하나님의 이야기에 연결하는 것이라고 규정한 것이다. 헨리 나우웬은 다음과 같이 말한다: "치료한다는 것은 단지 고통을 제거하는 것이 아니라, 우리의 고통이 더 큰 고통의 일부라는 것, 우리의 슬픔은 보다 큰 슬픔의 일부라는 것, 우리의 경험은 '그리스도가 이런 고난을 받고 하나님의 영광으로 들어가야 할 것이 아니냐'(눅 24: 26)라고 말씀하신 분의 큰 경험의 일부임을 밝히는 것이다." 우리는 자신이 기억하고 기념하는 기독교의 이야기에 자신의 이야기를 연결하면서 "역사를 운명론적인 고리에서 구해 내며, 시간을 일련의 무작위로 구성된 사건들과 사고들이 아니라 우리의 삶에서 하나님의 일을 탐구할 수 있는 지속적인 기회들로 변화시키다."[56]

우리는 기억하면서 도우며, 사람들로 하여금 기억할 수 있게 해준다. 그리고 헨리 나우웬이 말한 것 같이, 그들의 이야기를 보다 큰 이야기와 연결짓는다. 가장 유익한 기억 장치는 치료를 필요로 하는 상처에 귀를 기울이며 배우는 것이다. 예수님의 이야기와 동떨어진 고난의 사실이 우리에게 의미가 없듯이, 인간의 일반적인 상처를 특별한 상황 안에 있는 특별한 삶의 일부로 여겨 경청해줄 때에 그것은 의미를 가지며 기억될 수 있다. 간단히 말해서, 훌륭한 목회적 돌봄의 행위자는 한 사람의 이야기에 의미를 부여해 주며 기억되는 것을 허락하는 시간과 장소와 특별한 사실들을 경청한다.

토의 문제

이 장에서 설명된 관점들은 질문을 위한 것이다. 이 책의 가치는 독자의 동의로부터 오는 것이 아니고, 독자 자신이 취하는 입장과 문제에 관여하는 데서 온다. 그 문제들 중 일부가 아래에 제시된다. 그것들 외에 당신 스스로 생각하는 문제들을 첨가하도 좋다.

1. 목회적 돌봄의 근본적 권위는 무엇인가? 성경인가, 전통인가, 사역의 경험인가, 아니면 같이 하는 공동체의 삶의 본질인가? 공동체의 "가르치는 장로들"이나 목사들의 권위와 비교하여 공동체의 일반 구성원들의 권위는 무엇인가?
2. 공동체에 관한 상호 간의/개인적(mutual/personal) 견해가 목회적 돌봄의 일과 상당히 관련 있는 듯하다. 그러나 거기에 관련 있는 정치적/구조적 모델(political/structural model)들이 없는가? 만일 있다면, 어떤 면에서 상호간의/개인적 견해가 제한을 받는가?
3. 어떤 면에서 교회가 진정한 돌봄의 공동체인가? 어떤 면에서 교회가 목회적으로 돌보는 사람과 관련된 유일한 돌봄의 공동체인가? 보이는 교회와 보이지 않는 교회라는 문제에 대한 틸리히나 하지슨의 해결책에 만족하는가?
4. 교회의 정체성을 형성하는 데 평신도 지도자와 목회자의 양면성의 긍정적인 면과 부정적인 면에 대해 논하라. 교회는 가끔 교회 자체를 사역의 가장 중요한 요인으로서 포용되기도 하고, 동시에 교회의 불완전성으로 인하여 사역의 장애로 보이기도 한다. 이것은 무엇을 의미하는가?
5. 자아에 대한 돌봄과 타인에 대한 돌봄은 어떤 면에서 서로 보완하는가? 어떤 면에서 충돌하는가? 정해진 기간 이상으로 오래 끄는 돌봄은 죄책감을 포함한다는 노딩스와 다른 학자들의

말에 동의하는가?

제2장

상황적 돌봄: 재구성으로서의 돌봄

> 비슷한 상처를 가진 사람들과 함께 지내는 것이 중요하다고 생각한다. 그러나 중요한 것은 상처와의 관계를 끊는 데 있는 것이 아니라 돌보는 데 있다. 공통적으로 경험하는 곤경이 도움이 되지만, 그것에만 매달려서는 안된다.
> —목회적 돌봄을 행하는 평신도

> 상황으로부터 배울 수 있는 것 안에만 시간의 정신이 존재한다.
> —신학자, 더글라스 존 홀[1]

상황이란 특정한 주변 상황이나 사건과 관련된 전체적인 배경이나 환경이라고 정의할 수 있을 것이다. 상황성은 각기 특성을 가진 사회적 상황은 기독교 공동체의 사고와 반성 행동에 대한 정보를 제공한다는 것을 의미한다. 제1장에서는 공동체적 상황적 패러다임의 공동체적 차원에 초점을 맞추었다. 이 장에서는 오늘날의 목회적 돌봄과 밀접하게 관련된 상황적 문제들을 탐구해 보려고 한다. 나는 이전의 패러다임들의 공로를 거부하거나 그 가치를 부정하는 것이 아니라, 거기에다 오늘날의 목회적 돌봄 안에 존재하는 상황적 요인들에 대한 심각한 관심을 첨가하려는 것이다.

목회적 돌봄의 고전적 패러다임이나 임상목회적 패러다임 모두 상황을 그다지 인정하지 않고 있다. 고전적 패러다임은 인간의 문제에 관한 이해를 일반화하며, 그것들을 종교적인 용어로만 표현하려는 경향이 있다. 임상목회적 패러다임은 인간의 문제들을 대부분 심리학적으로 해석하거나, 심리학적 상황—남성 지배적인 문화의 인격 구조와 역동—을 규범적인 것으로 인정해야 한다고 주장한다.

임상목회적 패러다임이 주도하는 동안에는 상황에 주의를 기울이지 않았지만, 60년대에 출판된 힐트너(Hiltner)와 콜스톤(Colston)의 연구는 그렇지 않았다. 그들은 세속 상황과 교회 상황에서의 목회 상담의 효과를 비교하려 했다. 그들은 상담이 이루어지는 상황이 그 효과를 결정하는 중요한 요소라고 주장하고, 사람이 인식되는 방법은 그의 행동의 효율성을 결정하는 중요한 요인이 된다고 결론지었다.[2] 이 연구는 목회적 돌봄에서의 한 가지 상황적 요인만을 연구했기 때문에, 오늘날 필요한 것보다는 훨씬 좁은 상황의 요인에 대한 견해를 제시하였다. 이런 좁은 견해에 반대하여 등장한 공동체적 상황적 패러다임은 참작해야 할 복합적인 상황들이 있다고 주장한다. 오늘날의 목회적 돌봄의 사역에서 중심이 되는 부분은 목회적 상황(situation)을 이해하는 데 관련된 상황(context)을 분별하는 것이다.

더글라스 존 홀(Douglas John Hall)과 피터 하지슨(Peter Hodgson)은 오늘날 신학이 고려해야 할 상황을 다음과 같이 정리한다: (1) 기독교의 정치적 정착의 목적: (2) 하나의 종교만 있는 것이 아니고, 많은 종교가 있다는 인식: (3) 인간 악의 근본적 본질을 상징하는 아우슈비츠의 충격: (4) 억압 당하고 있는 사람들도 역사와 사회 속에서 그들의 자리가 있다는 의식의 혁명: (5) 환경적 위기나 자연의 반항: (6) 핵무기 사고에 대한 두려움: (7) 종교를 지나치게 단순화하는 것과 종말론적 인식의 도래: (8) 미국 흑인 교회의 각성: (9) 공동체를 근거로 하는 남미 계통의 성례전적 공동체적 교회: (10) 페미니스트적인 비젼.[3]

이런 상황들은 믿음의 실천 뿐만 아니라, 믿음의 이론적 공식까지도 포함하고 있기 때문에, 위의 목록은 목회적 돌봄 뿐만 아니라 신학에서도 여러 가지 생각을 갖게 한다. 이런 상황들이 이번 장에서 직접적으로 또는 간접적으로 전달될 것이다. 어떤 문제들을 거론할 것인가는 주관적인 문제이지만, 이 장에서는 인종, 종족, 성별, 힘, 문제, 도덕성 등의 상황에 대해 논하려 한다. 하나의 상황으로 간주된 "문제"는 아마 이 목록 중에서 예측하지 못했던 항목일 것이다. 그러나 만일 하나님의 사람들이 경청과 기억함을 통하여 서로를 돌보도록 부름받았다면, 문제를 해결하는 것이 목회적 돌봄의 중심 행위는 아닐 것이다. 목회적 돌봄의 중심 행위는 관계 안에서 경청하고 기억하는 것이고, 인간의 문제들은 돌봄이라는 보다 중요한 과제를 위한 상황적 배경일 뿐이다.

보편적인 것과 특수한 것

돌봄의 상황을 다루기 전에 보편적인 것과 특수한 것에 관한 문제를 논하는 것이 중요하다고 생각된다. 상황의 문제는 인간의 어떤 면이 보편적인 것이고, 어떤 면이 특수한 것인가를 질문하는 일반적인 인간의 문제의 일부이다.

인간이 된다는 것의 의미에 대한 단 하나만의 정의는 없다. 각각의 문화, 이념, 종교는 각기 그들만의 방법으로 인간 본질의 실체를 설명한다. 그러나 인간이 된다는 것은 아래의 것을 포함하는 것이 확실하다: 첫째, 사람이 살고 있는 세상을 이해하고 형성하는 데 참여하는 능력; 둘째, 다른 사람의 조작의 대상이나 사물이 아닌 주체로서의 수용.[4]

돌봄을 위한 특수한 상황의 인식은 (1) 특정한 사람이나 상황에 대하여 무엇이 특별하고 독특한 것인지를 분별하려는 경청과 기억함을 포함하고, (2) 많은 사람들과 상황들 안에서 공통적으로 나타나는 것을 발견하기 위하여 개방된 상태에 머물려 하는 경청과 기억함을 포함한다. 이 두 가지 관점에서는 특별하고 특수한 것은 보편적인 것에 기여하고, 공통적인 것으로 나타나는 것은 특별하고 특수한 것의 이해에 기여한다고 가정한다. 엘렌 핀더휴즈(Elaine Pinderhughes)는 사회사업가이자 임상의로서의 관점에서 인간의 차이점과 유사점의 문제에 접근했다. 모든 사람들이 차이가 없이 똑같다는 주장은 차이와 관련된 불안을 없애는 것 같지만, 실상 진정한 차이점을 알지 못하고 있는 것이며, 동일성이 지나치게 강조될 수도 있고, 왜곡과 오해가 강화될 수 있다고 그녀는 주장한다. 한편 그녀는 "비슷한 점에 주목함이 없이, 지나치게 차이점에 초점을 두면 불안을 야기시키거나 이해의 목적을 해칠 수 있다"고 생각한다.[5]

그녀의 주장은, 사람들은 모두 같다는 무비판적인 견해는 타인에 대한 무지 및 차이점을 이해하고 연결하기 위해 노력해야 할 필요성을 의식하지 못하게 한다는 것을 상기시키는 데 도움이 된다.[6] 그녀는 또한 임상의는 자신의 가치를 분명히 인식해야 한다고 강조한다. 그러한 분명한 인식은 잘 알려진 방어기제, 동질성의 기대를 사용하지 못하게 하는 데 도움을 준다. 동질성의 기대는 사람들을 편하게 하기도 하지만, 돕는 자로 하여금 상대방을 자신과 동일하게 보도록 강화하기 때문에, 상대방의 차이점을 무시하게 하는데, 그것은 곧 상대방의 특성과 장점을 무시하는 것을 의미한다. 자신의 가치관이 다른 사람들을 보고 그의 장애를 인정하는 데 있어서 어떤 렌즈 역할을 하는지 인식해야 한다.[7]

목회 신학자인 데이비드 아우그스버거(David Augsburger)는 크럭혼과 머레이(Kluckhorn and Murray)의 고전적 교과서인 *Personality in Nature, Society, and Culture*[8]를 이용하여 인간이 된다는 것의 세 가지 기본적인 차원을 확인한다: (1) 사람은 모든 사람들과 비슷한 면들을 가지고 있다는 보편적 차원; (2) 사람은 일부의 다른 사람들과 비슷하다는 문화적 차원; (3) 각 사람은 누구하고도 비슷하지 않다는 개별적 차원.

아우그스버거는 "한 가지의 문화만을 가지고 있는 사람은 문화를 모르는 사람이다"라고 말한다. 두번째, 세번째의 문화를 알게 되면서, 사람은 "우리가 실제라고 여겼던 것이 사실은 부분적으로 보고 부분적으로 알고 있는 실체들에 대한 해석이라는 것을 발견한다."[9]

아우그스버거가 문화에 관해서 말한 것들은 실제로는 상황(context)이라는 말로 표현될 수 있다. 목회적 돌봄에서 한 가지 상황만 가까이 하던 사람들은 상황적(contextual)인 것을 알 수 있는 상황을 충분히 인식하지 못한다. 보편적인 것이라고 생각되던 많은 것들이 지엽적인 것이고, 절대적이던 사고가 상대적인 것이 되고, 단순해 보이던 것이 복합적인 것으로 보인다. 목회적 돌봄을 받는 사람들, 그리고 그들이 우리에게 털어 놓는 상황들은, 어떤 면에서는 무엇과도 같지 않고, 어떤 면에서는 일부와 같고, 어떤 면에서는 다른 모든 것들과 같다. 목회적 돌봄을 행하는 사람은 서로를 이해하기 위하여 자신의 상황 뿐만 아니라, 다른 상황을 인식해야 한다. 목회적 돌봄을 행하는 사람은 좀 더 친근한 상황과 덜 친근한 상황 사이의 경계선에서 일해야 한다.

아우그스버거는 문화적 인식은 학습될 수 있다고 믿는다. 상황적 인식 역시 학습될 수 있다. 이런 인식의 일부로서 사람이 발전시켜야 할 것은 다음과 같다: (1) 다른 사람들은 다른 견해를 가질 수 있다는 인식과 가설과 가치관에 대한 명확한 이해; (2) 자신의 특성을 고수하면서도, 다른 세계관을 환영하고, 들어가 보고, 칭찬할 수 있는 능력; (3) 개인과 상황에 영향을 주는 자료들에 대한 인식, 그리고 개인과 가정에 미치는 역사적, 사회적, 종고적, 정치적, 경제적인 힘의 영향을 인식함; (4) 특정한 심리학 이론에 순응하라는 강요를 받지 않고서 특정한 사람의 삶의 상황에 용통성 있게 반응함; (5) 차이점과 유사점, 그리고 특성과 공통성의 가치를 인정하면서 다른 사람의 차이점과 관련이 있음을 인식함.[10]

사람들에게 또는 자신과 무척 다른 사람들에게 돌봄을 제공할 때에, 다음과 같은 것이 중요하다: (1) 잘못된 정보와 가설을 발견하고 버리는 것; (2) 다른 사람들의 전통을 자신의 전통에 적용해 보기를 원하면서, 다른 사람의 전통의 가치를 탐구함; (3) 전에는 인식하지 못하던 의미와 실체의 새로운 영역을 발견할 것을 기대함.[11]

미니-인종학자로서의 목회적으로 돌보는 사람

상황과 문화를 신중하게 다루는 목회적으로 돌보는 사람을 위한 또 하나의 지침은 심리분석학자이며 교육가인 아더 크레인맨(Arthur Kleinman)이 강조하는 "임상의가 가져야 할 모습"에서 찾아볼 수 있다. 이것은 목회적으로 돌보는 사람을 위한 이미지와도 비슷한 가치를 갖는다. 크레인맨은 좋은 임상가를 "미니-인종학자"(mini-ethnographer)로 묘사한다. 인종학의 과제는 특정한 집단의 이야기를 발견하는 것이다. 인종학자는 그들의 신화, 예식, 일상의 활동을 이해하려고 노력한다. 인종학의 주 과제는 관찰이다. 인종학자는 미래의 관찰이 가능하도록 협력과 신뢰의 관계를 만드는 사람이다. 인종학자는 특히 행동을 이해하기 위하여 상황의 지식을 의지한다. 그가 한 발은 자신이 연구하는 문화 안에 두고 다른 발은 그 문화 밖에 두고 있다는 사실에서 그의 해석은 유익을 얻을 것이다. 인종학자와 임상의는 감각을 공유한다. 그들 모두 경험의 탁월성을 믿는다. 그들은 경험주의자보다는 실측적인 과학자(observational scientist)와 비슷하다. 시인과 화가들처럼, 그들은 지각(perception)

의 자세한 면까지 자세히 그리려고 애쓴다.[12] 훌륭한 임상의나 목회자는 미니-인종학자이다. 왜냐하면 그는 전체 부족이나 문화를 위해서 보다는 개인, 가족, 또는 소규모 집단을 위하여 이러한 과제를 맡기 때문이다.

미니-인종학자의 이미지와 과제를 받아들이는 목회적 돌봄의 사역자는 평신도건 성직자건 간에 관찰과 묘사에 깊이 관여해야 한다. 이것을 지지하는 또 다른 인물은 인류학자인 클리포드 거쯔(Clifford Geertz)이다. 그는 "짙은 묘사"(thick-description)라는 개념으로 인종학자의 작업에 대한 우리의 이해를 풍요롭게 한다. 여기서 중요한 것은 "한 민족의 문화를 이해한다는 것은 그들의 특성을 감하지 않으면서 일반성을 드러내는 것이다"라는 말이다.[13] 이 말은 목회적 돌봄이 어떤 것이어야 하는지에 대한 훌륭한 묘사인 듯하다. 거쯔는 다음과 같이 말한다.

> 인종학적 발견은 특혜를 받은 것이 아니라 그저 특별한 것이다. 인종학의 소우주적 본질이 제공하는 방법론적 문제는 실제로 존재하고 비판적(critical)이다…그것은 사회적인 행동들은 행동들 자체에 대한 논평 이상의 것임을 인식함으로써 해결되어야 한다. 해석이 어디로부터 나오는가가 해석이 가야 할 곳을 결정하지는 않는다.[14]

그는 인간에 대한 연구와 관련하여, "설명은, 단순한 설명에 따르는 설득력있는 명료함을 유지하려고 노력하면서 단순한 묘사들을 대신하는 복잡한 묘사들로 이루어진다고 주장한다."[15] 이것은 목회적 돌봄을 행하는 사람들이 가져야 할 또 하나의 아름다운 측면으로 보인다. 거쯔는 특정한 장소의 관습에 의해 수식되지 않는 인간은 실제로 존재하지 않는다는 것을 강력하게 상기시킨다. 그러므로, "인간 안에서 자연적인 것, 보편적인 것, 그리고 지속적인 것 사이에 선을 그리는 것과 전통적인 것, 지엽적인 것, 다양한 것들 사이에 선을 그리는 것"은 굉장히 어려운 일이다. 실제로, "그런 선을 그린다는 것은 인간 상황을 왜곡하는 것이거나 잘못 처리하는 것이다."[16] 문화와 상관 없는 인간의 본성이란 존재하지 않는다. "종합해 보면, 우리는 보편적인 문화가 아니라 매우 특별한 형태의 문화를 통해서 자신을 완성하는 미완성의 동물이다."[17]

마지막으로, 거쯔의 글은 상황적으로 민감한 목회적 돌봄을 이해하는 데 아주 중요하다.

> 계몽주의에서 말한 것처럼 인간은 생득적 능력에 의해 정의될 수 있는 것이 아니고, 현대 사회과학이 정의하듯이 실제 행동만으로 정의될 수 있는 것도 아니다. 인간은 그 둘 사이의 연결에 의해, 전자가 후자로 변형되는 방법에 의해서, 그의 구체적인 행동에 초점을 둔 유전적 잠재력에 의해 정의되어야 한다. 인간의 경력 안에서, 그의 특유한 과정 안에서, 우리는 희미하게나마 인간의 본성을 분별할 수 있다…
>
> 사람이 된다는 것은…그냥 사람이 된다는 것이 아니라, 특별한 유형의 사람이 되는 것이다. 물론 사람들마다 각기 다르다. 간단히 말해서, 만일 다양한 문화의 본질적인 특성을 파악하며 각 문화 안에 있는 다양한 종류의 사람들을 파악하려 한다면, 만일 우리가 인류를 직접 대면하여 만나기를 원한다면, 우리를 오도하는 표지들, 형이상학적인 유형들, 헛된 유사성들을 무시하고 보다 구체적인 것을 향해 내려가야 한다. 일반적인 것을 향한 길, 과학의 단순성을 향한 길은 특별한 것에 대한 관심을 통하여 자리잡는다.[18]

이것은 목회적 돌봄에서 특별한 것에 주의를 기울여야 한다는 것을 알려 주는 중요한 자료이다. 이것은 고전적 패러다임과 임상목회적 패러다임에서의 이해를 깊게 해줄 뿐만 아니라, 상황을 인식하는 데도 도움을 준다. "일반적인 것을 향한 길, 과학의 단순성을 향한 길은 특별한 것에 대한 관심을 통하여 자리잡는다"는 거쯔의 말은, 목회적 돌봄의 기초가 되는 고전적 신학적 메시지에도 적용할 수 있을 듯하다. 뿐만 아니라, 임상의와 인종학자의 인격에 대한 크레인맨과 거쯔의 관심은 목회자의 인격에 관한 임상 목회적 패러다임의 초점이기도 하다.

크레인맨의 말처럼, 만일 목회적 돌봄을 행하는 사람이 기억하는 사람이라면, 그는 자신이 돌보는 사람들에 대한 이야기들—그들의 신화, 예식, 매일의 활동, 문제점 등—을 정확하게 관찰하여 말할 수 있어야 한다. 목회적으로 돌보는 사람은 경험의 우월성을 믿고, 시인이나 화가와 같이 돌봄을 받는 사람의 삶을 자세히 묘사하고, 돌봄을 받는 사람이 자신을 보고 평가하는 것보다 더 자세히 그 사람을 보고 존중해야 한다. 여기에서 상황과 관련된 우리의 관심은 "자연적인 것, 보편적인 것, 지속적인 것 사이에 선을 그리는 것…그리고 전통적인 것, 지엽적인 것, 다양한 것 사이에 선을 그리는 것은 인간 상황을 왜곡하는 것이거나 최소한 인간 상황을 심각하게 잘못 처리하는 것"이라는 거쯔의 주장에 있다. 이제 특수한 돌봄의 상황에 관하여 논의하려 한다.

상황적 문제로서의 인종과 성별: 임상적 사례

이 장에서 언급하려는 두 가지 상황적인 문제를 다룬 유익한 예는 내 제자였으며 지금은 조지아 주 목회적돌봄협회의 동료인 두 사람의 이야기에서 찾을 수 있다. 유진 로빈슨(Eugene Robinson)과 미리암 니드헴(Miriam Neddham)은 한 사람은 임상목회 감독 교육을 받고 있었고 한 사람은 수퍼바이저(supervisor)로 일하면서 인종과 성에 관한 몇 가지 문제를 다루었다.[19] 나는 그들과 같이 일해 왔고 그들이 그러한 글을 쓰게 된 특별한 제도적 상황을 잘 알고 있다.

　로빈슨과 니드헴은 모두 40대였다. 감독인 로빈슨은 흑인 남자였고, 감독 교육을 받고 있던 니드헴은 백인 여자였다. 그들은 자기들이 함께 일한 경험과 관련하여 흑인과 백인, 남성과 여성 관계에 대한 문화적 신화 몇 가지를 조사했다. 이 문화적 신화들은 사람들과 여러 가지 대인관계에 관하여 거짓말을 하고 있다. 로빈슨과 니드헴은 신화라는 단어가 전적으로 거짓을 의미하는 것으로 사용하고 있지만, 어떤 것에 대한 신화가 있다는 사실은 그것을 둘러쌓고 있는 문제와 불안의 중요성을 지적한다. 신화는 반대되는 것들을 화해시키는 것, 혼란한 세상의 질서를 회복하는 것과 관련이 있다. 로빈슨과 니드헴이 드러내려 하는 거짓된 신화들은 흑인-백인, 남성-여성 관계에 관한 진실을 드러내는 신화들로 대치되어야 할 불안을 다루고 화해시키는 만족스럽지 못한 수단이다.

　문화적 신화들을 구체화하는 데 도움이 되는 가족 배경에 관하여, 미리암(나는 임상적 상황을 설명하기 위해서는 이름을 사용하고, 임상적 상황에 대한 저자의 반성을 전달하기 위하여 성을 사용한다)은 성공한 구세군 사관의 딸이었다. 그녀는 아버지로부터 사회적·공적 기술을 많이 습득하였지만, "사람들을 도와 주어야 한다." "아빠가 너를 돌보아 줄 것이다." "여성도 강할 수 있다. 그러나 너무 독립적이어서는 안 된다"는 등 여성을 차별하는 문화적 메시지를 들으면서 성장했다. 유진은 경제적으로는 가난하였지만, 정서적으로는 부모와 할머니로부터 강력한 지원을 받는 가정에서 성장하였다. 그는 초등학교부터 신학원까지 거의 대부분을 흑인 학교에서 공부하였다. 그는 "흑인 남자는 성적인 것만 밝히는 종마(stud)다." "백인 여자는 흑인보다 우세하며 백인 남자와 비교할 때만 열세이다"라는 문화적 편견을 가지고 있었다. 그가 아버지로부터 물려받은 메시지는 편견을 갖게 했다: "수동성, 게으름은 죄이다."

"흑인 남자의 구원에는 교육이 절대적으로 필요하다." "너 자신만 의지하라."

로빈슨과 니드헴은, 니드헴이 다른 기관으로부터 청빙을 받았을 때의 일을 묘사한다. 그 기관에서는 중산층 이상의 배경, 스트레스를 덜 받는 작업 환경, 유명한 학문 센터의 직원으로 인정받는 것 등의 조건을 제공했다. 로빈슨은 니드헴이 백인 중심의 유명한 기관으로부터 청빙을 받은 사실에 대한 경쟁심과 분노, 그리고 니드헴이 그 제안을 진지하게 생각하고 있는 데 대해 배신감을 느꼈지만, 유진은 그 문제는 미리엄 자신이 결정하고 그 결과를 수용해야 한다는 원칙을 고수했다. 그 상황 안에는 "흑인 남자들은 백인 여자를 믿을 수가 없다." "유혹을 조심하라." "너는 그렇게 똑똑하지 못하다" 등과 같은 과거로부터 받아온 인종과 성별에 관한 편견이 있었다. 유진은, 학생들은 결정을 함에 있어서 갈등을 겪어 봐야 한다는 감독자로서의 원칙과 아울러, 백인 여성들을 조심해야 한다는 문화적 금기의 영향을 받고 있었다.

미리암 역시 화가 났고 버림받았다고 느끼고 있었다. 강한 남성이 앞에 나와서 자신을 위하여 싸워 주기를 기대했었다. 그러나 로빈슨은 뒷전에 앉아서 아무 일도 하지 않았다. 그녀가 생각할 때에, 이것은 그가 돌보지 않고 있다는 것을 의미했다. 두 사람 모두 화가 나 있었지만, 처음에는 그것을 직접적으로 표현하지는 않았다. "미리암은 유진은 흑인이기 때문에 백인의 분노로부터 자신을 보호해야 한다는 가정 하에 움직였다…그녀는 마치 조상들이 저지른 죄와 불의를 보상해야 한다고 느끼는 듯했다."

많은 관계에서 그렇듯이, 이 관계에서도, 막다른 골목에서 탈출하는 방법, 또는 이것을 이해하기 위한 실마리는 다른 관계를 가짐으로써 이루어졌는데, 그것은 미리암과 나이 많은 흑인 학생과의 관계였다. 감독에 관한 심리학에서 "병행 과정"(parallel process)이라고 언급되는 이 현상은, 대부분의 관계는 다른 관계 안에 대등한 것을 소유하며, 만일 어떤 사람이 하나의 관계와 더불어 일하다가 곤경에 빠진다면 거기서 빠져 나오는 방법이나 통찰을 병행 관계로부터 배울 수 있다고 주장한다. 미리암은 자기가 나름의 전형적인 양육 방식으로, 때로는 매력적인 자세로 학생에게 가까이 가면 갈수록, 학생은 점점 더 멀어져 가는 것을 발견했다. 그녀는 그 학생은 스스로를 돌볼 줄 모른다고 생각하고 그녀가 부드럽게 대해 주면, 학생이 그녀를 좋아하게 되리라는 가정 하에서 그 학생과 같이 일했다. 그러나 그 학생이 계속 저항하고 화를 냈기 때문에, 그녀는 혼란스러웠다.

유진은 흑인 남자들이 온화하고 매력적인 백인 여자와 관계를 유지하는 것의 어려움을 지적해 주었다. 그의 주장을 나타내 주는 문화적 신화는 다음과 같다: 큰 저택의 흑인 남자 노예가 안주인의 유혹을 받았다. 나중에 주인이 두 사람을 붙잡았는데, 여자는 뒤로 빠지고 남자는 매질을 당하거나 죽임을 당했다. 이 상황에서 학습 기회는 병행 과정의 이론을 실험해 봄으로써 구체화되었다. "만일 교육을 받고 있는 백인 여자 감독이 특별한 방법으로 흑인 학생과 관계를 갖는다면, 같은 일이 그녀와 그녀의 흑인 감독의 관계에서 발생할 수 있다." 미리암은 학생의 분노를 더 점잖게 대하면서, 학생의 분노를 거부하는 것은 자신이 느끼는 유진의 분노에 대한 두려움과 관계가 있음을 깨달았다. 이 학생과의 관계, 그리고 나중에 다른 학생과의 관계에서, 그녀는 특별한 결과의 성취를 위하여 자신의 감정을 조작하기보다는 정직하고 솔직한 관계를 제공하는 것이 중요하다는 것을 발견했다.

이런 인간 상호관계의 사건들을 주의 깊게 탐구하면서 로빈슨과 니드햄은 인종과 성별의 문제를 처리하는 신화의 힘을 보다 깊이 있게 보게 되었다. 로빈슨은 『잠 자는 숲속의 미녀』(*Sleeping Beauty*)가 제시하는 방어력이 없는 순수한 백인 여성의 신화를 고찰하면서, 그 신화가 성과 인종 사이의 거리감을 유지하는 효과를 가지고 있으면서도 이 관계에서는 직접적이고 정직한 관계가 아닌 진부한 관계를 요청함으로써 반-생산적으로 기능해 왔다고 생각해 보았다.

개인 생활과 직업 생활에서 독립을 주장해 온 독신녀인 미리암은 "잠자는 숲 속의 미녀의 신화"가 아직도 힘을 발휘하고 있음을 발견하고 놀랐다. 과거의 전통적이고 가부장적인 가족 제도의 상황 안에서 이해되었던 이 신화는 여성은 호감이 가는 대상이 되어야 하고, 자신보다는 남을 위하여 살아야 한다고 말한다. 마돈나 콜벤슈락(Madonna Kolbenschlag)의 해석에 의하면, 이 신화는 여자는 잠자는 숲 속의 미녀처럼 "그녀의 삶을 의미있고 성취된 삶으로 만들어줄 사람을 기대하면서 기다리거나 잠 자고 있어야 한다고 주장한다."[20] 미리암은 그 신화를 깊이 고찰하면서 자신이 권위를 다른 사람에게 양도하면서도 동시에 자신이 확실히 보호받기 위해서 유혹하고 조종하는 데 능숙했다는 사실을 깨달았다. 유진은 그녀에게 스스로 일어나 자신을 돌보라고 도전하면서 이러한 가정과 삶의 방식에 대해 질문을 했다.

로빈슨과 니드햄은 다른 신화들을 다루게 되었는데, 그것들은 처음에는 무의식적으로 그들이 함께 일하는 방법에 정보를 제공하고 영향을 주고 있었다. 하나는 한 인종은 다른 인종에 비하여 확실히 열등하고, 우수한 인종은 다른 인종을 돌보아야 하는 의무를 가지고 있고, 열등한 인종을 열등한 장소에 놓아 둘 권리가 있다는 신화였다. 미리암은 그 신화의 내용에 반발하면서도, 자신도 그것의 지배를 받아 왔음을 깨달았다. 그녀는 백인 형제 자매들이 흑인들에게 범한 죄로 인한 그녀 자신의 죄의식을 보상하기 위하여 흑인들—유진과 그녀의 학생—을 향한 자신의 솔직한 감정을 억누르고 있었다.

흑인과 백인 사이의 관계를 지배해온 또 다른 신화는 흑인 남자들의 성적인 난잡함과 용맹에 대한 신화이다. 이 신화는 인종과 성

사이의 거리감을 유지하는 기능을 하고, 또 억압을 받아왔기 때문에 긍정적인 정체성을 발견하기 어려운 흑인에게 하나의 정체성을 준다. 로빈슨이 인정한 것처럼, 그는 그 신화가 잘못된 것임을 증명하기 위해서 크게 노력해야 할 필요를 느꼈지만, 혼자 힘으로는 바꿀 수 없는 흑인 남성에 대한 부정적인 이미지로 인한 고통을 지니고 살아가야 한다는 것을 인식하고 있었다.

그는 미리암을 관리하는 감독의 관계를 통해서 흑인 남자의 신화가 그의 감독에 어떤 영향을 주는지 인식했다. 그가 인정한 것처럼, "그는 모든 개인적 관계에서 재미있고 역동적인 성적 관계로 들어가기를 꺼리는 자신의 모습을 경험하였다." 그는 또한 성적으로 난잡하게 보이지 않으려 하기 때문에 자신이 재미있고 매력적인 기분으로 즐겁게 지내는 것을 허용하기가 어렵다는 것을 인식했다. 신화의 영향력과 그것을 거부하려는 그의 노력을 깨달으면서, 미리암과의 관계에서 성(性)에 대한 자각과 즐거움에 대한 개방적 태도가 증가되었다. 미리암과 그녀의 학생 사이에서도 성에 대한 자각과 즐거움에 대한 개방적인 태도가 증가되었다.

감독해 주는 관계에 대한 이 진술에 함축된 것들은 감독이라는 활동 자체를 넘어서도 적용되며 인종 차별 상황이나 성 차별적인 상황에서 목회적 돌봄을 행하는 사람들에게 도움을 줄 수 있다. 그 중 몇 가지를 살펴 보면 다음과 같다:

(1) 성별의 문제는 어느 관계에서든지 발생한다. 그리고 그러한 문제들을 인식하고 다루는 방법에 영향을 주는 신화들도 존재한다.
(2) 대립되는 문제들을 특별한 대인관계 안에서 나타나는 보다 큰 사회 안에서 보는 것이 중요하다.
(3) 사회가 지시한 방법 때문에 억압을 받아온 사람들 사이의 관계에서, 그들의 억압 경험에서의 유사성과 차이점들을 조사해 보아야 한다.

(4) 비록 신화가 진실이 아니라고 여기더라도, 신화의 힘을 이해하며, 그것을 지시하고 해석하려는 의도를 지닌 몇 가지 문제를 이해해야 한다.

로빈슨과 니드헴의 작업을 토대로 하여 다음과 같은 결론을 내릴 수 있다:

> 문화적으로나 성적으로 자기와 다른 사람을 보살피거나 보살피는 훈련을 받을 때에, 상대방의 첫번째 반응이 "그것은 문제가 되지 않습니다. 당신이 여자라는 것은 나에게 큰 문제가 아닙니다. 나는 사람의 외면적 차이를 보려고 하지 않습니다. 나는 흑인이건 백인이건 사람 자체를 보려 합니다"라고 말한다면, 그 사람은 그다지 믿을 만한 사람이 아니다. 그러한 불신은, 그러한 차이점이 개인적인 상호작용에 어떤 영향을 미칠 수 있는지를 그 학생이 생각해 본 적이 없다는 것, 또는 그러한 차이점을 의식하는 것을 기독교적인 태도가 아니라는 의미를 함축하는 신학을 주장하거나 또는 문화적 차이나 성 차별을 다룬 신화들이 무척 위협적인 것이라고 생각하는 것에 대해 말하는 것, 또는 자신의 인종차별주의나 성차별주의를 고백하는 것을 무척 어렵게 생각한다는 것을 말해준다.[21]

돌봄의 상황으로서 성별에 관하여

사회의 많은 영역에서 상황적 문제로서의 성(性)에 대한 인식이 증가함에도 불구하고, 목회적 돌봄을 행하는 대부분의 남성들은 가부장적인 사회구조의 의미를 이해하는 데 있어서 도움을 필요로 한다. 아래 제시된 목록은 수년 전에 이글리진과 로스(Iglitzin and Ross)가 발표한 것이지만, 가부장적인 사회 조직을 확인하는 좋은 출발점을 제공한다.

(1) 노동에서의 성 차별은 남성과 여성의 역할 차이를 분명하게 반영한다. 가장 유익한 예는 봉사의 역할, 또는 돕는 역할이다. 여성에게는 가정에서 그러한 역할을 성취하는 것 또는 직장에서 교사, 비서, 간호사 등의 역할을 성취하는 것이 더 자연스러운 것으로 여겨진다.
(2) 여성의 정체성은 근본적으로 남자와의 관계에서 출발한다. 그리고 남성과의 중요한 관계(결혼)를 가지지 않은 여성은 규범에서 벗어난다.
(3) 여성들은 주부와 어머니로서만 최고의 성취에 도달할 수 있다. 남성들은 주된 수입원으로 간주된다.
(4) 여자들은 어린아이 같아서 험한 세상으로부터 보호를 필요로 한다고 가정된다.
(5) 여자들은 정치 생활이나 경제적인 삶보다는 가정에서의 개인적 영역을 더 좋아한다고 가정된다.[22]

이러한 가정들 및 이것들을 뒷받침하는 사회 구조에 대한 반응으로, 목회적 돌봄과 심리치료를 행하는 페미니스트들은 다음의 것들을 주장한다:

(1) 여성의 지위가 열등한 것은 근본적으로 여성이 남성보다 경제적으로나 정치적으로 힘이 약해지고 있기 때문이다.
(2) 여성의 힘을 결정하는 데 있어서 경제적이고 사회적인 계층보다 더 강력한 것이 성이다.
(3) 여성의 사회적·외적인 세계와 개인적·내면적 세계의 변화에 초점을 두어야 한다.
(4) 우정, 사랑, 결혼은 개인적 힘의 평등에 기초를 두어야 한다.

목회적 돌봄의 사역에 종사하는 사람들은 결코 자신을 변화의 대행자로 생각하지 않는다. 그들의 지도적 이미지는 "치료가 아니라 돌봄"이다. 그러나 돌봄은 현상 유지를 지원하는 것을 의미하는 것이 아니라, 상대방으로 하여금 삶의 가능성을 보게 하는 관계를 제공하는 것을 의미한다. 돌봄은 돌봄을 받는 사람이나, 그 사람의 삶의 상황을 이해하기 위하여 성별의 문제에 민감하게 되는 것을 의미한다. 그러므로 "목회적 돌봄을 행하는 남성이 이런 방법으로 여성 교인이나 여성 내담자에 대하여 민감할 수 있는가"라는 문제가 여전히 존재한다.

가족 치료사인 윌리엄 도허티(William Doherty)는 가족 치료사들을 지원하는 글에서 이 문제에 대하여 답한다. 그의 말은 목회적 돌봄을 행하는 사람들에게도 적용될 수 있다. 그는 남성이나 여성 치료사들은 넓은 계층의 고객들을 대상으로 일할 수 있으며, 치료사들에게는 그들의 성별보다는 개인적 자질과 전문적인 기술이 더 중요하다고 주장한다. 근본적 문제는 "여성과 남성이 치료하면서, 그리고 사회 안에서 대면하는 힘의 문제에 대한 의식"이다. 성을 구별하는 의식이 형성되며, 그 의식은 치료사들로 하여금 자신의 성차별적인 경험 안에서 여성 의뢰인이 자신의 능력을 발견하도록 도와 주는 작업을 할 것을 요구한다. 도허티의 말에 의하면, "페미니스트 치료사들은 20여년 이상 이 문제에 종사해 왔지만, 남성 치료사들은 이제서야 이 문제를 대면하기 시작했다."[23]

"성별화(性別化)된 경험 안에서 일한다는 것"은, 남성은 여성과의 관계 안에서 자신의 성을 하나의 상황적 문제로 인식해야 한다는 것을 의미한다. 과거 고전적 패러다임과 임상-목회적 패러다임의 영향 아래서는 남자는 그렇게 하지 않아도 되었다. 공동체적 상황적 패러다임은 새로운 의무들을 가르치는 새로운 기회를 제시한다: 성별 인식의 추구, 그리고 이것을 성취하기 위한 초기의 노력은 효과가 별로 없으며 우리를 당황하게 할 것이라는 인식. 나 자신의 경험 및 다른 남성들에게서 관찰한 것으로 미루어 볼 때, 일반적으로 당황은 부정으로 이어지며, 앞으로도 당황스러운 상황을 피하게 만든다. 이런 일은 있어서는 안 된다. 성에 대한 인식의 발전은 앞으로 수년 동안 많은 남성들을 당황하게 만들 것이다. 그러나 남성과 여성의 힘의 평등을 이루기 위해서는 그럴 만한 가치가 있다.

"당황하게 만드는 세월"을 이끌어줄 유익한 지도자는 페미니스트 가족 치료사인 드보라 루프니쯔(Deborah Luepnitz)이다. 드보라는 여성주의적 치료의 통찰들은 여성과 남성으로서 생활하는 법에 대한 과거의 인식보다 더 복잡한 선택을 제공한다고 주장한다.[24] 그녀는 이론가라기보다는 치료사로서, 페미니스트 이론이나 그런 문제에 대한 모든 이론은, 우리의 존재—우리의 말과 시선과 몸짓—안으로 들어오지 않는 한, 그리고 우리의 지적인 힘과 유머가 그 안에 정착하지 않는 한 가치가 없다고 상기시켜 준다. 우리의 이론이 지각이 되지 않으면, 쓸모가 없다.[25] 그녀가 치료에 관하여 말한 것은 비공식적이고 덜 복잡한 돌봄의 과정에도 적용될 수 있다고 생각된다.

루프니츠의 연구의 초점은 "무의식적인 과정에 의해서 강화되고 금지되는 성별, 문화, 인종, 그리고 계층의 표현 안에 살면서 역사적 시간 안에서 선택을 행하는 사람, 능력과 무능력에 의해 옷 입혀진 전인(whole person)"에 있다.[26] 치료사인 그녀의 관심은 여성과 남성이 자신을 보존하며, 상호 의존성을 존중하며, 타인을 위하여 거리낌이 없고 두려움 없는 절도있는 삶을 살며, 비판적 사고와 정치적 저항과 성적 황홀을 위한 능력을 갖기 위해서 힘을 사용하도록 돕는 것이다. 치유적 변화라는 면에서 보면 목회적 관계의 목표는 제한적이지만, 목회적 돌봄을 행하는 사람이 사람들을 위하여 지원하는 가치관들은 아주 비슷하다.

루프니츠의 연구의 중심 개념인 재구성(re-membering)은, 성별을 상황적 문제로서 고려해 볼 때, 그리고 이 문제를 이 책에서의 기억에 대한 논의와 연결시켜 볼 때에 필요한 것이다. 그녀의 견해는

"re-membering"에 대한 파커 팔머의 견해와는 조금 다르지만 관계가 있다. 루프니츠가 "re-membering"이라는 용어를 사용하면서 단어 사이에 하이픈을 사용한 것은, 우리는 행동과 반성을 할 수 있다는 것, 그리고 사회적·개인적 위기가 닥칠 때 두 가지(행동과 반성)를 분리한다는 것을 잊지 말아야 한다는 것을 알려 준다.[27] 그녀는 정신분석학과 관련된 "기억"(remembering)과 가족 치료와 관련된 "재구성"(restructuring)을 결합하려 한다. 정신분석은 일반적으로 반성적인 일이며, 가족 치료는 보다 활동적인 일이다. 가족을 재구성하는 것은 가족 구성원들의 역할과 기능의 변화, 그리고 그들에 대한 이해와 새로운 통찰로 인도해준다.

그녀는 "고전적 정신 분석 치료사들은 과거의 기억을 강조하지만, 다른 종류의 변화를 적극적으로 양성하는 문제는 외면해왔다"고 말한다. 그와 반대로 과거에 대한 통찰에 관심을 갖지 않으면서 가정의 "정착" 또는 "재구성"에 초점을 두는 가족 치료사들이 있다. 여기에서 나의 관심은 이 두 가지 심리치료의 형태에 있는 것이 아니고, 두 가지 치료의 강조점이 목회적 돌봄을 위해 함축하는 의미에 있다. 가족 치료에서 뿐만 아니라 일 대 일의 목회적 돌봄의 관계에서도, 가족을 기억하는 것은 가족의 재구성(re-menbering)에 기여한다. 이것은 한 사람의 가족들을 기억하는 것은 그 가정의 역사성, 가정은 특정한 역사적 형식 안에 존재한다는 사실을 강조하기 때문이다. 가정은 상황적으로 특수하지만 역사적이고, 그렇기 때문에 변화될 수 있다.

루프니츠의 견해를 따르는, 상황적으로 민감한 목회자는 "사회적·개인적 역사의 차원에서" 생각해야 한다.[28] 목회자는 사람들이 자기 원가족을 기억하는 반성적 과정을 장려하고, 그것을 재구성하도록 격려해 줄 수 있다. 다시 말하면, 각각의 가족 구성원들이 전보다 덜 가부장적이고, 아버지의 부재 현상 없이, 그들의 상황으로부터 덜 소외되는 역할로 가족들을 보게 해줄 수도 있다. 가정 안에서의 초기의 경험과 정서적 삶의 기억은 현재 안에서의 변화, 재-구성(re-memberig)으로 이어진다.[29]

루프니츠의 재-구성 개념은 돌봄에 대한 강조와 제1장의 상황적 문제를 기억함을 결합하는 데 도움이 된다. 기억은 가정, 교회, 그리고 보다 큰 사회 구조를 재-구성하는 중요한 일에 기여한다. 가족구성원, 공동체, 그리고 자아(self)는 재-구성될 수 있고, 또는 새로운 역할, 기능, 기회를 부여받을 수 있다. 제한된 선입견과 추상적인 개념들은 보다 활동적이며 선택을 실천하는 사람들과 그룹으로 변화될 수 있다. 돌보고 이해하는 관계의 상황에서 구체적이고 특수하게 기억하는 것은 삶을 변화시키기 위한 중요한 첫 단계, 삶을 재구성하는 가능성을 개방한다.

돌봄에 대한 상황으로서의 힘

힘이란 한 사람이 다른 사람의 이익에 반대되는 방법으로 영향력을 행사할 때, 다른 사람들에게 원하는 결과를 생산해 낼 수 있는 능력이라고 기능적으로 정의될 수 있다.[30] 힘은 다양한 형태로 작용될 수 있다. 강압적 힘은 외적으로나 내면적으로 현재의 상태를 유지하려는 특정한 사회구조의 조직에 의해 발생된 형태이다. 전문적인 힘은 전문적 관계에서 찾아볼 수 있으며, 특정 분야의 전문적 수준을 기초로 한다. 법적인 힘은 어떤 직무를 장악하고 있는 사람이 가지는 직무의 힘이다. 신용의 힘은 힘을 가지고 있는 사람과의 관계에서 축적된 힘이다.[31]

이 네 가지 종류의 힘이 목회적 돌봄에서도 작용한다. 우리는 전문적, 법적, 신용의 힘이 사역자의 직무와 관계된 것으로 알고 있다. 그러나 은밀하게 행사된 강압적 힘이 상황적인 요인이라는 것을 목회적 돌봄을 행하는 사람은 알아야 한다. 캐롤린 헤일브런(Carolyn Heilbrun)은 『여자의 일생』(Writing a Women's life)에서 다음과 같이 말했다: "힘이란 행동하는 데 필요한 논의에서 자기 자리를 차지하는 능력이며 자신의 힘을 중요하게 여길 수 있는 권리이다. 이것은 국방부나 결혼 생활이나 우정이나 정치에도 적용된다."[32] 은밀한 강압적 힘은 특정한 사회 기구의 조직의 마음에 들지 않는 사람이 그 조직에서 자리잡는 것을 금하려 한다. 최근의 연구가인 마이클 바슈(Michael Basch)는 목회적 돌봄에서 힘의 문제를 인식하고 해결하는 것의 중요성을 강조한다. 그는 "어느 정도 합리적인 정도까지 사람의 운명을 조정하려는 느낌이 삶의 모든 면에서 필요한 심리적 구성 요소"라고 말했다.[33]

목회적 돌봄을 위한 상황으로서의 개인적 힘을 고려하면서, 힘없음, 무력함의 의미도 생각해 보아야 한다. 60년대의 반전 운동과 사회 정의 운동에 참여했던 심리치료사 마이클 러너(Michael Lerner)는 무력함이 얼마나 직접적으로 타락시키는지를 말한다. 무력함은 우리를 바꾸고 변화하게 하고 왜곡시킨다. 무력함으로 인하여 발생하는 것은 다음과 같다. 우리는 자신의 세상과 행동을 본다. 그리고 우리가 원하는 삶을 살고 있지 못함에도 불구하고, 그와 관련하여 할 수 있는 일이 전혀 없다고 스스로에게 말한다. 우리는 자신이 무력하다고 결론 내린다. 러너는 "성장 과정에서 안타까운 부분은 실제에 관한 학습 과정이 아니라, 세상의 흉한 것들에 적응하여 자신이 세상의 일부가 되며 그 사회에 알맞은 모습을 갖추는 것을 허용하는 과정"이라고 말한다.

비록 그는 사회적·개인적인 변화를 믿고 또 그것을 위하여 일하고 있지만, 사물들이 현재의 상태에 머물려는 주된 이유는 아무 것도 변할 수 없고 변하지 않을 것이라는 "우리의 심오한 신념과 확신"이라고 생각한다. 그는 신념을 "잉여 무력감"(surplus powerlessness)이라고 부른다. 이것이 우리의 생각 속에 자리하고

있으며, 사물의 존재 상태가 곧 그것의 실체라고 가정하는 모든 생각 속에서 재창조된다.[34]

주디스 린 올(Judith Lynn Orr)은 전적으로 목회적 관점에서 저술하면서, 직업 여성들이 교회나 사회 안에서 성과 계급의 차별 때문에 발언을 하지 못하는 것에 관하여 논한다. 그녀는 직업 여성들을 위한 목회적 관심이 대부분 무시되어 왔다고 생각한다.[35] 그녀는 연구와 관심의 초점을 산업체에서 일하는 여성, 서비스업 종사자, 미용사, 식당 종업원, 비서 등 단순 노동력으로 일하거나, 기본적인 인간 서비스를 제공하거나, 저임금을 받고 있는 여성 근로자에게 두고 있다. 그들은 남성들에 비해 적은 임금을 받기 때문에, 그들에게 있어서 결혼은 주요한 경제적 요인이 된다. 많은 근로 여성들에게 있어서 결혼은 곧 가난으로부터 해방을 뜻한다.

그녀는 근로 여성의 인격 형성은 중산층 여성의 인격 형성과 차이가 있음에 주목한다. 성인으로서의 삶도 중산층 여성보다 몇 년 일찍 시작한다. 근로 여성들은 중산층 여성보다 일찍 학교 교육을 마치고, 독립하여 직업을 갖고, 일찍 결혼하고, 일찍 아이를 갖고, 일찍 폐경기에 들어서고, 일찍 퇴직하고, 일찍 죽는다. 근로 여성들은 삶의 통제권을 남에게 주었기 때문에, 자기보다 높은 지위에 있는 사람들을 회유하고 존경하며, 생존하기 위하여 발버둥친다.[36] 그녀는 "그들은 길들여진(학습된) 무력함의 생생한 본보기"라고 말한다.

이런 여성들에 대한 목회적 돌봄에는 주기적인 위기에도 불구하고 그들의 정체성, 자율성, 삶의 의미 등을 발견하고 해석하도록 돕는 것은 포함되지 않는다. 이런 여성들에 대한 목회적 돌봄에는 그들의 불평등과 힘의 부족 때문에 계속 발생하는 위기들을 대면하는 것이 포함된다. 그리고 갈등 해결을 위한 기술을 강화하는 것, 그리고 이런 여성들 및 그 가족들의 요구를 충족시키도록 기관 내의 변화를 시도하는 것이 포함된다. 이것을 위하여 그녀는 애들러

(Alfred Adler) 심리학을 전거로 삼는다. 그녀는 애들러의 심리학에서는 곤경에 처한 사람을 환자로 여기는 것이 아니라 낙심한 사람, 그리고 사회적 삶을 위한 재교육이 필요한 사람으로 간주한다고 생각한다. 또 애들러의 관점은 학습된 무력감으로부터 벗어나며 자신의 삶을 주도하는 것의 중요성을 발견하려는 근로 여성들의 욕구를 전달한다고 본다.

목회자들이 돌봄을 위한 상황으로서의 힘의 관계의 중요성을 인정하는 데 있어서, 계층과 성별이 근로 여성의 삶에 영향을 주고 있다는 주디스 올(Judith Orr)의 해석은 중요하다.

크리스틴 윌리(Christine Willey) 역시 돌봄에서 상황적 요인으로서의 힘의 중요성을 인정한다. 그러나 그녀는 올(Orr)과는 달리 돌봄에 대한 다양한 접근 방식이 가난한 사람들과 근로 계층 사람들과 관련될 수 있다고 강조한다. 윌리는 돌봄의 공동체인 흑인 교회에서의 자신의 경험에 대해 논한다. 그곳에서는 믿음이 행동과 결합되며, 개인은 공동체의 상황 안에서 보살핌을 받고, 거룩한 것과 속된 것이 공존하며, 어떤 사람의 내적 경험은 그 사람의 외부의 현실과 역동적인 관계 안에 있어야 했다. 그녀는 다양한 돌봄의 사역이 힘이나 영향력, 또는 경제적 자원을 갖지 못한 사람들에게 유익을 줄 수 있다고 생각한다. 돌봄의 다른 욕구들도 함께 언급된다면, 개인에게 초점을 두는 목회적 돌봄은 미국의 흑인 사회에 적절한 것이 될 수 있다. 목회적 돌봄과 상담은 백인 남성이 지배하는 유럽 중심의 조직을 반영하지만, 그 훈련의 폭을 넓혀 비교-문화적(corss-cultural) 상담과 성별이나 성차별 문제 연구를 교육 과정의 일부로 삼을 수 있다.[37]

이 장 앞에서 언급했던 엘렌 핀더휴즈(Elaine Pinderhughes)는 환자들로 하여금 스스로가 개인으로서, 집단의 구성원으로서 유능하고 소중한 존재임을 경험하게 하면서 힘의 문제를 임상적으로 처리하는 것이 중요하다고 강조한다. 그녀는 다음과 같이 말한다:

이런 일들이 발생할 때, 그들은 더 이상 무력하다고 느끼지 않고, 스스로 문화적 집단의 희생물이 되는 데 공모하지도 않는다…성공적인 중재란 내담자들이 스스로를 가치있는 집단에 속한 강력한 사람으로 여기게 되는 것, 그리고 현실에 대처하기 위해 필요한 자원을 획득하는 것이며 자신의 무력한 상태를 변화시키기 위해 행동할 수 있게 만드는 것을 의미한다.[38]

가족 치료사인 모니카 멕골드릭(Monica Mcgoldrick)은 치료의 상황에서 힘의 문제와 관련된 사람들에 대하여 분명하게 밝히면서, 개인과 가정을 대상으로 일하는 목회자들에게 관계되는 몇 가지 제안을 한다. 그녀의 말에 의하면, 부부 간에서는 남편과 아내가 할 수 있는 일과 가능한 수입, 그리고 그것이 힘의 균형에 어떤 영향을 줄 것인가에 관심을 기울여야 한다. 또 각자의 육체적 힘을 인식해야 한다. 왜냐하면 결혼한 여성들 중 40%가 남편으로부터의 폭력을 경험하고 있기 때문이다.

부부 간에 누가 중요한 결정을 하고 경제권을 가지며 정서적인 문제를 맡을 것인지 등 남성과 여성의 역할 결정의 원칙을 분명히 하도록 도와 주어야 한다. 남성의 역할과 여성의 역할에 대한 부부의 견해를 보다 넓은 경제적·사회적 문제의 상황에 두며, 그들로 하여금 이러한 문제들에 대해 배우기 위해서 보다 넓은 관계를 바라보게 해 주어야 한다. 여러 관계에 대한 아내의 관심들을 인정하되, 일이나 금전, 그리고 가사 외의 문제들을 다루는 능력도 인정해야 한다. 남편들이 성공 지향적인 삶을 포기하고 개인적인 일에 더 관심을 가질 때에 지불해야 할 대가를 고려해야 한다.[39] (어느 부부와 상담할 때에, 그 남편이 "당신은 나의 가정 생활에는 도움을 주고 있지만 나의 직장 생활을 황폐하게 만들었습니다"라고 말한 적이 있다.)

목회적 돌봄에 관여하는 사람들은 상황적 문제로서의 힘을 부정할 수 없다. 그들은 다음과 같은 문제들을 심각하게 생각해 보아야

한다: 힘을 변화시키기 위하여 또는 힘이 변화되지 않게 하기 위해서, 돌봄을 받고 있는 사람이 무엇을 할 수 있는가? 그는 어떻게 무력감의 영향을 받을까? 목회적 돌봄을 행하는 사람은 목회적 관계를 통하여 환자나 교구민들에게 무엇을 줄 수 있을까? 환자나 교인이, 힘에 관해 비슷한 관심을 가지고 있는 집단에 참여함으로써 무엇을 성취할 수 있는가? 목회적 돌봄을 행하는 사람의 힘에 대한 인식, 또는 힘의 부재에 대한 인식은 돌봄을 필요로 하는 사람에게 반응하는 방식에 어떤 영향을 줄까? (신학생들이 자신의 힘에 관하여 학습해온 방법 중에는 대형병원처럼 임상목회교육이 실시되고 있는 기관에서 어떤 변화를 성취하려는 시도가 포함된다.) 사람들이 무력감을 극복하도록 도와 주는 것은 목회적 돌봄의 중요한 차원이다. 그러나 이것은 상황에 대한 돌보는 사람의 인식이 힘의 문제와 조화를 이룰 때만 가능하다.

돌봄을 위한 상황으로서의 문제

어떤 사람이 지닌 문제가 어떻게 돌봄의 초점이 아니라 돌봄의 상황이 될 수 있을까? 이 문제에 대한 대답은 목회적 돌봄은 특별한 역기능의 치료가 아니라 관련된 전인의 돌봄이라는 이 책의 기본 가설에 있다. 이 대답은 목회적 돌봄은 어떤 사람의 육체나 여러 가지 관계의 건강보다는 영혼의 상태와 관계가 있다는 고전적 패러다임의 견해에 대한 해석에 있다. 이것은 후자와 무관하지 않고, 전자와도 떨어져 있지 않다. 돌보는 사람은 문제의 해결자로서 끊임없이 이해를 추구하지만, "인생은 해결해야 할 문제가 아니라, 살아야 하는 신비이다"라는 말은 문제 해결의 한계를 상기시키는 귀중한 암시이다.[40]

그 문제를 제시하는 또 다른 방법은, 목회적 돌봄의 초점은 두 가지라고, 즉 어떤 사람이 제시하는 문제에 관심을 가질 뿐만 아니라, 보다 큰 삶의 문제에도 관심을 갖는다고 묘사하는 것이다. 보다 큰 삶의 문제란 셜리 거스리(Shirley Guthrie)가 밝힌 것처럼 "하나님에 관한 진리, 우리 자신에 관한 진리, 그리고 우리가 살고 있는 세상에 관한 진리들이다. 그 외의 무엇에 대해서 우리가 대화를 할 수 있겠는가?"[41] 만일 그런 큰 문제들이 모든 목회적 관계에 함축된다고 인정된다면, 어떤 사람이 제시하는 문제는 상황—제공될 수 있는 돌봄의 타입에 제공하는 정보의 자세한 면—으로 간주될 수 있고, 그렇게 간주되어야 한다. 이것은 한 사람이 다른 사람에게 전체적인 접근 방식을 제공하는 중요한 상황이다. "문제"(problem)란 한 사람이 자신에 관하여, 즉 자신의 현재의 삶의 상태에 대해서 털어 놓는 것을 말한다. 환자의 병력을 잘 아는 것이 많은 실험과 조사보다도 환자의 진단에 더 유익하다고 믿는 의사처럼, 목회적 돌봄을 행하는 사람은 문제를 주의깊게 경청하는 법을 배우며, 그 문제를 듣고 기억하려 한다. 보통 사람들이 문제를 설명하는 방법은 그 사람이 삶을 이해하고 방식을 이해하기 위한 입구와 같다. 그는 아직은 삶에 대해 설명할 수 없으며, 따라서 그가 이야기할 수 있는 것은 문제이며, 문제는 그 사람의 삶의 중요한 상황적 모습을 드러내 준다.

어느 여인은 3개월 동안 나에게 상담을 받다가 화를 내면서 "내가 당신을 처음 찾아 왔을 때, 당신은 왜 내가 도덕적으로나 영적으로 파탄 상태였다고 말해 주지 않았습니까?"라고 물었다. 나는 "당신이 처음 나를 찾아왔을 때, 우리는 서로에 대하여 그런 말을 할 만큼 잘 알지 못했습니다"라고 대답해 주었었다.[42] 당시 우리는 "그런 것"에 대하여 말하고 있었지만, 거기까지 도달하는 데는 오랜 시간이 걸렸다. 그녀의 삶의 고통과 갈등을 자세하게 아는 데에는 시간이 걸렸다. 우리가 그런 상태에 도달하지 못할 가능성도 있었다. 비공개적이고 덜 체계적인 상황에서 목회적 돌봄을 제공하는 사람은 거기까지 도달하지 못할 수도 있다. 이것은 돌봄의 가치, 그리고 어떤 사람의 삶의 상황을 이해하는 방법으로서 문제에 주의를 집중하는 것의 가치를 부정하는 것이 아니다. 자신이 당면한 문제를 상대방이 솔직하게 경청해 준다면, 그 사람은 자신이 돌봄을 받고 있다는 의식, 그리고 혼자가 아니라는 의식을 가질 수 있다. 심각한 것처럼 보이는 삶의 문제들이 명백하게 언급되지 않을 때에도, 돌봄과 관계는 중요한 역할을 한다.

오늘날 대부분의 사람들은 자기에게 돌봄과 관계가 필요하다고 말할 때에는 자기에게 특별한 문제가 있다는 덩계를 댄다. 그들의 문제는 돕는 사람과의 관계를 발전시키기 위하여 그들이 가지고 있는 길이고, 삶에 관한 더 깊은 관심에 관하여 다른 사람들과 이야기하는 것을 허용하는 길에 불과하다. 목회적 돌봄에는 여러 가지 특수한 문제에 관한 불안을 덜도록 도와 주는 사람이 포함된다. 그러나 문제 해결을 위한 특수한 도움은 돌봄의 관계를 나누는 상황에서 이루어진다. 그리고 중요한 인간 관계의 상황에서 삶의 근본적인 문제들은 해결할 수 있는 것이 아니라 실제로 살아낼 수 있다는 가정 하에서 수행된다.

『목회적 돌봄과 상담 사전』(*Dictionary of Pastoral Care and Counseling*)에 기고한 글에서, 셜리 거스리와 로드니 헌터(Shirley Guthrie and Rodney Hunter)는, 인간의 조건이나 어려운 상태를 각기 다른 관점에서 본다.[43]

거스리는 신학적인 관점에서 저술하면서, 인간 존재 안에 있는 몇 가지 대립되는 것들을 열거하고, 우리 자신과 타인을 이해하는 과정에서 그것들을 분리하거나 혼동하는 경향을 지적한다. 그 대립되는 것들은 다음과 같다: 몸과 혼; 현재의 존재와 되어지는 존재; 느낌과 생각; 개인과 공동체; 삶과 죽음; 인간의 본성과 죄; 책임과 은혜. 이것들이 인간들이 갈등해야 하는 특별한 것들인지는 알 수 없지만, 인간의 삶에는 인정되어야 할 상충되는 문제들이 존재한다. 이와 같이 보다 큰 문제들에 대한 인식은 우리가 사역하는 사람들의 목회적 돌봄에 공헌한다. 병원에 입원해 있는 환자는 여러 가지 육체적 질병을 가지고 있다. 그러나 그는 몸과 혼, 자유와 한계, 선물로서 임하는 은혜와 관련하여 자신의 삶에 대한 책임 등과 관련된 문제에 명시적으로, 혹은 암암리에 관여되어 있다. 문제 상황이 이야기될 때에 이와 같이 보다 큰 문제들을 식별해야 한다.

헌터는 임상 목회적 관점, 혹은 임상 목회적 패러다임에 대해서 저술한다. 그런 관점이나 패러다임에서는 환자나 교인을 돕는 방법에 관한 연구와 목회자에 관한 연구를 분리하지 않는다. 그런 관점에서 보면, 목회자와 환자는 인간적인 상황에 사로잡혀 있기 때문에 자신의 깊은 곳을 바라보도록 도전을 받는다고 이해된다.

돌봄의 공동체의 구성원들마다 질병, 재정적 스트레스, 학대와 같은 거의 확실한 문제들을 경청하는 책임과 능력이 각각 다르고, 경청하고 기억될 필요가 있는 보다 일반적인 인간적 욕구에 대한 책임과 능력도 서로 다를 것이다. 목회적 돌봄에 관한 많은 교육을 받았으며 큰 책임감을 가진 사람들은 문제를 상황적인 것으로 인식할 수 있으며, 환자나 교인이 돌봄이나 관계의 욕구와 관련하여 지닌 특별한 문제가 지닌 함축된 의미를 식별할 수 있을 것이다. 상대적으로 목회적 돌봄의 훈련을 받지 못한 사람도 이중적 관점을 가질 수 있으며, 그러한 관점을 가져야 한다. 그것은 제시된 "문제"를 포함하면서, 동시에 헌터와 거스리가 말한 바 삶이 지닌 대립되는 것들에 대한 감수성을 포함한다.

상황으로서의 도덕

돌봄을 위한 상황으로서의 도덕에 대해서는 제9장에서 자세히 논할 것이다. 그 이유는 평신도와 성직자 모두가 정규적으로 목회적 돌봄에 관여하지만, 돌봄의 공동체와 그 신앙 집단으로부터 목회 상담을 행하는 권위를 부여받은 사람들은 주로 안수받은 목회자들이기 때문이다. 게다가, 대부분의 신앙 집단에서 믿음과 도덕에 대해서 논의하고 해석하고 조언해도 좋다는 분명한 허락을 받은 사람 역시 안수받은 목회자이다. 따라서 목회 상담을 다루는 제9장에서 도덕적 상황을 다루는 것이 보다 합리적이라고 생각된다.

1976년에 출판된 『목회적 돌봄의 도덕적 상황』(*The Moral Context of Pastoral Care*)에서 단 브라우닝(Don Browning)은 목회적 돌봄의 모든 행위는 규범적 영역, 사물이 어떻게 존재해야 하며 사물들이 존재하는지에 대한 비전을 가지고 있다고 주장한다. 그는 현대의 세속적 심리학은 인정하지 않지만 나름의 도덕을 가지고 있으며, 목회적 돌봄을 위해 지나치게 많은 지침을 제공하고 있다고 주장했다. 브라우닝은 이렇게 "심리학에게 팔아 넘기는 것"을 막으려면 인간의 삶의 순환에 대한 규범적인 비전으로 복귀해야 한다고 주장했고, 목회적 돌봄의 사역 중 중요한 부분은 그 비전을 고민하고 있는 사람에게 전해 주는 것이라고 말했다.[41]

나의 견해도 비슷하다. 목회적 돌봄은 아직도 고전적 패러다임을 의존하고 있지만, 인간의 존재와 욕구에 대한 비전에서 자라났다. 목회적 돌봄은 특정한 사람과 상황에 적합한 방법으로 그 비전을 전하려 해야 한다. 그러나 그 비전은 윤리적일 뿐만 아니라 신학적이기도 하다. 나는 누구인가, 나는 어디로 가고 있는가, 하나님은 누구인가, 그리고 나는 무엇을 해야 하는가 등의 문제는 모든 목회적 관계에 관련되어 있다. 윤리와 목회적 돌봄을 함께 묶는 것은 도덕적인 결정을 하는 것, 교인을 법과 연결짓는 일에서 지침이 될 뿐만 아니라, 그로 하여금 법과 복음에 접하게 하는 것과도 관련된다. 제9장에서 도덕성의 상황적 문제를 자세히 탐구할 것이다.

정리

목회적 돌봄의 일부인 경청의 가치는 아무리 강조해도 지나치지 않지만, "내가 말을 많이 하지 않고, 정말로 누군가의 말을 경청하면, 그것은 효력을 발휘한다"는 어느 평신도 사역자의 낙관적 생각은 돌봄의 상황의 중요성을 과소평가하고 있음을 보여준다. 어떤 사람이 말한 것 같이, "공유하는 곤경은 도움이 되지만, 그것에만 매달려서는 안 된다." 목회적 돌봄을 행하는 사람들은 어느 수준의 훈련을 받았든지 간에 상황이 돌봄의 관계에 미치는 영향을 민감하게 파악해야 한다.

지금까지는 오늘 우리가 알아야 할 여러 상황을 다루었다: 인종, 성별, 힘, 문제. 돌봄의 도덕적 상황은 목회 상담의 장에서 상세히 다룰 것이다. 가장 중요한 것은 보편적인 것과 특수한 것이라는 문제를 다룬 것인데, 그것은 모든 상황적 문제들의 일부이다. 지금까지 논의한 특수한 상황들을 초월하는 함축된 의미를 가진 문제들을 다루는 몇 가지 방법도 제시했다.

이와 관련하여, 엘렌 핀더휴즈(Elaine Pinderhuges)의 발언은 자신과 다른 사람들에게 돌봄을 제공하는 모든 사람에게 무척 중요한 듯하다.

> 문화적 역동성을 이해하고 자아를 이해하려면, 자아와 다른 사람들 사이의 공통점과 차이점들을 고찰하는 능력이 필요하다.

우리는 부주의하게 사람들을 뭉뚱그려 하나로 취급하지 않으면서도 그들이 서로 연관되어 있음을 존중함으로써, 자신의 특성, 그리고 그것이 사람들과 우리의 관계에서 생겨난다는 것을 인식하게 된다.[45]

"우리는 상세한 것으로 내려가야 한다"는 클리포드 거쯔(Cliford Geertz)의 말은 보다 구체적이지만 중요한 말이다. 일반적인 것을 향하는 길은 특별한 것에 대한 관심을 가로질러 놓여 있다.[46]

토의 문제

1. 신학에 영향을 주는 상황적 문제와 목회적 돌봄에 영향을 주는 상황적 문제 사이에는 어떤 관계가 있는가? 이론에 영향을 주는 그 문제들은 실천에 어느 정도의 영향을 주는가?
2. "한 가지 문화만 아는 사람은 문화를 모르는 사람이다"라는 아우그스버거의 말을 깊이 생각해 보라. 이것은 목회적 돌봄을 행하는 사람과 어떻게 관련이 있는가?
3. 목회자의 역할과 인종학자의 역할은 어떤 면에서 비슷한가? 그리고 어떤 면에서 다른가? 인종학적인 목회적 돌봄에서 이론적인 요소는 무엇이고 실천적인 요소는 무엇인가?
4. 일반적으로 신화의 기능은 무엇인가? 특히 문화적 신화의 기능은 무엇인가? 인종과 성별에 관한 신화 이외에 다른 상황에서의 신화의 기능을 서술해 보라.
5. 목회적 돌봄을 행하는 사람에게 있어서 힘을 인식 또는 무력감의 인식은 어떤 가치가 있는가? 목회적 돌봄을 행하는 사람이 개인이나 가족의 권력 위임에 어떻게 도움이 될 수 있는가 설명하라.
6. 루프니츠의 재구성(re-membering)의 개념에서 기억(remembering)의 두 가지 의미는 무엇인가? 이 개념이 가지는 신학적 의미는 무엇인가?
7. 목회적 돌봄에서 문제가 상황이 될 수 있다는 논제를 논하여라. 어떤 사람이 지닌 특수한 문제와 신학적으로 개념화된 인간적인 문제의 관계는 무엇인가? 이것은 구원과 건강의 관계에 어떻게 관련되는가?

제2부: 돌봄,
인간으로서, 경청자로서, 그리고 가르치는 자로서

제3장

돌보는 사람의 특징

> 브레다, 침대 정리만 하지 말고 301호 환자와 이야기를 해 보세요.
> —평신도 돌봄의 사역자

제1장에서는 돌봄과 공동체에 관하여, 그리고 하나님의 기억과 우리의 기억 안에서의 공동체의 관계를 살펴 보았다. 제2장에서는 돌봄이 주어지고 받아들여지는 방법에 영향을 주는 상황에 초점을 두었다. 이 장에서는 돌보는 사람의 성격이나 특징이 돌봄에 어떤 영향을 주는지 생각해 보려고 한다.

임상 목회적 패러다임이 목회적 돌봄의 사역에 기여한 가장 큰 업적은 돌보는 사람의 성격이 돌봄의 질에 깊게 관련된다는 주장일 것이다. 현대의 목회적 돌봄의 흐름의 기초가 되는 임상목회 교육의 경험은, 만일 목회 사역자나 학생들이 감독을 받으면서 사역을 행한 경험의 영향을 받는다면 목회적 돌봄의 질에 긍정적인 영향을 미칠 것이라는 가설로서 일해 오고 있다. 임상목회 교육을 받는 학생들은 경청과 대화의 기술을 배운다. 그러나 교육의 초점은 그들의 성격에 모아진다. 임상목회 교육이 행동(doing)보다는 인간 됨(being)을 강조하는 심리치료의 영향을 지나치게 받고 있다고 말하는 것이 적당한지는 알 수 없으나, 목회자의 성격에 관심을 두는 것이 중요한 일로 여겨져왔다.

고전적 패러다임에서는 돌봄의 행위자의 성격보다는 돌봄의 메시지를 강조해 왔지만, 기독교계의 사람들 중 자기들을 위해 일하는 사역자의 성격에 무관심한 사람은 없다. 교회사를 통해서 보면, 교회는 이 문제와 씨름해 왔고, 이상적 삶의 형태를 요구하기도 하고, 사역자가 그에 부응하는 삶을 살지 못할 때에는 한숨과 분노를 나타내기도 했다. 사역자의 개인생활에 대한 기대는 다양한 형태로 표현되어 왔다. 때로는 동정(童貞)과 독신으로, 때로는 예배 때에 사역자의 배우자와 완전하게 행동하는 네 명의 자녀들이 두번째 줄에 조용히 앉은 모습으로 표현되기도 한다.[1]

성과 가정생활은 특별한 관심의 영역이지만, "돌보는 사람의 성격"이라는 문제는 그보다 훨씬 광범위하다. 웨인 오츠(Wayne Oates)는 그의 고전적 저서인 『기독교 목회자』(*Christian Pastor*)에서, 신약 성경의 뒷부분에 수록된 서신들에 등장하는 돌보는 사람들의 성격에 대해 기술하였다. 오츠는 초대 교인들은 "하나님의 백성들을 돌보는 일에 헌신한 사람들의 개인적 자격에 관한 진술은 전혀 애매하지 않았다"고 했다.[2]

고전적 패러다임의 실례로서, 미국감리교회 연회에서 질문을 던진 감독의 질문은 아직도 생생하게 느껴진다. "모든 사역자들의 삶과 성격에 흠이 없습니까?" 이 질문을 성직자들에게 한다면, 그들은 편하지 않을 것이다. 물론 나는 그 감독이 웨슬리의 전례를 따른 것임을 알고 있지만, "감독님, 정말 그렇게 생각하시는 것은 아니지요!" 또는, "정말로 그 질문에 대한 대답을 듣기를 원하시는 것은 아니겠지요."라고 말하고 싶다. 감독도 실제로 연회에 참석한 성직자들에게 흠이 없다고는 생각하지는 않았을 것이다.

그러나 만일 우리가 성직자들을 향한 기대와 표준에 관하여 이야기하는 것이 아니라면, 이 관심의 의미는 무엇일까? 사역에 관한 말이 성직자들에게만 해당되는 것이 아니라 모든 기독교인의 사역에 관한 것이 되어야 한다고 요구하는 패러다임의 변화가 있는 곳에서, 이것은 무엇을 의미하는가? 이것은 교회연합협회, 세계교회협의회, 제2차 바티칸 공의회 등의 사역 기록—안수받은 자의 사역과 평신도의 사역은 모든 하나님의 백성이 공유하는 하나의 그리스도의 사역이 지닌 상이한 형태라는 기록—에 영향을 준 듯하다.[3] "흠이 없는 삶과 성격"에 관한 감독의 질문이 내가 속해 있는 교회의 목회적 돌봄의 위원회에서 제기되었다면, 위원들 모두가 사임할 것이라고 상상해 보았다.

그런 일들이 벌어지지 않게 하기 위하여, 교회들은 사람들을 사역의 일에 포함시키기 위하여 회원의 자격이나 사역의 특성에 관한 질문들을 거부해 왔다. 또 다른 전략은 성격에 관한 질문을 의식적으로만 다룸으로써 그 문제를 회피하는 것이었다. 교회는 평신도들을 자발적인 사역에 참여시키기 위해서, 그들의 삶과 성격에 대한 심각한 요구를 하지 않고, 평신도의 성격과 성직자들에게 기대하는 성격을 예리하게 구분해왔다. 공동체적 상황적 패러다임이 목회적 돌봄은 성직자와 평신도에 의해 실행되는 일이라고 주장할 때, 돌보는 사람의 성격에 관한 질문이 심각하게 거론된 적이 있는가? 평신도와 성직자가 목회적 돌봄의 사역에 함께 참여한다면, 사역을 위한 어떤 기준을 각자에게 적용할 것인가? 이런 질문에 대답하기는 어렵지만, 나는 "성격"이라는 말의 의미의 일부가 대답의 방향을 제시할 것이라고 생각한다.

"성격 장애"(disorder of character)라는 말이 있듯이, "성격"(character)은 사람의 어느 정도 불변하는 모습을 말하는 심리학적 이론에서 사용되어 왔다. 그러나 이 단어의 보다 일반적인 의미는 사역에 관한 교회의 관심과 관계가 있는 듯하다. 성격은 "특징적인 표식, 구별되는 특징, 구별되는 자질 또는 속성, 본질적인 자질"등으로 정의된다. 둘째, 성격은 "도덕적인 힘, 자기-훈련, 불굴의 힘"을 의미한다. 그것은 연극의 "등장 인물"처럼 "정의할 수 있는 역할"을 의미하기도 한다. 사람의 성격과 관계된 이 모든 의미는 인쇄에서 사용되는 의미, "문자나 상징처럼 구별되는 기호"라는 의미에서 비롯된 것이다. 교회는 교회의 사역자들이 "구별되는 표식"을 가져야 한다는 데 일반적으로 동의한다. 그러나 이것의 의미는 다양한 교회의 전통들과 상이한 역사적 시대에 따라서 변화되어 왔다. 돌보는 사람의 성격에 대한 질문들은 언제나 평신도와 성직자들 모두에게 불편한 것이겠지만, "구별되는 표식"이라는 이미지는 두 계층 모두에게 적합하다고 할 수 있다.

브레다의 구별되는 표식

나는 최근에 이런 표식을 갖고 있는 것 같은 여인을 만났다. 만일 내가 자신을 그런 식으로 인식했다는 것을 알면, 그 여인은 놀랄 것이다. 그녀는 브레다(Breda Mcgee)라는 아일랜드계 여인이었다. 브레다는 하나님에게 감사하며 여러 곳에서 목회적 돌봄을 행하는 평신도의 대표였다. 나는 목회적 돌봄과 상담을 주제로 한 국제 회의에서 그녀를 만났는데, 당시 그녀는 더블린에 살고 있었다. 그녀는 여덟 명의 목회적 돌보는 사람들로 이루어진 "생각해 보는 그룹"(reflection group)의 일원이었는데, 그들은 각기 다른 나라 사람들이었다. 나는 모임에서 그녀의 이야기를 들으면서 그녀가 다른 회원들에게 무척 예민하다는 것을 깨달았다. 나는 그녀의 이야기를 더 듣고 싶어서, 그녀의 사역에 관하여 면담할 수 있느냐고 물어 보았다. 다음은 그녀가 나에게 해준 말이다.

막내가 다섯 살 때 나는 가정이 아닌 그 이상의 것이 필요하다고 생각했습니다. 그래서 간호사 일을 다시 하기로 마음 먹었습니다. 막내가 태어나기 전에도, 나는 인생에서 무엇인가 다른 일을 찾기 시작했고, 믿음을 다시 찾기 시작했었습니다. 나는 자원봉사를 하고 있었고 유급으로 일자리를 구하기 어려웠기 때문에, 간호사로 자원봉사를 하기 시작했습니다.

얼마 후에 그곳의 책임자인 자매가 나에게 "브레다, 침대 정리에만 매달리지 말고, 301호 환자에게 가서 이야기 좀 해 봐요"라고 말했습니다. 그녀는 내가 사람들과 잘 어울린다는 것을 발견했고, 이윽고 나도 나 자신을 발견하게 되었습니다. 나는 상담 훈련을 받기로 했는데, 그것은 내가 사람들과 관계를 맺는 방법을 발견하는 데 도움이 되었습니다. 그 일을 하기 위하여 돈이 필요했는데, 불행히도 돈은 없었고, 남편은 내가 왜 간호사 일을 그만 두려고 하는지 이해하지 못했습니다.

그러나 나는 포기하지 않았습니다. 나는 일 년 과정의 목회적 돌봄의 과정을 수강했습니다. 감독은 훌륭했고, 그가 남자라는 사실이 나에게 큰 도움이 되었습니다. 그는 점잖은 신사였는데, 나는 나에게도 그와 같은 특징이 있음을 깨닫기 시작했습니다. 이것은 내가 남자에 대해 가지고 있던 편견들을 극복하는 데 도움이 되었습니다(카톨릭 교회를 좋아하지 않는 면도 있었으나 이제는 이해하게 되었습니다). 목회적 돌봄의 과정을 수강하고 신앙을 회복하려는 노력의 결과로, 나는 사람들을 위한 돌봄에 대한 교회의 접근 방법이 내가 처음 상담 과정에서 배웠던 것보다 옳다는 것을 발견했습니다. 상담 교육에서는 내가 살면서 느끼고 인식해온 선과 악의 인식 같은 것은 없었습니다. 상담의 이론에서는 우리가 모두 선하게 태어났다고 말합니다. 삶의 과정에는 많은 일이 있었지만, 가장 중요한 것은 해방, 결혼 생활이나 나를 괴롭히고 있는 모든 것으로부터의 해방이었습니다. 내가 그런 문제에 대해 질문하면, 사람들은 내가 카톨릭 교회의 양육에 너무 집착하고 있다고 말했습니다. 목회적 돌봄의 과정에서는 나의 갈등과 삶의 문제에 대한 다른 사람들의 갈등을 보다 진지하게 다루는 것 같았습니다.

그 과정을 수료한 나는 사제들을 교육하는 그룹의 공동 지도자로 임명되었습니다. 그곳에는 7명이 있었는데, 각기 수준이 달랐습니다. 그들은 의무적으로 반 나절 동안 공동체를 떠나 있었지만 전혀 감독이나 관리를 받지 않았습니다. 그들은 내가 그들이 하는 일을 되새겨 보는 일을 도와 주기 위해서 그곳에 왔다고 생각했습니다. 내가 해야 할 일은 그들로 하여금 자기 자신을 보는 것, 그들이 두려워하는 것과 취약한 점을 보도록 도와주는 것이었습니다. 나 역시 그들이 행하는 것과 동일한 목회적 일을 행하고 있었기 때문에, 그들은 내가 실질적인 것과 그렇지 않은 것을 알고 있다는 것을 알고 있었습니다.

나는 브레다에게 목회적 돌봄을 하면서 경험한 특별한 일에 대해 이야기해 달라고 부탁했다.

그곳에는 나이가 지긋한 사람이 있었습니다. 그는 내성적이고 다른 사람들과 잘 어울리지 않았습니다. 그룹의 멤버들은 그러한 행동에 대해서 그에게 노골적으로 질문하곤 했습니다. 나는 그 사람에게 "정말로 필요한 경우가 아니라면 자제할 필요가 없습니다"라고 말했습니다. 그 말이 그의 방어적인 태도를 버리게 한 것 같았습니다. 내가 여자라는 사실이 도움이 된 것 같았습니다.
그 그룹에 속하지 않았지만, 이웃에 사는 부인의 아버지가 돌아가셨기 때문에 나는 장례식에 참석했습니다. 이틀 후에 그 여인이 우리 집에 찾아왔습니다. 나는 그 부인을 안으로 들어오게 했습니다. 그 여인은 아버지의 죽음 때문에 혼란스럽다고 말했습니다. 얼마 전에 어머니가 돌아가셨는데, 그녀는 난생 처음으로 부모님이 서로 사랑하지 않았다고 느끼고 있었습니다. 부모님은 여러 해 동안 말도 하지 않고 지내왔습니다. 나는 그녀의 말을 듣다가 "사랑에는 많은 종류가 있습니다"라고 했습니다. 그런데 어떻게 된 일인지, 그것은 그 상황에 적절한 말이었습니다. 그녀는 그것을 알고 있었고, 나도 알고 있었습니다. 우리는 또 다른 차원에서 서로 평범한 이웃 관계를 가지고 있습니다. 그녀는 내 아이들을 부러워하고, 나는 그녀의 아이들을 부러워합니다. 과거에 있었던 일에도 불구하고, 우리는 진정한 친구는 아닙니다. 그러나 그녀는 나를 자신의 사역자로 활용할 수 있었습니다.

또 한 번은 사제가 나를 찾아왔는데, 그 사람에게는 눈물이 필요했습니다. 당신이라면 멀리 떨어져 있어도 그것을 알 수 있었을 것입니다. 그는 어째서인지 나와 함께 라면 실컷 울 수 있을 것이라고 생각했습니다. 나중에 그는 내게 고맙다고 말했습니다.

브레다 자신이나 그녀를 아는 사람들은 그녀의 삶이나 성격에 흠이 없다고 생각하지는 않는다. 그러나 그녀의 삶과 일에 대해서 어느 정도 알게 되면서, 나는 그녀가 기독교 사역자의 특징적인 표식을 가졌다는 것을 알 수 있었다. 다음 항목에서 나는 그 표식에 기여한 것, 그리고 사역사의 특징을 표현하는 몇 가지 방법에 대해 언급하려 한다.

사역자의 표식을 인식하는 방법

나는 데이비드 둔컴(David Duncombe)의 박사 학위 논문에서부터 시작된 바 그리스도인의 삶을 묘사하기 위한 여러 가지 시도를 고맙게 여기고 있다. 그가 1969년에 저술한 『그리스도인의 삶의 형태』(*The Shape of the Christian Life*)[4]는 지금도 가치가 있다고 생각된다. 최근의 연구에서, 둔컴은 그리스도인의 삶에 영향을 주는 네 가지 요인을 지적한다: (1) 각각의 그리스도인들의 독특한 인격적 특징들; (2) 그의 인격과 연결된 삶의 사건들과 주변 상황; (3) 그의 특별한 의지, 욕구, 또는 소명; (4) 그리스도인들의 생활 방법과 관련하여 특별한 교파의 전통에서 기대하는 것들.[5]

이 모든 요인들을 브레다의 삶에서 찾아볼 수 있다. 그녀는 특별한 성격의 소유자이다. 거기에는 막내 아들이 집을 떠난 것처럼 사역을 향한 그녀의 소명에 강력한 영향을 준 주변 상황이 있었다. 그녀는 간호사로 봉사했던 경험 덕분에 자연스럽게 돌봄의 사역으로 복귀할 수 있었다. 그리고 그녀가 상담 훈련을 받으면서 배운 것보다는 신앙에 대한 자신의 해석이 삶에 더 적합한 듯했다.

이것들은 한 사람의 삶에서 "사역의 표식"에 영향을 주는 요인들 중 일부에 불과하다. 이 장의 나머지 부분에서는 목회적 돌봄을 행하는 사람들을 사역자로 "표시하거나" 확인하는 세 가지 방법을 논의할 것이다: 묘사(description), 분별(discernment), 양육(fostering). 여기에서도 나는 데이비드 둔컴에게 신세를 지고 있고 그에게 감사한다. 그리스도인의 삶의 의미를 명확하게 하는 과정은 개념적 방식(묘사)에서, 개념적 방식과 경험적 방식을 혼합하는 방식(분별)을 거쳐, 훨씬 더 경험적인 방식(양육)으로 옮겨간다.

묘사에 의해서 돌보는 사람의 성격을 확인함

개념적인 방식 안에는, 기독교 전통에서 개념적 방법으로 목회적 돌봄을 행하는 사람의 표식을 묘사하기 위해 사용될 수 있는 여섯 가지 차원의 영적 생활, 또는 종교생활이 있다. 이것들은 서로 대화를 이룰 때에 서로를 풍성하게 하는 상반되는 의미를 가지고 있다는 의미에서 변증적이다.

첫째는 신화적/도덕적 차원이다. 여기에서 신화적 차원은 하나님과의 신비적 연합을 주장하고, 도덕적 차원은 순종과 사회적 의무를 상기시켜 준다.

둘째는 신성하고/세속적인 것의 차원이다. 이것은 예배처럼 특별한 시간이나 장소에서 하나님을 만나는 것을 나타내는 동시에, 하나님이 항상 임재하신다는 가능성을 주장한다.

셋째, 기독교적 삶에서는 순례자가 삶의 시련들을 통과하는 고독한 여행을 강조해왔지만, 공동체의 중요성도 강조해왔다. 이 차원은 개인적/공동체적 차원이다.

넷째는 동적/정적 믿음의 차원이다. 한편으로는 요동하지 않는 확신이 기독교적 삶의 중심이라고 생각하지만, 다른 한편으로는 특별한 일련의 믿음들과는 상관 없는 성령의 사역을 강조한다.

다섯째는 덕목/능력의 차원이다. 한편으로는 사랑과 기쁨과 화평 등을 포함하는 갈라디아서 5:22의 목록처럼 특수한 기독교적 덕목들이 그리스도인의 삶과 사역에 필요하다고 강조하며, 다른 한편으로는 하나님 안에 근거한 것이라면 어떤 능력이라도 기독교적 삶과 사역을 표현할 수 있다고 주장한다.

여섯째는 완전함/온전함의 차원이다. 한쪽에서는 마태복음 5:44절에서 그리스도께서 말씀하셨고 역사적으로 거룩한 전통 안에 반영되어 있는 온전함을 추구하며, 다른 쪽에서는 모든 인간 안에 존재하는 선과 악의 통합, 균형, 인정 등을 강조한다.[6]

그리스도인의 삶과 사역을 묘사하는 다른 개념적 공식들도 이 여섯 가지 차원을 반영한다

나는 칼 바르트와 폴 틸리히의 연구에서 사역의 특징적인 표식, 그리스도인의 삶의 특징을 묘사하는 것의 가치를 찾아보려 한다. 바르트는 인간에게 기초를 둔 모든 덕에 대해 근본적인 회의를 가지고 있었기 때문에 하나님과 인간의 관계를 설명하는 데 전통적으로 설명되어온 존재의 유비(analogy of being)를 사용하지 않으며, 대신에 관계의 유비(analogy of relation)를 말한다. 우리는 자신의 관계성 안에서만 하나님을 닮는다. 인간은 동료 인간(fellow-humanity)이다. 바르트는 "인간의 인간성은 타인과 함께 하는 존재로서의 결정 안에 존재한다"고 말한다. 예수님은 타인을 위하여 존재하셨다. 그러나 우리는 타인과 함께 존재할 뿐이다. 우리는 자신의 사역이 그러한 "함께 함"에 있다고 추론해야 한다.[7]

바르트는 "함께 함"(being with)의 특징을 네 가지 방법으로 묘사하는데, 그 방법들은 모두 목회적 돌봄의 사역과 밀접한 관계가 있다. 우선 다른 사람과 함께 하는 사람은, 상대방에게 자신을 감추

지 않고 나타낸다. 둘째, 상호 간에 발언과 경험이 있어야 한다(폴 틸리히도 목회적 돌봄의 상호성에 대해 말하면서 이 점을 이야기한다). 셋째, 바르트의 견해에 의하면, 다른 사람과 함께 한다는 것은 서로 다양한 형태로 표현하는 것을 포함한다. 넷째, 우리의 관계적인 인간성은 기쁨으로 행하는 행동에 의존한다. 나는 이 기쁨을 어린아이 같은 개방성이라고 해석한다. "사람은 본질적으로 동료와 기쁨으로 함께 하도록 결정되었다…그렇게 행하지 않는 것은 그의 본성을 표현하는 것이 아니고 그의 죄를 표현하는 것이다."[8]

폴 틸리히는 그리스도인의 삶의 특징을 묘사하면서(이것은 목회적 돌봄을 행하는 사람이나 사역자의 표식을 묘사하는 데까지 확대할 수 있다), 영적 공동체의 모든 활동적인 구성원들의 역동적 본질을 언급하기 위해 "영적 인격"(Spiritual Personality)이라는 단어로 사용한다. 이런 사람들은 성령의 영향 아래 있으며, 성스러운 사람으로 비추어진다. 그들은 미미하지만 그리스도를 닮았다. 이러한 공동체의 구성원들이 사제의 기능을 수행한다. (사실 그들로 하여금 그리스도의 모든 기능을 수행하지 못하게 하는 것은 신적인 것에의 투명성의 분량뿐이다.) 그들은 자신의 영적 능력의 표현으로 기적을 행하면서 교회 안팎에서 봉사하는 기능적인 성자들이다. 틸리히의 견해에 의하면, 예수님과 성자들의 차이는 예수님에게는 신성에 대한 투명성이나 영적 임재로부터의 분리의 순간이 없었고, 성자들에게는 분리의 순간들이 있다는 것이다.

투명성의 개념을 강조하기 위하여, 틸리히는 성자들이 본질적으로 선하지 않듯이, "예수님도 본질적으로 선하지 않다"[9]고까지 했다. "성자다움의 참된 의미는 빛을 발함, 거룩한 것에 대한 투명성, 또는 거룩한 것에 대한 반투명을 의미한다…아마 빛을 발함이라는 의미가 가장 적합한 의미일 것이다. 왜냐하면 성자는 신성의 임재를 특별한 방법으로 발하기 때문이다."[10] 틸리히는, 교회가 금욕고행자나 순교자들을 특별히 성자로 간주하면서 성자다움에 대한 이러한 이해가 상실되었다고 생각했다. 그리하여 평범한 교인들은 자신이 성자처럼 될 수 있다는 가능성에 대한 의식을 상실했다. 그러나 틸리히는 성자다움의 특별함에 초점을 두면서도, 관심은 도덕적인 우월성에 있는 것이 아니라 말이나 개인적인 우월함, 그리고 인간과 자연을 지배하는 능력에 있다고 주장했다.

"성자다움은 본질적으로 도덕을 초월한다(transmoral)."[11] 성자들은 의롭다함을 받은 죄인들이다. 따라서 그들은 다른 사람들보다 우월한 것이 아니라 동등하다. 그들은 영적 공동체의 다른 구성원들과 조금도 다르지 않다. 그들은 의롭다함을 받은 죄인으로서 한 사람이 어떻게 소외되고 재결합되는지를 단편적으로 증거한다. 그들은 자신의 인격적인 특성들에 관하여 성숙함과 축복받았음을 나타낸다. 성숙함이란 자신의 자유를 충분히 의식하고 실현하는 것을 의미하며, 축복받음이란 단편적으로나마 자유와 관련된 갈등들이 해결된 상태를 언급한다.[12]

틸리히는 성화에 관한 부분에서 성령의 영향력 아래서의 삶에 대해 저술하고 있지만, 기독교적인 삶에 대한 그의 묘사는 근본적으로 칭의의 원리를 근거로 한다. 그것은 인간이 추구하여 얻을 수 있는 것이 아니다. 틸리히는 기독교인들을 위한 완전론적인 목표를 설정하기보다는 영적 임재의 영향 아래서의 삶은 실제로 이루어지지 않는 한 묘사할 수 없는 것이라고 주장한다. 그러나 그러한 일이 사람의 증가되는 의식―자신이나 다른 사람들 안에 있는 애매한 것들을 지각하는 감수성 및 애매함에도 불구하고 삶을 긍정할 수 있는 능력―안에서 발생할 때에, 그것을 인식할 수 있다. 그것은 자신의 성장 욕구에 대한 감수성, 다른 사람들의 희망과 낙심에 대한 감수성, 구체적인 상황의 느낌과 의미를 식별하며 다른 사람들의 삶에 있는 참된 요소들에 대해 반응할 수 있는 능력을 포함한다.[13]

그것은 사람의 증가된 자유 안에서 인식되기도 한다. 즉 율법으로부터의 자유로서 영적 임재에 비추어 주어진 상황을 평가하며,

분명히 율법에 어긋나는 것이라도 올바른 행동을 결정하는 자유 안에서 인식된다. 거기에는 안팎으로부터 자유를 파괴하려는 요인들에 저항하는 힘도 포함된다.[14] 성령의 임재 아래 있는 사람은 점점 더 많은 관계를 갖는다. 이것은 사람을 소외시킬 수도 있는 증가된 자유의 원칙의 균형을 잡아준다. 성령의 임재의 영향을 받는 네번째 증거는 자기-초월이다. 의식, 자유, 관계는 각기 자기-초월을 포함하는데, 그것은 궁극적인 것을 향한 헌신의 태도와 일치한다…그것은 마치 다른 공기를 호흡하는 것, 평균적인 실존을 초월하는 곳으로 올라가는 것과 같다.[15]

목회적 돌봄을 행하는 사람들의 개인적인 자격을 설명하려는 특별한 노력이 웨인 오츠의 『기독교 목사』(*The Christian Pastor*)에서 발견된다. 이 책은 원래 40여년 전에 안수받은 남성 성직자들을 묘사하기 위해 저술된 것이지만, 지금도 진지하게 연구할 가치가 있다고 생각된다. 오츠는 신약 성서의 기록, 특히 후기의 목회 서신을 연구하면서, 다음과 같은 목회자의 자격 요건을 발견하고 주석한다. 그는 신약 성경은 목회적 돌봄을 행하는 사람들은 다음과 같은 사람이어야 한다고 말한다고 이해한다: (1) 책망 받을 것이 없어야 한다; (2) 초신자여서는 안 된다; (3) 이혼하거나 재혼한 사람은 안 된다; (4) 가정을 잘 다스리는 사람이어야 한다; (5) 정신적으로 건강하고 건전해야 하며, 하나님의 말씀을 굳게 잡아야 한다; (6) 건강하고 유능한 교사여야 한다; (7) 자원하여 일하는 사람이어야 한다.[6]

1950년대에 저술된 목사에 대한 해석을 제시하면서, 교회는 자체의 사역에 대해 기대하는 것이 있어야 하며 그것들을 기독교적 사역이 이루어지는 상황과 연결하여 계속 재검토해야 한다는 나의 확신을 재확인했다. 그러나 신약 성경에 제시된 사역을 위한 특별한 자격 요건들은 오늘날 목회적 돌봄의 사역에 종사하는 사람들에게 해당되지 않을 수도 있다. 오늘날 하나님의 사람들의 사역에 관하여 생각해 볼 때, 특히 목회적 돌봄을 행하는 사람들에게 가장 중요한 자격은 무엇일까? 나는 그 질문에 답하면서, 오츠가 말한 목회적 돌봄의 사역자들의 자격 목록을 다시 돌아보고 그것을 돌봄의 모든 공동체의 구성원들에게 확장할 수 있는 방법으로 재해석해 보려 한다. 나의 재해석에 대한 독자들의 동의는 그리 중요하지 않지만, 사역을 할 수 있는 자격에 대하여 심각하게 질문해 보는 것이 중요하다.

목회적 돌봄의 일을 하는 믿음의 공동체의 구성원들은 다음과 같이 해야 한다:

(1) 교회나 공동체가 그들을 어떻게 보는지 진지하게 고려해야 한다. 이것은 행동의 통일을 의미하는 것이 아니라, 그들이 사역하면서 행하는 일이 그들의 인격과 동떨어진 것이어서는 안 된다는 의미이다.

(2) 신앙과 관련된 주장이나 사실들에 대해서 무관심하거나 미숙해서는 안 된다. 종교 교육의 통일성은 필요하지 않지만 그러한 교육에 진지하게 참여할 필요가 있다.

(3) (4) 자기 가족들과의 관계가 다른 가정의 고통에 접근하고 반응하는 방법에 영향을 줄 수 있다는 것을 알아야 한다. 사역자 자신의 결혼 상태보다는 각 사람의 삶에서의 친밀함의 문제를 의식하는 것이 더 중요하다. 그러한 문제들은 보다 종교적인 문제들과 분리될 수 없다.

(5) 개인적인 관심사를 처리하기 위해서 다른 사람들의 상황을 사용하지 않으며, 개인적인 일은 객관적으로 지혜롭게 다룰 수 있어야 한다.

(6) (7) 자신의 삶에 기독교 신앙이 중요하다는 것을 분명히 의식해야 한다. 평신도건 안수받은 목회자건, 사역자의 신념은 변덕스러워서는 안된다. 사역자는 그것을 주입시키기 위한 것이 아니라 대화에 활용할 수 있어야 한다.

(8) 자원하여 일할 수 있어야 한다. 사역자들은 사역의 일을 항상 행복한 마음으로 행할 수는 없지만, 적대적이거나 후회하지 않고 일할 수 있는 방법을 찾아야 한다. 일에 임하는 태도가 중요하다.

기독교인의 삶과 사역에 관한 이 묘사들은 목회적 돌봄을 행하는 사람들의 표식을 확인하는 데 도움이 되지만, 이 묘사들의 한계를 인식하는 것도 중요하다. 데이비드 둔컴은 키에르케고르가 『공포와 전율』(*Fear and Trembling*)[17)]이라는 책의 "믿음의 기사"(Knight of faith)에서 묘사한 아이러니한 모습을 상기시키면서, 이것을 효과적으로 나타낸다. 키에르케고르는 사람들이 강이나 바다, 새로운 별 등을 찾아 세상을 돌아다닌다고 설명한다. 그는 이렇게 말한다: "이것이 나의 마음을 사로잡은 것은 아니다. 그러나 만일 믿음의 기사가 사는 곳이 있다면 나는 걸어서 그가 있는 곳으로 갈 것이다. 왜냐하면 이 놀라운 사실이 나의 마음을 절대적으로 사로잡기 때문이다. 그 기사를 발견하면, 나는 뒷걸음질 치고 손뼉을 치면서 큰소리로 '하나님, 이 사람이 바로 그 사람입니까? 그는 그냥 세리처럼 보입니다…' 라고 말한다. 외모로는 그를 이웃들과 구분할 수 없다. 둔컴은 "기사를 다른 사람들과 구분해 주는 것은 심오하고 개인적인 것으로서 눈에 보이거나 직접 알 수 있거나 전달될 수 있는 것이 아니다. 그것은 형태가 아니라 본질에 의해서 식별되고 육성되는 기독교적 삶이다"라고 말한다.[18)]

돌보는 사람의 성격을 분별하기

분별(discernment)이란 오랫동안 잊고 있었던 친구를 알아보는 것과 같은 직관적 과정(intuitive process)이다. 분별은 다른 사람을 인식하는 일과 자신의 내면에 있는 어떤 것을 인식하는 것에 적용될 수 있다. 예를 들어, 그 친구는 많이 변화되었다. 그의 외모는 많이 바뀌었지만, 과거에 내가 알고 있었고 지금도 알고 있는 사람으로서 그의 내적인 특징을 식별할 수 있다. 복음서에서 묘사된 예수님은, 다른 사람들은 식별하지 못하는 특성의 표식을 사람들에게서 식별하는 능력을 지니신 분이셨다. 예수님은 나다니엘을 "내면에 간사함이 없는 이스라엘 사람"(요 1:47)으로 보신다. 예수님은 아주 평범한 사람들을 불러 자기를 따르게 하셨다. 분별은 고린도후서 2:14-16에서 묘사한 것처럼 그리스도인이 특징적인 향기를 소유한다는 바울의 설명과도 비슷하다. 기독교인임을 나타내 주는 표식은 고등한 시각이나 청각으로는 감지할 수 없는 보다 근원적인 방법으로 분별된다.

목회적 돌봄을 행하는 사람에게 있어서, 분별은 다른 사람의 삶과 관심에 보다 깊이 초점을 맞추는 것을 허용하는 과정이다. 우리 자신이 분별되고 알려졌기 때문에, 우리도 사람들을 돌보면서 그들을 분별하고 알 수 있다. 하나님께서 우리를 기억하시고 분별하시기 때문에, 우리도 돌봄 안에서 사람들을 기억할 수 있고 분별할 수 있다. 우리에게 가치가 부여되었기 때문에, 우리도 듣고 기억하면서 사람들에게 가치를 부여할 수 있다.

목회적 정체성

나는 분별력이 임상 목회적 패러다임이 목회적 정체성이라고 부르는 것과 매우 가까운 의미를 가지고 있다고 생각한다. "목회적"이라는 용어는 성직자와 주로 관련되어 왔지만, 수식어인 "목회적"이라는 단어가 평신도와 성직자에게 사역을 지명할 수 있는 중요한 방법이 있다고 생각한다. 목회적 정체성은 임상 목회적 패러다임에서, 특히 임상목회교육의 일부로서 중심적 요소가 되어 왔다. 목회적 정체성은 믿음의 공동체에서 정당하게 인정받은 대표라는 내적 의식으로 분별될 수 있다.

몇 년 전, 에드워드 쏜튼(Edward Thornton)은 안식년을 맞아 런던에 있는 웨스트민스터 목회 재단에서 연구하면서 발견한 사실과 이 견해를 비교하는 글을 썼다. 쏜튼은 자신이 목회란 교회의 소명을 위해 안수받은 것, 또는 적어도 교회가 보증한 어떤 형태 아래서 기능하는 것이라는 가정을 무비판적으로 수용해왔다는 것을 깨달았다고 말했다.

> 지도자들이나 학생들에게 있어서, '목회적'이라는 단어는 교회의 소명 안에서의 지도력의 역할과 전혀 관계가 없다. 그것은 오히려 삶을 향한 진지한 종교적인 태도, 종교적인 범주 안에 있는 경험을 반성하려는 노력과 관계를 갖는다. 특히 내가 유럽의 전문가들 중에서는 심리치료적 경험의 신학적 의미들을 찾아보려는 노력, 또는 포괄적인 목회 신학을 정립하려는 노력과 관련이 있다.[19]

임상목회교육의 대표적 역사가인 쏜튼은 영국의 견해나 미국의 견해에 만족하지 않고, 미국의 목회적 돌봄과 상담의 전문가들이 세속적 상황에서의 신학적 반성의 애매함에 보다 깊이 관여하며 영국의 목회 심리학자들이 종교 기관들의 치유적 가능성과 신학생들이나 성직자들의 임상목회교육에 더 많은 에너지를 투자할 때를 기다리고 있다.

쏜튼은 목회적 정체성에 대한 영국의 견해와 미국의 견해의 종합을 위한 단서로서 자신의 영적 순례를 고찰하며, 그가 "하나님의 현존에 대한 만족할 줄 모르는 식욕"이라는 것 안에서 그것을 발견했다. 그는 사막 교부인 에바그리우스(Evagrius)를 "올바르게 기도하는 신학자"라고 설명한다. 쏜튼은 다음과 같이 말했다.

> 목회적이란, 하나님의 성령에 대해 민감하며, 기도의 기쁨을 깨닫고, 자아와 성령 사이의 내적 대화의 즐거움을 깨닫고, 내적 대화를 자기 반성 이상의 것으로 만드시는 분의 현존의 엄위함과 경이 안에서의 즐거움을 깨닫는 영혼을 의미한다.[20]

쏜튼의 글은 영적으로 정의한 목회적 정체성의 주제를 재발견하

3. 돌보는 사람의 특징 113

는 데 적합하다. 그는 이것에 관하여 그의 책에서 자세히 설명한다.[21]

나는 쏜튼의 견해의 중요성이 목회적 정체성의 개념의 범위를 안수 받음 너머로 확대하는 것, 그리고 목회적 정체성을 영적 또는 종교적 삶에 대한 각성과 연결하는 데 있다고 생각한다. 그러나 돌봄의 공동체의 목회적 사역에 관한 그의 견해의 문제점은 "목회적"의 이해를 필요 이상으로 좁히거나 확대한다는 것이다. 그는 사람이 "목회적"이려면, 자신의 영적 추구를 종교적인 말로 편안하게 표현할 수 있어야 한다고 주장한다. 그러나 내가 알고 있는 많은 평신도 사역 집단들은 자기들이 사역하면서 행하는 일이나 자신의 믿음과 영성 안에서 개발하고 있는 방법 등을 표현하는 데 기독교적 단어를 사용하기를 주저한다.

그러므로 목회적 정체성을 "하나님의 현존을 갈구하는 만족할 줄 모르는 식욕"처럼 분명히 종교적인 용어로 묘사하기보다는 "탐구"라고 표현하는 것이 더 효과적인 듯하다. 사람들은 쏜튼의 이미지가 주장하는 것처럼 영적인 굶주림이라는 감각을 소유하기 전에 목회적 돌봄을 제공하며 자신의 사역으로부터 학습하는 과정에 들어갈 수 있다. 달리 표현하자면, 목회적 정체성은 한 사람이 자신의 종교적 전통과 동화하며 그 전통의 언어를 편안하게 사용하는 능력이 형성되기 훨씬 전에 발달하기 시작한다. 그러므로, "탐구"(quest), 또는 워커 펄시(Walker Percy)의 소설 『영화 팬』(*Moviegoer*)에서 사용한 용어인 "무엇인가를 잘 알고 있는 상태"(being onto something) 등이 돌봄의 공동체에는 더 적합하다. 이 장의 양육을 다루는 부분에서 "탐구"의 의미를 다루려 한다. 여기에서는 목회적 정체성에서의 기본 요소들에 관하여 좀 더 말하려 한다. 내 생각에 가장 중요한 요소들은 다음과 같다: 태도(attitude), 능력(ability), 권위(authority), 책임(accountability).

1. 목회적 태도(pastoral attitude): 사물에 대한 견해, 또는 바라보

는 방법은 주로 목자라는 성경적인 이미지를 사용하여 해석되어 왔다. 목자는 공동체 전체를 돌보는 사람이지만, 특히 공동체로부터 분리되었거나 길을 잃은 사람들에게 관심을 갖는다. 힐트너(Seward Hiltner)는 그의 저서 『목회신학 서론』(*Preface to Pastoral Theology*)에서, "양을 돌본다는 관점"은 부가된 것이 아니라 돌보는 자에게 "기본이 되는 종류의 느낌이나 견해, 또는 태도"라고 말했다. 양을 돌본다는 관점은 특별한 사람이나 사람들을 향한다는 점에서 관계적이며, 그것의 기본 내용은 돌봄을 받는 사람들을 향한 "부드럽고 열렬한 관심"이다.[22]

제1장에서 돌봄에 관해서 말했던 것의 많은 부분이 태도로서의 "목회적"이라는 개념을 깊이 있게 고찰하는 데 적용할 수 있다. 그러나, 이 책에서 논의하고 있는 돌봄은 태도 뿐만 아니라 능력도 포함한다. 폴 틸리히는, 돌봄은 보편적으로 인간적인 기능이기 때문에 성직자를 비롯한 전문직에 의해 독점되거나 지배될 수 없다고 주장한다. 돌봄을 제공하는 성직자와 다른 사람들 사이의 차이점은 성직자는 이 기능을 행사하고 다른 사람들은 할 수 없다는 것이 아니다. 차이점은 다른 사람들은 간접적으로, 또는 대부분 무의식적으로 돌봄을 표현하는 데 비하여 성직자들은 전문가들과 함께 의식적으로 돌봄을 행하고, 돌봄을 반성하고, 그리고 돌봄으로부터 의식적으로 배운다는 것이다.[23]

돌봄을 행하는 성직자와 평신도를 구분한 틸리히의 방법은 임상목회적 패러다임에 소중한 것으로 활용되어 왔다. 그러나 근본적으로 목회적 돌봄은 목회자들만이 아니라 공동체의 사역으로 보는 공동체적 상황적 패러다임에서는 폴 틸리히의 견해를 초월하며, 또 평신도와 성직자에 의한 의도적 돌봄임을 확인할 것을 요구한다. 평신도와 성직자의 차이점은, 성직자는 돌봄의 태도에서 의도적이지만 평신도는 그렇지 않다는 데 있는 것이 아니다. 차이점은 목회적인 존재의 다른 차원에 있다: 능력, 권위, 책임감.

2. 목회적 능력(pastoral ability): 이것은 돌봄의 태도를 실행하는 능력을 말한다. 능력에는 행동과 태도, 무엇을 생각하는 것 및 행하는 것이 포함된다. 이론과 실천의 관계 및 임상목회적 패러다임에서 표현해온 모든 것이 포함된다. "목회적"이라는 단어는 어떤 것을 행하는 능력, 즉 어떤 사람의 이야기를 듣고 기억하고, 공감하면서 반응하는 능력과 관련이 있다. 이 과정에서도 기억은 중요한 요소가 된다. 우리가 자신의 삶에서 발생한 사건들을 기억하며 다른 사람들에게 이야기할 수 있을 때, 그리고 그 사건들을 객관화하여 그것이 자신 및 사람들과의 관계에 대해서 무엇을 말하는지 해석할 수 있을 때에, 학습과 변화가 이루어진다.

이 능력은 행동과 관련하여 기술적으로 학습될 수 있는 단순한 기술이 아니다. 이 능력에는 에드워드 팔리(Edward Farley)가 'theologia'라고 표현한 데에 그 의미가 포함되며, 마이클 폴라니(Michael Polanyi)가 무언의 지식(tacit knowledge)이라고 한 것, 즉 관찰과 실천, 그리고 판단을 통하여 습득된 것을 행하는 방법에 대한 지식과 흡사하다. 이 능력에는 상황에 대한 인식, 즉 알 수 있고 행할 수 있고 말할 수 있는 것들을 초월하는 완전한 것에 대한 의식, 그리고 자신이 보다 크고 완전한 것에 참석한다는 의식이 포함한다. 그런 지식을 가지고 있는 사람, 이런 종류의 목회 능력을 가진 사람은 자신을 신뢰하고, 어떤 일을 행하고 개념화하는 자기 나름의 방법을 개발할 수 있다. 이런 종류의 지식의 요소들은 원리와 예증을 통해서 제공할 수 있지만, 이런 종류의 목회적 능력을 가르치지는 못한다. 거기에는 분별로서의 이해력이 포함된다.

실제 상황에서 자아의 위기의 필요성을 강조하는 흥미있고 유용한 방법을 키에르케고르의 "반복의 개념"[24]에서 찾아볼 수 있는데, 이것은 개인이 혼란스러운 사건들 가운데서 자신의 인격을 만들어 내는 능력을 말한다. 그것은 자신이 누구인지를 분별하며, 자아의 끊임없는 분산에 직면하여 하나의 정체성을 만들어 내는 능력이다.

자아도 목회적 정체성과 마찬가지로 하나의 본질이나 영구적으로 현존하는 것이 아니라, 성취해야 할 과제이다. 자아는 선택이라고 정의할 수 있다. 그것은 획득해야 하는 것이다. 키에르케고르의 관심은 추상적 개념으로부터 이동하는 데 있는 것이 아니라, 현실의 영역을 회복하며 행동하는 사람들 포함시키는 데 있다. 성직자나 평신도 사역자가 아무리 솜씨가 좋아도, 사역에는 어리석음이나 실수의 위험이 도사리고 있다. 목회적 돌봄의 사역에는 키에르케고르의 실존적 관점이 요구된다. 이것이 부분적으로 목회적 능력의 의미이다.

3. 위에서 논의된 태도와 능력은 권위나 책임보다는 평신도 사역과 더 깊은 관계를 가지고 있다. 사역에서의 권위나 책임의 의미는 서로 엉켜 있지만, 나는 그것들을 분리하여 논의하려 한다.

자신이나 다른 사람들 안에서 분별되는 **권위**에는 다음과 같은 것들이 포함된다: (1) 권위 아래 있는 것; (2) 권위가 되는 것; (3) 권위를 전달하는 것.[25] 목회적 돌봄을 행하는 사람에게 있어서 권위 아래 있다는 것은, 그 사역을 인정해 주고 특별한 상황에서 그 사역을 실행할 수 있도록 권위를 부여해 주는 종교 집단을 떠나서는 목회적 돌봄을 제공할 수 없다는 것을 의미한다. 개인적으로 목회적 돌봄을 실천할 수는 없다. 명사인 "목회자"와 형용사인 "목회적"은 권위를 가지고 있음을 의미한다. 왜냐하면 사람은 그 권위에 종속되어 있거나, 그 권위에 대해 책임이 있기 때문이다. 평신도 사역자나 안수받은 사역자들은 단순히 행동하는 것이 아니라, 대표자로서 존재하고 행동한다. 그들은 그들의 사역을 공인해 주는 공동체의 장점과 단점을 나타낸다. 교회와 관련이 없는 상황에서도, 그들은 자신을 고용한 병원이나 기관, 또는 능력을 공인해 준 전문기관을 대표한다.

목회적 돌봄을 행하는 사람들은 자신의 존재와 행동에 대해 자신을 초월하는 조직에 대해 책임을 질 뿐만 아니라, 그들 자신이 권위가 된다. 안수를 받은 사람이건 아니건 간에, 믿음에 대한 이론과 실천 교육을 받은 사람들은 스스로 권위를 소유한다. 가버나움의 회당에서의 예수님에 관한 마가의 진술, "권위 있는 자 같으나 서기관과 같지 아니함이라"(막 1:22)는 훌륭한 목회자에 대한 진술로 인식할 수도 있다. 그들의 섬김을 받는 사람들은 그들의 내면에 감화와 지원을 하는 능력이 있다고 느낀다. 브레다를 지도한 감독은 그녀에게 병실의 침대를 정리하는 데 시간을 허비하지 말고 301호의 환자를 보살피라고 했다. 돌보는 사람의 자기 이해와 경험으로 보면, 이것이 "목회적 정체성"이다. 돌봄을 받는 사람들의 입장에서 보면, 이것이 "목회적 역할"이다. 신약성서에서 때로는 예수님의 권위를 부정적으로 묘사하여 "서기관과 같지 않다"고 정의한 것은 종교적 권위를 지닌 사람이 된다는 것, 목회자의 역할과 정체성을 소유하는 것의 이해하기 어려운 특성을 어느 정도 암시해준다.

목회적 권위는 사람에 따라 매우 다르게 표현된다. 나는 권위에 대한 리처드 세넷(Richard Senett)의 분석이 목회적 돌봄의 사역에게 적용될 수 있다고 생각한다.[26] 평신도 뿐만 아니라 성직자들도 권위가 되는 데 있어서 어려움을 느낀다. 즉 자신의 말에 대해서 책임을 지거나 자신이 권위를 발휘하는 대상들로부터 고립하여 존재하는 데 어려움을 느낀다. 그들은 자신의 행동은 그 대상의 유익을 위한 것이라고 주장하면서, 아버지와 같은 태도로 권위를 표현할 수도 있을 것이다. 세넷은 이것을 "거짓된 사랑의 권위"라고 부른다. 또 그들은 권위를 자율적으로 표현하기도 하는데, 세넷은 이것을 "사랑이 없는" 권위, 또는 권위의 영향을 받는 사람들을 위한 적절한 관심이 결여된 권위라고 설명한다.

목회적 돌봄에는 사람들에게 권위를 전달하는 것도 포함된다. 역사적으로, "목회자"라는 단어에는 감독하고 관리하는 차원이 포함되어 왔고, 사역의 장소나 교구를 책임지고 있는 사람들을 언급하는 데만 사용되어 왔다(이에 대하여 제4장에서 논하고자 한다). 권위를 전달하는 것은 교회 안에서의 성직자들에게만 해당되지만, 교회의 목회 사역의 책임을 감당하면서 주로 행정적인 일이나 감독의 일에 참여하는 평신도들도 안수받은 사람들처럼 사람들에게 권위를 전달한다. 나는 목회자들이란 "중개하는 사람"(person in-between), 권위를 받아 행사하며 그것을 전달하는 사람으로 생각하는 것이 유익하다는 것을 발견했다. 전달되는 권위가 개인적으로 중요한 것일 때에, 많은 사람들은 권위를 전달하거나 위임하는 것을 어렵게 여긴다. 어떤 사람들은 사람들에게 권위를 전달한다고 공언하지만 권위를 전달받는 사람이 제멋대로 행동한다고 주장하면서 그것을 그대로 보유하는 일도 흔하다. 반면에, 권위를 위임하는 사람이 권위를 전달받을 사람이 지닌 문제에 지나치게 관심을 가지며, 성취되어야 할 일에 적절한 관심을 제공하지 않는 경우도 있다.

권위 아래 있는 것, 권위가 되는 것, 권위를 전달하는 것 등은 목회적 돌봄을 행하는 사람의 목회적 정체성의 내적 인식과 관련된 것이다. 더욱이 목회적 역할을 제대로 실천하며 자신의 역할을 사람들에게 해석해 주려면 우선 목회적 역할을 받아들여야 한다. 그 역할을 받아들이고 기능적으로 만족하게 실행하는 것은 목회적 역할이 자신의 존재에 반드시 필요한 것이라는 내적 의식의 발달에 의존한다.[27]

4. 목회적 정체성의 차원인 권위에 대하여 논의하면서, 어쩔 수 없이 "목회적"이라는 단어의 의미가 지닌 책임감의 차원을 다루었다. 위에서 주장한 것처럼, 틸리히가 의도적으로 돌보는 사람과 무의식적으로 돌보는 사람을 구분한 것은 오늘날 "책임감의 분량"으로 더 잘 구분할 수 있다. 성직자들은 사역에 대하여 보다 큰 책임감을 소유하며 그것을 반성하고 그것으로부터 학습함으로써 자신의 사역을 심화해야 할 책임을 가지고 있다. 여기서 "보다 큰"이란 표현을 사용한 것은 성직자와 평신도의 연속체 관계를 암시하는데,

성직자들이 여기에 보다 깊이 참여하고 사역의 이론과 실천을 보다 깊이 이해한다. 평신도들도 동일한 일에 대해 책임을 지지만 성직자들보다는 책임이 적다. 그러나 책임이 적다는 것은 논리적인 필요성에서 비롯된 것이 아니라, 교회 내에서 성직자의 권위에 중요성을 부여한 역사적 상황에서 비롯된 것이다. 게다가 연속체라는 이미지는 수직적인 것이 아니라 수평적인 것이다. 성직자가 평신도 "위에" 있는 것이 아니고, 또 평신도들과 상관 없이 사역을 수행하는 것도 아니다. 게다가 성직자들이 전문화의 방향에서 연속체와 훨씬 더 공존한다는 이미지는 종교성, 신앙의 깊이, 또는 효과적인 기능과는 상관이 없다. 그 이미지는 단순히 성직자들은 사역의 실천을 위한 연구에 더 오래 참여한다는 사실을 묘사한다.

"책임"이라는 단어를 사용할 때에는, "무엇, 또는 누구에 대한 책임인가?"라는 질문을 해결해야 한다. 평신도와 성직자 모두에게 적용할 수 있지만, 성직자에게 더 적용할 수 있는 세 가지 유형의 책임이 있다. 첫째, 사역자는 자신의 특별한 사역이 어떻게 하나님의 소명의 적절한 표현이 되는지를 해석하는 권위를 가진 교회 공동체에 대해 책임을 져야 한다. 둘째, 평신도건 성직자건, 사역자는 동료 사역자에 대해 책임을 지려 하며, 때로 다른 분야의 전문인들이 동료들에 대해 책임을 지는 것처럼 훌륭한 실천의 표준을 유지하기 위해서 특별한 형태의 사역을 전공한 사람들에 대해 책임을 져야 한다. 세번째 책임은, 사역의 실천에서 진보에 대해서, 즉 자신이 대변하는 신앙 전통을 이해하고 돌보는 데 있어서 유능한 사람이 되기 위해서 사역자 자신이 져야 하는 책임이다.[28] 여기서 논의된 목회자의 정체성의 네 가지 차원—태도, 능력, 권위, 책임—은 기독교 사역자의 특징적 표식을 분별하는 데 기여한다.

돌보는 사람의 성격: 양육

기독교인의 삶을 양육하고 기독교적 돌봄의 행위자의 표식을 발달시키는 것에는 내면화(internalization), 양육(nurturing), 유지(sustaining) 등이 포함된다. 이것들은 목회적 정체성에 관하여 내가 말한 것과 어느 정도 관련이 있다. 그러나 여기에서의 초점은 기독교 공동체 안에서 경험되어 오고 해석되어 온 바 그리스도의 "내면화"에 있다. 자녀들이 부모를 내면화하는 것과 아주 흡사하게 그리스도는 신자들에 의해 내면화된다. 부모의 가치관, 헌신, 그리고 삶에 접근하는 방법 중 많은 것이 아들이나 딸의 가치관의 일부가 된다. 성찬식은 기독교적 내면화의 중심적 상징이다. 기독교적 삶은 공동체 내의 관계에 의해 육성되는데, 이 공동체가 존재하고 기념하는 중심은 그리스도이다. 교회는 구성원들이 기억되고 있고, 그리스도가 그들을 위하여 존재하신다는 경험적 지혜 안에서 그리스도인들을 양육하는 공동체이다.

교회의 사역과 그리스도의 사역의 관계는 항상 강력하게 인정되어왔다. 신학자 버나드 쿡(Bernard Cooke)은 다음과 같이 말한다:

> 모든 기독교 사역의 기원은 예수의 구원 사역 안에서 찾는다. 역사적으로, 기독교 신학은 이 원리를 인정하는 데 하나가 되어 왔다. 모든 진정한 기독교 사역에는 그리스도의 봉사적 사역과 능력에의 참여가 포함된다는 원칙에는 동의해 왔지만, 참여의 본질에 대해서는 상당한 의견 차이가 있었다.[20]

기독교 신학에서 논의되어온 바 그리스도의 사역에 참여하는 방법의 중요한 부분에는 그리스도의 인격과 사역의 관계도 포함한다. 내가 사역자로서 성장하는 과정에서, 그리스도의 인격과 사역의 일치를 확신하는 간단한 찬송가 한 구절이 강한 영향력을 발휘했다.

내가 연약한 시절에는

나의 꿈과 행동은 항상 둘입니다.
오, 행위와 꿈이 하나이신 주님,
행하지 못한 일들로 억눌려 있는 나를 도와 주십시오.[30]

이 찬송은 나 자신과 행동의 불일치를 생각하게 하고, 그리스도의 삶과 사역에서의 일치를 보여 주는 것 같았다. 예수 그리스도의 일치와 완전함과 나 자신의 일치의 부족함 사이의 관계를 해석하는 실마리를 폴 틸리히의 조직신학에서 발견한 것은 그로부터 몇 년 뒤의 일이었다. 이 공식의 구체적인 부분들은 나에게는 만족스러웠지만, 다른 사람들에게는 만족스럽지 않을 수도 있다. 그러나 나는 목회적 돌봄을 행하는 사람들로 하여금 그들의 사역이 어떤 방법으로 그리스도의 사역과 연결되며 또 그 사역을 계속하는지를 고찰하도록 도전하기 위하여 그 공식을 제시한다.

그리스도의 완전함과 하나됨의 중요성을 강조하는 틸리히의 방법은, 예수는 "새로운 존재의 특별한 표현이 아니라, 존재 전체 안에 새로운 존재를 가진 사람이다"라고 말한다.[31] 틸리히는 "예수님의 말씀을 그의 존재로부터 분리하는 것, 그리스도의 존재와 행위를 분리하는 것, 그리고 그리스도의 고난과 존재를 분리하는 것" 등의 결과를 초래하는 기독교적 이야기의 상이한 요소들의 강조를 거부한다. 이와 반대하여, 틸리히는 그리스도이신 예수는 통전적으로 이해되어야 하며, 그의 말씀과 존재와 행동은 하나로서 이해되어야 한다고 주장한다. 다른 기독교 신학자들과 신학적 전통들은 그리스도의 통일성을 이처럼 강력하게 강조하지 않을지도 모른다. 그러나 틸리히의 말은 그만의 특별한 말이 아니다. 그것은 교회의 중심적인 기독론적 주장과 보조를 같이 한다.

여기에서 다음과 같은 질문이 제기된다: 만일 그리스도의 인격과 사역이 하나라면, 그리고 그리스도의 사역자들이 그리스도를 닮거나 그의 사역을 계속한다면, 기독교적 돌봄을 행하는 사람의 성격을 이해함에 있어서 이 두 가지 주장을 어떻게 결합할 수 있을까? 사역자의 인격과 사역이 그리스도의 인격과 사역을 본받는 방법에 대한 질문에 접근한 틸리히의 신학의 구체적인 내용이나 철학적 기초에 동의를 구하거나 그에 동의할 필요는 없다. 틸리히는 우리가 어떤 사람이 되어야 하며 무엇을 행해야 하는지에 대한 모든 공식의 기초가 되는 개신교 원리에 비추어 보아도, 기독교인들은 어떤 사람의 존재와 행동이 어떻게 서로 관련되며 그리스도의 인격과 사역에 관련되느냐는 질문을 피할 수 없다고 인정했다.

틸리히는 빌립보서 2:5에 "너희 안에 이 마음을 품으라 곧 그리스도 예수의 마음이니"라고 한 바울의 명령을 하나님의 모습 및 그 형상을 따른 인류의 모습에 대한 논의와 결합했다. 그는 이것을 토대로 하여 인간은 그리스도의 모습을 취하라는 요청을 받지만, 그것은 성경에 묘사된 구체적인 특성들을 그대로 모방하는 것을 의미하는 것이 아니라고 결론을 내린다. 만일 그것들을 모방한다면, 그것들은 의식주의적 처방이나 율법이 되며, 예수님의 통일성, 정체성, 고결함의 이미지를 왜곡하는 것이 된다.

기독교인들이 행하는 것은 그리스도이신 예수의 경우처럼 그들의 존재를 적절히 표현해 주지 못하지만, 그리스도의 모습을 좇으라는 빌립보서의 명령은, 그리스도가 본을 보이신 존재와 행동의 일치를 추구함으로써 새로운 존재에 참여하라고 요구하는 것으로 이해되기도 한다. 이것은 그들의 삶의 특별한 사건 안에서 이루어질 수 있다. 기독교인들이 취하는 그리스도의 모습(form)은 그들이 믿고 행동하고 존재하는 통일성을 향한 추구로서, 결코 완성될 수 없다.

일치를 추구함으로써 그리스도의 모습을 취한다는 이 이미지는 돌봄의 공동체의 모든 구성원, 평신도나 성직자 모두에게 적용되는 기독교 사역자의 이미지이다. 일치된 행동과 존재에 대한 질문을 무시해서는 안 되지만, 성취될 수 있는 것이 아니다. 그것은 우리를 이끌어 주는 주도적인 이미지, 믿음과 은혜의 기대를 가지고 추구해야 하는 것, 기독교적 돌봄의 사역자의 삶에서 육성될 수 있는 것이다.

정리

이 장에서는 공동체의 사역에서 돌봄의 공동체를 대표하는 사람들의 성격이라는 문제에 대해 언급했다. 이것은 교회가 처음 시작하면서부터 직면해온 매력적이면서도 어려운 쿤제이다. 만일 교회의 사역이 그리스도의 사역의 연속이라면, 그리스도의 대표자가 되는 사람들에게 어떤 종류의 기대를 해야 하는가? 그 질문에 대한 여러 가지 대답이 있다. 어떤 답변은 평신도들이 기대하는 것과는 근본적으로 다른 성직자들의 거룩함과 권위에 대한 주장을 낳는다. 어떤 사람들은 하나님의 백성들의 거룩함과 경건함을 강조하여, 그들이 사는 세상과의 분리를 주장하기도 한다. 공동체적 상황적 패러다임이 개인의 차이, 문화의 차이, 성별의 차이 등을 인정할 것을 요구하고 공동체의 지도자의 권위보다 공동체의 권위를 강조할 때, 우리가 돌봄의 공동체의 사역자들을 식별하는 "특징적 표식"을 어떻게 감지할 것인가는 중요한 문제이다.

앞에서 사제들의 목회적 돌봄 교육에 종사하고 있는 아일랜드의 카톨릭 평신도 여자 사역자의 이야기를 했다. 비록 짧은 이야기지만, 우리는 그녀의 성격의 특징, 삶의 상황과 사건들, 사역에의 소명, 그녀의 사역 형성에 기여한 그녀의 교단 전통의 기대 등을 볼 수 있었다. 또 나는 기독교적 삶의 의미를 정의한 데이비드 둔컴의 세 가지 방법을 기독교 사역자의 특징적 표식을 찾는 데 적용해 보았다.

기독교인의 삶이 포함하는 것과 진정한 사역자가 가져야 하는 표식을 확인하기 위한 여러 가지 개념적인 시도가 행해져 왔다. 나는 이런 개념적 시도의 몇 가지를 제시했다. 그리고 "믿음의 기사"와 일반인 사이에 아무런 차이점을 찾아볼 수 없었다는 키에르케고르의 이야기도 언급했다. 그 후에, 의미를 명확하게 하는 둔컴의 두 방법, 분별의 방법과 양육의 방법을 언급했다.

　나는 분별의 과정을 목회적 정체성의 개념과 경험에 연결하려 했다. 나는 그것이 임상목회 패러다임의 초점이라고 생각했다. 나는 목회적 정체성의 중요한 요인은 목회적 태도, 능력, 권위, 책임이라고 주장한다. 마지막으로, 나는 둔컴이 양육이라고 언급한 것을 추구, 특히 예수님의 존재의 행동 사이의 일치를 추구하는 것과 동일한 것으로 간주했다. 나는 틸리히의 기독론 중 일부를 사용하여, 기독교 사역자, 목회적 돌봄을 행하는 사람은 일치와 통일을 추구함으로써 그리스도의 모습을 취해야 한다고 주장했다. 이 장은 이런 문제들에 대한 답을 제공하기보다는 많은 문제들을 드러내 준다.

토의 문제

1. 기독교 사역자들의 특징적인 표식은 무엇이라고 보는가? 그 이유는 무엇인가? 그런 표식을 나타내는 사람에 대해 묘사해 보라.
2. 당신이 속한 믿음의 공동체에서 평신도에게 기대하는 것과 성직자들에게 기대하는 것은 어떻게 다른가? 교회의 이론과 실천 사이에서 당신은 어떤 불일치(모순)를 보고 있는가? 예산 집행 등의 교회의 일을 성사하기 위하여 어떻게 타협하는가?
3. 키에르케고르의 "믿음의 기사"의 관점에서, 기독교인 돌보는 사람의 표식은 어떻게 돌보는 사람의 인격에 관한 설명에 관하여 개방적이고, 어떻게 그런 설명을 거부하고 있는가?
4. 당신의 사역은 어떻게 그리스도의 사역이 되는가? 그리스도의 사역과 관계를 맺기 위하여, 아니면 거부하기 위하여 당신은 어떻게 행하는가? 당신은 자신의 논거를 제시하기 위해서 어떻게 성경이나 다른 권위를 사용하는가?
5. 최근에 미국 목회상담 협회에서는 "목회적"이란 수식어를 성직자 뿐만 아니라 평신도까지 포함시키는 데까지 사용하고 있다. 이 책에서도 그 단어를 성직자 뿐만 아니라 평신도 사역자에게도 적용하고 있다. 역사적으로, 또 현대에, "목회적"이라는 단어를 이처럼 확대하여 사용하는 것은 그 단어가 원래 가지고 있는 의미를 잃게 하는가, 아닌가? 당신이 선택하는 입장의 신학적 근거는 무엇인가?
6. 목회적 정체성의 의미는 무엇인가? 당신은 목회적 정체성을 얼마나 가지고 있는가? 그렇게 판단하는 증거는 무엇인가?

제4장
자문을 통한 돌봄

아마 내가 당신들보다 더 나이를 먹은 것 같습니다. 그리고 나의 경험들이 나를 이해하는 데 도움이 되어 왔다고 생각합니다. 그렇다고 해서, 그것이 나보다 젊은 사람들과 다른 사람들을 이해하는데 방해가 되는 것은 아닙니다. 내가 기억하는 한, 말을 많이 하지 않고 다른 사람들의 말을 진정으로 경청하는 것이 효과가 있습니다.

— 목회적 돌봄을 행하는 평신도

제1장에서는 돌봄이 지닌 광범위한 인간적 의미, 그리고 그것이 경험과 기억을 통해서 표현되는 방법 등을 탐구하였다. 제2장에서는 모든 인간의 표현이며 욕구로 인정되는 돌봄은, 그것이 이루어지는 상황의 영향을 얼마나 받는가를 알아 보았다. 어떤 상황이나 문화나 성이 지닌 특별한 것에 주의를 기울이지 않으면, 보편적인 것이라고 주장되는 지식도 억압적인 지식이 될 수도 있다. 그러므로, 돌봄은 기억(remember)인 동시에 재구성(re-member)이 되어야 한다. 다시 말해서, 구조적인 세밀한 것들을 기억하는 동시에 변화시키는 능력이다.

전 장에서는 돌보는 사람의 인격, 그가 무엇을 행해야 하며 어떤 존재가 되어야 하는지에 초점을 두었다. 외적인 기준을 가지고는 이 일을 하려는 데에 어려움이 있음을 인정했고, 그래서 몇 가지 보다 어렵고 직관적인 기준들을 제시했다. 이 장에서는 돌봄의 의미를 확대하여 돌봄의 가르침과 학습까지 포함시키려 한다. 임상 목회적 패러다임으로 시작해서, 공동체적 상황적 패러다임에서 더 깊이 있게 표현되는 목회적 돌봄에는, 공동체의 돌봄에 종사하는 모든 사람들의 사역에 참여하거나 자문해 주는 목회자가 성도들로 하여금 그 사역의 준비를 갖추게 하는 일도 포함된다.

돌봄의 학습에 관한 글을 쓰는 데 있어서 가장 어려운 점은 목회적 돌봄에 관한 책을 읽는 것이 사람들에게 돌봄을 제공해야 하는 방법을 학습하는 가장 좋은 방법은 아니라는 것이다. 또 경험 자체도 효과적인 교사가 될 수는 없다. 지난 40-50여 년 동안, 돌봄의 공동체의 구성원들은 목회적 돌봄을 행하며, 같은 사역에 참여하는 사람들과 함께 그것을 깊이 반성함으로써 목회적 돌봄을 제대로 학습할 수 있다고 가르쳐왔다. 이 책 및 이와 유사한 책들은 학습을 위한 이차적인 자료로서 사역을 위한 실제 상황에서 제공된 경험을 해석하고 도움을 주는 데 사용된다. 최근 미국의 목회적 돌봄의 운동을 연구했던 독일의 목회자요 학자인 헤이지 페이버(Heije Faber)는 미국의 신학생들이 목회적 돌봄의 훈련을 받지도 않고 먼저 목회적 돌봄을 실천함으로써 목회적 돌봄을 배우고 있다는 사실에 놀랐다. 더욱 놀라운 것은, 그러한 초기 단계가 부족한 것을 교육 과정의 약점으로 보지 않고 장점으로 간주한다는 사실이었다.[1]

고전적 패러다임과 임상목회적 패러다임에서는 안수받은 목회자들이나 안수받기 위해 교육을 받는 사람들의 학습 과정을 관리하고 감독해야 한다고 가정하지만, 공동체적 상황적 패러다임에서는 그런 가정을 바꿔야 한다고 주장한다. 공동체적 상황적 패러다임에서 목회적 돌봄의 주된 학습자는 성직자와 안수 준비 중에 있는 사람들이지만, 목회적 돌봄에 관여하고 있는 평신도와 그 사역에 관하여 보다 깊이 배우기를 원하는 사람들이 증가하고 있다. 게다가 공동체가 목회적 돌봄에 참여하기 때문에, 목사가 되기 위한 학습에는 목회적 돌봄을 가르치는 일을 학습하는 것도 포함된다.

제임스 펜하겐(James Fenhagen)은 교회 생활에 필요한 은사들이 안수받은 사람들에게만 집중된다는 믿음은 고집스러운 이단이라고 설명한다. 펜하겐은 이렇게 말한다. "오늘날 교회에서 가장 신나는 현상 가운데 하나는 다양하고 많은 사람들 안에서 '은사 받음의 인식'이 회복되고 있다는 것이다. 우리 가운데서 복음증거자, 교사, 예언자, 치료사가 있음을 발견하고 있으며, 그들은 그러한 은사의 의미를 발견하기 시작한다."[2]

세계교회협의회(WCC)와 교회연합협의회(COCU)는 성직자만을 기초로 하는 사역의 개념을 거부한다. "모든 사역, 감독, 장로 뿐만 아니라 평신도가 행하는 모든 사역은 개인적이면서 단체적이고 공동체적인 것으로 이해되어야 한다. 사역은 개인적으로 부름 받고 세례받은 사람, 경우에 따라서는 안수받은 사람에 의해 실행된다. 안수는 사역과 동의어로 쓰이지 않으며, 특정한 경우에만 발생한다."[3]

펜하겐은 다른 저서에서 한 회중 내의 안수받은 사역자들은 스스로 사역하기보다는 다른 사람들로 하여금 그들의 사역들을 확인하게 하고 실행하게 해야 한다고 주장한다.[4] 평신도에게 목회적 돌봄을 교육하는 방법을 개발한 선구자인 로널드 선더랜드(Ronald Sunderland)는 목회적 감독(pastoral supervision)이 성직자들의 사역을 위한 기본적인 도구가 되었다면서, 목회적 감독이 대학원 이상의 공부를 한 사람들에게만 한정되어서는 안 된다고 주장한다. 그는 목회적 감독은 전문직이 아니라고 말한다. 목회적 감독은 모든 목회자들이 준비를 갖추어야 할 기초적 과업이다. 선더랜드는 성직자의 감독 교육을 목회자가 교구에서의 경험을 획득한 뒤로 미루어서는 안 된다고 주장한다. 만일 목회적 감독이 신학원 교육의 일부가 되지 못한다면, 그들은 사역의 초년병으로 자기들이 학습하지 못한 성직자-중심의 목회적 사역의 개념을 채택해야 할 위험을 갖게 된다.[5] 이 점에 관하여 선더랜드의 견해를 따르는 이 책에서는, 독자들이 성직자를 기초로 한 사역의 개념을 채택하지 않기를 바란다.

비록 성직자가 자신이 책임지고 있는 평신도 돌봄의 행위자들보다 목회적 돌봄의 영역에 대한 교육을 더 많이 받았다고 해도, 그가 한 회중의 지도자라면, 전문가가 되려는 그의 자유는 제한된다. 교회라는 상황 안에서 그는 전문가가 될 수 없다. 그는 교회의 전체 사역을 대표해야 한다. 대형 교회들은 사역의 한 영역이나 다른 영역에서 전문가들을 가질 수 있지만, 성직자들을 안수한 교회가 성직자들에게 요구하는 것은 공동체 및 공동체 밖에 있는 사람들에게 그리스도의 완전한 사역을 나타내는 것이다.

반면에, 평신도들은 보다 자유롭게 한 분야의 사역을 전문화할 수 있다. 그들이 대표하는 기능은 보다 제한되어 있다. 그들은 목회적 돌봄의 전문가가 될 수 있으며, 목회적 돌봄만 행하거나 공동체 사역이나 교육 사역만 전문적으로 행한다. 그러므로 평신도들이 목회적 돌봄과 같은 특별한 사역에서 전문가라고 말한다면, 성직자들은 사역의 교사이고 믿음의 공동체의 전체 사역의 대표자가 된다.

목회적 돌봄의 사역에 부르심을 받았다고 믿는 사람들은 그들의 돌봄을 보다 효과적으로 표현하는 방법을 어떻게 학습하는가? 어떤 의미에서, 돌봄은 가르침을 통해 학습되는 것이 아니다. 만일 돌봄의 능력이 하나님께서 인간들이 주위 세상과의 관계와 그에 대한 책임을 표현하는 주된 수단으로 주신 것이라면, 돌봄은 새로운 개념이나 사상처럼 외부에서부터 유입되는 것이 아니다. 그것은 이미 그 안에 있는 예술적 재능과 같으며, 굉장한 수준으로 개발될 수 있다.

1945년에 개최된 임상목회교육 제5차 회의에서, 폴 틸리히는 돌봄이 보편적인 인간적 기능일 때에 목회적 돌봄을 가르치는 것이 어떻게 가능한가라는 질문에 관하여 발표하였다. 그는 성직자를 포함한 전문직에서 돌봄을 독점하거나 지배할 수 없다고 강조했다. 전문적으로 돌봄을 제공하는 사람과 다른 사람들의 차이는, 성직자는 이 기능을 실행하고 다른 사람들은 실행하지 않는다는 것이 아니다. 차이점은 성직자들은 다른 전문가들과 함께 의식적으로 돌봄을 실행하고 깊이 생각하고 그것으로부터 배우지만, 성직자가 아닌 사람들은 간접적으로, 가끔, 그리고 대부분 무의식적으로 돌봄을 실행한다는 데 있다.[6]

틸리히가 돌보는 사람들과 전문적으로 돌보는 사람을 구분한 것은 돌봄에 대한 관심을 학습에 제한하거나, 보다 효과적인 돌봄을 위한 학습을 전문 사역을 위한 신학 교육으로 제한하는 경향을 나타내왔다. 신학 교육을 담당하고 있는 사람, 특히 실천신학을 담당하는 사람들은 학생들이 단순히 어떤 것을 학습하는 것이 아니라 어떤 특별한 존재가 되도록 돕는 것이 자신의 과업이라고 생각해왔다. 신학 교육의 전문적인 강조점은 학생들로 하여금 자신의 전문적인 인격을 발달시킨다고 여기도록, 자신이 경험한 것을 자신의 일부로 만들며 장차 실천할 것을 강화해줄 이론과 결합하는 과정에 참여하고 있다고 여기도록 도와 주는 데 있었다.

목회적 돌봄을 비롯한 여러 차원의 사역에서의 평신도 교육은 사역에 종사하는 전문인의 계발, 즉 전임 사역자가 전문적인 자아의 발달로 이해하는 성취를 극소화하려는 경향이 있다. 평신도 사역 교육은 듣고 반응하는 기술을 가르치는 데 초점을 두며, 특정한 문제에 관한 정보를 제공하는 것으로 국한시키려는 경향이 있었다. 또 평신도 사역자의 인격을 무시하는 경향을 띠었다. 그러므로 틸리히가 본성적으로 돌봄을 제공하는 사람과 의도적으로 돌봄을 제공하는 사람을 구분한 것은 목회적 돌봄과 신학 교육을 전공해온 사람들에게는 도움을 주었지만, 평신도 돌봄의 교육을 성직자 교육보다 열등하고 분리된 범주로 간주했다.

공동체적 상황적 패러다임에서는 목회적 돌봄을 안수받은 목회자들만의 사역으로 보지 않고 안수받은 목회자에 의해 도움받는 공동체의 사역으로 보기 때문에, 틸리히의 구분을 초월할 것, 그리고 평신도와 성직자에게 있어서 돌봄이 의도적인 것임을 인정할 것을 요구한다. 돌봄의 공동체 안에서 평신도와 성직자의 차이점은, 성직자는 돌봄을 의도적으로 행하고 평신도들은 그렇지 않다는 데 있는 것이 아니다. 차이점은 두 가지 점에서 확인될 수 있다: 참여의 단계와 가르치는 역할. 성직자는 평신도보다 더 많은 시간을 사역에 할애할 수 있다. 또 다른 차이점은 성직자는 목회적 돌봄이나 다른 차원의 사역의 교사로서 구분되어 소명을 받았다는 점이다. 이것은 전통적으로 장로교회에서 구분해온 것과 흡사하다. 평신도와 성직자 모두가 장로일 수 있지만, 성직자는 장로의 역할 외에 교사의 역할을 소유한다고 구분되었다. 목회적 돌봄의 사역에서 평신도와 성직자의 차이는 개업의의 자격을 갖춘 사람과 감독의 자격도 갖춘 개업의 간의 차이점과 비슷하다. 감독자이나 교사는 계속 개업의로 활동하면서 교사/감독의 기능을 발휘한다.

돌봄의 학습: 고전적 패러다임의 공헌

목회적 돌봄을 효과적으로 시행하기 위하여 배워야 할 것은 무엇인가? 목회적 돌봄을 위한 세 가지 패러다임은 그 질문에 대하여 각기 다른 답변을 제공한다. 그러나 나중에 제시된 패러다임의 대답은 먼저 패러다임의 답변을 부정하기보다는 보완해주며, 먼저 패러다임이 강조해온 것 위에 토대를 둔다. 제임스 펜하겐(James Fenhagen)은 평신도와 성직자가 공통으로 가지고 있는 네 가지 사역 기능을 설명한다. 처음 두 가지 기능은 기독교적 메시지를 강조하는 고전적 패러다임과 관련이 있다. 첫째는 이야기하기(telling a story)이다. 하나님의 사람들은 해야 할 이야기를 가지고 세상에 보냄을 받는다. 그들이 기독교의 이야기를 소유할 때—그 이야기를 듣고, 내면화하고, 느끼고, 거기에 참여하고, 그것을 말할 때—에 사역은 시작된다.

둘째, 하나님의 사람들은 "우선적인 가치를 지닌 것에 대한 특별한 견해를 증거하기 위해서 세상으로 파송된다…기독교 사역에는 우리가 가진 가치관을 복음에 비추어 계속 분명히 밝히는 것, 그리고 결정을 내릴 때마다 이러한 가치관을 증거하는 일에 헌신하는 것이 포함된다." 셋째, 하나님의 사람들은 공동체를 건설하는 사람이며 참여자이다. 펜하겐은 "이것을 경청의 사역, 치유의 사역, 돌봄의 사역"이라고 말한다. 넷째, 그들은 영적 순례자들이다. "사역의 중심에는 하나님의 사람들의 영적 순례에 대한 자의식이 강한 참여가 있다. 우리 스스로가 발견하지 못한 것을 다른 사람에게 줄 수는 없다."[7]

펜하겐의 사역 기능들은 목회적 돌봄의 사역을 학습하면서 고찰해야 하지만, 그것들이 순서대로 연속해서 발생하는 것으로 여겨서는 안된다. 기독교의 이야기를 배우고 확인하그 말하는 것은 목회적 돌봄의 학습의 중요한 부분이지만, 그런 학습과 확인은 듣고 치료하고, 돌보는 사역과 동시에 발생할 수도 있고, 그 후에 발생할 수도 있다. 돌봄을 제공하려는 사역자의 시도들은 그가 이야기를 배우고 말하는 것에 공헌하기도 한다. 펜하겐은, 목회적 돌봄의 사역은 단순히 누군가를 위해 어떤 일을 행하는 것이 아니라고 강조한다. 거기에는 기독교의 이야기와 전통을 자기 것으로 만들었기 때문에 그것을 상기시켜 주는 사람이 되는 것이 포함된다. 평신도든 성직자든 목회적 돌봄을 행하는 사람들은 이야기를 배우고 그것을 다른 사람들에게 표현하는 것을 배우는 과정 안에 있어야 한다. 어떤 존재가 되는 것과 행위를 강조하는 것이 임상목회적 패러다임의 핵심이다. 그러나 메시지나 이야기에 대한 강조는 우리로 하여금 고전적 패러다임으로 돌아갈 것을 요구한다.

고전적 패러다임이 목회적 돌봄을 학습하고 기독교 목회자의 정체성을 획득하는 데 기여한다는 것을 찾아볼 수 있는 전거들이 많다. 그러나 안타깝게도 많은 자료들이 절판되어 신학교 도서관에서나 찾아볼 수 있게 되었다. 고전적 목회적 돌봄을 이해하고 확인하는 데 가장 중요한 전거가 되는 것은 1951년에 출판된 존 맥닐(John T. McNeil)의 『영혼 치료의 역사』(*A History of the Cure of Souls*)[8]와 1964년에 출판된 클렙쉬와 제클(Clebsch and Jaekle)의 『역사적 관점에서의 목회적 돌봄』(*Pastoral Care in Historical perspective*)[9]이다. 최근에, 토마스 오덴(Thomas Oden)은 "기독교의 과거에 대한 기억상실증이 만연해 있고, 그 결과 고전적 목회적 돌봄의 지혜에 대한 방심과 무감각이 증가했다"고 상기시키고 있다.[10]

현대 미국의 목회적 사역은 "역사적이고 신학적인 인식보다는 개인적이고 실천적인 면을 더 강조해 왔고, 효과적인 목회 사역의 구조에는 성서적 지혜, 역사적 의식, 구조적인 신학적 논법, 상황적 분별력, 그리고 개인적 감정이입에 포함되어 왔다"는 오덴의 견해는 옳다. 다른 사역이 그렇듯이, 목회적 돌봄에서도 문제들을 성경과 전통에 비추어 검증해야 한다.[11] 고전적 패러다임, 임상목회적 패러다임, 공동체적 상황적 패러다임은 모두 목회적 돌봄을 위한 효과적 교육에 공헌을 했다. 중요한 것은 세 가지 패러다임 모두가 비판적인 상호 관계의 형식을 통하여 대답에 공헌하고 있다는 것이다.[12] 기독교의 고전적 전거들과 다른 자료들의 상대적인 권위는 특정한 돌봄의 공동체들에 의해 사역의 실제적 상황으로 자리 잡아야 하고 실행되어야 한다.

목회적 돌봄을 가르치기 위한 권위를 고찰함에 있어서, 신약 성경에 있는 권위와 지도력의 형태를 이해하는 것이 어느 정도 가치가 있다. 데이비드 스틸(David Steele)은 예루살렘 초대 교회의 공동체에서의 신속하고 명확하고 결정적인 판단의 필요성 때문에 초대 교회는 예수님과 함께 지냈던 개인이나 사도들, 은사를 가진 사람들에게 권위를 부여했다. 후일 바울이 세우고 육성한 새로운 교회 안에서는 공동체 건설의 필요성이 훨씬 더 컸다. 따라서, 탁월한 개인보다는 공동체 자체에 더 많은 권위가 부여되었다. 후기에 저술된 목회 서신에서의 기본적 요구는 안정성과 뿌리내림이었다. 그러므로 초기에 개인과 공동체의 지도자들을 강조하던 것과는 달리, 성서와 전통 및 그것들을 해석하는 사람들에게 더 많은 권위가 부여되었다. 세 가지 권위의 형태 모두 성서와 교회의 전통에 기초를 두고 있다. 그리고 무엇을 우선적으로 강조할 것인지를 결정해야 할 필요가 대두되었다.[13]

스틸은 후기 목회서신에 등장하는 교회와 오늘날의 교회 사이에 유익한 평행선을 그린다. 목회 서신들이 기록될 당시, 예수님을 직접 만났던 사람들은 존재하지 않았다. 그러므로 목회서신에서 지도자의 탁월한 기능은 목양(shepherding), 장로직(eldership), 감독(overseeing), 교육(teaching)이었다. 이 기능들은 어느 시대에나 계속 교회의 지도력에 기초적인 요소가 된다. 목회적 돌봄의 교육과 학습을 고찰함에 있어서 처음 두 가지 기능, 즉 목양과 장로직은 평신도와 성직자 모두에게 적용된다. 나중의 두 가지 기능(감독과 교육)은 근본적으로 성직자에게 적용된다.

목양의 기능은 베드로전서 5:2-3에 서술되어 있다. 그러나 그 이전에 바울은 서로 짐을 나누어 지고(갈 6:2), 지혜로서 훈계하고(골 3:16), 권면하라(살전 5:14-16)고 말한다. 이것이 사역의 개인적 돌봄의 차원이다.

장로직이라는 기능에는 믿음 안에서의 연륜과 성숙, 그리고 사람들에게 하나님을 대표하며 서로를 대표하는 자가 되는 것이 포함된다. 예를 들면, 야고보서 5:14은 장로를 병든 자에게 은혜와 치료를 가져다주는 지혜로운 연장자로 표현한다. 그러나 실제 나이보다는 교회의 대표자로 인정받으며 교회의 의미와 권위를 자신의 인격의 일부로 소유하려는 태도가 더 중요하다.

베드로전서에 묘사되어 있는 감독의 기능은 사역의 행정적 차원으로 설명될 수 있고, 공동체 전체의 돌봄을 강조한다.

> 이런 유형의 목회적 지도력의 필요성은 사도들—카리스마적인 지도자들, 또는 그리스도에 관한 직접적 지식을 가진 사람들—이 죽거나 다른 곳으로 이동한 뒤에 분명해졌다. 그 때에 감독은 사도들이 시작한 일이 계속되고 발달된다는 것을 확실히 해야 했다. 초기의 목회적 감독들은 복음의 역동적 전파자이기 보다는 일(복음의 일)을 계속하도록 남겨진 신실한 집사였을 것이라고 추측할 수 있다.[14]

교육의 기능. 특히 목회적 돌봄의 교육의 기능은 다른 세 가지 사역 기능 모두와 관련이 있다. 예를 들면, 교회의 지도자는 효과적인 감독을 실행하기 전에 먼저 예수 그리스도의 이름으로 사역하는 방법을 가르쳐야 한다. 그리고 평신도들이 스스로 교육받기 위하여 마음을 개방하기 전에, 교회 지도자가 돌보는 목자, 효율적인 장로, 또는 권위의 인물이 되어야 한다.[15] 목양, 감독, 장로직, 또는 교육을 통하여 표현되는 것과는 관계 없이, 기독교의 사역은 항상 그리스도의 사역의 연장으로서 이해되어 왔다.

신학자인 버나드 쿡(Bernard Cooke)은 기독교 사역에 대한 연구에서 다음과 같이 말한다:

> 모든 기독교 사역의 기원은 예수 그리스도의 구원 사역에서 찾는다. 역사를 통하여 기독교 신학은 한결같이 이 원리를 인정해 왔다. 모든 진정한 기독교 사역은 그리스도의 봉사의 사역과 힘에 참여하는 것을 포함한다는 원칙에는 의견의 일치가 이루어져 왔지만, 이 참여의 본질에 관해서는 상당한 의견의 차이가 있었다.[16]

해석학적인 문제들은 신약성서에 기록되어 있는 사건들과 오늘날 사역에서 발생하는 것을 단순히 동일시하는 것을 금한다. 그러나 신약성서에 등장하는 탁월한 주제들을 사용하여 초대 교회의 사역과 예수 그리스도의 사역의 계속성을 확실하게 제시할 수 있다. 그 중 두 가지를 지적하고자 한다.

한 가지 중요한 주제는 주로 공관복음에서 발견되는 것으로서, 비유를 말씀하신 예수님이다. 신약학자인 존 도미닉 크로산(John Dominic Crossan)에 의하면, 비유는 청중들이 가장 소중하게 생각하는 가설에 침투하여 그것을 깨뜨리는 이야기/사건이다. 예수님은 "청중들의 종교적·문화적 전통을 취하셨고, 그것을 나쁜 사람이 아니라 좋은 사람인 사마리아인이나 공정하지 못하게 자신이 받아야 할 삯보다 더 많은 삯을 받은 포도원의 일꾼 등과 대조하셨다."[17] 목자와 감독은 사역과 삶의 일반적인 사건들 안에 있는 예기치 못했던 의미와 중요성을 지적함으로써, 그와 피감독자가 그 가상적인 세계를 함께 볼 수 있는 관계의 상황 안에서 피감독자들의 가상적 세계에 도전할 수도 있다.

또 다른 주제는 바울의 사역에서 주로 발견되는 것으로서 신학적인 것과 실천적인 것을 나란히 놓는 것이다. 바울의 서신은, 때로 편지를 받는 집단이나 사람들의 실질적인 관심사와 심오한 신학적 논거를 훌륭하게 결합한다. 내 생각에, 결혼이나 이혼, 경쟁이나 상호간의 갈등 등 그 시대의 문제들에 대한 바울의 실질적인 해결책에 권위가 있는 것이 아니다. 사역의 모델을 제공하는 데 있어서 권위가 있는 것은 바울이 그리스도의 인격과 사역에 비추어 그러한 관심사들을 보았다는 데 있다. "인간이 경험한 어떤 것을 조사하든지 간에, 실질적이거나 기술적인 해결책 자체는 본질적으로 부적절하다. 어떤 사람의 존재와 행동은 모조리 예수 그리스도 안에 계시된 하나님에 비추어 이해되어야 한다."[18]

고전적 패러다임과 메시지 강조에 의해 알려진 돌봄에 대한 학습에는 위에서 언급한 것들—예수의 사역, 사역에 대한 기독교 전통의 이해, 바울이 신학과 윤리를 혼합한 것—이 포함될 수도 있다. 중요한 것은 목회적 돌봄을 학습하는 것은 단순히 경청하거나 특별한 인간적인 문제들의 특징을 경험하는 것이 아니라는 것이다. 물론 목회적 돌봄의 학습에 그것이 포함될 수도 있지만, 동시에 기독교의 이야기와 전통이 지닌 중요한 요소들에 대한 정보를 제공하는 요소도 포함해야 한다. 목회적 돌봄을 행하는 사람들은 그 전통을 말로 분명히 표현할 필요는 없지만, 그것을 지속적으로 학습하여 자신의 것으로 삼아야 한다. 나는 토마스 오덴이 말한 "효율적 목회 사역의 구조는 성서적 지혜, 역사적 인식, 건설적인 신학 논지, 상황 분별, 그리고 개인적 공감 등의 지속적인 뒤섞임이다"라는 말에 동의한다. 고전적 패러다임으로부터의 학습은 그런 것의 중요한 일부분이다.

돌봄의 학습: 임상 목회적 패러다임의 공헌

목회적 돌봄을 행하는 사람이 되기 위하여 어떻게 배워야 하는가? 이 질문에 대한 임상목회적 패러다임의 관점에서의 대답은 "사역의 행위들을 목회적으로 훌륭하게 감독함을 통해서"이다. 고전적 패러다임은 성도들이 이야기를 갖추는 것, 이야기에 친근하거나 동일화되어야 한다고 강조해왔다. 임상목회적 패러다임은 목회적 돌봄의 행위자들은 이야기 뿐만 아니라 그들 자신과 그들의 관계도 알아야 한다고 주장한다. 임상목회적 패러다임은 하나님의 돌봄의 메시지는 전달자와 불가분의 관계를 가진다고 가정한다.

임상목회적 패러다임은, 특히 임상목회 교육운동(CPE)을 통하여, 다른 전문 분야에서보다 사역에서 보다 더 중요한 사역에서의 감독 기능을 강조한다. 임상목회 교육 운동에서는 감독은 사람들로 하여금 어떤 일을 보다 효과적으로 성취할 수 있게 해주는 것 이상의 일이라고 확신하고 있다. 그것은 사역 자체이다. 목회적 감독은 목회적 돌봄이라는 보다 큰 범주에 속한 특수한 형태이며, 교회의 "교육 직무"의 소명을 받은 사역자가 행하는 목회적 돌봄의 사역이다.[19] "감독"이라는 단어를 수식하는 "목회적"이라는 단어의 중요성은 그것을 설교, 교육, 심방과 같은 중요한 일을 성취하기 위한 기술이 아닌 사역으로서 지칭하는 데 있다. 개인적으로 행하거나, 그룹 안에서 공동으로 행하거나, 목회적인 감독은 사역 자체이다. 그것은 성도들을 준비시키는 기본 요소이다.

임상목회적 패러다임 아래서 발달된 임상목회 교육의 현저한 역사적 특징은, 그것이 기본적으로 교육보다는 봉사에 관심을 가지고 있는 구조 안에서 이루어진다는 것이다. 교회든 다른 기관이든지, 교육 기관은 교육과 관련이 있다. 그렇지 않다면 그 기관은 훈련자들에게 개방되지 않을 것이다. 그러나 교육이 봉사와 상충되거나 영리 법인의 경우 이익과 상충될 때, 교육을 향한 관심은 정지된다. 감독과 학생은 봉사의 제공을 촉진하기 위해 만들어진 권위 구조 안에서 함께 일하기 때문에, 감독은 감독의 역할을 지닌다. 그러므로 계급 구조를 가진 의료 기관에서 발달하는 임상목회 패러다임에서는 "성도들의 교육"에는 감독으로서 목회자의 역할이 포함된다고 이해한다.

세 가지 관계

임상목회적 패러다임의 중심은 세 가지 기본 관계로부터 제공된 자료들의 조사에 의한 학습이다: 권위를 가진 사람들, 동료들과의 관계, 부모나 목회자처럼 권위 역할을 하는 사람들과의 관계. 임상

목회적 패러다임의 영향을 받아 개인적 감독, 또는 집단 감독을 할 때에 발생하는 것의 대부분은 이 세 가지 관계의 경험에 기초를 둔 학습이라고 이해할 수 있다. 이 유형은 이론적인 중요성은 그다지 고려하지 않은 채 경험적으로 발달해온 것처럼 보인다.

독자나 감독을 받고 있는 사람들은 자신이 어떻게 권위가 될 수 있는지 분명히 이해하지 못할 수도 있다. 그 사실 자체가 감독을 받는 관계 안에서 함께 다루어져야 할 문제이다. 신학생이든 평신도든 감독을 받는 사람은 감독의 역할 안에 놓임으로써, 즉 돌봄의 공동체를 대표하거나 원목의 직무라는 역할을 갖기 때문에 권위를 가진다. 그 역할 안에서 그가 기능하는 방식은 목회적 감독에서의 중심적 문제이다. 교육적으로나 경험적으로 충분한 준비를 갖추지 못한 상태에서, 사역자가 된다면 기분이 어떨까? 사역자 대우를 받는 것은 그 사람의 정체성에 어떤 영향을 주는가? 목회적 감독은 감독을 받는 사람들이 이러한 경험들을 조사하며 그 경험을 바탕으로 사역이 어떤 것이며 자신이 사역자 대접을 받는 사실을 받아들이는 것이 의미하는 바를 배우도록 도와준다.

그러한 임상적 경험을 감독이 그 동료들이 공유한다는 점에서 그것은 학생의 대인관계 경력과도 관련이 있다. 목회적 감독자는 사역 현장과 훈련 집단 안에서의 관계는 피감독인의 경력과 관련이 있다고 가정한다. 피감독인이 그런 관계들을 역사적으로 정확하게 표현하면서 자발적으로 탐구하려는 범위 안에서 이런 관계에 대한 깊이 있는 탐구가 진행된다. 감독과 감독을 받는 학생은 학습과 관련된 개인적이고 집단적인 계약 안에서 탐구를 위한 기본 규칙들을 개발한다. 쌍방에서는 서로 합의한 학습 계약을 넘어설 것을 기대하지 않는다. 목회적 감독이 행하는 주된 역할은 감독을 받는 학생의 경험과 학생이 비슷한 관계들을 만들 수 있는 기회를 제공하는 것 사이의 관계를 제시하는 데 있다.

임상목회 교육에서 관찰할 수 있는 중요한 것들 중의 하나는, 사람들이 어떻게 동료의식을 추구하거나 거부하며, 그것을 일단 소유한 후에는 불편해 한다는 것이다. 이 관찰에는 중요한 실천적·이론적 차원이 있다. 실질적으로, 그것은 감독을 행하는 방법에 크게 기여한다. 감독은 자신이 감독하는 학생이 사역을 이해하고 실천함에 있어서 자신과의 동료 의식을 추구하고 있다고 가정한다. 반면 그는 임상적 상황 안에서의 불안이 증가할 때에는 학생들이 무력해지고 의지하는 태도를 취하는 것을 본다. 감독은 이것을 지적하며 감독을 받는 학생이 동료 의식을 인정하고 추구하다가 후에는 그것으로부터 후퇴하는 것의 의미를 탐구하려 한다.[20]

다음의 대화는 내가 경험한 동료의식으로부터의 후퇴를 경험하면서 관찰한 것을 기록한 것이다.

> 목회적 돌봄을 행하는 사람: 나는 그 방에서 완전히 자신을 잃었습니다. 그런 고통을 당하고 있는 사람들에게 무슨 말을 해야 할지 모르겠습니다.

> 감독/고문: 당신은 자신의 느낌을 어떻게 표현했습니까? 당신은 "자신을 잃었다"는 말을 사용하고 있습니다. 그렇다면 당신이 말하는 "자신을 잃었다"는 것은 어떤 느낌입니까?

> 목회적 돌봄을 행하는 사람: 고독하게 혼란을 느끼면서 누군가 내 대신 그 상황을 맡아주기를 원하는 것입니다.

> 감독/고문: 당신의 느낌은 환자의 이야기가 경청되고 이해되고 있다고 말하고 있는 것 같이 보입니다. 그 느낌을 환자에게 어떻게 설명할지를 생각해 보신 적이 있습니까?

> 목회적 돌봄을 행하는 사람: 아니요. 당신이 그 방법을 말해 주기를 바랬습니다.

> 감독/고문: 당신이 느끼고 있었던 것을 소중히 여기고 가능한 최선의 방법으로 그것을 사용하십시오.

학생에게 인간 생활의 고통을 직면하게 하는 임상적 상황은 그로 하여금 돌봄의 과정이 지닌 어려움에 접하도록 도전한다. 그는 무슨 말을 해야 할지 알지 못하며, 자신의 부적합함을 의식했기 때문에 더욱 의존적이 되며 종료가 아니라 옳은 대답을 알고 있는 사람을 간절히 기다린다. 감독/고문은 그런 종류의 권위가 되기를 거부하며, 학생 자신의 느낌의 잠재적 권위를 지적해준다. 그는 학생이 분명하게 보지 못한 것, 즉 그의 느낌이 그로 하여금 환자의 보다 깊은 삶 및 환자가 기대하는 것의 일부에 접근하게 해주었다는 것에 주목한다. 감독을 받는 학생은 환자와의 동료 관계에서 활동할 수 있기보다는 그러한 동료 관계에서 떨어져 나올 수 있게 해줄 대답을 구했다. 감독은 학생이 내면에 가지고 있는 자료들을 확인시켜 주며, 어떻게 행동해야 할 것인가를 지시해주는 권위 역할을 거부한다.

이론적으로 동료 관계를 추구하고 거부하는 것은 어린 유아기에 다양한 형태로 나타나지만 어른이 된 후에도 반복되는 중요한 발달적 주제로 간주할 수 있다. 사람들은 "평등"을 추구하지만, 곧 그것을 불편하게 여기게 되며 상대방 위에 군림하거나 종속되는 힘의 위치로 이동하여, 권위를 토대로 위에서 명령하거나 빈곤을 근거로 밑에서 요구하려 한다. 인간관계에서 동료 의식은 깨지기 쉬운 필수품인 것 같다. 신학적으로, 동료 의식의 거부는 인간적 죄의 표현으로 이해될 수 있다. 인간들은 동료관계에서는 불안을 느끼며 사람들과의 관계에서 보다 분명히 체계적인 지위로 이동하려는 경향이 있으며, 요구보다는 선택에 기초한 관계를 신뢰하지 못한다. 동료 관계를 추구하고 거부한다는 것은 임상목회 패러다임에서 생겨난 중요한 통찰들 중의 하나이다. 그러나 사람들이 동료관계를 다루는 방법에 대한 관심은 공동체적 상황적 패러다임의 공동체적 차원 및 그것이 돌봄을 학습하는 데 미치는 영향과 관련된 문제이다.

돌봄의 학습:
공동체적 상황적 패러다임의 공헌

임상목회적 패러다임은 공동체, 즉 소그룹 안에서의 학습의 중요성을 강조하지만, 매우 개인주의적이다. 이 패러다임의 장점은 학생의 개인적인 학습 욕구에 반응하며 학생의 현재 상태에 반응하는 능력에 있다. 이것의 초점은 주로 안수받은 사역자나 안수 준비 중에 있는 사람들에게 맞추어졌다. 더욱이 감독의 전문화를 강조함으로써 목회적 돌봄을 전문화하여 평신도로부터 분리시키려는 경향을 지녔다. 이와는 대조적으로, 교회 연합 협의회나 제2차 바티칸 공의회 등의 사역 문서에서는 모든 사역은 조직적이고 공동체적이라고 확인한다. "세례와 안수는 개인을 동일한 소명을 가진 사람들과 제휴시킨다. 사역은 본래 함께 나누는 책임이다. 따라서 독립되거나 자율적인 사역자는 존재하지 않는다."[21]

비슷하게, 세계 교회 협의회의 "세례, 성만찬, 사역"이라는 문서에서는 안수받은 사역은 조직적이고 공동체적인 것으로 본다. 이것은 "공동체의 관심을 대표하는 공동의 과업에 동참하는 안수받은 사역자들의 무리"에 대한 요구로 본다. 그 문서에서는 안수받은 사역과 공동체의 친밀한 관계에 대해서도 말한다. 안수받은 사역의 실행은 공동체의 삶에 기초를 두며, 하나님의 뜻과 성령의 인도하심을 발견하는 일에 공동체가 효과적으로 참여할 것을 요구한다.[22]

위에 인용한 두 문서는 내가 공동체적 상황적 패러다임이라고 부르는 것의 공동체적 차원을 강하게 표현한다. 사역은 근본적으로 종적이고 계층적인 것이 아니라, 공동체적이고 단체적인 것이다. 임상 목회적 패러다임이 강조하는 것처럼, 사역에는 개인적 차원도 있다. 공동체적 상황적 패러다임은 목회적 돌봄을 성직자만의 사역이 아니라, 성직자의 가르치는 직무를 통하여 양육되고 촉진되는

돌봄의 공동체의 사역으로 정의한다.[23]

전 장에서 "돌봄을 위한 상황"의 관점에서는, 목회적 돌봄을 가르치는 교사는 돌봄을 받고 있는 사람의 특색과 그 사람이 처한 상황에 주의를 기울여야 한다. 페미니스트적 입장을 지닌 린 로즈(Lynn Rhodes)는, 감독의 권위는 동료 의식과 팀워크를 소중히 하는 형태의 지도력에서 비롯되는 것이어야 한다고 주장한다.

> "우정과 결속은 여성주의자들에게서 생겨난 기독교 공동체 안에서의 삶을 나타내는 이미지이다. 그것들은 지도자들이 사람들에게 능력을 부여하는 방법을 배우며 협력하여 일하는 방법을 배울 것을 요구한다. 이러한 형태의 지도력은 항상 의식적으로 힘의 동력을 평등하게 한다…감독하는 상황을 분명하게 하기 위해서, 성차별적이고 가부장적인 요소들을 분석해 보아야 한다. 감독은 주어진 상황에 여성에 대해서 무엇을 말하는지, 특수한 교회 안에서의 여성의 역할에 대해서 무엇을 말하는지, 그리고 교회의 삶에 대한 정보를 주는 공동체 내에서의 여성의 역할에 대해 무슨 말을 하는지 질문해야 한다…감독은 차이와 배제라는 문제를 여성들이 다룰 기회를 제공해야 한다."[24]

로즈는 감독이 남성이라면, 그는 여성이 지원 그룹에 동참하는 것의 중요성을 분명히 깨달아야 한다고 강조한다. 로즈는 남성들이 다음과 같이 행해야 한다고 권장한다:

> 여성들이 학습하는 것을 감독하고, 다른 남성들과 비슷한 힘의 상황에서 그들 자신의 성차별 의식을 탐구하고 조사해야 한다. 그들이 탐구해야 할 가장 심각한 문제는 단체조직적 관계 안에서의 그들의 성적인 역할에 대한 이해이다. 남성과 여성은 호혜적인 관계 안에서 함께 일한 경험이 거의 없으며, 특히 사람들의 삶의 은밀한 내용들을 공유할 것을 요구하는 일에 함께 참여한 경험이 거의 없다.[25]

로즈의 여성주의적 견해와 공감하면서, 엘돈 올슨(Eldon Olson)
은 주장한다.

> 목회적 역할은 교회라는 조직체가 그 목회자들에게 봉사하며
> 지원하는 상호성이라고 정의되어야 한다. 목회 주도자의 에너
> 지의 제한을 받는 평신도 돌봄의 사역은 공동의 교제라는 신앙
> 고백에 위배된다. 평신도 돌봄의 사역을 지도하는 사람은 회중
> 안에서의 평신도들의 호혜성을 허락하고 요청해야 할 뿐만 아
> 니라, 개인적인 자아 의식을 지원하고 풍성하게 해주는 동료들
> 의 교제에 참여해야 한다.[26]

일찍이 폴 틸리히는 돌봄을 "본질적으로 호혜적인 것"이라고 말했다. 돌봄을 주는 사람은 또한 돌봄을 받는다. 사람들을 돌보는 대부분의 행위에서, 돌봄의 객체가 되는 사람은 주체가 될 가능성을 가지고 있다. 틸리히는 계속해서 "돌보는 것과 돌봄을 받는 것은 둘이 아닌 하나의 행위이며, 돌봄이 하나의 행위이기 때문에 진정한 돌봄이 가능하다"고 말한다. 상호 관계가 없으면, 우리는 사람들을 객체나 사례로 변화시키며, 인간으로서의 그들의 자아 의식을 파괴한다고 틸리히는 생각한다.[27]

마지막으로, 윌리엄 로버츠(William Lloyd Roberts)는 목회적 감독이 "항상 어쩔 수 없이 참여자-관찰자"여야 하는 소규모의 애정 중심의 회중 안에서의 목회적 감독의 특징에 관하여 기술한다.[28] 감독으로서의 목회자는 공동체 안에서 항상 참여자요 관찰자이다. 모든 일을 행하는 것이나 그것을 행하는 것을 감독하는 것은 목회적 감독에서 선택할 일이 아니다. 로버츠에게 있어서 목회적 감독이 의미하는 가장 중요한 것 가운데 하나는, 목회자는 "질문하고 제안을 해주는 고문(조언자)"이라는 것이다.[29]

위에서 언급한 저자들의 저술들은 모두 임상목회적 패러다임에서 중요하게 생각되는 감독적 모델을 수정해야 할 필요성을 제시한

다. 왜냐하면 그런 모델은 상호 중재의 이미지를 포함하는 동료 의식을 충분히 인식하지 못하기 때문이다.

공동체적 상황적 패러다임으로의 변화는 감독과 자문의 역동적 관계 및 그 관계가 공동체의 구성원들에 관하여 드러내는 것을 조사하는 일이 포함된다. 나는 임상목회적 패러다임에서의 감독의 초점인 동료 의식 거부에 관한 논의에서 이것에 대해 다루었었다. 여기에서는 공동체적 상황적 패러다임에 의해 창출된 자문과 감독 사이의 긴장을 묘사함으로써 이 개념을 보다 깊이 전개하려 한다.

목회적 감독을 행하는 사람은 실행되는 사역에 대해 궁극적인 책임을 지며, 자신의 전문적 기능의 일부로서 감독을 받는 사람의 일을 감독해야 한다. 이것은 교회의 남성 목회자나 병원에서 원목으로 활동하는 감독이 누리는 지위이다. 대조적으로, 목회적 자문을 해주는 자문자도 같은 종류의 사역을 감독할 수 있지만, 사역에 대한 궁극적인 책임을 지지는 않는다. 자문을 구하는 사람은 상담과 관련된 도움을 자유로이 선택하며, 제공된 자문을 받아들일 수도 있고 거부할 수도 있다. 그러나 감독은 자발적인 것이 아니다. 감독의 필요성은 사역의 초기 단계, 또는 다른 전문 직종과 관련이 있고 종종 나중에 거부되기도 하지만, 자문은 개인적인 발전이나 전문적인 발전의 모든 단계에 적절하게 제휴될 수 있다.

공동체적 상황적 패러다임의 영향과 사람들이 동료관계를 거부하는 것에 대한 관찰을 통해서, 나는 모든 유형의 임상목회 교육은 감독 구조 안에서 발생하는 상담 과정이라고 여기게 되었다. 그것은 학생들이 자유로이 개입하므로 자문적이다. 신학교나 다른 교회 조직에서 어떤 프로그램을 요구할 때, 또는 전문적인 협회에서 감독을 요구할 때에도, 교육 과정의 기본 가설은 이 개입의 자유이다. 감독의 초점은 피감독인들이 택한 선택을 검증하는 것이다. 자신의 자유로운 개입이라는 가설을 부인하는 피감독인이나, 그러한 가설을 활용하지 않는 감독은 전체 학습 과정을 망칠 수 있다. 임상적인 학습은 학생들이 학습에 참여하며 최초의 선택에 이어 관련된 모든 것을 선택해야 할 책임에 토대를 둔다. 교구나 기관에서 사역하는 목회적 교육자의 과제는 중요한 사람들의 상담에 비추어 자신을 평가하는 것을 장려하는 데 있다. 그 과정에서, 제공되는 모든 자문이 학생의 자기 평가 과정에서 거부될 수도 있다. 그 때에는 자문을 거부하는 것의 의미를 조사할 수도 있지만, 그것 역시 거부될 수 있다.

공동체적 상황적 패러다임에서는 인간들을 위해 계층적이기 보다는 동등한 규범을 제공한다. 그리고 그 패러다임에서는 사람들의 특성을 인정하며, 사람들은 하나의 성별, 하나의 문화적 상황 또는 힘을 가지고 있는 사람이 다른 사람들보다 우위에 있거나 규범이 된다고 가정하지 않고 인정하고 존중해야 한다고 주장한다. 이런 패러다임의 변화, 그리고 동료관계를 거부하는 경향에 대한 관찰에 비추어 보면, 목회적 교육 프로그램은 감독을 받는 사람들이 교육에 참여하는 편을 선택하는 것 및 이어 학습 과정에서 감독이나 동료들로부터 받게 되는 상담과 관련하여 그들이 선택하는 것에 의존한다는 점에서 목회적 교육 프로그램은 자문적인 것이라고 볼 수 있다. 더욱이 감독 관계의 목표는 그 관계가 자문 관계가 되는 것, 즉 궁극적으로 감독 구조의 제한과 상관없이 이루어지는 데 있다.

그러나, 사실상 대부분의 교육은 계층 구조를 가진 기관 안에서 이루어진다. 임상목회 교육도 대부분 계층 구조를 지닌 의료 기관에서 이루어진다. 평신도들의 목회적 돌봄 교육도 대부분 강력한 계급 구조를 가진 교구 안에서 이루어진다. 그러므로 실질적으로 모든 교육 경험의 환경은 일련의 명령과 선택을 통해서 과업을 수행하는 것과 교육 목적을 위해 과업을 수행하는 것 사이의 긴장을 창조한다. 긍정적으로, 이런 긴장은 감독을 받는 사람이나 학생들을 위한 중요한 학습 기회를 창출한다. 봉사의 의무와 학습 욕구 사이의 갈등을 그들은 어떻게 처리할 수 있을까? 만일 학습을 학습자가 선택하는 것으로 간주된다면, 그것은 상담 과정이 된다. 그러나 그것이 감독 체계 안에서 이루어지며, 그렇기 때문에 교사와 학습자 모두에게 감독관계와 상담 관계의 긴장을 제공한다. 학생은 자신이 듣거나 학습할 것을 자유로이 선택하지만, 동시에 동일한 사람들과 함께 특정의 기능과 특별한 역할을 수행해야 한다. 종종 상반되는 이 경험이 관계라는 구조 안에서 이루어지는 방법이 공동체적 상황적 패러다임이 말하는 목회적 교육 과정의 핵심이다.[30]

돌봄의 공동체의 사역을 촉진하는 책임을 맡은 목회자는 돌봄에 관한 상담자(고문)라고 이해할 수 있다. 매우 의존적인 유아기의 관계를 제외하고는, 아무도 다른 사람에게 가장 좋은 것이 무엇인지 알지 못한다. "상대방에게 가장 좋은 것을 알아야 하는 부담스러운 일에서 해방된 상담자(고문)는 자신을 개방하며 상담을 받는 사람이 유익한 것을 선택할 수 있다는 확신을 가지고서 다양한 반응과 인상을 제공할 수 있다." 상담을 받는 사람은 누군가가 최선의 것을 알고 있다는 망상에서 해방될 때에, 그가 피드백을 유익하게 활용할 것이며 내면의 지혜에서 생겨난 일련의 행동을 선택할 것이라는 확신을 가지고 많은 사람들이 제공하는 다양한 반응을 받아들일 수 있다. "이러한 견해가 받아들여지지 않을 때에, 누군가를 의존하는 것을 열등감으로 경험하게 되고, 자기를 드러내는 것을 불안해 하며, 내적 자아의 권위를 불신하게 된다."[31]

자문에 대한 이런 견해는 동료 관계 발견을 통한 학습을 강력하게 묘사해준다. 자문자와 자문을 받는 사람이 동료로 간주되어 각기 상대방에게서 자유롭게 배울 수 있다. 그러나 이런 최선의 관계는 강력한 저항을 받는다. 동료 관계는 거부되고, 지위를 차지하려는 갈등이 등장한다. 상담자라는 목회자의 이미지는 본질적인 것이다. 좋은 목회자, 좋은 목회적 교사는, 자신이 지도하거나 가르치는 사람들과 동등한 동료 관계를 취하는 사람이다. 이런 동료관계는 저항을 받을 것이다. 목회자는 자신이 지도하는 사람보다 우월하거나 낮은 지위에 놓이지만, 그것을 거부하고 동료라는 의식을 가져야 한다. 그렇게 함으로써 쌍방은 공동체적 상황적인 패러다임의 영향 아래서 임상목회적 패러다임이 작용하면서 발생하는 것에서 배울 수 있다.

돌봄의 학습:
성도들을 준비시키는 세 가지 방법

"성도들을 준비시키기 위한" 교육 프로그램들이 공동체적 상황적 패러다임의 영향 아래서 많이 개발되었다. 여기에서 그 중 세 가지를 언급하려 한다. 교회나 그 밖의 상황에서 돌봄을 책임지고 있는 목회자는 이 방법들 및 그 밖의 프로그램들을 학습하여 자신의 특별한 사역 상황에 맞추어 적용할 수 있다. 스데반 사역(Stephen Ministries)처럼 체계적이고 조직적인 프로그램은 특정한 목회 사역을 위한 것이기는 하지만, 다른 상황에는 적합하지 않을 수도 있다. 중요한 것은 목회자가 돌봄에 관한 자문의 책임을 자신의 특별한 상황에 맞는 방법으로 시행하는 방법을 찾는 것이다.

스데반 사역은 70년대에 미조리 주의 루터교 목사이며 심리학자인 케네스 헉(Kenneth Haugk)에 의해 개발되었다. 1991년 말에는 3000개 이상의 회중이나 사역 그룹이 이 훈련을 받았다. 상담 심리학과 보수적인 기독교 신학을 바탕으로 한 기술-훈련 방식에서 부터 시작한 스데반 사역 프로그램은, 초기의 엄격한 훈련 구조에 융통성을 부여함으로써 다른 형태의 집단에서 사용하거나 적용할 수 있게 되었다. 스데반 사역에서는 주로 지도자를 위한 초기 교육, 세인트 루이스 사무실의 간사들이 제공하는 지원 봉사, 그리고 인쇄물과 비디오로 된 교육 자료이다.

여러 해 동안 그 프로그램을 사용해온 어느 대형 교회의 목회적 돌봄 사역자는 스데반 사역이 제공하는 기본 구조를 지지하면서도, 자기 교회의 특별한 회중과 자기의 목회 방식과 이론적인 관심사에 맞추어 그 프로그램을 조정했다는 사실에 자부심을 느낀다. 그는 자기 교회의 스데반 사역자 교육은 스데반 사역 훈련과 임상목회 교육과 영성 형성의 결합이라고 묘사한다. 그를 비롯하여 여덟 명의 "스데반 지도자"들이 세인트 루이스에서 개최된 2주 동안의 교육 과정을 수료했고, 2년 이상 매주 수요일에 2시간씩 지도자로 헌신하고 있다. 이 지도자들은 현재 이 교회에서 적극적으로 활동하고 있는 45-50명의 스데반 사역자들과 함께 일하고 있다. 그들은 병원이나 양로원에 수용되어 있는 환자들을 방문한다. 지역 스데반 사역 지도자들이 이끄는 6-8명으로 이루어진 소그룹에서도 훈련이 진행되는데, 그것은 사역 경험과 사역자의 자기 이해 및 개인적 성장에 초점을 둔다.

평신도 사역 준비 프로그램(Equipping Laypeople for Ministry)은 휴스턴에 있는 텍사스 메디칼 센터의 임상목회 교육 감독이며 종교 연구소 소장이었던, 로널드 선더랜드(Ronald H. Sunderland)가 개발한 프로그램이다. 원래 선더랜드의 관심은 임상목회 교육 형태의 교육을 신학생들에게만 행하는 것이 아니라 새로운 시장인 평신도들에게까지 실시하며, 목회자들과 임상목회교육 감독들을 위해 일 주일 동안 계속되는 일련의 워크샵을 제공하는 데 있었다.

선더랜드의 교육 자료들은 그가 자신이 교육하는 그룹들과 관계하면서 사용하고 그들 나름의 자료를 개발하도록 권장했던 목회적 돌봄의 상황의 상담 면담록이다. 선더랜드의 교육 모델은 스데반 사역의 모델보다는 덜 기술 중심적이고 더 인간-중심적이다. 아마 그는 종교 연구소, 임상목회 교육협회처럼 다른 정체성을 가진 기관에서 일하려 했기 때문에, 평인도 사역 준비 프로그램은 스데반 사역처럼 영구적인 기관으로 발달하지 못한 듯하다. 선더랜드는 에이즈 환자들을 대상으로 사역하는 데 필요한 많은 평신도 사역자들을 훈련하는 데 효과적으로 사용되어온 임상목회교육의 개념적 패러다임에 반응하는 실용적인 프로그램을 개발하는 데 성공했다. 그의 최근의 사역은 거의 대부분 AIDS 환자들을 돌보는 팀에서 일할 평신도 집단 훈련에 집중되고 있다. 그는 치매 환자나 암, 소아 질환이나 장애인들을 가진 가정을 지원하는 데까지 이 훈련의 개념을 확대하고 있다.

기독교 경청 사역(The Ministry of Christian Listening)도 스데반 사역(Stephen Ministries)이나 평신도 사역 준비 프로그램(Equipping Lay People for Ministry)과 비슷한 요소들을 가지고 있다. 이 사역은 임상목회 교육협회의 인정을 받은 감독인 바바라 쉐한(Barbara Sheehan)이 지도하는 것으로서, 켄터키 주 커빙톤 교구의 카톨릭 센터에서 제공하는 프로그램이다. 이 프로그램은 스데반 사역이나 평신도 사역 준비 프로그램과 비슷한 점이 있지만, "영적 교제의 기술"이라고 불리는 이냐시오의 영성 프로그램과 밀접한 관계가 있다. 이 훈련을 맡은 간사들에 의하면, 기독교 경청 사역은 지속적으로 성숙한 영성을 나타내는 사람들 및 영적 성장의 여정에서 다른 사람들과 언약 관계를 맺으라는 소명을 경험한 사람들을 위해 고안된 것이다. 이 프로그램의 목적은 다음과 같다:

(1) 사역에 적합한 경청 기술을 배양한다.
(2) 건전한 사역 관계를 형성하는 방법을 학습한다.
(3) 한 사람의 삶에서 작용하는 영적 요인을 인식한다.
(4) 계약 관계 안에 있는 동료 순례자로서 경쟁과 확신 속에서 성장한다.
(5) 사역으로 부름 받은 관계 안에서 영적으로 성장한다.

프로그램에 참여하려는 지원자들이 지원하는 목적을 기록하는 것, 소명을 받은 과정을 진술하는 것, 교회와 가정과의 관계를 묘사하는 것, 그리고 지원자의 기도 체험을 진술하는 과정이 있다.

기독교 경청 사역 프로그램의 자료에서는 아래의 것들을 프로그램에 참여할 수 있는 기준으로 제시한다. 다음과 같은 사람이 이 프로그램에서 유익을 얻을 수 있다:

(1) 성장을 허용하는 취약점과 융통성을 가진 긍정적이고 현실적인 자기-이미지를 가진 사람.
(2) 다른 인격이나 다른 방법에 대해서 개방성과 융통성을 나타내는 사람.
(3) 이 사역에 참여하는 분명한 목표를 가진 사람.
(4) 믿음의 공동체와 가정 안에서 사역을 위한 기반과 지원을 가능하게 하는 통합적인 인격을 충분히 증명하는 사람.
(5) 감독 관계에 대한 개방성을 의식하기 시작했거나 가지고 있는 사람.
(6) 이 사역에 참여하는 데 대한 자신의 한계와 장점, 두려움, 열심 등을 인식하는 사람.
(7) 삶에서 성장의 유형을 가지고 있고 그것을 지속하려는 개방적인 태도를 가진 사람.
(8) 성인의 성숙함과 근본에 일치하는 도덕적·영적 성장을 증명하는 사람.
(9) 끊임없이 기도 생활을 하고, 자신의 내적 자원들과 힘의 보증을 가지고 있는 사람.
(10) 대담을 하면서 상대방의 내면에 확인할 수 없는 질문이나 의심, 또는 염려를 일으키지 않는 사람.

프로그램은 13주 동안 진행되는데, 처음에는 하루 동안의 피정에서부터 시작하여 매 주 세 시간 수업을 한다. 수업에는 참석자들이 돌봄을 필요로 하는 참석자의 실제 상황을 다루는 실습 과정에 포함되는데, 이 때 참석자들은 그 참석자의 말을 들어주며 소그룹의 구성원들을 그 참석자를 관찰한다. 여기에는 참석자들의 개인적이고 영적인 발달이나 인간적인 문제와 관련된 주제를 다루는 독서와 강의 등의 교육적 요소도 있다. 강조점은 참석자의 개인적이고 영적인 발달에 주어지며, 그 프로그램이 발언하라는 요청을 받은 사람의 문제점보다는 그의 사역에서의 성장에 초점을 둔다는 것을 나타낸다. 매 주 참석자의 사역을 감독하며, 매일 일정한 시간 동안 기도하고, 한 주 동안 성찰해야 할 문제들이 주어진다.

이 프로그램은 임상목회교육 방법에서 가장 중요한 몇 가지 요소들을 결합하여 전 장에서 논의했던 바 돌봄의 사역자의 성격에 대한 관심과 영적 지도와 결합한 것처럼 보인다. 돌보는 사람의 개인적/영적 발달과 사역 학습이 교육 과정에 완전히 관련되어 있다. 스데반 사역이나 평신도 사역 준비 프로그램과는 달리, 이것은 교구 위주의 프로그램이 아니다. 이 사역은 처음에는 어느 주교구의 후원을 받았지만, 이제는 다양한 사역 상황에서 배출된 참석자들이 사람들을 교육하는 일에 종사한다는 점에서 임상목회교육 프로그램과 흡사한 점이 많다. 그것은 교회나 사역의 장소에 의해 제공되는 것이 아니라, 참석자가 추구하고 자기 나름의 방법으로 사역자로서의 발달에 활용하는 것이다.

여기에서 나의 관심은 돌봄의 학습에 대한 지속적인 경험은 모든 돌봄의 공동체에게 중요한 것이고, 공동체 내의 구성원에 대한 책임은 공동체의 가르치는 지도자들의 책임이라고 제안하는 데 있다. 여러 경우에서 훈련을 준비하는 것은 안수 받은 목회자의 책임이었다. 또 다른 경우에서는 목회자는 공동체의 구성원들로 하여금 그들의 초기 훈련을 유지하도록 그리고 훈련이 지원되도록 그리고 그들 자신의 돌봄의 공동체 안에서 양육되도록 도와줄 수 있다.

돌봄의 학습:
계속되는 헌신

나는 다양한 돌봄의 공동체를 탐구하면서, 이러한 공동체들의 구성원, 그리고 이 책을 읽는 사람들이 섬기는 교구에 속한 사람들 가운데 계속되는 헌신이 이루어지고 있다고 확신하게 되었다. 세인트 존스 교회의 교인들은 목회적 돌봄의 사역에 초점을 두는 13주간의 기독교 경청 프로그램에 헌신하지 않고 있을런지도 모른다. 그러나 그들 중 많은 사람들은 교구를 심방하거나 그 일을 보다 효과적으로 하는 방법에 대한 교육을 받을 준비가 되어 있는 듯하다. 목회자 교육의 목표는 심방하는 것 뿐만 아니라 목회적 돌봄의 사역에 헌신하고 있는 사람들의 집단의 발달 및 그들의 개인적인 성장에 대한 개방적인 태도를 취하게 하는 데 있다.

그러나 교구라는 환경에서 일하는 목회자는 그다지 헌신하지 않은 사람들을 대상으로 사역을 시작해야 한다는 것을 기억해야 한다. 공동체의 많은 구성원들은 자원 봉사의 수준에서 목회적 돌봄을 계속할 것이다. 그러나 자신이 해야 할 일들을 행하는 것을 물론이요 사역자가 되는 데 크게 헌신하는 사람들도 있을 것이다. 그러므로 특정의 공동체 내에서 돌봄을 학습하는 사람들은 헌신의 연속과 사역의 소명에 관여한다고 표현할 수 있을 것이다. 연속체라는 이미지는 결코 그 연속의 자발적인 목적에 보다 가까이 간 사람들의 중요성을 경시하려는 의도를 갖지 않는다. 그것은 단지 어떤 사람들은 자신의 인격과 사역을 연결하지만, 어떤 사람들은 그렇지 않다는 사실을 인정하는 것이다. 어떤 사람들은 자원봉사자로서 효과적으로 사역을 계속할 것이다. 또 다른 사람들은 돌봄의 행위를 통해서 기독교 공동체와 그 메시지를 대변해본 경험을 토대로 하여 사역자의 소명을 소유할 것이다.

정리

돌봄의 교육과 학습을 포함하는 목회적 돌봄에 대한 논의에서는 일반적인 교육과 특별한 전문 교육에서 계속되는 몇 가지 문제를 제기해왔다. 즉 경험적인 것과 교훈적인 것이 어떻게 관련이 있는지의 문제: 학습자가 실행에 들어가기 전에 알아야 할 필요가 있는 것은 무엇인가: 신학적 이론이나 심리학 이론을 전문직이나 기술을 학습하는 과정에 얼마나 도입해야 하는가 등. 임상목회적 패러다임에서는, 어떤 일을 행하는 방법에 관해서 필요한 이론은 대체로 그것을 시도해본 뒤에 가장 잘 학습될 수 있다고 주장해왔다. 그 원리가 돌봄과 관련된 모든 학습 상황에 적용되는지의 여부는, 교육을 행하는 목회자들이 자신의 사역 형태와 상황에 가장 적합한 방법으로 다루어야 할 문제이다.

토의 문제

1. 당신이 속해 있는 종교 전통에서 안수는 어떤 위치를 차지하는가? 만일 세계가 기독교 사역을 위한 기본적인 권위를 부여해준다면, 교회연합협의회가 언급하는 "특별한 경우의" 안수에 해당하는 것은 무엇인가? 권위를 부여해 주는 다른 의식들과 안수의 관계는 어떤 것인가? 목회적 돌봄을 행하는 데 있어서 안수는 어느 정도 필요한가? 또 목회적 돌봄을 가르치는 데는 얼마나 필요한가? 목회적 돌봄을 행하는 사람의 이미지는 대표자가 되고 중재자가 되는 제사장의 이미지에 가까운가, 아니면 중요한 진리를 가르치는 교사에 가까운가?

2. 당신은 사역 안에서의 일반화와 전문화의 문제를 어떻게 이해하는가? 전문화를 단순히 특수한 초점과 연결하는 것이 적절한가, 아니면 일반적인 것보다 우수한 교육이나 훈련을 의미하는가? 목회적 돌봄과 상담을 전공한 안수받은 사역자가 그리스도의 전체 사역을 대변하는 기능을 유지할 수 있는가?

3. 폴 틸리히가 "돌보는 무의식적 능력"이라고 말한 것은 어떻게 양육되고 개발되는가? 그리고 돌봄을 받는 경험과 어떻게 연결되는가? 개인적인 돌봄과 목회적 돌봄의 경험을 회상해 보라. 그런 경험들이 돌봄의 과정에 대한 이해에 영향을 주었다고 생각하는가?

4. 특히 기독교적 메시지와 그것에 대한 우리의 이해와 관련하여, 당신은 "우리는 자신이 발견하지 않은 것은 줄 수 없다"는 펜하겐의 말에 어떤 면에서 찬성하고 어떤 면에서 반대하는가? 그리고 피터 뵐러(Peter Böhler)가 존 웨슬리에게 "믿음을 가지고 있는 한 믿음을 설교하시오"[32]라고 한 말에 대해서는 어떻게 생각하는

가? 이 말을 돌봄의 학습과 관련지어 논의해 보라. 목회적 돌봄을 행하는 사람은 어느 정도로, 또 어떤 방법으로 기독교적 메시지와 관계를 가져야 하는가?

5. 세 가지 기본적 인간 관계는 돌봄의 학습에서 어떻게 사용되는가? 당신은 권위를 가진 사람들, 동료들, 당신의 권위 아래 있는 사람들과 어떻게 관계하여 왔는지 깊이 생각해 보라. 이런 관계들은 당신의 가정의 전통이나 경험과 어떻게 연결되어 왔는가? 그런 관계들이 당신의 믿음의 가정이나 특별한 종교적 전통 안에서 증거되는가?

6. 이 장에서 논의된 감독과 자문의 개념들의 구분과 사용법은 당신이 인식하고 있는 사역 상황과 관련이 있는가? "동료관계로부터 후퇴"라는 개념을 어떻게 생각하는가? 이것이 정말로 인간적 상황의 중요한 면을 보여 준다고 생각하는가, 아니면 상대적으로 중요하지 않거나 거짓된 문제라고 생각하는가?

제3부

돌봄의 상황으로서의 인간의 문제들

제5장

인간의 유한성과 상실: 돌봄의 위기

> 우리의 년수가 칠십이요 강건하면 팔십이라도 그 년수의 자랑은 수고와 슬픔 뿐이요 신속히 가니 우리가 날아가나이다. (시편 90: 10)
>
> 너희 생명이 무엇이뇨 너희는 잠깐 보이다가 없어지는 안개니라 (야고보서 4: 14)
>
> 애통하는 자는 복이 있나니 저희가 위로를 받을 것임이요 (마태복음 5: 4)

이 책의 1-4장에서는 돌보는 사람과 그들이 속해 있는 공동체에 관하여 다루었다. 5-8장에서는 돌봄과 관계한 네 가지 근본적인 인간의 문제들에 관하여 조사하려 한다. 이 네 가지 문제들은 돌봄과 관련된 상황으로 해석될 것이다. 그것들은 돌보는 자들이 기독교적인 메시지와 그 메시지를 받는 사람들 모두에게 응답하는 방법으로 듣고 기억하려 하는 인간 상황의 특별한 표현이다. 유한성과 상실(limit and loss)이라는 문제를 겪고 있는 사람들에 대한 목회적 돌봄의 반응을 탐구하는 것은, 하나님 및 타인들과 관계를 갖는 존재로서의 인간을 이해하는 데 기여할 것이다.

유한성과 상실은 돌봄의 공동체의 구성원들이 사역 현상에서 직면하는 가장 중요한 문제라고는 할 수 없지만 우선적인 문제이다. 목회적 돌봄에서 우선적으로 해야 할 일은 슬퍼하는 법과 슬픔에 대하여 반응하는 법을 배우는 것이다. 그러나 슬픔에 대한 우리의 견해에 상실과 유한성이라는 사실 자체 및 여러 종류의 상실을 포함시켜야 한다. 인간의 수명이 유한하다는 사실은 삶의 가치를 증진시키고, 또 사람들로 하여금 가능한 한 주어진 삶을 충실하게 살도록 도전을 준다. 어떤 사람들의 인생에서는 성장이나 환경과 관련된 장애, 또는 중요한 사람의 갑작스러운 죽음 때문에 유한성과 상실이 보다 근본적으로 경험 되는데, 그것은 상실되었을 수도 있는 삶의 특별한 모습의 가치를 강조해 준다. 어떤 사람들의 삶이 육체적인 장애나 정신적인 장애 때문에 제한된다는 사실을 볼 때에, 그렇지 않은 사람들은 자신이 누릴 수 있는 삶의 가치를 더욱 절실히 의식하게 된다.

나는 오늘날의 목회적 돌봄에는 세 가지 목회적 돌봄의 패러다임 모두가 기여했다고 주장해 왔다: 기독교 전통의 메시지를 강조하는 고전적 패러다임, 돌봄의 메시지를 주고 받는 데 관여한 사람들의 이해에 초점을 둔 임상 목회적 패러다임, 그리고 임상 목회적 패러다임의 초점을 목회자 뿐만 아니라 성직자와 평신도 모두를 포함하는 돌봄의 공동체까지 포함시키며, 돌봄의 메시지와 그것을 주고 받는 사람 모두에게 영향을 주는 상황적 요인에 주의를 집중하는 공동체적 상황적 패러다임. 훌륭한 목회자는 인간의 유한성과 상실에 관한 기독교적인 메시지를 탐구하고 표현하는 데 관여한다. 그는 상실을 경험하고 있는 사람들 및 자신을 포함하여 그러한 사람들을 위해 사역하려 하는 모든 사람들에게 관심을 갖는다. 또 목회적 돌봄을 행하는 사람은 사람들이 상실을 경험하고 그에 대처하는 방법에 영향을 주는 특수한 상황에도 관심을 갖는다

고전적 패러다임에서의 유한성과 상실

기독교적 메시지를 탐구하고 표현하는 사람으로서 목회적 돌봄을 행하는 사람은 유한성과 죽음, 상실에도 불구하고 의미와 관계를 향해 가지는 희망 등에 관한 기독교적인 이해의 차원에 접해야 한다. 목회적 돌봄을 행하는 사람은 가끔 자신에게 "기독교적 전통은 인간의 상실과 유한성의 문제에 대하여 뭐라고 말해야 하는가?"라고 질문해 보아야 한다. 이 질문에 대한 최종적인 답변이나 유일한 답변은 없다. 그러나 이것은 믿음의 사람들이 대화하면서 항상 다루어야 하는 질문들 중 하나이다.[1]

수잔(Susan)이라는 돌보는 사람은 이러한 생각 전체를 거부했다. 수잔은 임상목회교육 프로그램에 종사하는 전임 원목이었다. 그녀는 자신이 사역의 소명을 가지고 있다고 믿고 있었으며, 스스로를 사람들을 도와주는 데 관심을 가진 "실질적인 사람"이라고 묘사했다. 그러나 자신이 속한 믿음의 전통에서 삶과 죽음에 대해서 무엇이라고 말하는지에 대해 생각하는 것에는 특별한 관심을 가지고 있지 않았다. 수잔은 사역자로서 아주 어려운 임종 상황을 경험한 후에, 병원 예배실에서 죽은 환자의 가족들이 부르는 "다 잘될 것입니다"라고 부르는 찬송 소리를 들으면서 느낀 좌절과 분노를 설명했다 그녀는 '잘될 것이 아니야. 온통 잘못 되었어'라고 생각했다.

그녀를 지도하는 감독은 "그런 경우에 당신은 어떤 메시지를 전해야 할까요?"라고 물었다.

"모르겠어요. 적절한 메시지가 없다고 생각합니다."

"만일 그 가족들의 메시지가 당신에게 합당하지 않다고 생각된다면, 당신이 제공할 수 있는 다른 메시지를 찾아야 한다고 생각하는데요."

"나는 신학이 싫어요. 신학은 현실 생활과 너무 멀리 떨어져 있는 것 같아요."

"당신이 여기 있는 이유가 바로 그렇게 멀리 떨어지지 않은 메시지를 찾기 위해서입니다. 다음 번에 이 문제에 대해서 대화할 때에는 당신이 발견한 적합한 메시지가 무엇일지 관심이 많습니다."

유한성과 상실이라는 인간적 상황은 수잔이나 우리 모두에게 적합한 메시지를 찾아보기 위하여 고전적 전통에 관여하도록 도전을 준다.

목회적 돌봄을 행하면서 기독교 신앙의 근거를 탐구하고 표현하는 데 종사하는 사람들에게 있어서 가장 중요한 것은 성경이다. 믿음의 중심이 되는 문서인 성경에 규칙적으로 접하기 위해서 사용하는 모든 수단은 목회적 돌봄에 도움이 될 것이다. 정규적으로 성구집을 읽고 공부하는 것은 교회가 일년 중 특별한 때에 기념하고 질문하고 경축하는 것과의 대화를 유지하는 중요한 방법이 될 수 있다. 교사로서의 목회자의 역할에는 돌봄을 행하는 평신도들이 이런 일을 하는 것을 지도하는 것도 포함된다. 시편 90편에 표현된 것처럼, 하나님은 인간의 수명에 한계를 두셨다. 게다가 인간은 유한하고 죽을 운명을 지닌다는 사실은 본질적으로 악으로 여겨지지 않는다. 구약 성경에 등장하는 인물들은 늙고 수명이 다하여 죽었다. 반면에, 모든 고통과 죽음은 인류가 하나님과의 약속을 범한 데 대한 형벌로 간주되기도 한다.

규칙적인 성경 공부에 참여하지 않는 사람들에게 있어서, 특별한 문제에 대한 성경의 견해를 아는 가장 좋은 방법은 신빙성 있는 이차 자료들을 활용하는 것이다. 예를 들면, 『목회적 돌봄과 상담 사전』(*Dictionary of Pastoral Care and Counseling*)[2]에 수록된 미글리오(Daniel Migliore)의 "죽음에 관한 기독교적인 이해"라는 글, 또는 하지슨과 킹이 편집한 *Christian Theology: An Introduction to Its Traditions and Tasks and Readings in Christian Theology*에 있는 "하나님 나라와 영원한 삶"이라는 기사가 유용할 것이다.[3] 만일 평신도이건 안수받은 사람이건 사역자가 기독교적인 이야기를 소유할 때에 사역이 시작된다면, 목회적 돌봄을 행하는 사람에게는 그 이야기와의 지속적인 대화나 관계가 반드시 있어야 한다.

고전적 패러다임에서 유한성과 상실에 관한 기독교 신앙의 메시지를 강조하는 것에 대해서 고찰함에 있어서, 펠리칸(Jaroslav Pelikan)의 『죽음의 모양』(The Shape of Death)이라는 책이 나에게 많은 도움을 주었다. 이 책에서, 펠리칸은 초대 교회 교부들이 삶과 죽음과 불멸의 특징을 묘사한 방법을 설명했다: "기독교 신앙의 핵은 삶에 대한 비관주의와 하나님에 대한 낙관주의, 그리고 하나님 안에서의 삶에 관한 희망이다…인간에 관한 비관주의와 하나님에 관한 낙관주의는 죽음에 관한 기독교적인 견해에서 가장 극적으로 결합한다."[4]

펠리칸은 죽음에 관한 교회 교부들의 다섯 가지 견해를 설명하기 위해서 다섯 가지 기하학적 상징을 사용한다. "불멸을 원하는 인간의 희망에 대한 기독교의 대답은 긍정도 되고 부정도 된다. 기독교의 사상에서는 때에 따라 긍정을 강조했고, 부정도 강조했지만, 두 가지 모두가 기독교적 답변에 속한다." 첫번째 상징인 존재의 호(arc of existence)는 2세기의 교부인 타티안(Tatian)과 관련된 것이다. 그는 하나님만이 시작이 없이 존재한다고 주장하면서 인간의 불멸성과 선재(pre-existence)에 반대한다. 죽음을 정복할 수 있는 가능성은 인간의 불멸성에 있지 않고 하나님 안에 있다.

불멸을 상징하는 원은 인간의 삶과 하나님의 영생 사이의 닮음을 나타낸다. 이 상징은 알렉산드리아의 클레멘트와 관련된 것이다. 그는 세상에서의 인간의 삶을 탄생과 죽음 사이를 여행하는 순례로서 그 궁극적인 목적지는 하나님의 도성이라고 묘사하면서, 그 시대의 그리스 사상과 기독교 사상 사이에 병행하는 것을 제시했다. "나는 그리스도의 영께 나를 나의 예루살렘 성으로 날아가게 해 주시기를 기도하겠습니다."[5] 이러한 형태의 죽음은 죽음에 대한 신약성서의 견해와 어긋난다. 신약성서에서는 인간의 불멸성을 부인하며 죽음이라는 결말을 다루기 위한 유일한 소망으로서 부활을 제시한다. 이것은 소수의 견해이지만 무시할 수 없는 중요한 견해이다.

　죽음에 관한 견해의 특징을 묘사하는 데 사용되는 세번째 상징은 삼각형이다. 이것은 키프리안과 관계가 있다. 키프리안도 타티안처럼 인간의 불멸성보다는 유한성을 강조했다. 삼각형의 밑변은 죽을 운명이 지닌 특성들을 나타내는데, 그것은 죽을 운명을 공유하고 있는 인간들 사이의 연속성을 강조한다. 삼각형의 수직적인 면은 하나님과 인간의 관계와 인간의 소망을 상징한다. 삼각형의 꼭지점은 죽은 후에 그리스도 안에서 생명을 주는 신적 개입을 바라는 신자의 희망을 나타낸다.

　오리겐과 관련되어 있는 영원의 포물선은, 죽음이란 영혼을 데려가시는 하나님의 방법으로 묘사한다. 오리겐은 시작과 끝은 비슷하지만, 인간은 시간과 생존과 죽음을 통해서 그 사이를 이동한다고 가르쳤다.

　마지막 상징인 나선형은 이레내우스와 관계가 있다. 그것은 역사를 상징하며, 그리스도의 역사적 실체를 부인한 이레내우스 시대의 사람들을 반대한다. 인간의 역사와 그리스도의 역사 사이에는 계속성이 있어야 한다. 그렇지 않으면 죽음은 역사의 끝이 된다. 인간의 죽음은 아담의 죽음이나 예수 그리스도의 죽음과 분리하여 이해되어서는 안된다. 그러나 그리스도 안에서 인간은 죽음보다는 생명의 모습으로 형성될 수 있다.

　이 상징들은 기독교 전통에서 죽음을 묘사하는 견해의 다양성을 의미하지만, 펠리칸은 기하학적 상징이 아니라 십자가 상징만이 그것들을 종합할 수 있다고 주장한다. 신자는 세례를 받을 때와 죽을 때에 십자가 상징을 받는다. 인간의 고통과 죽음의 의미를 아신 하나님의 능력을 드러내는 십자가는 인간의 삶과 하나님 안에 있는 영원한 생명의 유사성을 묘사해준다. 십자가는 삼각형보다 더 근본적으로 수직선과 수평선을 죽음의 형태 안에서 결합시킨다. 그것은 "가장 낮은 점을 보여주는 동시에 영원의 포물선의 기원과 목표를 설명한다." 십자가 위에 달리신 그리스도 안에서 "역사의 나선형은 완성되었고, 완전히 그어져서 모든 사람들이 보고 믿게 되었다."[6)]

죽음에 관하여 고뇌하는 교부들로부터 이런 음성을 들음으로써, 우리는 오늘날도 하나 이상의 음성이 있다는 것을 상기할 수 있다. 기독교의 고전적 전통의 유한성과 상실을 해석한 다양한 방법을 펠리칸이 제시한다는 사실은 목회적 돌봄을 행하는 사람들로 하여금 오늘날 사람들이 동일한 문제를 다루는 데도 여러 가지 방법이 있을 수 있음을 인정하게 해준다. 오늘날 목회적 돌봄을 행하는 사람의 고뇌는 새로운 것도 아니고, 그 해답이 하나인 것도 아니다. 십자가 상징이 기독교적 돌봄의 사역자들에게 모든 음성을 통합시키는 하나의 음성을 제공할 수 있을지는 각 사람이 결정해야 하는 문제이다.

유한성과 상실의 문제 중 유한성의 차원에 관한 20세기의 가장 훌륭한 신학적 해석이 칼 바르트의 "자기 시대의 사람"(man in his time)에 대한 논의에 등장한다. 바르트는 다음과 같이 설명한다. "인간이 된다는 것은 시간 안에서 사는 것이다…만일 그가 이 삶이 진정한 것이라면, 그가 자신의 존재를 살아가는 무대인 그의 시대 역시 진정한 것이다." "인간에게 주어진 시간은 그가 하나님의 피조물일 뿐만 아니라 계약의 동반자라고 말해준다. 그것은 하나님이 하나님 자신 및 그의 피조물에게 신실하신 분이심을 말해준다." 그러나 바르트는 하나님이 주신 시간은 한정되어 있다고 말한다. "하나님이 주신 시간은 어느 시점에서 시작되어 어느 정도 지속되다가 결국 종착점에 이른다." "인간의 시간은 배정된 시간에 불과하다." "삶은 어느 시점에서 시작되었으며, 이제 우리는 중간, 또는 중간보다 앞이나 뒤에 도달해 있다. 삶은 어느날엔가 끝날 것이다. 우리는 이런 방식으로 시간 안에 존재한다. 이것이 우리에게 배정된 시간

이다."⁷⁾

유한성과 상실의 문제를 거론한 또 다른 20세기의 신학자는 에버할드 정겔(Eberhard Jungel)이다. 그는 죽음을 사람의 삶의 관계가 완전히 끊겨져 버리는 "관계 상실의 사건"이라고 설명한다. 그러나, 기독교의 부활의 희망에는 인류의 유한한 삶이 영원한 생명이 되는 것이 포함된다. "끝없는 확장에 의해서가 아니라 하나님의 생명에 참여하지 않는 한 영혼 불멸은 있을 수 없다. 우리의 생명은 하나님의 생명 안에 감추어져 있다."⁸⁾

미글리오(Daniel Migliore)는 인간의 관계성 때문에 우리는 죽음과 관련된 상실로 말미암아 쉽게 상처를 받는다고 말한다; 죽음을 직면했을 때의 기독교적인 확신은 인간의 성취나 불멸에 대한 믿음에 기초하는 것이 아니라, 예수 그리스도 안에 계시된 하나님의 은혜에 기초를 둔다. 그 무엇도 그리스도 안에 있는 하나님의 은혜로부터 우리를 떼어낼 수 없다. 마지막으로 대속 사역이 불완전함을 의식할 때에, 악을 정복한 하나님의 궁극적인 승리가 임할 것이다.⁹⁾

몰트만(Jürgen Moltmann)은 "종말론과 목회적 돌봄"(Eschatology and Pastoral Care)에서 "영혼(soul)이 불멸하는 것이 아니라, 하나님의 영이 불멸하는 것이다. 그 영은 이미 우리의 삶에 함께 하고 있으며, 신자들에게 부활의 능력을 채워주고 계시다"(롬 8:11). 생명을 주시는 하나님의 성령을 체험하는 곳에서는, 죽음 전에 영생을 경험한다. "사람들이 삶의 창조적 기반에 접근하는 모든 곳에서 죽음은 사라지며, 그들은 멸망하지 않고 연속성을 경험한다…죽음은…육체로부터의 혼의 분리도 아니고 육체나 혼의 끝도 아니고, 육체와 혼을 변화시켜 이 세상에서 새롭고 변화된 하나님의 질서 안에 들어가게 해주는 생명의 영의 변형이다."¹⁰⁾ 죽음 및 인간의 유한성과 상실에 대한 이런 기독교적 메시지에서 중요한 것은 죽음은 최종적인 분리가 아니라는 것이다.

나는 기독교의 전통적 전거들 중 일부를 접하면서, 수잔에게 요청되었던 일, 즉 신학과 성경을 가까이 하며 그것들이 병원에서의 상실과 유한성의 경험에 대해서 무엇을 말하는지를 살펴보았다. 프레드릭 부크너(Frederick Buechner)의 소설에서, 주인공인 안토니오는 누이의 무덤 앞에서 인간의 한계를 경험한다. 그는 다음과 같이 말한다.

> 내가 몸을 가지고 있는 것이 아니라, 나 자신이 몸이라는 것을 의식하기 시작했다. 마치 밤중에 닫혀 있는 문 속으로 걸어가고 있는 것 같았다. 문이 쾅 하는 소리에 머리카락이 치솟았다. 나의 존재인 나의 몸은 죽어가고 있었다…누이의 무덤 앞에서 내가 덕을 상실했고, 중년에 이른 사람의 가장 은밀한 마지막 비밀이 드러나는 것을 보았다고 말할른지도 모른다. 브루클린에서 나는 나 자신의 죽음에 의해 괴롭힘을 당하고 있었다.[11]

그 후에 출판된 책에서, 부크너는 소설에서 취한 이 통찰을 자신의 죽음은 더 이상 자신이 소유하거나 참여하지 못하게 될 기대에 어긋나는 일이 되리라는 인식과 자신의 경험과 연결시킨다. 그러나 그는 그 통찰에 비추어, 자신의 죽음과 관련하여 하나님에 대한 신뢰를 표현할 수 있었다.

> 죽음이란 단순히 생물학적인 필연이 아니라 구원의 신비에서 볼 때에도 필연이라는 것을 깨닫기 시작한다. 우리는 상실함으로 발견한다. 포기함으로써 굳게 붙든다. 낡은 것으로 머물기를 포기함으로써 새로운 것이 된다. 이것은 그 신비의 핵심에 근접한 것인 듯하다. 이제 나는 모든 것을 최종적으로 포기하는 것인 죽음의 측면을 과거 어느 때보다 더 잘 알고 있다. 그러나 나는 알 필요가 없다는 것, 그리고 아는 것을 두려워할 필요가 없다는 것을 알기 시작한다. 하나님은 아신다. 중요한 것은 그것뿐이다…모든 것이 상실되고, 모든 것이 발견된다.[12]

죽음에 대한 기독교의 전통적인 메시지의 일부를 살펴보면서, 우리는 다양함과 풍부함을 볼 수 있다. 이 견해들 모두가 개인적으로 만족스럽거나 우리의 개인적인 신학적 신념에 일치하지는 않을 것이다. 그러나 중요한 것은, 사역으로의 소명에는 기독교적 메시지를 탐구하거나 그것과 대화하는 것이 포함된다는 점이다. 여기에서 내가 참고한 전거들 외에도, 사람들은 고전적 패러다임에서 배출된 자료들로부터 도움을 받을 수 있을 것이다. 만일 어떤 사람이 돌봄에 헌신한다면, 그는 돌봄에 대한 정보를 주는 메시지, 그리고 자신이 대변하는 메시지를 잘 알고 있어야 한다. 돌봄의 사역자가 그 메시지를 충분히 알기 전에도 효과적으로 목회적 돌봄을 행할 수 있지만, 메시지와의 대화는 살아서 계속 되어야 한다.

임상목회적 패러다임에서의 유한성과 상실

임상목회적 패러다임에서는, 기독교적 돌봄의 메시지가 경청되고 기억되려면, 그 메시지를 표현하는 사람이 그것을 전달하는 주된 요인이 되어야 한다고 상기시켜 준다. 중요한 것은 목회자 자신만이 아니라, 돌보는 사람과 돌봄을 받는 사람 사이의 관계이다. 이렇게 사람을 강조하기 때문에, 임상목회적 패러다임에서는 목회적 돌봄의 관계에 관련된 사람들을 이해하는 데 있어서 심리학 이론은 사용해왔다. 물론 신학에서도 심리학을 사용해 오고 있다. 임상 목회적 패러다임의 영향력 아래서의 차이점은 인간에 관한 심리학적 이론들이 분명하게 사용되어 왔다는 것이다. 그러므로 목회적 돌봄을 행하는 사람이 유한성과 상실의 문제를 이해하고 해석하려면, 슬픔과 상실에 관한 심리학적 자료에 관심을 가져야 한다.

주디스 바이오스트(Judith Viorst)는 대단히 인기를 모았던 『필요한 상실들』(*Necessary Losses*)에서 다음과 같이 말했다: "우리는 사랑하는 사람들의 죽음을 통하여 상실을 생각한다. 그러나 상실은 우리의 삶에서 아주 포괄적인 주제이다. 우리는 죽음을 통해서만 상실하는 것이 아니라, 떠나거나 떠나보냄에 의해서, 변화하고 포기하고 계속 이동함에 의해서 상실한다." 바이오스트가 지적한 몇 가지 "필요한 상실"은 다음과 같다: 언젠가 어머니가 우리에게서 떠날 것이고, 우리도 어머니에게서 떠난다; 항상 우리를 아프게 하는 것들이 우리의 비위에 맞게 되거나 좋아질 수는 없다; 우리는 자신이나 다른 사람들 안에서 사랑과 증오, 선한 것과 악한 것이 뒤섞여 있는 것은 받아들여야 한다; 우리는 우리 자신이나 사랑하는 사람들을 위험이나 고통으로부터, 시간의 공격으로부터, 늙음으로부터, 죽음으로부터 보호할 수 없다. "이런 상실들은 보편적이고 피할 수 없고 냉혹한 삶의 일부이다. 우리는 상실과 떠남과 떠나보냄을 통하여 성장하기 때문에, 이런 상실들이 필요하다."[13]

이별(분리)에 익숙해지는 능력은 사람들이든지, 그들의 지원이든지 간에 친밀한 것을 잃는 것에 개방적인 태도를 허용함으로써 성장을 촉진한다. 이별에 익숙해지면, 이상이나 희망이나 자기 인식 등을 포기하는 데 따르는 고독의 유령을 대면할 수 있다.[14] 로버트 리프톤(Robert J. Lifton)도 비슷한 주장을 한다: "상실이 없는 사랑은 없다. 사랑하는 것을 잃는 슬픔을 경험하지 않고서는 상실을 넘어설 수 없다. 비탄해 하지 못하는 것은 죽음과 환생이라는 거대한 인간의 순환에 들어갈 수 없다."[15]

애통함

간단히 정의하자면, 애통이란 잃어버린 것을 포기하며 그것이 없이 사는 데 익숙해지는 기간이다. 그것은 병적인 현상이 아니라 생명을 주는 여행으로서 정체성의 의식을 심화해 줄 수도 있다. 프로이드는 "애통함과 우울증"(Mourning and Melancholia)이라는 논문에서, 애통함에 대처하는 중요한 방법은 그리워하는 사람과 동일하게 되는 것이라는 견해를 제시했다. 그러므로 떠나간 사람의 일부를 내면화하여 자기 것으로 삼음으로써 영원한 이별의 아픔이 감소된다. 그것은 어린아이가 돌봄을 베푸는 사람들의 존재를 내면에 재현함으로써 부모로부터 떨어져 있어야 하는 상황에 대처하는 방법과 흡사하다. 각 사람에게 있어서 이별의 의의는 유년기에 형성된 돌봄의 제공하는 관계 안에서 형성되며, 그러한 관계들은 나중에 대인관계 경험을 위한 심리적 기초가 된다. 이런 기초는 대상불변(object constancy), 자아 응집력(cohesive sense of self), 안전한 애착(secure attachment) 등의 다양한 명칭으로 불리고 있다. 이러한 기초 자체의 가지, 그리고 그것이 발달하는 방법을 연구함으로써 이별과 상실을 이해하려면, 인생에서 후기의 이별과 상실들을 다루어야 한다.

애통의 모형은 어린아이가 어머니로부터 독립하려는 본성적인 욕구에서 찾아볼 수 있을 것이다. 유아심리학자인 안나 프로이드(Anna Freud)는 2차 세계대전 때에 영국에서 가족들과 헤어진 어린아이들을 연구하면서 다음과 같이 논평한다:

> 어린아이들의 삶을 위협하고 그들의 물질적인 편안함을 어지럽히거나 하루치 음식을 줄어들게 하는 데 그친다면, 어린아이들에게 있어서 전쟁은 그다지 심각한 것이 못된다. 그러나 전쟁이 가정생활을 완전히 파괴하고 가족 내에서 어린아이가 최초로 감정적으로 애착하던 것을 제거하는 순간, 전쟁은 엄청나게 심각한 것이 된다. 그러므로 런던의 어린이들은 폭격보다는 폭격을 피해서 시골로 피난할 때에 훨씬 더 당황했다.[16]

존 볼비(John Bowlby)의 저서인 『애착과 상실』(Attachment and Loss)은 보다 과학적인 "애착"이라는 항목에서 인간의 관계성이 지닌 근본적인 본질을 다루었다. 멜라니 클라인(Melanie Klein)의 제자였던 볼비는 인간의 애착은 생물학적인 생존을 위해 필요하며 일생 동안 계속되는 것이라고 본다. 그는 애착이 음식을 먹는 행위나 성적 행위와 동등한 의의를 갖는다고 생각한다. 애착 행위는 요람에서 무덤에 이르기까지 인간의 삶에서 "중요한 역할"을 한다.[17]

볼비는 어머니와 헤어진 어린아이들을 연구하면서, 3단계의 반응 과정을 관찰했다: (1) 심하게 반발한다; (2) 깊은 절망에 빠진다; (3) 마지막으로 포기하고, 겉으로는 분리에 순응하지만, 순응하는 것이 아니라 초연한 것이다. 거듭 버림받고 실망한 어린아이는 자신의 버림받음과 만성적으로 채워지지 않는 욕구를 충족시키기 위해서 자신이 할 수 있는 모든 일을 할 것이다. 단성적인 좌절에 대한 본성적인 반응이 너무 커져서 견디기 어려워지면, 자기-부정이 시작된다.[18]

볼비는 클라인과 비슷한 견해를 달리 표현한다. 그는 분리 불안의 힘은 애착하는 대상이 부재하는 데 대한 본성적이면서도 피할 수 없는 반응이라고 주장한다. 그의 견해는 볼비는 불안은 근본적으로 위험의 경고요 좌절된 애착을 알려주는 것으로서 보다 위험한 것을 알려주는 신호일 뿐만 아니라 그 자체가 괴로움을 준다는 프로이드의 "신호 이론"(signal theory)의 변형이다.[19]

볼비에 의하면, 애통의 첫 단계는 상실의 소식을 거부하고자 하는 감각의 마비 단계이다. 볼비가 말한 "방어적인 거절"(defensive exclusion)은 상실을 경험하고 있는 사람이 자신의 생각을 원치 않는 상황으로부터 거두어들일 수 있게 해 준다. 감각의 마비 단계에서는 모든 것을 현실로 여기지 않는 소외감(sense of estrangement)이 존재한다. 볼비가 말한 두번째 단계는 "찾고-그리워하는"(searching-yearning) 단계이다. 이 단계에서 사랑하는 사람을 잃은 사람은 떠나간 사람에 대한 생각에 몰두한다. 볼비는 친밀한 관계를 유지하다가 남겨진 사람이 떠나간 사람들 발견할 수 있을 것 같은 환경에 특별히 주의를 기울이면서 "찾고-그리워하는" 경험을 기술한다.[20]

이 이론들의 가치는 유한성, 상실, 슬픔 등을 발달 과정에 필요한 부분으로 여겨 그 과정의 시작에 둔다는 데 있다. 그러므로 상실을 삶에 어울리지 않는 경험, 삶의 과정에서 제외된 경험으로 보아서는 안 된다. 그것은 처음부터 삶의 일부이다. 각 사람은 어느 정도 상실과 애통에 대처할 준비가 되어 있다.

유아기의 애통을 가장 효과적으로 해석한 심리학자는 마가렛 말러(Margaret Mahler)이다. 말러는 소아과 의사였는데, 후일 정신분석학자가 되었다. 그는 분리를 개성과 자율성을 지향하는 과정으로 이해하는 분리 이론을 발전시켰다. 그녀는 분리를 "심리학적 분화"(differentiation)라는 보다 큰 발달 과정의 일부로 본다. 말러의 이론에서, 유아는 처음에는 자신에게만 집중한다. 말러는 이것을 "정상적 자폐증"(normal autism)이라고 한다. 말러의 주장에 의하면, 유아는 어머니에게 집착하면서, 부모와의 협력 단계, 합병 단계가 형성되는데, 이 단계에서는 자아 및 다른 경계의 윤곽이 명확하게 드러나지 않는다. 그러나 점차 어린아이는 심리적인 분리감을 발전시키고, 2살 반이나 3살 쯤 되면 대상 불변(object constancy)의 상태에 이르게 된다. "대상 불변의 성취는 매우 근본적인 것이며 모든 발달에 영향을 주는 유기체의 완전히 재구성이라고 간주되므로, 말러는 이 단계를 "유아의 정신적 탄생의 단계"라고 이름 붙였다. 여기에서 대상 불변이란 어린아이가 자신을 양육해 주는 사람이 자기를 버리지 않고 돌아올 것이라는 믿음을 잃지 않고 어느 기간 동안 떨어져 지낼 수 있다는 것을 의미한다.[21]

다니엘 스턴(Daniel Stern)은 말러의 이론을 설득력 있게 비판한다. 스턴은 출생 때라도 유아는 말러가 주장하는 것처럼 분화되지 않은 자폐 상태(undifferentiated autistic state)에 존재하지 않다는 것을 증명하는 많은 증거를 제시한다. 스턴의 관찰 결과들은 초기의 분화와 관계성을 지적하는데, 이것은 말러의 이론과 크게 다른 것이다.[22] 그러나 말러의 자폐 단계가 실제로 유아에게 존재하는지에 대해 논하는 것보다는, 인간의 관계성의 기본적 본질을 인정한 말러의 방법이 지닌 가치를 인정하는 것이 더 중요하다. 유아는 처음에는 타인을 거의 인식하지 못하며 자아에 대해서도 상대적으로 막연한 의식을 소유한다. 발달하면서 자아에 대한 의식과 타인에 대한 인식 사이의 분화가 증가하며, 이에 따라 두 가지 인식 모두도 증가한다. 유아기의 애통에 관한 말러의 이론은 유한하고 상실을 경험해야 하는 삶에 대한 준비라고 간주할 수 있다. 말러가 주장한 분화의 과정은 본질적으로 관계적인 인간에 대한 이론의 일부로서, 다른 중요한 관계의 상실 및 그에 따른 애통에 유용하게 적용될 수 있다.

애틀랜타에서 활동하고 있는 목회상담자 케리 던컨(Kerry P. Duncan)은 슬픔을 당한 어느 교인을 상담한 목회 경험을 해석하기 위해서 말러의 이론을 사용했다. 그 여인은 60대 중반의 진이라는 여인이었다. 남편이 죽기 전까지, 그녀는 남편과 함께 농장을 운영하면서 살았다. 그들은 일곱 명의 자녀를 두었고 41년 동안 결혼 생활을 했다. 진의 남편이 죽은 후, 목사는 4년 반 동안 한 달에 두 번씩 그녀를 방문하면서, 그 관계를 기록해 두었다. 그는 신학 석사학위 논문에서 진의 경험을 유아기의 애통에 관한 말러의 이론과 관련지어 해석했다.[23] 그의 논문 중 일부에서 이 목회 경험의 풍요로움을 다룬 부문을 인용하여 표현한다.

토마토와 당근과 콩을 수확하는 계절, 여름이었다. 여러 해 동안 동안 이것이 그들의 생활 패턴이었다. 야채를 수확하는 일도 즐거운 일이었다. 그것은 지루한 일이 아니라 함께 함을 의미했다. 이 일을 하는 데는 농담, 의례적 인사말, 듣기 좋은 말들은 존재하지 않는다. 말보다 행동이 중요했다. 그들 부부는 함께 일하면서 한 사람이 앞에 가면 다른 사람은 그 뒤를 따르고, 한 사람은 잡초를 뽑고 한 사람은 식사 준비를 위하여 가장 좋은 야채를 뽑고, 새들이 먹을 것을 남겨 두곤 했었다. 그런데 그들이 함께 하는 삶이 끝났다.

폭풍이 밀려왔고, 헛간에 벼락이 쳤다. 헛간에는 겨우내 소들을 먹을 건초와 낡은 트럭이 있었다. 톰은 트럭을 꺼내려고 헛간으로 달려갔다. 그런 화재가 일어나는 일은 거의 없었기 때문에, 경험이 많은 농부였지만 위험을 의식하지는 못했을 것이다. 불길이 치솟는 것을 보면서, 진은 그것이 죽음을 의미한다는 것을 깨달았다. 남편은 얼마 동안 의식이 있었지만 하루가 지나자 혼수 상태에 빠졌고, 몇 시간 뒤에 숨을 거두었다. 진은 남편의 죽음을 부정하지 않았다. 그녀는 미친 사람처럼 행동하고, 정신 없이 멍하게 지내며 아무도 만나지 않고 소외된 상태로 지냈는데, 그것은 말러가 말한 자폐증의 기간과 같은 기간이었다.

그러나 그 기간은 그리 오래 가지는 않았다. 점차 그녀는 자신을 인식하기 시작했다. 말러의 이론에서의 유아처럼, 진은 외적으로 톰에게 몰입하기 시작했다. 그녀는 톰의 셔츠를 입고, 톰이 주머니에 넣고 다니던 십자가를 가지고 다녔다. 밤에는 톰의 잠옷을 산뜻하게 접어서 자기 옆자리의 베개 위에 놓고 자고, 아침이면 그것을 다시 서랍장에 갖다 넣었다. 진에게 일어나고 있는 것은 말러가 말한 일어난 일들은 말러의 공생(symbiotic) 단계에 해당된다. 이 단계에서 어머니를 향한 유아의 욕구는 절대적이다. 진의 영역은 유아의 영역처럼 흐려져 있었다. 그녀는 갈수록 아들에게서 톰의 흔적을 찾으려 하기 시작했다. 그녀는 "아들이 톰이 아닌 것을 알고 있지만, 그렇게 할 수밖에 없었어요. 나는 아들에게서 남편을 보았어요. 그 때 일을 생각하면 아들에게 죄의식을 느끼기도 해요. 남편이 죽었을 때, 내 아들은 아빠와 엄마 모두를 잃은 것 같아요"라고 말했다.

남편에 대한 감정 안에 아들을 포함시키는 것은 긍정적인 역할을 하여, 이 애통의 초기 단계에서 그녀는 "나"와 "내가 아닌 것"을 구분할 수 있게 되었다. 말러는 진이 아들에게 행한 것처럼, 대리모와의 공생적인 일치를 재구성할 수 있는 어린아이들은 그렇게 하지 못하는 아이들보다 더 개체화(individuation)를 향해 나아갈 수 있다고 언급한다.

애통의 다음 단계에서 진은 톰의 일생을 탐구하기 시작했다. 그녀는 옛날 사진들을 정리해 두었고, 목사와 함께 톰과 함께 보낸 행복했던 시절—한편으로는 좋지 못했던 시절을 회상했다. 그녀는 톰을 자기와 확실히 분리해서 보기 시작했다. 그녀는 톰의 물건, 그의 잠옷과 셔츠 등에 몰입했지만, 이제 톰과 일치하는 것으로 여겨 그것들에 매달리는 것이 아니었다. 그것들은 톰을 기억하게 해 주는 것이었다. 톰은 당뇨병이 있었기 때문에, 살아 있을 때에는 설탕이나 당분, 지방을 조절했었다. 자녀들과 함께 식사를 하면서, 진은 자리에서 일어나더니 설탕 그릇을 가지고 돌아왔다. 진은 목사에게 설탕을 건네 주면서, 그녀는 이것이 톰에 대한 의식은 줄어들고 가족들에 대한 배려가 증가하고 있음을 보여 주는 증거라고 말했다.

"목사님, 우리 집 싱크대의 하수도가 막혔던 것을 아세요?"
"그래요?"
"예. 어젯밤 싱크대 밑의 관이 막혀서 물이 내려가지 않았답니다. 그래서 제가 어떻게 했는지 아세요? 나는 톰의 연장통이 있는 곳으로 갔어요. 아마 내가 자기의 연장에 손 대는 것을 봤으면 톰은 화를 냈을 거예요. 어쨌거나, 나는 큰 렌치를 가져다가 그것을 고쳤어요."
"당신이?"
"그렇답니다. 그 일은 생각했던 것만큼 어렵지 않았어요."

말러는 어린아이는 자율적으로 활동함으로써 분화를 실천한다고 설명한다. 어머니로부터의 분화는 어린아이로 하여금 어머니를 대신하는 다양한 대상과 관계를 갖도록 해준다. 분리 불안이 감소하며, 어머니에게만 매달리려는 욕구도 감소한다. 가끔 어머니들은 어린아이들의 분리를 장려하면서 이 과정을 추진하려 한다. 진의 가족들은 어머니가 슬픔을 잘 견디기를 바랬지만, 그녀는 그것을 거부했다. 지금까지 진은 2년 째 애통함 속에 지내고 있다. 그녀가 출석하는 교회의 교인들은 그녀가 아직도 톰의 죽음을 극복하지 못하는 것 때문에 걱정하고 있다. 그러나 말러의 이론에서 제시된 애통의 단계에 의하면, 지금까지의 그녀가 행동은 대체로 지극히 정상적이고 자연적인 것이다.

말러의 이론에서 제시된 분리-분화 과정(separation-differentiation process)의 마지막 단계는 어린아이들이 어머니로부터 오랫동안 떨어져 지내는 경험을 하기 시작하면서, 그리고 관계의 범위를 넓히기 원하면서부터 발생한다. 진은 농장 운영에 적극적인 관심을 보이기 시작했다. 그녀는 새로 가축을 주문했고, 닭에게 사료 주는 방법을 바꾸었다. 그녀는 새 트랙터를 구입했는데, 목사에게 만일 톰이 창고에서 새 트랙터를 보았다면 기겁을 했을 것이라고 말했다. 그러나 상대적인 자율성의 기간에 죄책감, 좌절감, 분노 등이 동반되기도 한다. 이것은 어린아이가 어머니로부터 너무 멀리 떨어져 있는 데 대해 불안을 느끼며 정서적인 재충전을 위하여 옛 방식으로 되돌아가기를 원하는 것과 흡사하다.

진과의 관계를 기록한 보고서의 끝 부분에서, 목사는 진이 아직도 교회와 그녀가 속한 공동체 내의 여러 가지 관계에 저항하고 있음을 기록한다. 그녀는 만족스럽게 자율성의 단계를 성취하고 있지만 피상적인 관계 이상으로 들어가기를 주저하고 있다. 아직까지도 상실의 고통이 크다.

내가 목회적 관계에 관한 이 보고서를 인용한 이유는 여러 가지이다. 첫째, 이 보고서는 상실을 경험하고 있는 사람의 삶의 경험을 보살피고 존중하면서 간단하고 훌륭하게 기록한 것이다. 둘째, 이것은 그 목사에게 무척 중요한 것이었다. 그는 이 사람이 상실을 경험한 방법에 대해 배웠고, 이것을 다른 상황의 슬픔에 대처할 준비를 하는 데 도움을 줄 수 있는 보다 일반적인 심리학 이론과 연결지으려 했다. 셋째, 이 보고서는 그 목사에게 인간이 직면하는 상실의 경험에 대하여 중요한 신학적 반성을 하도록 자극을 주었다. 그는 내가 목회적으로 돌보는 모든 사람에게 권장하는 것—자기들의 목회적 경험을 가장 유익한 심리학 이론 및 기독교 신앙의 고전적 신학적 주제들과의 대화에 개입시키는 것—을 행하려 했다.

슬픔에 대한 유력한 해석

사람에 대한 관심을 강조하는 임상목회적 패러다임에서의 슬픔에 관한 가장 중요한 해석은 1944년 9월 *American Journal of Psychiatry* 잡지에 게재된 에릭 린데만(Erich Lindemann)의 선구자적 연구 "Symptomatology and Management of Acute Grief"이다. 이 논문은 슬픔(grief)을 피해야 할 것이 아니라 삶에 필요한 "일"(work)이라고 확신한다. 여기에서 그는 삶의 문제를 헤쳐 나가고 그에 관한 통찰과 결심에 이르게 하는 프로이드의 개념을 따르고 있다. 린데만은 모진 슬픔 속에서 관찰한 다섯 가지를 기술한다: (1) 육체적 번민; (2) 죽은 사람의 이미지에 몰입; (3) 죄책감; (4) 분노; (5) 일상적인 행동 방식의 상실. 그는 이 관찰 결과를 토대로, 슬픔의 과정에는 애통해하고 있는 사람과 그 사람들 보살피는 사람들이 반드시 알아야 할 식별할 수 있는 단계가 있다고 주장했다.[24]

1962년에 출간된 그랜저 웨스트버그(Granger Westberg)의 책, *Good Grief*는 린데만의 슬픔의 단계를 대중적이고 목회적인 지혜의 일부로 만든 책들 중 하나이다. 이 단계에 관한 지식은 아직도 유용하게 사용되고 있다. 이 책의 초판이 발행된 후로 많이 수정 보완됐지만, 사람들은 슬픔도 좋은 것일 수도 있다는 말을 듣기 원하기 때문에, 아마도 이 책은 계속 팔릴 것이다. 린데만에 제시한 단계들을 보여 주는 웨스트버그의 방법이 아래에 제시되어 있다. 각 문장은 각 장의 제목이다:

우리는 충격의 상태 안에 있다. 우리는 감정을 표현한다. 우리는 우울함과 고독을 느낀다. 우리는 애통의 육체적 증상들을 경험할 수도 있다. 우리는 공포를 느끼기도 한다. 우리는 상실과 관련하여 죄책감을 느낀다. 우리는 적대감을 느끼고 분개한다. 우리는 일상적 활동으로 돌아가기 어렵다. 점차 희망이 찾아온다. 우리는 현실에 재 적응하려고 노력한다.[25]

약 25년 뒤 엘리자벳 퀴블러 로스(Elisabeth Kübler-Ross)는 죽음을 앞둔 환자에 관한 연구에서 슬픔에 대해서 상이하지만 보완적인 견해를 제기했다.[26] 린데만은 죽음 때문에 가까웠던 사람을 잃은 사람들의 슬픔을 연구했다. 그러나 퀴블러 로스는 시카고 대학의 심리학자 알드리히(C. Knight Aldrich)[27]의 연구를 기초로 하여, 임종하는 환자들의 슬픔을 연구했다. 그녀는 자신이 1960년대에 시카고 대학병원에서 연구하면서 직면했던 어려웠던 점들을 그녀의 책에 표현한다. 처음에 그녀는 의사와 간호사들이 죽어가고 있다고 인정한 환자는 아무도 없었다는 것을 알았다. 그녀와 함께 연구한 동료들은 원목이 되었다. 왜냐하면 원목들은 다른 직원들보다 더 솔직하게 환자들이 죽어가고 있다는 것을 인정하며 환자들과 죽음에 대해 논의할 수 있었기 때문이다.

퀴블러 로스에 의하면, 죽음을 앞둔 환자들은 다음과 같은 단계를 거친다: 거부, 분노, 타협, 우울, 수용. 린데만이 제시한 단계보다 적어서일지 몰라도, 대중 서적이나 목회 서적에서는 이 단계들을 친숙하게 다룬다. 이 단계들은 사람이 죽음에 대처하는 법칙처럼 되었다. 슬픔에 관한 단계 이론들을 엄격하게 받아들이거나 그렇지 않거나 상관없이, 목회자들은 슬픔에 대해, 슬픔의 이론에 대해 잘 알고 있어야 하지만, 무엇보다도 목회자 자신의 슬픔과 슬픔을 당하고 있는 사람들을 잘 알고 있어야 한다. 우리는 결코 상실과 죽음을 친근하게 대할 수 없겠지만, 그것들에 대해 잘 알고 있어야 한다.

슬픔에 관한 최근의 연구에서는 "인정되거나 확인되지 않은 슬픔", 또는 박탈당한 슬픔[28]에 관심을 모으고 있다. 저자는 슬픔을 다루는 것은 반드시 해야 하는 일이며, 그것을 제대로 행하지 못하면 기능 장애가 초래된다고 가정하면서, 인정되지 않은 슬픔과 슬퍼하는 사람에 관하여 조사하였다. 가족으로 인한 슬픔은 정당화되지만, 친한 친구를 잃은 슬픔도 강력할 수 있다는 사실을 거의 인정되지 않는다. 이 연구를 한 사람들은, 어린아이, 비정상적인 혼인 관계를 유지하며 사는 동성애자들, 강간당한 사람들, 그리고 어릴 때 성폭행을 당한 경험이 있는 어른들, 특히 그 사실을 비밀로 간직해온 사람들, 자신의 병을 감추어온 에이즈 환자들, 태아를 유산시킨 적이 있는 산모 등을 대상으로 슬픔을 다루는 사역이 무시되어 왔다는 사실에 주의를 기울인다. 이 연구에서는 목회적 돌봄을 행하는 사람들은 어디에 있는지 슬픔 및 슬퍼하는 사람들에게 관심을 가져야 한다는 의미를 함축한다.

20여 년 전에 나는 *Journal of Pastoral Care*라는 잡지에 목회적 돌봄의 강의를 수강한 목사의 이야기를 소개했었다. 그 사람은 슬픔의 상황에서의 사역에 대한 문제를 풀고 있었다. 그가 작성한 답안지는 그가 그 강의 중에서 이론을 다루는 부분을 제대로 공부하지 못했음을 나타내고 있었다. 그는 자신의 경험을 토대로 대답하면서, 슬픔에 대처하는 것에 대한 강력한 주장을 했다. 그는 다음과 같이 썼다:

> 나는 사랑하는 사람을 잃은 사람들에게 기도를 더하라고 요청하지 않는다. 왜냐하면 그 사람은 나보다 더 많이 기도해 왔을 수도 있기 때문이다. 그런 경우에 나는 그저 침묵하겠다. 내 아버지께서 돌아가셨을 때, 많은 사람들이 나에게 와서 "삼가 조의를 표합니다"라고 말했지만, 한 사람은 애도의 말을 하거나 성구를 인용하지 않았다. 그 사람은 나와 함께 앉아 있었다. 내가 일어서면 그 사람도 일어섰다. 내가 문쪽으로 걸어가면, 그 사람도 함께 걸어갔다. 그때만큼 기독교의 사랑으로 말미암아 위로와 따뜻함을 느낀 적은 한번도 없었다. 그것은 마리아가 예

수님께 와서 울면서 "주님, 당신이 여기 계셨다면 나의 오빠는 죽지 않았을 겁니다"라고 말했던 일을 기억하게 해주었다. 예수님은 아무 말도 하지 않고, 영으로 신음하고 계셨다. 이 순간에 누군가가 자기를 위해 기도해 주기를 원하는 사람은 많지 않다. 그러나 그러한 순간에 말없이 함께 있어 주는 것은 기도의 가장 좋은 표현이다.[29]

공동체적 상황적 패러다임에서의 유한성과 상실

임상목회적 패러다임은 유한성과 상실의 문제를 다루면서 유한함과 죽음에 관한 기독교 메시지보다는 슬퍼하는 사람에게 초점을 둔다. 거기서는 슬픔을 병리적 현상이기보다는 하나의 과정 또는 "작용"(work)으로 이해함으로써 위로를 준다. 또 돌보는 사람은 슬픔을 당하는 사람과 함께 있으면서 침묵할 것을 제안한다. 그러나 이것의 장점들은 이것이 지닌 몇 가지 한계를 지적해준다. 임상목회 패러다임에서는 개인의 슬픔의 과정을 이해하기 위하여 단계 이론을 사용하면서, 상실 경험의 개별성의 일부를 잃는 경우가 있다. 특수한 슬픔이 지닌 많은 상황적 요인들이 무시된다. 슬픔 중에 있는 개인과 돌보는 목회자 개인에 초점을 두는 임상목회적 패러다임은 유한성과 상실을 다룸에 있어서 공동체적 차원의 중요성을 무시하는 경향이 있다.

예를 들면, 퀴블러 로스의 업적은 죽음과 임종을 이해하는 데 귀중하다. 그러나 의사들, 그리고 죽어가는 사람들의 가족이나 친구들은 그녀가 제시한 슬픔의 단계 이론을 확실한 정설로 여기게 되었다. 설명을 위한 도식으로서의 단계 이론은 인간이 직면하게 될 예측할 수 없고 애매한 과정과 관련된 불안을 감소시킬 수 있다. 그것을 어떤 사람의 삶의 현실에 억지로 적용한다면, 죽어가는 사람의 특성을 드러내기보다는 모호하게 만들 수도 있다. 퀴블러 로스의 이론을 강제로 적용하는 것에 대한 귀중한 상황적 비판과 수정안을 래리 처칠(Larry R. Churchill)의 *The Human Experience of Dying: The Moral Primacy of Stories over Stages*에서 발견할 수 있다. 처칠은 "만일 이러한 단계들을 규범적인 원본이라고 여겨 집착한다면, 임종을 다루는 것을 기술적인 문제로 다루게 된다"고 주장한다.[30]

임종을 단계 이론으로만 보는 것은 이론을 인간적인 의미보다 우위에 두는 것이며, 결국 임종하는 사람이 죽음이 자신에게 어떤 의미를 지니는지 말할 기회를 갖지 못하게 한다. 임종하는 사람만이 자신의 죽음이 의미하는 것 및 그것에 대처하는 방법을 말할 수 있다. 임종을 앞둔 사람을 단계 이론으로 대하면 우리의 불안을 더는 데에는 도움이 되겠지만, 그렇게 함으로써 우리는 임종하는 사람과 거리를 두게 되며, 그들과 관계를 갖기 어렵게 만든다. 처칠은 이렇게 말한다: "이야기라는 개념은 이 단계 이론을 지나치게 강조한 것을 바로 잡아 준다… '이야기'는 논리적으로 '단계'보다 선행하는 임종의 경험을 위한 해석의 범주이다…이야기는 주 교재이다. 여러 단계로 범주화하는 것은 이 교재들에 대한 주석으로 볼 수 있다."[31]

처칠은 임종을 앞 둔 사람은 때때로 자신의 질병을 거부하고, 분노하고, 우울해진다고 인정한다. 그는 이 개념들이 유익하다는 것을 부인하지 않는다. 그러나 처칠은 "나는 그것들을 돌봄의 철학의 기반으로 삼으려는 것에 반대한다"고 말한다. 임종을 앞둔 사람들이 타협하고 있다는 것을 아는 것보다 더 중요한 것은 그들은 자신이 무엇을 위해서, 누구와 무엇을 타협하고 있는지를 돌보는 사람에게 털어놓을 수 있다는 사실이다. "그들이 타협의 단계에 있다는 사실은 임종하는 사람이 어디에 와 있는지에 대한 대답의 껍질만 제공해준다." "이것은 단계의 패러다임을 개념적으로나 서술적으로 부적합하게 만들고 도덕적으로 반대할 수 있게 해주는 개인적이고 이질적인 것들을 배제하게 한다."[32]

처칠은 다음과 같이 결론을 내린다: "임종하는 사람들을 교사요 돕는 자로 보는 개념은 인간적 의미를 위한 공동체적인 틀을 재확인해준다…공동체를 강조해야 하는데, 이는 그것은 우리가 임종하는 사람들과 상호의존하고 있다는 것을 인정하기 때문이다. 임종하는 사람은 공동체의 일부여야 한다. 그러나 임종하는 사람은 자신이 속한 공동체를 가르치고 지원해줄 수 있다".[33]

가정이라는 상황에서 슬픔을 다루는 사역을 해석하는 것도 중요한 일이다. 한 가정에 속한 사람은 가정 내의 모든 관계 안에서 변화되거나 슬퍼한다. 나의 제자이자 동료였던 루이스 로드먼(Louis Lothman)은 거부된 슬픔에 관한 이반 나지(Ivan Borzormenyi-Nagy)의 연구를 신학적 관점에서 조사하여, 가족 목회 상담에 관한 자신의 연구에 적용하였다.[34] 가족 관계에 관한 나지의 규범적인 묘사에서는 대인관계에서의 취약성과 슬퍼할 능력을 강조한다. 그는 슬픔은 사람들로 하여금 자신이 가지고 있는 부모들에 대한 이미지를 의지하지 않고 자신의 취약함을 받아들일 수 있게 해준다. 나지는 이것이 여러 세대와 관련된 현상이며, 비록 어느 한 세대가 상실에 의해 더 많은 영향을 받을 수는 있지만, 가정의 슬픔은 한 세대에만 제한되는 것이 아니라고 강조한다. "가정 안에서 슬픔의 조직적인 본질을 의식하는 감수성은 가정을 대상으로 돌봄을 제공함에 있어서 인간 생활의 공동체적 차원을 인정하려는 사람들에게 중요한 것이다."[35] 나지는 자신이 종교적인 사람이 아니라고 주장하지만, 가정 안에서의 공평함을 강조했기 때문에, 그의 연구는 기독교 전통에서 비롯된 바 인간의 관계성과 취약성에 대한 견해와 더 일치한다.

루이스 로스먼의 이론은 바르트, 니버, 랭돈 길키(Langdon Gilkey), 몰트만 등 20세기의 신학자들이 발전시킨 신학적 관점에 근거를 두었다. 그의 이론은 유한성과 상실을 받아들이고 슬픔을 경험하는 것은 인간의 취약성을 환기시켜 주며 보다 풍요로운 삶과 사랑으로 인도한다는 이 장의 이론과 내용이 일치한다. 그러나 그것이 슬픔을 차단하거나 저지하는 한, 인간 개개인과 가정 내에서 파괴적인 결과를 낳을 것이다. 그러므로 목회적 돌봄을 행하는 사람은 인간적 유한성과 취약성을 수용하도록 해주는 조정자와 슬픔의 산파가 되어야 한다.

인간의 유한성과 상실의 고통을 목회적으로 돌보는 독신자들에 대한 자료는 흔하지 않다. 여러 해 전에, 나의 어머니는 남편의 죽음을 애도하는 일을 마치고 나서, 그리고 과부로서의 정체성을 받아들이고 나서, "WHO"라는 그룹을 만들었다. 이 명칭은 이 그룹의 목적과 표어인 "We Help Others: We Help Ourselves"를 나타낸다. 그 그룹의 구성원들은 교회의 목회 상담 목사로부터 최소한의 상담적 조언을 받았다. 이 그룹의 중심 활동은 조지아 주에서 사는 과부 진(Jean)을 지속적으로 심방하며, 비슷한 상실을 경험한 사람들과의 만남에 참여하게 함으로써, 다시금 중요한 관계 안에 들어오게 해주는 데 있었다. 그 그룹을 설명하는 안내문이 말하는 것과 같이, "WHO에 참여하는 사람들은 사랑하는 사람을 잃는 경험을 통하여 삶의 공허함을 사람들을 위한 봉사로 채우려는 갈망을 갖게 되었다."

WHO를 조직하는 몇 년 동안, 보다 튼튼해지고 독립된 느낌을 받게 된 구성원들은 자기들이 보다 큰 집단으로 들어가며 보다 큰 이해관계를 수용할 수 있게 되었다는 것을 발견하게 되었다. 그들은 머무는 동안 자기들의 슬픔을 털어놓고 미래를 바라보았다. 특히 그들은 자기들이 갑자기 불완전한 인간이라고 느꼈는데, 그 때문에 그들은 나이와 배경의 장벽을 뛰어넘을 수 있었다. 구성원의 나이는 35세부터 70세였지만, WHO에는 하나의 원리가 있다: 생일의 숫자가 중요한 것이 아니라, 슬픔의 나이가 중요하다."[36]

많은 교회에 WHO와 같은 형태의 그룹들이 있는데, 그 조직은 그다지 체계적이지 못하다. 그곳에 오는 사람들은 회원이라기보다는 참여자라고 불린다. 그런 면에서 이것은 심리치료사들이 부르는 "개방된 그룹"(open group)이다. 회원의 의무보다는 참여하려는 선택이 더 강조된다. 이것은 슬픔을 경험한 사람들이 슬퍼하는 사람들을 위해 행하는 사역이다. 이것은 공동의 불행, 그리고 그것을 경험한 사람들이 특별한 방법으로 다른 사람들에게 반응할 수 있는 권위를 강조한다. 특별 훈련을 받은 목회자는 특별한 문제들에 관해 조언을 해주는 고문이 되며, 방문이나 의사소통에 대한 가르침을 제공하지만, 지도 체계를 사용하지 않기 때문에 참석자들이 이루어지는 사역에 대해서 책임을 진다.

안수받은 호스피스 원목이 행한 목회적 돌봄, 그리고 평신도 사역자가 행한 목회적 돌봄의 사건이 처칠이 임종하는 사람이 제공하는 가르침과 지원의 의미를 예증해 줄 수 있을 듯하다.

랭(T. K. Lang)은 원목으로서 임종을 앞둔 43세 된 여인(앤)을 돌보아 준 일에 대해 기술한다. 그는 앤이 세상을 떠나기 3주일 전에 앤과 친해지게 되었다. 처음에 앤의 방에 들어갔을 때, 앤은 특정한 의자에는 주인이 있다면서 앉지 못하게 했다. 그곳에는 아무도 없었기 때문에, 그는 "누굽니까?"라고 물었다. 앤은 태연하게 "죽음이 항상 거기에 앉아 있습니다"라고 대답했다. 그녀의 자아는 "죽어가는 사람을 친구들과 친척들이 둘러싸고 그의 영혼을 위해 기도하고 있는데, 침대 밑에서는 뿔이 나고 길다란 손톱을 가진 마귀들이 그 사람의 믿음과 덕을 빼앗고 지옥으로 채어 가려고 기다리는 모습"[37]을 묘사하고 있는 중세 시대의 판화를 반영하고 있는 듯했다.

원목과 친해진 앤은 죽음에 관한 공포를 표현했지만, 자기를 지원해주고 돌보아 주는 자녀들과 친구들이 있음을 확신했다. 또한 그녀는 과거에 하나님이 그녀를 돌보아 주셨다며 앞으로도 보살펴 주실 것이라는 확신을 표현했다. 그녀는 자기의 물건들을 처리하고 친구들과 작별하는 것들 실질적인 문제들을 처리하면서 자신의 믿음을 표현했다.

앤은 자기와 친한 사람들이 참여하는 장례식을 계획했고, 찬송가와 성경 구절도 골랐다. 그녀는 목사에게 장례식을 집례해 달라고 부탁했고, 원목에게는 하관식 때에 설교를 해달라고 부탁했다. 앤은 친구들에게 장례식 날 밤에 모여 그녀의 인생과 그들의 인생을 경축하는 파티를 열어 줄 것을 부탁했다.

앤이 죽기 전 며칠 동안, 친구들은 병실에 찾아와서 일상적인 생활 이야기를 하거나, 앤의 이야기를 들었다. 그들은 앤의 몸에 로션을 발라 주고 안마를 해주는 등 육체적으로 편안하게 해주었다. 랭의 표현에 의하면 그것은 "슬픔의 잔과 뒤섞인 기쁨의 잔"이었다. 이 일이 이루어지고 있을 때, 그는 사람들에게 향유를 담은 옥합을 가져온 여인의 이야기를 해 주었다. "그 동네에 죄인인 한 여자가 있어 예수께서 바리새인의 집에 앉으셨음을 알고 향유 담은 옥합을 가지고 와서 예수의 뒤로 그 발 곁에 서서 울며 눈물로 그 발을 적시고 지기 머리털로 씻고 그 발에 입 맞추고 향유를 부으니라"(눅 7: 37-38).

앤이 생을 마칠 무렵에 그녀 곁에는 가장 친한 친구들만 남아 있었다. 앤은 자신의 죽음과 관련한 실질적인 일들을 그들에게 맡긴 후에, 원목에게 자신의 죄 고백을 들어달라고 부탁했다. 앤은 느슨해진 인생을 마무리하고 하나님과의 관계 안에서 재산 정리를 하기를 원했다. 예식이 끝날 때에 원목은 다음과 같은 용서의 말을 해주었다: "성부와 성자와 성령의 이름으로, 당신의 죄가 용서되었음을 선포합니다. 평안이 그대와 함께 하시길 기도드립니다." 며칠 후에 앤은 성찬식, 떡과 포도주, 그리고 말씀을 달라고 요청했다: "십자가에 달리셨다가 부활하신 예수 그리스도께서 당신의 모든 죄의 대속물로서 거룩한 몸과 피를 당신에게 주셨습니다. 주께서 당신을 강건하게 하시며, 영생에 이르도록 참된 믿음 안에 보존해 주실 것입니다. 평안에 그대와 함께 하기를 기도합니다."

며칠 뒤 앤은 원목과 두 친구에게 작별 인사를 했다. 그녀는 그들에게 자신의 손을 잡아달라고 했다. 그들은 잠시 동안 말없이 그녀의 손을 잡았다. 앤은 손을 놓아 달라고 말하고는, 두 팔을 들고 "하나님, 나를 받아 주십시오!"라고 부탁했다. 그 뒤에 그녀는 잠잘 수 있게 해달라고 부탁했다. 그녀는 "죽을 때에 필요한 힘을 얻으려면, 쉬어야 합니다"라고 말했다. 그날 아침에 그녀는 혼수상태에 빠졌고, 그로부터 사흘 뒤에 세상을 떠났다. 장례식은 그녀가 계획한 대로 진행되었다. 장례식 후에 그녀를 기념하는 가든 파티도 있었다.[38]

도나(Donna)의 교회에서는 4년이 넘도록 에이즈 사역을 해왔다. 이 사역은 그 교회의 교인이었던 마이클이 병에 걸리면서 시작되었다. 당시 도나와 몇몇 사람들은 마이클의 자기 교회의 교인인 것처럼, 그 무서운 병이 자기들로부터 멀리 떨어진 곳에 있는 것이 아니라 자기들의 일부라는 것을 깨달았다. 이제 에이즈 사역은 그 교회 안의 사역 그룹들 가운데 가장 큰 그룹이 되었고, 회원도 60여명이 넘게 되었다. 도나는 다른 교회에서 비슷한 사역을 시작하는 일을 돕기 시작했다. 그녀는 평신도 돌봄의 팀은 사람들의 임종에 동참함으로써 은사를 받는다고 생각한다. "평신도들은 정상적으로는 이 은사를 받지 못합니다. 때로 안수받은 성직자들을 초대를 받지만, 평신도에게는 그러한 기회가 거의 주어지지 않습니다." 이것을 설명하기 위하여, 그녀는 특별한 목회적 관계의 이야기를 들려 주었다.

"진(Gene)은 세상을 뜨기 전 날 나에게 '나에게 당신의 평화를 주십시오' 라고 말했습니다." 평신도로서 목회적 돌봄을 행하던 도나는 다음과 같은 방법으로 진을 보살폈고, 진은 그녀를 보살펴 주었다:

그는 이제껏 자신을 용서하는 것을 허락해줄 평화를 얻지 못했기 때문에 죽는 것을 두려워했다. 에이즈 환자들은 죄책감에 시달린다. 그들은 자기들보다 비참한 사람이 없을 것이라고 느끼는 것 같다. 평신도인 우리는 "어째서 당신이 우리보다 죄를 더 많이 지었을 것이라고 생각합니까?"라고 말할 수 있다. 기독교인이 되는 것과 관련하여 가장 어려운 일은 용서를 받아들이는 법을 배우는 것이다. 나는 진에게 "예수께서 당신을 용서해 주셨는데, 당신이 뭐길래 당신 자신을 용서하지 못합니까?"라고 물었다. 이 질문이 그의 생각을 바꾼 것 같이 보였고, 그는 결국 "아버지여, 나를 받으소서!"라고 고백할 수 있었다.

도나는 자신의 사역에 대해 다음과 같이 말했다. "이 사역은 삶과 죽음에 대해서 깊이 있게 말하라고 가르쳐 줍니다. 진의 가족은 진을 돌보아 주었던 우리 두 사람에게 그의 장례식에 참석해 달라고 부탁했습니다. 장례식은 카톨릭 교회에서 거행되었습니다. 나는 관 바로 곁의 통로에 앉아 있었습니다. 내 차례가 되어 나는 앞으로 나가서 관을 만지면서 '친구야, 이제는 네가 나에게 평화를 줄 차례야'라고 말했습니다. 그리고, 나는 평화를 느꼈습니다. 나는 따뜻함을 느꼈습니다. 나는 그곳에 참석한 사람들에게 그들의 아들이며 내 친구이며 그들의 이웃이었던 사람에 대해서 말해야 한다는 절실한 생각을 가지고 그 자리에 일어섰습니다. 평화의 은사가 한 바퀴를 돌아 제자리에 임했습니다."

진을 위해 행한 도나의 사역에는 조사하고 해석할 수 있는 사실들이 많지만, 가장 놀라운 것은 임종하는 환자를 보살피는 사역자로서 그녀가 느끼는 권위의식일 것이다. 이것은 단순히 임종하는 환자에게 육체적으로 필요한 일의 시중을 들어주고 정서적으로 지원해 주는 사역이 아니었다. 도나는 물론 그런 일을 했으며, 그 때문에 진에게 "평안의 말"을 할 수 있었다. 그녀는 누구에게서도 안수받은 성직자에게 주어지는 권위의 말을 듣지 못했지만, 임종하는 환경의 특성과 그녀 자신의 믿음이 결합하여 환자를 축복할 수 있는 권위가 있다는 확신을 준 듯하다. 사역자로서의 자신의 역할에 대해 반신반의하는 태도가 그녀가 장례식 때에 기억한 느낌들을 통해서 나타난다. 그것은 "지금 말하고 있는 나는 누구인가?"라는 느낌이었을 것이다. 그러나 그녀는 관 앞으로 갔고, 환자와 자신의 관계를 토대로 하여 회중에게 말하는 사역자로서의 권위를 되찾았다. 목회적 돌봄은 성직자만의 일이 아니다. 이것은 기독교인으로서의 소명의 주요 부분을 목회적 돌봄으로 받아들이는 공동체의 구성원들과 모든 돌봄의 공동체의 일이다.

정리

하나님은 우리가 어떻게 만들어졌는지 알고 계시고, 우리의 유한성도 알고 계시며, 그럼에도 불구하고 우리를 기억하신다. 하나님은 놀랍게도 유한성과 상실을 슬퍼하는 우리가 위로를 받을 것이라고 약속하신다. 경청과 기억으로 이해되는 목회적 돌봄은 두 가지 초점을 지닌다. 돌봄은 인간적 실존의 특수성, 돌봄을 필요로 하는 사람들이 경험하는 특별한 문제의 세부 내용에 깊은 관심을 기울인다. 또한 그 문제를 초월하여, 그 문제가 돌봄을 필요로 하는 사람의 삶의 방향과 특성에 대해 무엇을 말하고 있는지를 질문한다. 다른 사람들과의 관계, 그리고 하나님과의 관계 안에 있는 인간인 그의 위치는 어디인가? 목회적 돌봄을 행하는 사람은 하나님의 세계에서의 삶과 죽음이라는 보다 넓은 상황 안에서 볼 때에 고통하는 사람은 어떤 사람인지, 슬퍼하는 사람이 알지 못했거나 망각했을 수도 있는 진실을 듣고 기억한다.

유한성과 상실이라는 문제와 관련하여 하나님이 알고 기억하신다는 것은 아주 강력한 메시지이다. 그것은 상실이라는 현실에도 불구하고 돌봄을 가능하게 한다. 자신의 한계를 경험하며 삶의 상실이나 다른 근본적인 상실을 직면한 사람들을 돌보는 사역은, 치료가 불가능할 때에 돌봄의 중요성을 분명히 나타낼 수 있다. 돌봄은 "지금, 그리고 우리가 죽는 순간에" 함께 있으며 관계를 맺는 은사를 제공하는 것이다.

토의 문제

1. 이 장에서는 심오한 인간적 문제에 대해 언급하는 기독교적 전통의 자료 중 일부를 다루었다. 당신에게 도움을 준 전통적인 자료는 무엇인가? 하나님께서 슬퍼하는 사람들을 기억하시고 축복해 주신다는 믿음을 지탱해 주는 것은 무엇인가?
2. 당신 자신, 그리고 당신이 보살피는 환자는 몸과 영혼이라는 양극성—부케너가 단순히 몸을 소유한 것이 아니라 몸으로의 존재라고 발견한 것—을 어떻게 다루고 있는가?
3. 유년기의 발달에 관련된 분리와 나중에 직면하는 유한성과 상실에 관련된 분리를 이론적으로 연결하는 것은 인간의 관계성을 이해하는 데 어떤 방식으로 도움을 주는가?
4. 개인이나 가정, 그리고 그보다 규모가 큰 사회는 상실로 인한 슬픔을 어떻게 표현하는가?
5. 상실을 슬퍼하는 과정에서 이야기와 단계들이 지니는 상대적 가치는 무엇인가? 임종하는 과정에 대한 두 가지 사고 방식은 상실의 경험을 이해하는 데 어떻게 도움을 주거나 방해가 되는가?
6. 중요한 사람을 잃은 사람들을 돌봄에 있어서 공통적인 문제를 가진 지원 그룹의 역할은 무엇인가? 목회적 상담(고문)은 그러한 집단의 사역에 어떻게 기여하는가

제6장

인내와 환자: 돌봄의 필요

> 시인들과 철학자들이 말하듯이 인내는 큰 덕이다. 인내는 병자에게 가장 좋은 약이며, 상처에 바른 가장 귀한 반창고이다. 인내는 슬퍼하는 사람들을 위로해주며, 가난한 사람들을 만족하게 해주며, 병든 사람을 낫게 해주고, 고통하는 사람들을 편안하게 해주며, 그대의 친구들을 만족하게 해주며, 원수들을 괴롭게 해주며, 모든 사람들을 도와주되 아무도 해치지 않는다. 인내는 환자에게 가장 중요한 것이다.
>
> — 존 프로리오(John Florio), 1578[1]

목회적 돌봄은 인내가 포함되며, 환자에 대한 이야기가 포함된다. 내가 병원 원목으로 근무하는 동안 들은 감사의 말 중에서 가장 마음에 닿는 것은 "당신은 절대로 서두르지 않는 것 같습니다"라는 말인 듯하다. 그러므로, 이 장에서는 인내와 돌봄을 필요로 하는 인간의 문제, 특히 병들거나 고통이나 고난 속에서 경험하는 돌봄과 인내의 필요성에 대해 다루려 한다. 그것은 "인내하는 것"(being patient)과 "환자가 된다는 것"(being a patient)이라는 단어 안에서 "목회적"이라는 것의 의미를 찾으며, 환자를 보살피는 사역에서의 인내는 경청과 기억의 가장 중요한 차원이라고 주장한다. 이 장에서는 목회적 돌봄을 행하는 사람 자신이 환자가 되는 방법도 살펴본다. 인간은 자신이 환자라는 사실을 어떻게 받아들이거나 거부하는가. 그리고 인간은 "기다리는 사람"이라는 사실은 그들이 사람들이나 하나님과 함께 하는 데 어떻게 연결되는가?

훌륭한 목회자의 기본적 특성을 묘사하는 데 있어서 인내, 환자가 됨, 동정심 등의 개념은 모두 중요하다. 인내와 환자 됨이라는 영어는 모두 "고난을 당하다", 또는 "견디다"라는 의미를 지닌 라틴어에서 파생되었고, 동정심이라는 단어 역시 거기서 파생된 것이다.[2] 동정심이란 "우리가 다른 사람의 고통과 절망에 동참하려는 공감적 의식(sympathetic consciousness)이 되는 덕목이며, 그것을 토대로 하여 고난을 통과하면서 살거나 고통을 줄이는 데 도움을 제공한다…실제로 역사의 모든 시대에는 의사나 환자들을 돌보는 사람들은 자신이 보살피는 사람들이 경험하는 고통과 고난에 공감하고 불쌍히 여겨야 한다고 기대해왔다."[3]

"동정심(compassion)을 목회적 돌봄의 중심으로 여기는 것을 보여 주는 사례를 만들 수 있다. 동정심은 돌봄을 특수하게 만든다. 동정심은 돌봄을 근본적으로 개혁하며, 우리의 돌봄의 뿌리를 하나님이 계시는 가장 심오한 곳에 두게 한다."[4] 인내와 환자 됨이라는 문제 안에서 목회적 과업은 전반적으로 인간적인 것을 잃지 않으며, 상대방이 환자라는 사실 이외의 다른 사실들을 무시하지 않으면서 질병과 관련한 특수한 것과 특별한 것에 대처하는 것이다. 이 장에서 제기하는 문제는 다음과 같다: 우리는 자신이 행하려는 일의 특성을 충분히 인식하되 돌봄을 베푸는 사람 자신의 환자됨을 거부하려는 환자의 상황의 특성을 사용하지 않으면서 돌봄을 필요로 하는 환자의 욕구에 어떻게 응답해야 하는가? 돌보는 사람은 무엇에 귀 기울여야 하는가? 환자의 상황을 보다 많이 이해하는 것이 환자가 느끼는 소외감과 고독을 극복하는 데 도움이 되는가? 환자가 된다는 것이 얼마나 다른 일인지, 병에 걸리거나 고통이나 고난을 경험하는 것이 그를 이전의 삶으로부터 어떻게 분리시켰는지를 돌보는 사람은 과연 얼마나 예민하게 느낄 수 있는가?

고전적 패러다임에서의 인내와 환자

목회적 돌봄을 행하는 사람들이 병자들을 방문하는 것은 인정해 주는 성경의 권위는 마태복음 25장에 기록된 마지막 심판의 이야기와 "내가 병들었을 때에 돌아보았고"라고 하신 예수님의 말씀에서 온다. 그러나 예수님의 치유 사역 전체가 목회적 돌봄의 기초가 된다. 공동체가 돌봄의 사역에 참여한 가장 초기의 예는 야고보서 5:14에 있다: "너희 중에 병든 자가 있느냐 저는 교회의 장로들을 청할 것이요 그들은 주의 이름으로 기름을 바르며 위하여 기도할지니라."

병자를 위한 고전적인 메시지에는 종종 몸과 영혼의 관계에 대한 도전, 또는 세상에서의 선과 악 사이의 갈등이 포함된다. 때때로 질병을 성장의 기회로 보기도 하고, 질병을 죄와 연결하여 회개의 부름으로 간주하기도 했다. 질병의 의미를 발견하려고 노력함에 있어서, 이 메시지는 돌보는 사람과 돌봄을 받는 사람 모두에게 중요한 것이었다. 이 문제를 언급하는 서적들이 많은데, 그 중 두 가지를 제시해 보겠다.

1534년에 루터가 뮬러(Caspar Mueller)에게 보낸 편지는 고전적 메시지에서 친숙하게 나타나는 요소들을 보여 준다.

> 하나님께서 당신에게 많은 질병을 주신 것을 유감스럽게 생각합니다. 왜냐하면 나는 하나님의 은혜로 말미암아 당신이 하나님의 말씀을 진지하게 받아들이며 그리스도의 나라에 충성할 사람이라고 확신하기 때문입니다. 또한 나는 당신의 건강과 활동이 우리 모두에게 유익을 주고 위로가 되리라고 생각하고 있습니다…그러나 만일 당신이 병에 걸리는 것이 하나님이 원하시는 일이라면, 분명히 하나님의 뜻이 우리의 뜻보다 선합니다. 결국, 주님의 고귀하고 순수하신 뜻이라도 사랑하는 아버지의

고귀하고 선하신 뜻에 종속되어야 했습니다. 우리는 인내하면서 즐거운 마음으로 아버지의 뜻에 복종합시다.[5]

루터의 메시지는 환자의 질병에 분명히 관여하시는 하나님을 제시했으며, 하나님의 은혜가 그 안 어딘가에 현존한다고 보았다. 루터는 환자가 하나님의 말씀을 신뢰하는 믿음의 사람이며 공동체에 소중한 사람이라고 다짐했다. 하나님은 그가 건강하기를 원하시는 듯하지만, 환자가 병에 걸린 데에는 인간으로서는 이해할 수 없는 이유가 있는 듯했다. 그러므로 환자는 그리스도의 고난으로부터 선이 임했다는 사실에서 위로를 받으며, 기뻐하고 인내해야 한다.

기독교의 고전적인 메시지를 보여주는 또 다른 유익한 예는 클렙쉬와 제클(Clebsch and Jaeckle)의 저서 『역사적 관점에서의 목회적 돌봄』(*Pastoral Care in Historical Perspective*) 안에 있는 "질병의 효과적인 활용"(*Making the Most of Sickness*)이라는 글에서 찾아 볼 수 있다. 이 글은 17세기의 고전인 제레미 테일러(Jeremy Tailor)의 『거룩한 죽음』(*Holy Dying*)을 인용한 것이다. 클렙쉬와 제클은 "테일러는 질병은 하나님께서 우리의 성장과 덕의 함양을 위해 주신 것이라고 확신했다. 결코 헛된 일을 하지 않으시는 하나님께서는 질병이 믿음과 덕을 가르치는 학교가 되도록 의도하셨다. 질병의 고통과 특별한 부담은 특별한 교훈을 가르쳐 주었다"고 논평했다. 그들의 말에 의하면, "질병은 삶의 불확실성과 믿음을 드러내 준다고 이해해야 했다. 삶의 종말에 대한 위협은, 삶은 하나님의 은혜로우신 선물이라는 것을 상기시켜 주었다." 그러므로 병자는 하나님이 관심을 갖고 있는 학생으로 간주되었다.[6]

테일러의 메시지는 "인내의 실천에 관하여"(Of the Practice of Patience)라는 항목에서 제시된다.

사람들은, 하나님의 화살에 맞으면 여러 가지 부수적인 이유들을 생각해 봐야 하며, 자신의 힘을 시험하고 신앙을 맛보다는 행동으로 옮겨야 할 때임을 알아야 한다. 만일 그가 병에 걸렸을 때에 연약하고 겁쟁이처럼 행동한다면 건강이 회복된 후에 겁쟁이요 바보라는 표식을 가지고 다니게 된다는 것, 그런 상태로 죽으면 불신자의 상태에 들어가게 된다는 것을 알아야 한다. 그러므로 그는 "나는 어쩔 수 없이 이 질병을 감당해야 한다. 하나님의 은혜로 나는 이것을 견뎌낼 것이다"라고 결심해야 한다.[7]

우리는 이 메시지로부터 "좋은 환자"에 대한 강력한 이미지가 어디에서 나오는지를 알 수 있다. 환자의 인격 및 그가 경험하는 질병과 고통과 고난을 임상목회적 패러다임의 일부인 심리학 이론을 사용하여 해석하는 일은 이런 고전적 메시지에서 비롯된다. 임상 목회적 패러다임의 많은 부분이 되는 심리학적 이론을 사용하여 해석할 때에는 이러한 설명을 따른다.

임상 목회적 패러다임에서의 인내와 환자

의료 윤리학자인 워렌 토마스 라이히(Warren Thomas Reich)는 다음과 같이 주장한다. "깊은 동정심의 의미는 돌봄을 베푸는 사람들이 스스로에게 하는 다음과 같은 질문에서 온다: 이 고난이 나에게 요구하는 것이 무엇인가? 그에 대한 알맞은 반응은 무엇인가? 어떻게 하면 내가 돌보는 사람이 고난에 응답하는 사람이 될 수 있을까?"[8] 임상목회적 패러다임은 메시지 자체보다는 기독교적 메시지를 주고 받는 사람에게 더 큰 관심을 가진다. 이것은 환자의 경험을 이해하려는 것이 가장 중요하다는 것을 의미한다. 병원이나 양로원에 수용되어 있는 환자들을 돌보는 사역자는 환자가 된다는 것이 어떤 것인지 잘 알아야 한다. 최근에 질병 체험을 해석한 연구 덕분에 이것이 가능해졌다.

수잔 손탁(Susan Sontag)은 질병을 "삶의 어두운 부분," "성가신 시민권"(onerous citizenship)이라고 표현한다.

> 사람들은 두 가지 시민권을 가지고 태어난다. 즉 건강의 나라의 시민권과 질병의 나라의 시민권을 가진다. 우리는 좋은 나라의 여권만 사용하려 하지만, 조만간 잠시 동안이라도 자신이 질병의 나라의 시민임을 확인하게 된다.[9]

아더 프랭크(Arthur Frank)는 병자들을 돌보는 사람들에게 소중한 자료가 될 수 있는 책을 저술했는데, 그 책에는 그가 병들기 전에 자신에게 보낸 편지들이 수록되어 있다. 프랭크는 다음과 같이 말한다.

> 나는 네가 자신의 상실로 인해 슬퍼하며 그러한 슬픔을 받아들여 줄 사람들을 찾기를 원한다…네가 겪어야 하는 상실들은 실제이며, 아무도 그것들을 너에게서 제거해 주지 못한다. 그것들은 너의 경험의 일부이며, 그것을 경험할 자격을 가지고 있다. 질병은 삶의 모든 부분, 상실까지도 경험할 가치가 있다는 것을 가르쳐줄 수 있다. 제대로 슬퍼하는 것은 네가 잃은 것을 존중하는 것이다. 네가 상실의 느낌까지도 존중할 때에, 너는 삶 자체를 존중하게 되며, 다시 살기 시작한다.[10]

프랭크는 환자들에게는 자신의 질병 경험을 표현함으로써 다른 사람들로 하여금 교훈을 얻을 수 있게 해주어야 할 의무가 있으며, 사회는 환자들이 표현하는 것을 경청하고 주의를 기울여야 할 의무가 있다고 생각한다. 프랭크는 다음과 같이 말한다. "문제는 우리가 질병이 무엇인지 보고 들을 만큼 책임감이 있느냐이다. 질병이 무엇인지를 보고 듣는다는 것은 곧 삶이 무엇인지를 보고 듣는 것을 의미한다…환자들은 자신의 경험을 표현하며, 건강한 사람들은 그것을 들어 주어야 한다는 상호 간의 책임은, 우리의 독창성은 우리 자신의 연약함에 달려 있다는 것을 인정하는 데서 만난다. 질병이 없는 삶은 불완전한 삶일 뿐만 아니라, 불가능한 것이다. 그러나 역설적이게도 그것의 필요성을 충분히 인식하는 사람들에게조차도 질병은 고통스럽다."[11]

환자가 된다는 것은 아픔에 대처해야 한다는 것을 의미한다. 아픔은 "어떤 장애(상처나 질병)와 관련된 급작스럽거나 만성적인 육체적, 정신적, 혹은 정서적 혼란, 또는 불편하게 느껴지는 불쾌한 자극으로 정의할 수 있는데, 정신은 그것을 상처 또는 자아의 어떤 부분, 혹은 자아 전체에 가해지는 위협으로 인식한다."[12] 소설가인 버지니아 울프(Virginia Woolf)는 그녀의 논문 "질병에 관하여"(On Being Ill)에서, 아픔과 고난에 대해 표현하는 것의 어려움을 말한다.

> 영어로 햄릿의 생각이나 리어 왕의 비극을 표현할 수 있지만, 전율(shiver: 두렵고 떨림)이나 두통(headache)을 나타낼 좋은 표현은 없다. 사랑에 빠진 순진한 여학생은 자신의 마음을 셰익스피어나 키이츠의 글로 표현한다. 그러나 두통을 앓고 있는 사람이 의사에게 자기의 증상을 설명하려면, 즉시 표현할 말이 없다. 그를 위하여 준비된 표현이 하나도 없다. 그는 어쩔 수 없이 새로운 단어들을 만들어 내야 한다. 그는 한 손에는 아픔을 들고 다른 손에는 순수한 소리 덩어리를 들고서 그것들을 하나로 뭉뚱거려서 안전히 새로운 단어를 만든다.[13]

철학자인 스커리(Elaine Scarry)는 울프의 통찰력을 이용하여, 다음과 같이 말한다. "육체적 아픔은 지시하는 내용이 없다는 점에서 다른 상태의 의식과는 다르다. 그것은 어떤 사물에 속한 것도 아니고, 어떤 사람을 지향하는 것도 아니다. 그 이유는 그것은 대상을 취하지 않기 때문에 언어로 객관화하는 것을 거부하기 때문이다."[14]

스커리는 다른 사람의 아픔을 이해하고 그에 반응하는 일의 어려움에 대한 유익한 통찰을 제시한다.

> 사람은 두 가지 완전히 구분되는 사건들의 질서에 대해 말하려 하는 듯하다. 아픔을 느끼는 사람의 입장에서 보면, 그것은 전혀 노력함이 없이 포착되지만(아무리 영웅적으로 노력해도 그것을 붙잡을 수는 없다), 고통을 받지 않는 사람의 입장에서 보면 그것을 포착하는 것은 노력 없이 되는 것이 아니다(그것의 존재를 전혀 의식하지 못하기 쉽다). 비록 노력을 한다 해도, 아픔 속에 있는 사람의 입장에서 보면, "아픔을 소유한다는 것"은 "확신한다는 것"이 무엇인지를 보여주는 생생한 본보기로 간주될 수 있다. 한편 그렇지 않은 사람의 입장에서 보면, "아픔에 대한 이야기를 듣는 것"은 "의심하는 것"이 어떤 것인지를 보여 주는 주요한 본보기가 될 것이다. 그러므로 아픔은 부인할 수 없고 확인할 수 없는 것으로서 우리 가운데 임한다."[15]

아이오와 대학의 윌버트 조지 페터슨(Wilbert George Patterson) 교수[16]는 급성적인 아픔과 만성적인 아픔, 그리고 불치의 아픔 등을 구분하는 일의 중요성을 강조한다. 목회적 돌봄을 행하는 사람이 이런 차이점을 알고 있으면, 크게 도움이 될 것이다. 급성적인 아픔은 어떤 종류의 상처나 수술, 또는 질병과 관련되는 것으로서 기껏해야 6개월 정도 지속된다. 환자들은 보통 자신의 상태에 따른 결과를 두려워하거나, 아픔 자체 및 그것이 자신의 건강 상태와 생활 방식에 미칠 결과에 대해 불안해 한다. 이런 사람들에게는 그들이 경험하는 아픔을 말로 표현할 기회를 주며 그들의 상태를 구체적이고 상세하고 실질적으로 다짐해 주는 것이 도움이 된다.

만성적 아픔은 보통 6개월 이상 계속되는 것으로서 다소 복합적이다. 만성적 아픔에 대해 연구하는 대부분의 사람들은, 만성적 아픔은 신경 계통의 반응일 뿐만 아니라 학습된 행동이라고 생각한다. 그것은 다양한 사회적·정서적 요인들에 의해 강화된 반응이다.

아픔에 관한 글을 저술한 리처드 스턴벅(Richard Sternbach)은 "급성 아픔 안에서 아픔은 질병의 증상이고, 만성적 아픔 안에서 아픔 자체가 질병이다"라고 말한다.[17] 급성 아픔을 겪는 환자들과는 달리, 만성적 아픔을 겪는 환자들은 자신의 아픔에 관하여 이야기하는 데서 별다른 위로를 받지 못할 수도 있다. 사실, 그런 배려는 질병이나 행위로서의 아픔을 강화하기도 한다. 만성적 아픔에 대처하기 위해서는 기도와 투약, 육체의 긴장 완화를 위한 기술, 그리고 몸이 정신을 지배하는 것을 감소시키며 몸과 정신의 통일체로서의 인격 통합을 목표로 하는 중재 활동 등이 유익한 듯하다.

불치의 아픔을 겪는 사람은 그것을 죽음이 다가오는 신호로 인식한다. 그것은 그 사람의 삶의 육체적인 면, 정서적인 면, 영적인 면의 다차원적인 상실을 나타내주는 상징이다. 이러한 아픔의 주된 대상은 나이 든 사람들이다. 때때로 그 아픔은 두려움, 분노, 슬픔, 고독, 수치, 또는 죄책감 등 다루기 어려운 감정을 대신한다. 원목이나 돌봄을 베푸는 사람은 불치의 아픔을 가진 사람이 어떤 느낌이 가장 강력한지, 또는 아픔을 경험하는 동안에 가장 지배적인 관심은 무엇인지 등을 탐구하도록 도와주려 할 것이다. 아마 가장 중요한 것은, 죽음이 가까이 다가올 때에 임종하는 환자가 버림을 받지 않을 것이라고 안심시켜 주는 것일 것이다. 기억하시는 하나님에 대한 기독교의 메시지를 충분히 알고 있는 돌봄의 사역자는 이러한 욕구에 훌륭하게 대처할 수 있다.

목회 신학자 웨인 오츠(Wayne Oates)와 신경학자인 그의 아들 찰스 오츠(Charles Oates)[18]는 종교인들이 아픔에 대해 반응하는 몇 가지 전형적인 방법에 주목하고 설명한다. 병원에서 근무하는 사람들에게 가장 친숙한 것은 "하나님은 나에게 감당할 수 없는 고통을 주시지 않을 것이다"라고 표현되는 냉철한 반응(stoicism)이다. 이것은 고통으로 인한 슬픔의 지배를 받지 말며 정욕에서 해방된 상태로 고통을 견뎌야 한다는 것이다.

이보다 더 자주 발생하는 반응은 부정이다. 육체의 비실재성에 대하여 가르치는 플라톤주의나 신플라톤주의에 기초를 둔 부정은 오랜 역사를 가지고 있다. 이러한 반응을 보여주는 친숙한 표현은, "만일 나에게 충분한 믿음이 있다면, 이런 식으로 상처를 입지 않을 것이다"이다. 크리스천 사이언스(Christian Science)처럼 정신이 육체보다 우위에 있음을 강조하는 종교 단체에서는 부정을 제도화하며, 어떤 상황에서는 아픔을 봉쇄하기도 한다. 오순절 파에서는 근육의 긴장이나 스트레스에 기인한 아픔을 완화하기도 한다. 종교적인 것이든 아니든, 최면은 환자로 하여금 아픔에 대한 인식을 바꾸도록 도와주고 불안과 우울을 감소시켜 주며, 다른 사람들을 의존하기보다 스스로 활동하게 만들어 주므로, 특히 만성적 고통에 도움을 준다.

부정의 근본적인 차원들과 관련하여 자주 언급되는 사람이 로버트 리프톤(Robert Lifton)이다.[19] 그의 연구는 원래 전쟁과 관련된 정신적 충격에 의한 스트레스 반응에 초점을 두었지만, 후일 그 범위를 넓혀 오늘날의 세상의 특징을 기술했다. 그는 인간의 "전반적인 고통과의 싸움"에 대해 저술하면서, 많은 사람들은 고통 때문에 괴로움을 당하는 것이 아니라 그의 표현을 빌리자면 "정신적 마비"(psychic numbing)를 느끼는 능력의 감소를 겪고 있다. 그는 이렇게 말한다.

> 심리적 마비(과격한 형태인 "심리적 폐쇄"을 포함함)와 죽음과 연관된 부정의 이미지("만일 내가 아무 것도 느끼지 않으면, 죽음이 발생할 수 없을 것이다"), 그리고 동일시의 방해("나는 당신이 죽어 가는 것을 보고 있지만, 나는 당신이나 당신의 죽음과 관계가 없다") 사이에는 밀접한 관계가 있다. 생존자가 이 의식을 완전히 영구적으로 상실하는 것을 피하기 위해서 현실성의 의식이 일시적으로 급격히 감소한다. 그는 영구적인 육체적/혹은 정신적 죽음을 피하기 위해서 상징적 형태의 죽음을

경험하는데, 그것은 철회할 수 있는 것이다.[20]

여기서 부정은 몇 가지 중요한 긍정적인 특성을 가지고 있다는 점을 강조해야 한다. 가장 중요한 것은 고난 당하는 사람이 고난의 의미를 완전히 받아들일 수 있을 때까지 "시간을 버는 것"이다.

오츠가 아픔에 대한 반응을 범주화한 것 외에 마술적인 사고 방식—부정과 냉철한 반응의 혼합—이 존재한다. 이러한 사고 방식에서는 모든 것이 특별하다. 거기에는 일반적인 법칙이나 일관성 있는 인과 관계가 존재하지 않는다. "나는 예외가 되어야 하며 나에게는 결코 아픔이 있어서는 안 된다"는 구두 표현이나 느낌이 존재한다.

그러나 성경적 전통에 강하게 기초를 둔 것은 사실주의(realism)이다. 여기에서 아픔과 고난은 피조된 인간의 한계성으로 인식된다.[21]

아픔과 병에 관한 해석 중에 오래 됐지만 아직까지도 설득력있는 이론적 해석은 심리학자인 데이비드 베이컨(David Bakan)의 해석이다. 그는 질병과 아픔과 희생 등의 개념을 인간에 대한 지식의 근원으로 여긴다.[22] 다윈은 목적(telos)이라는 개념 없이 진화를 설명하려 했지만, 베이컨은 성장과 발전, 병과 아픔을 해석하는 데 목적의 개념이 필요하다는 것을 발견했다. 그의 이론에 의하면, 유기체의 성장과 발전은 목적을 가진 분산(decentralization)이 있을 때에만 이루어질 수 있으며, 분산은 병과 죽음을 초래할 수도 있다.

"인간 유기체는 다른 유기체로부터 분리된 매우 개인적인 것일 뿐만 아니라, 보다 큰 인간적 목적에 관여하는 사회적인 유기체이기도 하다. 아픔에 관한 베이컨의 논지는, 아픔은 목적적 분산의 심리적인 표현이라는 것이다. 개체화 된 유기체가 존재하지 않는 한 아픔은 존재하지 않는다…아픔은 보다 큰 목적에서 찢겨져 나온 인간 유기체의 특징을 나타내는 경험이다."[23] 베이컨은 아픔을 다룬

다른 작가들의 견해에 동의하면서, 실제로 아픔을 경험하는 것은 말로 표현할 수 없이 고독한 것이다"라고 말한다. 경험들은 우리와 그 경험 사이의 거리에 의해서 분석된다. "만일 접촉할 수 있는 거리감이 제로에 가깝다면, 아픔의 거리는 제로보다 작다."[24]

아픈 사람은 소리쳐서 사람들의 도움을 구한다. 아픔의 소재지는 의식적인 자아이므로, 아픔은 인간이 의식적인 자아를 소유하기 위해 치러야 하는 대가이다. 의학적으로 아픔을 제거하는 가장 효과적인 방법은 의식을 완전히 제거하는 것이다. 아픔은 유기체의 분산된 부분을 원래대로 회복시키기 위해 일하라는 의식적 자아에 대한 요구이다. 현상학적으로, 아픔은 의식적 자아에게 나타나는 것이지 의식적 자아의 일부가 아니다. 의식적 자아는 외적 요인들의 희생자이다.[25]

베이컨의 이론은 유대교의 전통과 구약성서의 관계적 심리학의 영향을 강하게 받은 것이다. 베이컨의 이론은 인간 실존의 논리, 폴 틸리히가 말한 개체화와 참여의 양극성, 또는 개성과 관계성 사이의 영원히 지속되는 갈등을 파악하는 데 유익하다고 생각된다.

환자의 고난

나는 목회적 돌봄을 행하는 사람이 환자를 이해하는 것, 환자가 질병을 경험하는 방법에 관심을 가진다. 물론 질병과 아픔에 관한 논의에서는 고난도 다루어야 하지만, 여기서는 아픔과 고난의 차이점에 주목하려 한다. 목회신학자인 제임스 에머슨(James Emerson)은 아픔을 우리에게 발생한 것이라고 설명한다. 아픔은 맞거나, 싫은 이야기를 듣거나, 실망한 데 따른 결과이다. 아픔은 또한 상실, 죽음, 비극의 결과이기도 하다. 그러나 고난은 우리에게 발생한 것이 아니라, 우리가 고난을 선택한다. 에머슨에 의하면, 우리가 아픔에 대처하기 위해서 선택하는 것이 "고난을 이해하며 고난받는 사람들을 위해 일하는 데 핵심이 된다…고난은…참고 견딤의 동의어이다." 우리는 참고 견디기보다는 죽음을 택하며, 스스로 짐을 지기보다는 다른 사람을 배신하거나 비난하려 한다.[26]

고난에는 고난을 당하는 사람이 참고 견디는 편을 택하는 일이 포함된다. 시편 기자는 하나님의 신속한 응답을 요구하지만, 고난 당함이 참고 견딤을 의미한다는 것을 이해하고 있다.

> 여호와여 내 기도를 들으시고 나의 부르짖음을 주께 상달케 하소서 나의 괴로운 날에 주의 얼굴을 내게 숨기지 마소서 주의 귀를 기울이사 내가 부르짖는 날에 속히 응답하소서 대저 내 날이 연기같이 소멸하며 내 뼈가 냉과리 같이 탔나이다 내가 음식 먹기도 잊었음으로 내 마음이 풀같이 쇠잔하였사오며 나의 탄식 소리를 인하여 나의 살이 뼈에 붙었나이다 나는 광야의 당아새 같고 황폐한 곳의 부엉이 같이 되었사오며 내가 밤을 새우니 지붕 위에 외로운 참새 같으니이다.(시 102: 1-7)

의사이자 의료 윤리학자인 에릭 카셀(Eric J. Cassell)도 에머슨과 비슷한 방법으로 아픔과 고난을 구분한다.[27] 그는 "고난 없는 아픔(또는 다른 무서운 증상)이 있을 수 있고, 그런 증상이 없는 고난이 있을 수 없다"고 말한다. "고난은 총체적인 인간의 계속적 실존이나 본연의 모습에 대한 위협이 임박했거나 임박해 있다고 느낄 때에 야기되는 괴로움이다." 미래를 현재로부터 출발로 이해할 때, 고난은 "미래에 대한 인식"(sense of future)을 필요로 한다. "위협은 미래를 가리킨다. 때때로 고난을 받는 순간에 아픔을 느끼지 못하지만, 장차 무서운 아픔이 재발할 것이라는 두려움 때문에 고난이 야기되기도 한다." 예를 들어, 고난을 당하는 사람은 아픔을 받아들이면서도 "만일 아픔이 계속된다면, 감당할 수 없을 것이다"라고 말하기도 한다.

　카셀은 "미래의 붕괴(disintegration)라는 개념은 개인의 정체성에 대한 영속적인 인식을 요구한다. 개인의 정체성은 미래에도 지속된다고 인식되어야 한다. 게다가 붕괴, 또는 본연의 모습 상실이라는 위협을 받지 않으려면, 정체성의 보전에 관심을 기울여야 한다."[28] 고통 당하는 사람의 두려움에는 삶의 위대한 목적을 상실하는 것 뿐만 아니라 매일매일의 목적 있는 행위에 대한 특별한 염려, 걷고 보고 손으로 잡는 것 등 일상적인 것을 상실하는 것도 포함된다. 거기에는 일상적이고 평범한 자아가 상실될 것이라는 의식이 있다.

　고통 당하는 사람을 알고 이해하려면 다음과 같은 세 가지 정보가 필요하다: (1) 고난 받는 사람의 삶에 대한 일반적 사실들; (2) 그 사실들을 해석하는 데 필요한 가치관이나 상황적 요인들; (3) 심미적인 지식. 카셀은 심미적 지식에 대한 특별한 이해를 가지고 있으며, 그것을 환자를 이해하는 데 적용한다. 삶은 예술 작업이라는 철학자 찰스 핫숀(Charles Hartshorne)의 말을 빌어서, 카셀은 어떤 사람이 삶에서 선택한 것을 창조의 수단으로 여긴다. 그러한 선택에 의해 이루어진 삶이 추할 수도 있고 아름다울 수도 있으며, 감동적일 수도 있고 감동을 주지 못할 수도 있지만, 그것은 환자나 환자를 보살피는 사람이 그러한 삶에 의해 만들어진 심미적 형태에 대해 말하는 방법을 발견하는 데 중요한 역할을 한다.[29]

　워렌 토마스 라이히는 고난의 3단계를 이야기한다. 첫째 단계는 무언의 고난(mute suffering)이다. 이 단계에는 자신의 고난에 직면하여 말을 하지 않는 것이 포함된다. 고난을 당하는 사람의 침묵은 사람들이 예기치 않았거나 너무 강한 고난으로 놀라 말을 잃는 것, 그리고 고난에 대한 자신의 경험과 이해를 말로 표현하지 못하게 되는 것을 나타내는 은유이다.[30] 라이히는 "사람은 발언의 힘을 발휘하고 있으면서도 무언의 고난을 경험할 수 있다. 이는 그가 고난 자체를 말로 표현하지 못하는 데에 의미심장한 말 없음이 위치하고 있을 수도 있기 때문이다"라고 말한다.[31]

라이히도 신학자 도로시(Dorothee Soelle)처럼, 고통당하는 사람이 변화가 가능하다고 확신할 때가 전환점이라고 말한다. 왜냐하면, 고통당하는 사람은 고통에 대해 체념하며 무감각한 태도를 취하거나, 학습과 변화를 대하는 새로운 태도에 이르는 방법을 발견할 수 있기 때문이다.[32]

고난의 두번째 단계는 표현하는 고난(expressive suffering)이다. 이 단계에서, 고통당하는 사람은 자신의 고난을 표현하기 위한 언어를 찾는다. 돌보는 사람과의 대화에서 생겨나는 그런 언어는 고통 당하는 사람을 무언의 고난 단계에서 끌어내 주며, 고난에 대한 반응을 나타내는 은유가 된다. 이런 언어에는 세 종류가 있을 수 있다: 탄식(lament), 이야기(story), 해석(interpretation).

고통 당하는 사람으로부터 듣게 되는 처음의 언어가 한탄이다. 탄식이 지닌 불평의 특성은 목회적 돌봄을 행하는 사람에게 괴로운 것이 될 수 있다. 그러나 그것은 고난의 표현에 불과한 것으로서 유익을 줄 수 있다. "예를 들면, 탄식의 시편들은 복종의 서사시가 아니라, 고통당하는 사람 자신의 무죄함의 표현이고, 자신의 기도를 들어달라는 갈망의 표현이며, 돌봄과 지원을 청원하는 표현이다. 탄식의 음성은 고난을 통과하고 초월하여 성장하는 데 있어서 중요한 역할을 한다.[33]

고난을 표현하는 두번째 언어는 이야기이다. 이야기는 돌보는 사람과의 관계에서 자라나오며, 대화를 통해 제시되어야 한다. 자신의 고난의 이야기를 하는 것은 고난에 대한 무언의 경험을 재구성하는 수단이다. 고통 당하는 사람은 자신이 고통스러운 과거를 재구성하고 재창조할 수 있으며 어느 정도 고난을 멀리할 수 있으며 과거를 생각하지 않는 방법으로서 그 경험을 소유할 수 있다는 희망을 가지고서 이야기를 한다.[34]

표현하는 고통의 세번째 언어는 해석이다. 이것은 고난을 이해하고 해석하려는 시도로 표현된다. 고통 당하는 사람은 희생자거나 승리자, 전사나 생존자이며, 어떤 면에서 씨름에서 이겨 새 이름을 받은 야곱과 같다.[35]

병(illness), 아픔(pain), 고난(suffering)에 관한 최근의 해석들은 환자들의 경험을 이해하는 데 크게 기여하는 듯하다. 그러나 임상목회적 패러다임의 심장부에는 환자들에 대한 더 오래된 해석이 있다. 그것은 임상목회교육의 창시자인 안톤 보이센(Anton Boisen)의 투병 경험과 해석이다. 목회적 돌봄을 행하는 사람들은 안톤 보이센이 병을 어떻게 해석했는지 어느 정도 알아야 한다.

첫째, 그는 병은 한 사람의 세계의 붕괴를 포함한다고 이해했다. 세계의 분열로 이해한다. 그 사람의 평범한 추론의 기초가 되는 토대들을 완전히 뒤집어 놓는 일이 발생한 것이다. 그는 자신의 경험을 토대로 하여, 그 사람에 발생하고 있는 일을 깊이 살펴보며 그것을 단순히 "병적인" 행위라고 여기지 않고 그 의미를 찾으려 했다.[36]

둘째, 병과 아픔의 심함과 급박함은 힘, 갈등, 탐구와 추구 등을 드러내는 긍정적인 면이 있을 수 있다. "만일 환자가 자해, 또는 육체적인 감염이나 탈진으로부터 보호받을 수만 있다면, 병이 갑자기 임하고 장애가 심할수록, 회복의 가능성이 크다."[37]

셋째, 고난은 병을 치료하는 데 유익을 준다. 보이센은 "고난이 존재하는 한 희망이 있다. 희망이 떠나면, 아픔과 고난도 떠나간다"고 말한다.[38]

넷째, 최상의 상태에서 병의 위기에는 삶의 갈등의 심각함을 인식하고 그 안에서 의미를 찾는 것이 포함된다. "이와 같은 위기의 단계에 있는 대부분의 사람들은 자신의 눈이 삶의 확실한 의미와 가능성에 대해 열려 있었다고 느낀다."[39]

다섯째, 자기 자신 및 자신의 병에 대한 책임을 수용하는 것은 고통을 가져오지만, 그를 보다 고귀하고 완전한 존재의 차원으로 이

끌어줄 긍정적인 위기 해소의 가능성도 있다.[40]

여섯째, 환자의 인간적인 위기를 긍정적으로 해석하는 데 있어서, 치료사나 원목, 또는 다른 돌보는 전문가의 인격, 그리고 그 사람과 환자 사이의 관계가 중요하다. 보이센은 다음과 같이 말한다:

> 정신치료(psychotheraphy)는 기술에 의존하는 것이 아니라 의사와 환자의 개인적인 관계에 의존한다. 환자가 의사를 신뢰하여 자신의 문제를 털어놓을 수 있게 될 때, 그리고 의사가 지적으로 공감하면서 그의 말을 들어줄 수 있을 때, 의사의 특별한 치료 이론이나 과정의 정확성과 상관없이 좋은 결과가 나타날 것이다.[41]

병에 대한 이처럼 인간-중심적인 견해에 대해서 많은 말을 할 수 있을 것이다. 간단하게 말한다면, 이 견해는 가장 혼란하고 혼돈된 질병(illness) 안에 잠재해 있는 의미를 확인한 것, 병은 환자가 도덕적으로 변화될 수 있는 기회를 제공하며 돌봄의 관계가 그 변화를 촉진하는 가장 중요한 요인이라는 믿음을 제공한 데 있다.

공동체적 상황적 패러다임에서의 인내와 환자

문화가 다양한 것처럼, 병의 의미도 다양하다. 정신과 의사요 민족지학자인 아더 클라인맨(Arthur Kleinman)은, 환자에게 쉽사리 피하거나 물리칠 수 없는 의미를 부여하는 문화적인 의미에 관심을 가졌다. 그는 다음과 같이 말한다:

> 비록 의미는 애매하고 그 결과가 지역 문화 체제 안에서 영향

받은 사람의 위치에 따라서 크게 변화될 수 있지만, 의미는 피할 수 없는 것이다. 병의 문화적 의미를 거부하거나 개정하기 위해서 이용할 수 있는 자료는 무척 다양하다. 병의 문화적 의미는 환자나, 가족들이나 의사에게 질병 자체만큼이나 어려운 문제를 제기할 수도 있다.[42]

인종적 배경과 인격 유형도 아픔을 경험하고 표현하는 데 영향을 준다. 인류학자인 크뢰버(Kroeber)는 어떤 문화에서는 출산하는 동안 산모는 그다지 고통을 나타내지 않는데, 남편은 마치 큰 고통을 당하는 것처럼 침대에 누워 신음하는 것, 보다 극단적인 경우에는 아이를 낳은 후에 산모는 밭에 나가서 일하는데, 남편은 산고로부터의 회복을 위해서 아기와 함께 침대에 누워 지내려 한다는 것을 관찰했다.[43]

아픔에 대한 반응의 다양함은 전쟁터에서 부상당한 사람과 같은 전쟁터에서 부상을 당한 사람들과 수술을 받아 그에 비교할 만한 상처를 입은 민간인을 연구한 데서 아픔에 대한 여러 가지 반응을 살펴 볼 수 있다. 아픔에 대한 반응은 다양하게 나타난다. 부상 당한 군인들은 전쟁터에서 살아서 탈출할 수 있게 된 것에 크게 감사하며 아픔에 대해서는 그다지 크게 반응하지 않는다. 반면에 민간인에게 있어서 수술의 상처는 재앙적인 사건이다.[44] 환자를 다룰 때에 이러한 문화적·상황적 차이를 고려하는 것이 목회적 돌봄을 행하는 사람이 지닌 중요한 일이며, 그 때 돌봄을 행하는 사람은 "미니-인종학자"(mini-ethnographer)의 역할과 기능을 감당한다.

페미니스트 윤리학자인 넬 노딩스(Nel Noddings)는 아픔과 고난에 대한 흥미롭고 유용한 상황적 반응을 제시했다. 노딩스는 남성들이 세상의 악과 아픔이라는 문제를 언급하는 방법에 만족하지 못하고, 그것을 대신할 여성의 방법을 제안한다. 그녀의 주장에 의하면, 인간의 근본적인 악은 육체적인 아픔과 정서적인 아픔이 결합된 것, 즉 "우리의 존재 의식을 위협하는 아픔"이다. 그녀는 출산처럼 행복한 결과에 대한 희망을 동반하는 육체적 아픔은 악한 것이 아니라고 말한다. 성취감, 안도감 등의 긍정적인 것의 보상을 받지 못하는 감정적 아픔을 불러일으키는 육체적 분리는 악한 것이다. 행복한 의존감에 의해 해소되지 못하는 무력함은 악한 것이다. 아픔, 무력함, 분리 등은 인간의 기본적인 상황이지만, 본질적으로 악한 것이 아니다. 노딩스가 묘사한 악의 특성은 폴 틸리히가 묘사한 실존적 불안의 특성과 흡사하다. 그것은 인간의 삶 속에서 주어지며, 우리가 그것을 부인하거나 회피하려 할 때에만 궁극적으로 파괴적인 것이 된다.[45]

노딩스는 기독교 신학자들로 하여금 그들의 관점들로 인해 골치를 앓게 하기를 즐기는 것 같으며, 그 중 몇 가지를 고전적 패러다임에 대한 논의에서 발견할 수 있다. 예를 들면, 그녀는 악과 아픔도 궁극적으로 선한 목적으로 전환된다는 고전적인 기독교의 메시지를 반향하는 C. S. 루이스의 『아픔의 문제』(*Problem of Pain*)를 혹독하게 비평한다. 그녀는 기독교 사상에서는 고난을 다루어서는 안 되며 선이 낭비되고 있다고 주장하는 쓸데없는 고통과 선은 존재하지 않는다는 존 힉(John Hick)의 『악과 하나님의 사랑』(*Evil and The Love of God*)도 공격한다. 노딩스는 만일 하나님께서 아픔을 통하여 무언가를 가르치시고 치료하신다고 믿는다면, 우리는 사람들에게 괴로움을 가하면서도 그들을 가르치거나 치료하고 있다는 희망 안에서 정당함을 느끼게 될 것이라고 주장한다. 그녀는 이제는 자비의 법을 정의의 법과 평등한 위치로 올려 놓아야 할 때라고 주장한다.[46]

그녀의 "욥에 대한 답변"(Answer to Job)이라는 글은 "개인적인 돌봄의 현존"으로서 "내가 여기 있으니, 나의 도움을 받으라"고 말한다. 노딩스는 이 "답변"은 어떤 상황을 정당화하기 위해서 파악해야 할 영원한 원리에 주의를 집중하기 위해서 도움이나 위로를 필요로 하는 사람에게서 등을 돌리지 않는다고 생각한다. 남성과는 달리, 여성은 욥이나 욥을 찾아오는 친구들에게 먹을 것을 주며, 그들에게 서로 싸우지 말라고 부탁하며, 보다 훌륭한 공동의 운명을 성취하기 위해서 서로 화해하는 방법에 관해 조언해 준다. 그녀가 꿈꾸는 운명은 고립된 남성이 고독 속에서 괴로워하는 운명이 아니다. 그것은 완전히 고립된 인간들의 존재론이 아니라 고난 속에서 관계라는 존재론을 제시한다. 물론 노딩스는 악과 고통에 대한 기독교적인 "답변"과 씨름하면서, 기독교적인 것으로 간주될 수 있는 답변에 도달했다.

돌보는 사람의 신학적 순례에서의 인내와 환자

노라는 대체로 자신이 섬기는 교회와 교단에서 교사로 활동해왔다. 그러나 금년에는 애틀란타에 있는 그래디 의과대학 부속 병원에서 임상목회교육을 받는 학생 겸 원목으로 교육을 받고 있다. 노라는 "그래디에서 일한 지 얼마 되지 않아서, 나는 스스로 목격하고 경험하는 엄청난 애통과 고난에 압도되는 느낌을 받기 시작했다"고 말했다.

그 중에도 특히 내가 감당하기 어려운 경험이 있었다. 나는 중화상을 입은 모녀를 돌보게 되었다. 나는 병동 가까이 갔을 때 역겨운 냄새가 났다. 당시에는 그것이 무슨 냄새인지 몰랐지만, 나중에 그것이 살이 타는 냄새임을 알았다. 한 병실을 들여다보니, 그을리고 부어오른 어린 소녀가 누워 있었다. 나는 너무나 놀라서 움직이지도 못하고 말도 할 수 없었다. 비명을 지르고 싶었지만, 소리도 지를 수 없었다. 구역질이 나는 것 같았다. 나는 울기 시작했다. 나는 벌벌 떨면서 그곳을 떠났다. 나는 계속 울고 있었는데, 간호사 한 사람이 와서 나를 감싸 주었다. 그의 눈에도 눈물이 고여 있었다. 그녀는 무척 위로가 되는 말을 했다. 그녀는 "당신을 이해할 수 있어요. 당신의 느낌을 알 수 있을 것 같아요"라고 말했다. 잠시 후에, 나는 혼자 있고 싶다고 말했고, 간호사는 내 말을 들어 주었다. 그 당시 나는 그 모녀를 보살필 수 없다는 것을 알았기 때문에 예배실로 내려가서 말없이 앉아 있었다. 잠시 후에 나는 울면서 "하나님, 어찌 이런 일이 있단 말입니까? 어째서 이렇게 무자비한 고난을 주십니까? 당신은 어디에 계십니까! 왜 그들을 돌보시지 않습니까!"라고 기도했다. 그날 저녁 일을 마친 후, 나는 내가 느끼는 아픔을 치료하기 위해서 자동차를 몰고 스톤 마운틴으로 갔다. 가서 미친 듯이 스톤 마운틴으로 차를 몰았다. 그래디 의과대학 부속병원에서 풋내기 원목으로서 겪은 이 일은 나로 하여금 이 무자비한 고난의 한 복판에서 어떤 의미를 발견하기 위한 여행을 계속하게 만들었다.

노라가 자신이 속한 돌봄의 사역 공동체에서 털어놓은 이 사건을 계기로, 노라는 영적이고 신학적인 순례―인간이 고난을 당하는 이유 및 하나님의 방법에 대한 이해를 추구하는 순례―를 시작하게 되었다. 목회적 돌봄을 행하면서 환자와 인내의 문제를 진지하게 다루는 사람들도 이와 비슷한 순례를 해야 한다고 생각된다. 비록 신학적 순례에서는 고전적인 요소가 가장 강력한 듯이 보이지만, 여행 도중에 멈추는 장소를 묘사하는 데에는 목회적 돌봄을 위한 세 가지 패러다임이 모두 포함된다. 각각의 여행자는 각기 다른 장소에 멈추며, 어느 정도 다른 목적지에 도착하겠지만, 자신의 연민을 구체적으로 실천하시기를 원하는 사람들에게 중요한 것은 순례를 시작하는 것이다.[47]

노라의 순례는 그녀가 병원에서 목격한 모든 아픔과 고난 속에서 하나님의 위치는 어디인가에 대한 질문으로 시작했다. 하나님은 세상의 고난에 어떻게 관계하시는가? 물론 순례 도중에, 노라가 기착하는 장소는 토마스 아퀴나스, 그리고 그가 주장하는 바 하나님은 고난 받으실 수 없지만 인간에게는 고난을 허락하신다는 아리스토텔레스적 개념; 자기 자신은 참된 슬픔을 초월하여 있다고 느끼지만 사랑을 알지 못한다는 것을 발견한 스토아 학파의 현인들과 지브란의 『예언자』; 도스토옙스키의 『까라마조프의 형제들』에서 "만일 순진한 어린아이의 눈물을 대가로 지불하고서 놀라운 실체들과 광대한 것들을 가진 이 위대한 우주를 사야 한다면, 나는 창조주에게서 그러한 광대함을 받는 것을 정중히 거절하겠다"고 말한 이반(Ivan); "내가 애굽에 있는 내 백성들의 고통을 보고 그들이 간역자로 인하여 부르짖음을 듣고 그 우고를 알고 내가 내려와서 그들을 애굽인의 손에서 건져 내리라" 하신 출애굽의 하나님일 수도 있다 (출 3:7-8).

노라는 호세아서, "함께 고통한다"라는 뜻을 지닌 동정심을 나타내는 히브리어의 기본 의미, 그리고 "너희는 하나님을 본받는 자가 되고 그리스도께서 너희를 사랑하신 것 같이 너희도 사랑 가운데 행하라 그는 우리를 위하여 자신을 버리사 향기로운 제물과 생축으로 하나님께 드리셨느니라"라고 권면하는 에베소서(엡 5:1-2)도 고려해 보았다. 또 교수대에 매달려 계신 엘리 비젤(Eli Wiesel)의 하나님을 생각해 보았다. 그녀에게 있어서 가장 힘들고 불편한 것은 몰트만의 저서 『십자가에 달리신 하나님』(*The Crucified God*)에 대한 심각한 생각이었다. 그 책에서는 아버지와 아들이 고난 당하는데, 근본적으로 아버지가 아들을 십자가에 달리도록 포기하는 데서 고난을 당한다.

그러나 가장 만족스러운 것은 토마스 아퀴나스의 이론을 의지하며 하나님은 순수한 존재, 순수한 확실성이라고 주장하려 한 쉴렉벡스(Schillecbeeckx)였다. 하나님 안에서는 부정은 하나님 안에서 찾아볼 수 없다. 쉴렉벡스는 하나님이 아들을 십자가에서 고문당하도록 버리실 것이라는 몰트만의 견해에 동의할 수 없었다. 이런 해석은 하나님을 보통 인간보다 못한 존재로 만들 것이다. 십자가는 하나님과 하나님 사이에는 있을 수 없다. 십자가는 하나님과 세상에 있는 하나님을 대적하는 것 사이에 있다. 세상에서의 고난 앞에서 인간적 합리성은 패하지만, 하나님은 고난 당하지 않는다. 하나님은 십자가 위에서 부활의 종말론적 행위 때까지 예수와 함께 깨어 계셨다. 쉴레벡스는 우리가 십자가와 고난에 의해서 구원받은 것이 아니라, 십자가와 고난에도 불구하고 구원받았다고 말한다.

노라는 화상을 입은 환자들의 아픔과 악취를 받고 나서, 신학적인 순례를 하면서 하나님과 고통에 대한 많은 사상을 거쳐 마침내 순수하게 긍정적인 하나님이 계신 집 가까이 도착했다. 노라는 처음에는 산에서, 다음에는 쉴렉벡스에게서 이 하나님을 발견했다. 노라의 이야기는 기독교의 메시지가 전해 주는 깊은 동정심을 제공하려는 모든 사람이 비슷한 여행을 하도록 격려해 주며, 환자와 보살펴 주는 사람 자신에 대해 응답하며, 환자가 자신의 처지를 이해하는 데 영향을 주는 상황적인 문제들을 진지하게 인식하는 데 도움이 되기를 바란다.

나는 아픔과 고난을 이해하려 하면서 노라처럼 하나님의 순수한 긍정성을 주장하는 것이 아니라, 부정성, 즉 하나님 안에 존재하는 것이 아니라 하나님께서 지으시고 계속 사랑하시는 세상에 존재하는 비존재를 믿는다. 그러한 믿음은 나를 루터 가까이로 인도하고 미국의 철학자요 심리학자인 윌리엄 제임스(William James)에게 더 가까이 인도해준다. 나도 바르트, 틸리히, 멕쿼리(Macquarrie)와 같은 신학자들처럼, 하나님의 거룩한 목적에서부터 이탈한 피조물들이 무엇인가를 창조 세계 안에 도입했다고 생각한다.

내가 생각하기에는, 비존재는 마귀나 인격(personality)이 아니라, 하나님과 하나님의 세계 사이의 상호작용에서 발생하여 객관적으로 실재하는 것(something objetively real)이다. 폴 피즈(Paul Fiddes)가 말한 것과 같이, 그것은 하나님께서 "피조물의 경험 안에 감정이입적으로 들어오실 때" 발생하는 것이다. 고난은 단순히 어떤 사람이 행하는 것이 될 수는 없으며, "운명처럼 임한다." 한편, 어떤 사람으로 하여금 인간의 경험 안에 들어오시는 하나님을 만나야 하는 기이하고 소외시키는 경험을 하게 만드실 때에, 하나님도 고난 당하신다. 하나님은 매우 이질적이지만 하나님의 창조에서 솟아났기 때문에 하나님에게 속한 것을 만나신다. "그것은 피조 세계 편에서 생겨나기 때문에 매우 이질적이다."[48]

"하나님은 무(nothingness)를 받아들이심으로써 무를 부정하지 않으시며 부정적인 것을 부정하셨다. 따라서 하나님의 부정 아래 감추어진 사람에게는 항상 긍정만 존재한다"는 것이 바르트의 주장이다.[49] 그리스도는 Das Nichtige를 깨트리고, 판단하고, 거부하고, 파괴하셨다.[50] 바르트에 의하면, Das Nichtige는 피조물의 자유의지 때문에, 그리고 피조물이 선으로부터 타락한 것 때문에 존재한다. 그러므로 하나님의 의지는 간접적으로 하나님에게 적대적인 것의 기초이다. 즉, 하나님께서는 좋은 창조를 예정하실 때에 부인하심으로써 거부하셨던 것에게 객관적인 실체를 부여하셨다.[51]

만일 하나님이 이 세상의 삶에 동참하실 때에 적대적인 비존재를 경험하신다면, 자연의 타락도 인간의 타락과 마찬가지로 하나님께 "생소한 요인", 실제로는 불가피하지만 논리적으로는 필요치 않은 요인일 것이다. 인간 뿐만 아니라 피조세계 전체는 창조주에 대하여 자유로운 반응을 할 수 있고, 하나님의 창조적 목적으로부터 이탈할 수도 있다. 이것은 과정 신학에서 주장하는 것, 즉 하나님의 설득에 순응하기를 거부하는 능력에서 악이 생겨난다는 주장과 비슷하다. 화이트 헤드가 그의 저서 *Religion in the Making*에서 말한 것처럼, "순응이 불완전한 한 세상에는 악이 존재한다."[52]

만일 하나님의 고난이 우리의 것과 비슷한 것이라면, 비존재는 하나님이 직접적으로 책임지는 것이 아니라, 세상과의 관계 안에서 하나님에게 발생하는 것이다. 그것은 느낌과 행동일 뿐 아니라, 상처와 압박이기도 하다. 하나님의 고난은, 과정신학자들이 주장하는 것처럼 비극적인 아름다움을 생산하려는 의도를 가진 부정성(negativity)과 창조적으로 관계를 갖는 것이 아니다. 폴 피즈가 말한 것과 같이, "최상의 인격이신 하나님"은 자신의 존재를 "우리를 위한" 하나님으로 결정하시며, 하나님의 형이상학적인 정중함이 지나치다고 해서 항의할 자격이 우리에게는 없다."[53]

하나님은 하나님이 누구인가를 정의하기 위하여 예수 그리스도의 죽음을 이용하셨다. 예수 그리스도의 죽음 안에서 하나님께서 당하신 죽음의 경험은 하나님의 생명 속에 보존된다. 세상과의 관계 안에 있는 모든 경험이 하나님의 존재를 풍성하게 해주는 것과 같다. "기독교의 이야기 안에서 부활하신 분은 십자가에 달리신 분으로 남는다. 계시록에 있는 상징이 드러내 주듯이, 보좌에 있는 어린 양은 살해자의 표시를 가지고 있다."[54]

벨든(Belden Lane) 교수는 「크리스천 센추리」(*Christian Century*)에 기고한 글에서 골수암 말기로 고생하시던 어머니의 일을 회고하면서 몇 가지 동일하거나 비슷한 상징을 사용했다:

> 이상하지만 그것은 두려워하던 것을 조롱하면서 부조리한 것들을 불러모으는 용감한 활동이다. 그것의 목표는 어두움의 권세를 물리치는 데 있다. 그것은 세상이 지닌 악한 측면들을 불러내어 정복하려는 시도이다. 그것은 우리로 하여금 부정의 방법(*via negativa*)—마음이 상하거나 연약하거나 포기하거나 절망의 상태에서 하나님의 임재를 발견하는 것—을 기억하게 해준다.[5]

정리

목회적 돌봄을 행하는 사람의 신학적 순례가 노라나 나의 순례와 다를 수도 있다. 나의 논거는 순례하면서 멈추는 특별한 장소를 지지하는 것이 아니라, 순례 자체의 중요성을 주장한다. 돌봄의 필요성을 다룸에 있어서, 질병, 환자로서의 경험, 고전적·임상 목회적·공동체적 상황적 패러다임의 요소들은 돌보는 사람의 순례에 기여할 것이다. 그리고 순례를 하는 도중에는 여러 가지 어려움에 직면하기도 하지만, 예기치 못했던 은혜의 순간들이 있을 것이다. 데이비드에게 그러한 일이 일어났었다.

밤중에 만난 엘리베이터 기사

그는 데이비드라고 적힌 내 이름표를 보았고 내가 원목이라는 것을 알고 있었음이 틀림없다. 새벽 다섯 시 경이었다. 4시가 되기 조금 전에 나는 응급실로 와달라는 요청을 받았는데, 그곳에는 자동차 사고로 죽은 18세의 소년이 있었다. 그의 부모에게 그 소식을 알릴 때에 나는 그곳에 있었다. 어머니가 졸도하여 넘어지면서 머리를 다쳤기 때문에 치료를 받기 위해 다른 병실로 옮겨졌고, 나는 아이의 아버지와 함께 앉아 있었다. 그곳을 떠나면서 나는 분노 외의 다른 감정을 느끼지 못했다. 창세기 22장에 기록된 아브라함과 이삭 이야기가 기억났다. 창세기에서 하나님은 양을 준비해 두셨는데, 지금 이 아버지의 양은 어디에 있었단 말인가? 왜 하나님은 그를 위해 양을 마련하시지 않았을까?

분노와 절망 속에 빠져 있는데, 누군가가 "원목이신가 보죠? 이 세상에 쉬운 일이 없어요"라고 말했다.

그는 엘리베이터 기사였다. "저는 주일학교에서 성경공부 시간에 누군가에 대해서 가르친 적이 있습니다. 목사님은 이스라엘에게 악한 길에서 돌이키라고 말한 사람이 누구인지 알고 계시겠죠?"

원목: (질문을 반쯤만 의식하면서) 아마 많은 사람들이 그렇게 했겠지요.

엘리베이터 기사: 그는 이스라엘 백성들을 위해 그것을 기록했지만, 백성들은 들으려 하지 않았습니다.

원목: 예레미야 말입니까?

엘리베이터 기사: 맞습니다. 바로 그 사람입니다. 아시다시피, 이스라엘 백성들과 지금의 사람들은 크게 다르지 않습니다. 우리는 듣고 있지 있습니다. 우리는 계속 악한 일을 행하며 스스로에게 악을 행하고 있습니다.

놀랍게도 나는 분노와 절망이 사라진 것을 느낄 수 있었다. 내 마음은 평안해지기 시작했다. 그 사람이 내 마음을 읽은 것 같았다. 그는 그 나름의 단순한 방법으로, 내가 상실하고 있었던 나의 일부에 관하여 말하고 있는 것 같았다.

원목: 성경의 이야기들은 우리들에 대한 이야기일 수도 있습니다.

엘리베이터 기사: 맞습니다.

원목: 이야기들은 완전한 사람들에 대한 이야기는 아니지만, 나는 그들이 하나님께 충실했다는 사실에서 위로를 얻습니다. 하나님은 사람들이 해야 할 일들을 상기시켜 주는 사람들을 보내십니다.

엘리베이터 기사: 성경에는 이상한 이야기도 있지만, 당신은 그래디 병원에서 그보다 더 이상한 일을 보게 될 것입니다. 문제는 사람들이 우리의 말을 들으려 하지 않는다는 것입니다. 그들은 모두 그들의 현대적인 단어로 "회개하라"고 말하지만, 선한 사람들은 계속 죽어 가고 있고 나쁜 사람들은 계속

나쁜 짓을 하고 있습니다.

원목: 그렇기 때문에 우리는 계속 노력을 해야 하지 않겠습니까?

엘리베이터 기사: 그렇습니다. 하나님은 우리와의 관계를 끊으신 것이 아닙니다. 성경을 계속 읽어 보세요. 이스라엘 백성들도 우리와 별로 다르지 않습니다.

그래디 병원에서 밤중에 만난 엘리베이터 기사는, 일반적으로 절망에 빠진 사람에게 지혜와 위로를 줄 수 있으리라고 기대할 수 없는 사람이었다. 바울이 고린도 교회에게 한 말을 그래디 병원에 적용할 수 있을 것이다: "형제들아 너희를 부르심을 보라 육체를 따라 지혜 있는 자가 많지 아니하며 능한 자가 많지 아니하며 문벌 좋은 자가 많지 아니하도다 그러나 하나님께서 세상의 미련한 것들을 택하사 지혜 있는 자들을 부끄럽게 하려 하시고."

토의 문제

1. 목회적 돌봄을 행하는 사람이 이해해야 하는 아픔(pain)의 가장 중요한 특징은 무엇인가?
2. 데이비드 베이컨이 주장한 바 아픔과 고난의 양극성과 역설은 우리가 아는 특별한 사람의 삶에 어떻게 관련되는가? 그 사람에게서 관계성(relationality)과 개별성(individuality) 사이의 갈등은 어떻게 표현되는가? 그 갈등은 기독교의 어떤 신학적 주제와 관련되어 있는가?
3. 고난에는 선택이 포함된다는 제임스 에머슨의 말을 동의하는가? 당신은 그러한 사상 중 무엇이 목회적인 메시지라고 여기는가?
4. 에릭 카셀에 의하면, 어떤 사람의 고난의 본질을 이해하려면 세 종류의 정보가 요구된다고 한다: (1) 그 사람의 삶에 대한 일반적 사실들; (2) 그런 사실들을 해석하는 데 필요한 그 사람의 가치관, 또는 상황적 요인들; (3) 심미적 지식. 이 세 종류의 정보는 목회적 돌봄을 행하는 사람들이 고통 당하고 있는 사람들을 위해 사역하고 이해하는 데 어떻게 도움을 주는가?
5. 오츠와 넬 노딩스가 정의한 아픔과 고난에 대한 명백하게 파괴적인 기독교적 답변을 생각해 보라. 이 답변들은 환자의 삶에서 어떻게 작용하며, 덜 파괴적인 답변의 발견에 공헌하는 것은 무엇인가?
6. 당신은 고난에 대해 반응하며 신학적 순례를 하면서 어떤 길을 따라가고 있는가? 당신의 "욥에 대한 답변"은 무엇인가? 기독교 신학과 목회적 관점에서, 당신의 답변이 지닌 문제점은 무엇인가?

제7장

자아 학대와 타인 학대: 돌봄의 실패

> 우리는 책임감에 관해 분명한 도덕적 이상과 타협함이 없이, 학대와 희생시킴에 대한 가장 복잡한 심리-정치적인 이해에 도달하려고 노력해야 한다
> — 가족치료사, 버지니아 골든(Virginia Golden)[1]

이 장에서는 학대(abuse)에 대해서, 즉 자기 자신이나 다른 사람들을 돌보는 데 있어서의 실패를 다루려 한다. 여기에서 특별히 다루려는 것은 물질 남용(술·약물·마약 등을 장기적으로 사용하는 것)과 중독을 통한 자아 학대, 다른 사람들을 성적으로나 육체적으로나 정서적으로 학대하는 것 등이다. 학대란 잘못 사용하거나 잘못 취급하거나 상처를 입히는 것을 의미한다. 그러므로 이 장에서는 사람들을 잘못 대하고 잘못 이용하는 것, 그리고 학대하는 사람 자신에 관심을 둔다. 이 장에서 논거는 자기 자신이나 다른 사람들을 학대하는 것을 해석하는 데 있어서 가장 중요한 개념은 수치심이라는 것이다. 게다가 다른 문제들 다루었던 5, 6장의 가정과 흡사하게, 이 장에서도 학대의 문제를 조사하는 것은 사람들이 하나님이나 다른 사람들과의 관계를 부인하거나 왜곡하는 방법을 이해하는 데 기여한다고 가정한다.

학대의 문제에 대한 학습이 돌봄의 사역자에게 제공하는 중요한

것들 중 하나는, 인간의 파괴적인 힘을 실제로 대면한다는 것이다. 제자들이 아들을 치료하지 못하자, 아들을 예수님에게 데려온 아버지의 이야기는 인간의 문제들을 해결하기 어렵다는 것을 보여 주는 훌륭한 예이다. 예수님께서 그 아이를 고쳐 주신 후에, 제자들은 은밀하게 예수님께 와서 자기들이 악한 영을 쫓아내지 못한 이유를 물었다. 예수님은 "기도 외에 다른 것으로는 이런 유가 나갈 수 없느니라"고 대답하셨다(막 9:29). 오늘날 사람들은 기도와 금식과 관련하여 자신이나 다른 사람들을 학대한다. 이런 문제들을 대면하려면, 우리가 획득할 수 있는 모든 지식, 그리고 동원할 수 있는 모든 힘과 권위가 필요하다.

자신이나 타인들에 대한 학대와 관련하여, 경청과 기억으로서의 목회적 돌봄은 약간 다른 의미를 갖는다. 경청은 보다 강력한 역사적 초점을 갖는다. 현재의 고통은 중요하지만, 과거에 의해 밝혀진 유형은 더 중요하다. 목회자의 지속적인 돌봄은 종종 그러한 학대가 과거에도 발생했었다는 것, 그리고 그것을 축소하거나 부인해서는 안된다는 사실을 기억하고 대면함으로써 표현된다. 지금 행동으로 그 문제를 다루지 않으면, 그것은 앞으로도 되풀이 될 것이며, 결국 심각하거나 치명적인 결과를 초래할 것이다.

가족들의 특별한 관계를 다루는 이 장과 8장은, 특히 안수받은 목회자들을 대상으로 한다. 학대 행위를 포함하는 상황과 역기능 가정을 돌보는 데에는 "유한성과 상실"이나 "인내와 환자"를 다룰 때보다 더 전문적인 능력과 전문가가 필요하다. 또 문제에 대한 지식 및 공동체 내에 있는 이용 가능한 치료 자료에 대한 지식도 요구된다. 안수받은 목회자는 지식을 제공하며 그러한 자료들을 보다 쉽게 이용할 수 있는 관계를 제공하는 데 있어서 평신도보다 유리한 위치에 있다. 학대의 문제, 및 가정의 고통과 역기능의 문제를 다룰 때에 가장 필요한 것은, 그 상황을 체계적으로 조직하며 관련된 사람들이 활동할 수 있게 해주는 전문적인 역할 능력을 가진 사람이다. 슬픔과 질병을 다룰 때에는 그다지 조직적이지 못한 돌봄은 학대를 다루는 데에는 그리 효과적이지 못하며, 그것을 부인하는 데 기여함으로써 오히려 문제를 추가하는 결과를 초래할 수도 있다.

학대의 문제가 지닌 두 가지 차원—즉, 자신 학대와 타인 학대—에 대해서는 논란이 있다. 가해자와 피해자들을 다루는 사람들은 나름의 견해를 가지고 있으며, 그 문제에 적용하는 "강력한 약"을 옹호하고, 자기들이 사용해온 방법이 아닌 다른 방법으로는 문제를 생각하지 않으려 한다. 이것은 학대에 깊이 관련된 사람들 중 어떤 사람들은 학대의 문제를 초연하게 거론하거나 특정한 사고 방식에 매달림이 없이 언급하지 못할 것이라는 의미이다. 학대의 문제와 관련하여 목회자의 공감은 느낌보다는 이해와 관련된 것이며, 여기에는 종종 지원보다는 대면이나 도전이 포함된다. 목회자는 학대 과정의 격렬함에 몰두하지 말아야 하며, 독단적으로 "이것이 유일한 방법이다"라고 말하는 학대 이론과 치료의 이념에 몰두해서는 안 된다. 자아 학대의 상황이건, 다른 사람들을 학대하는 상황이건 간에, 목회자는 그 상황에 접근하고 평가하며, 학대하는 사람이 도움을 받을 수 있는 적절한 곳과 연결지어줄 수 있어야 한다.

학대의 이해: 고전적 패러다임의 공헌

학대의 문제는 고전적인 기독교 전통과 메시지에 어떻게 연결되는가? 물론 술취함, 강간, 근친상간 등의 문제를 다루는 성경 본문들이 있다. 그러나 학대에 관한 중심적 메시지는 다른 곳에 있다. 그것은 사람들이 "잘못 사용하는 것", 또는 "피해를 주는 것"이라는 사전적 의미를 가지고 시작하여 이 정의를 이 책 제1장에서 제시한 인간의 목적에 대한 성경적 이해와 동등한 위치나 대치하는 위치에 놓을 때 분별될 수 있다.

인간은 땅 위의 모든 것을 지배하여 왔다. 이 지배는 땅 위에 사는 사람이나 사물 위에 군림하는 힘에 대한 진술이 아니라 사람들이나 사물들을 향한 돌봄으로 재해석되어 왔다. 인간은 청지기, 즉 다른 사람과의 계약 안에서 무엇인가를 보살펴 주는 사람으로 묘사된다. 하나님은 인간에게 주어진 것들을 지혜롭게 사용하고 발달시키고 양육해야 할 책임을 맡기셨다. 창세기 이야기에서 아담과 이브는 창조의 일부이지만, 피조물들을 돌보는 책임을 위임받았다.

더글라스 홀(Douglas John Hall)은 성경에서는 청지기나 청지기 직분에 대해 26번 언급된다는 사실에 주목하면서, "청지기 비유는 그 원래의 기념이 무척 풍성하고 함축적이며, 성경적 전통의 인간론을 나타내는 중요한 상징으로 간주되어야 한다"고 생각한다.[2] 그는 청지기 직분에 대한 구약 성서의 이해에 대하여 논평하면서, "청지기는 사물의 구조 안에서 중요한 것이지만, 궁극적인 권위를 갖지 않으며 절대적인 직분도 아니다…청지기는 주인에게 절대적으로 순종한다. 만일 그가 자신의 행동과 태도 안에 자신에게 모든 것을 맡기신 분의 참된 특성과 소원을 나타내지 않는다면, 그는 권위를 박탈 당할 것이다. "무릇 많이 받은 자에게는 많이 찾을 것이요 많이 맡은 자에게는 많이 달라 할 것이니라"(눅 12:48).[3]

청지기 직분에 대한 성경적 개념은 청지기와 그에게 일을 맡기신 분 사이의 관계의 긍정적 본질을 강조한다. 그런 관계 때문에, 청지기는 종이 아니라 대표자이다. 또한 돌봄의 책임도 강조된다. 여기에는 양육과 발달, 맡은 것을 책임이 주어졌을 때보다 좋은 상태로 만드는 것이 포함된다. 청지기직에는 중요한 관계와 가치있는 목적이 포함된다. 자신을 학대하거나 다른 사람들을 학대하는 데에는 책임져야 할 관계의 부인 및 주어진 책임을 성취하지 못하는 것이 포함된다.

이 실패의 상징은 창세기 3장의 이야기에 나타난다. 아담과 이브는 그들에게 맡겨진 것들을 올바르게 사용하고 돌보는 책임을 제대로 수행하지 못했다. 그로 말미암아 자기-인식이 혼란스러워졌고, 그들은 스스로를 숨기려 했다. 그들은 자신의 창조주 및 주위의 피조물들과의 올바른 관계에서 벗어났다. 그들은 자신의 주된 관계 및 맡겨진 일을 남용했으며, 성경에서 지적한 것처럼 부끄러움을 느꼈다. 자신의 청지기 직을 존중하지 못하거나 돌봄을 행하지 못하고 실패하는 것, 그리고 거기서 비롯된 수치심이 학대의 문제를 이해하는 데 있어서 고전적 패러다임에서 제공하는 해석적 개념이다.

구약성서는 항상 학대와 관련된 것은 아니지만 수치에 대해서 많은 말을 한다. 객관적으로 이해하면, 수치란 죄인이 스스로에게 초래한 불명예(레 20:17), 또는 새끼를 생산치 못함과 같은 자연적 재앙의 결과이다(창 30:23). 종종 수치는 죄인에게 임하는 하나님의 심판으로 간주된다(시 44:9). 자주 사용되는 표현은 "수치를 당하다"이다(사 54:4). 주관적으로, 수치는 자신의 명예와 겸손의 침해(고전 11:6), 또는 단순히 실망의 결과(호 10:6)로 경험된다.[4] 페더슨(Johannes Pederson)은 수치란 "축복을 받지 못함"이라고 간주한다. 수치의 근원은 연약함, 주로 전투에서의 약함이다. 패배는 "영혼의 가치를 빼앗아 가고 자신감을 흔들어 놓는다." "자아가 절대적으로 자존심에 의해 지탱될 때에, 수치를 당하면 자아를 유지할 수 없다." 그럼에도 불구하고, 페더슨은 "예언서와 시편에서는 야훼 하나님은 그를 믿는 자들이 수치를 당하도록 버려두지 않으실 것이라는 확신이 울려 퍼지고 있다"[5]고 주장한다.

폰 래드(Gerhard Von Rad)가 창세기 3장에 기록된 아담과 이브의 이야기를 해석한 것은 이 강력하고 원초적인 인간 이야기의 풍성함을 반영해 준다. 그는 아담과 이브는 금지된 과일을 따먹은 데 대해서 "주로 영적인 죄책감을 느낀 것이 아니라 육체적인 수치"를 느꼈다고 해석했다.⁶⁾ 그는 "수치는 인간 실존의 가장 깊은 곳에 있는 가장 기본적인 죄책감이며, 우리 육체적 존재의 가장 낮은 부분에까지 미치는 불화의 표식이다"라고 말했다.

역시 구약학자인 클라우스 베스터만(Claus Westermann)은 그 이야기의 설화 부분에 있는 세 가지 사건을 지적한다: 그들의 눈이 열림, 인식, 감춤. 인간은 고통스러운 자기 인식과 수치라는 대가를 치르고서 다른 의식—무지로부터의 각성과 지식—에 이른다. 벌거벗음을 가리기 위해 치마를 둘렀는데, 그것은 수치를 다루려는 무익한 시도였다. 사실, 인간의 수치는 가릴 수 없다. 그러나 흥미롭게도 그 수치를 감추려는 노력에는 독창적인 차원과 방어의 색깔을 지니는데, 그것이 우리가 문명이라고 여기는 것의 일부를 구성한다.⁷⁾

수치에 관한 성서적 메시지는 자신이 신뢰받을 가치가 있음을 입증하지 못한 것이나 연약함과 관련되어 있다. 인간은 돌봄을 위해 자신에게 주어진 것을 학대하거나 남용하는 사람으로 묘사된다. 수치는 나쁜 것이다. 그러나 베스터만의 해석이 제안하는 것처럼, 수치심을 못 느끼는 것이 더 나쁘다. 그것은 자신이 속한 공동체나 문화에서 소중히 여기는 가치관을 받아들이지 못했음을 보여준다. 수치심, 또는 수치심을 느끼지 못함을 다루는 데 있어서, 고전적 패러다임에서는 인간은 자신이나 다른 사람들을 학대하며 자신이 행한 것을 감추거나 부인하는 사람으로 이해된다. 목회적 돌봄을 행하는 사람들이 학대의 상황에서 취급해야 하는 것이 바로 이러한 상태이다.

학대의 이해:
임상목회적 패러다임의 공헌

고전적 패러다임에서는 수치를 인간이 돌보아야 할 계약을 남용하는 것과 연결짓는 데 반해, 임상목회적 패러다임은 수치 및 그것과 학대의 관계를 이해하는 데 도움을 준다. 최근의 정신분석학 전통에서 수치를 가장 설득력있게 해석한 사람은 헤인즈 코후트(Heinz Kohut)이다. 그는 수치의 근원을 인생의 초기 단계에서 대인관계의 욕구들을 충족시키려고 노력하는 과정에 둔다. 이 과정은 나중에 경험하는 수치의 원형(prototype)이다. 자아가 대인관계와 관련하여 필요로 하는 것은 거울보기(mirroring)와 이상화(idealizing)이다. 거울보기는 인정받기를 원하는 욕구와 관련 있다. 이상화는 상대적으로 힘이 없는 어린아이가 자신보다 위대한 것의 일부처럼 느끼려는 욕구에 기초를 두고 있다. 이것은 처음에는 과장된 특성을 가지지만, 나중에 일이 잘 진행되면 현실적인 것이 된다. 대인관계의 발달에서 일이 제대로 되지 않으면, 자아를 과장하는 것이 불안의 마비와 자아의 분열로 이어진다.

코후트의 이론의 핵심은 공감에 대한 이해이다. 그에게 있어서, 공감은 따뜻함이나 친절이 아니라 상대방에 대한 직관적인 이해이다. 그것은 우리가 사람들에 대한 지식을 얻는 주된 방법이다. 일이 잘 진행되면, 자아는 공감하는 사람들이 세상을 경험하는 방법을 배우고, 자신이 사람들과 관련하여 경험한 것을 통해서 그들을 아는 방법을 택하려 한다.[8] 태어나서 처음 몇 달 동안에 자아가 제대로 형성되려면 사람들의 감정이입적인 반응이 필요하다. 마찬가지로, 사람들이 정서적으로 양육되려면 일평생 감정이입이 필요하다. 규범적인 사람이란 독립된 사람이 아니라, 감정이입적인 관계를 가진 사람이다.

삶의 초기에 이러한 원형적 상황에서 나타나는 수치와 관련하여, 자아는 돌봄을 요구하는데, 어떤 이유에서인지 돌봄을 받지 못하거나 충분히 받지 못한다. 돌봄을 받지 못한 데 따르는 결과는 자신의 취약성 및 상대방의 돌봄을 강력히 필요로 한다는 사실로 인한 수치심이다. 이렇게 수치심이 드러나는 데 대한 첫번째 방어책으로 그러한 욕구를 부인하며, 그 다음에는 자신을 상대방으로부터 멀리하며, 상대방을 거부하는 것을 대신하기 위해서 자아에게로 돌아온다. 가장 좋은 상황에서, 거부가 그다지 심각하지 않거나 지속적이지 않으면, 자아는 욕구를 부인하거나 외면하기보다는 수치를 감당하고 관계를 유지하는 편을 택할 것이다. 그러나 그다지 좋지 못한 상황에서는, "나는 누구도 필요치 않아"라는 행동으로 표현되는 자기 중심적 과정이 수치의 경험을 대신한다.

코후트의 이론에서, 수치심은 한 사람의 인격에서 상반되는 부분들 사이의 갈등이라기보다는 좌절과 거부에 대한 온전한 자아의 반응이다. 자아가 생존하고 발달하기 위해서는 개인은 중요한 사람들을 받아들이거나 내면화해야 한다. 이 과정이 만족스럽게 이루어지지 않으면, 자아는 자신의 양육을 위해 자기 자신을 의지한다.[9] 자기 도취(narcissism)는 인간이 자신에게 지나치게 관심을 가지는 현상으로서, 돌봄이 부족하거나 부적절하다고 경험한 자아가 타인의 돌봄 대신에 스스로의 돌봄을 행하려는 시도이다.

목회자가 학대의 문제를 다루는 데 있어서 코후트의 이론이 지니는 가치는, 그것이 인간에 대해서 고전적 견해나 성경적 견해를 반영하는 관계적 이해에 기초를 두었다는 데 있다. 더욱이, 그것은 돌봄의 거부나, 돌봄의 실패가 발달되는 방법에 대한 귀중한 이해를 제공한다.

> 중독자는 무엇을 섭취하거나 성적인 행동에 의해서 자아 안에 있는 구조적인 공허함을 채우려 한다. 그러나 그 공간은 무엇을 섭취하거나 중독 행위에 의해서 충족될 수 없다. 중독된 사람은

중독 행위에 의해서, 반영되지 않는 자아가 지닌 자부심의 결여, 자아의 실존에 대한 불확실성, 자아의 분열에 대한 무서운 두려움을 없애려 한다.[10]

코후트의 이론을 사용하여 연구한 중독 전문가 제롬 레빈(Jerome D. Levin)은 "알코올 중독자가 병적으로 술을 마시는 것은 긴장을 줄여주고, 자기 규제를 성취하기 위한 적절한 심내적(intrapsychic) 자료가 없는 상태에서 자긍심을 규제해 준다"고 말한다. 술 취함에서 절주(節酒)로의 이동은 충동적 생활 방식에서 강박적인 생활방식으로의 이동을 포함한다. 강제성은 충동적 음주 행위를 방어하는 긍정적인 기능을 수행하는 소중한 방어기제이다. 중독 상태에서는, 자아의 전능한 대상인 술과의 연합 안에서 힘과 지배(power and control)가 추구된다. 그러나 중독 상태에서 회복되면, 의식, 엄격함, 그 밖의 다른 방어 기제 안에서 힘과 지배가 추구된다.[11]

이 이론은 학대 당하는 사람이 경험하는 수치에 대해 생각하는 방식도 제공한다. 의지하던 사람으로부터 학대를 받거나 신뢰가 깨지면, 유년 시절—어린이가 자신을 양육하는 사람을 거의 완전히 의지하던 시절—과 관련된 초기의 의존 감정이 활성화된다. 코후트는 "반영되지 않은 자아의 자부심 결여"와 "자아의 실존에 대한 불확실성"에 대해 말한다. 학대받는 사람이 의지하고 있는 중요한 사람을 보호하기 위해서, 학대하는 사람이 받아야 할 책임과 수치를 학대받는 사람이 취할 수도 있다. 학대하는 사람은 학대받는 사람의 자부심을 희생시킴으로써 일시적으로 수치를 모면한다. 교구 목사는 일상적으로 학대받는 사람을 대하지는 않겠지만, 학대받는 사람을 대할 때에는 그 사람의 자부심이 상하기 쉽다는 것을 알아야 한다. 또한 현존하는 수치는 대부분 잘못 배치된 것임을 알아야 하고, 학대 당한 사람이 어느 정도 자긍심을 회복할 수 있는 돌봄의 관계를 제공해야 한다.

학대의 이해:
공동체적 상황적 패러다임의 공헌

목회적 돌봄을 위한 공동체적 상황적 패러다임이 목회적 돌봄에 주는 공헌은 여성과 어린이, 그리고 힘이 없는 사람들에 대한 우리의 의식이 확대하는 데서 찾아볼 수 있다. 과거에는 그것을 인정하지 않았다. 무시되고 학대받아온 사람들에게 힘을 부여하기 시작하면서, 모든 사람들을 위한 규범이라고 가정되었던 관습들을 자연스러운 것이 아니라 특별하고 자의적인 상황의 일부로 간주하게 되었다. 예를 들면, 과거에는 여성들도 남성들과 마찬가지로 타당한 관점을 가졌다고 인정될 때에만, 힘이 없는 사람들을 육체적, 성적, 정서적으로 학대하는 것을 진지하게 고려했었다.

수치심에서 비롯되는 바 학대받은 사실을 비밀로 하려는 현상은 특히 어려운 문제를 드러냈다. 물론 수치스러운 것이 사실이 아닐 수도 있다. 그럼에도 불구하고, 미국 사회에서는 어린이 성적 학대가 오래 전부터 자행되어 왔다. 수세기 동안 미국의 일부 가정에서는 아이들이 신뢰하는 어른으로부터 학대받는 데 필요한 조건들이 존속해왔다. 그러나 20세기에 심리학이 두각을 나타내면서 아동 학대의 죄를 감추었기 때문에, 미국인들은 성적 학대를 당한 어린이들을 밝혀 내지 못했다.

근친상간을 금하는 법은 더디게 등장했다. 그 주제에 관한 초기의 견해의 특징은 그러한 행동이 발생할 수 없다는 것, 그리고 어린 희생자들의 불신이었다. 게다가 그러한 성적 행위 때문에 아이가 임신을 하지 않을 경우, 그 행위는 법의 관심사가 되지 못했다. 반면에, 피해를 입은 어린아이는 공범으로 간주되었으며, 그의 증언은 어떤 형태의 보강 증거—바람직한 것은 피고의 고백—가 필요하다고 여겨졌다. 만일 가족들이 계속 피고를 지지한다면, 사실상 유죄 판결을 할 수 없었다.

19세기에는 성적 행위는 대체로 개인적으로 규제할 수 있다는 가정을 버리고, 여성들은 공적이고 법적인 지지를 받지 못한 채 위험에 처해 있다고 생각하게 되었다. "초기의 강간법 집행은 정액을 방출했다는 증거에 의존하였다. 그에 미치지 못하는 행동은 강간으로 인정하지 않았다. 법원에서는 임신할 수 없는 젊은 여성을 보호하는 것보다는 젊은 남성들을 무고로부터 보호하는 데 더 관심을 가진 듯했다."[12]

최근에, 건강 전문가들은 성적 학대를 당한 아동들이 취하는 행동 유형을 밝혀내어 그것을 "아동 학대 적응증후군"(child abuse accommodation syndrome)이라 부른다. 그 증후군은 다섯 가지 요소로 구성되어 있다:

(1) 비밀 유지. 이것은 성적 학대가 발생한 환경을 정의해준다.

(2) 무력함. 이것은 어린아이가 낯선 사람들의 관심을 피하는 것을 허락하지만, 그들을 돌보는 책임을 받는 어른들을 사랑하고 순종해야 할 것을 요구하는 상황을 정의해준다.

(3) 덫에 걸림과 적응. 이것은 성 폭행에 대한 어린이의 최초의 반응을 정의해 준다. 어린아이는 가정과 자신의 안전을 파괴하지 않고서는 성 폭행을 피하거나 폭로할 수 없기 때문에 살아 남기 위해서 그 상황을 받아들이게 된다.

(4) 뒤늦게 이루어지는 설득력 없는 폭로. 종종 권위의 갈등을 겪는 가정에서의 어린이의 반응.

(5) 가해자가 어린아이를 버리거나 거짓말쟁이라고 부를 때, 또는 어머니가 신경질적이 되거나 아이의 말을 믿지 않으면, 아이는 자신의 증언을 철회한다.[13]

여성들에 대한 목회적 돌봄을 다룬 최근의 연구에서는 남성들이 자기보다 힘이 없는 사람들에게 가하는 학대에 초점을 두며, 그 가부장 제도에서 여성들이 그러한 학대에 어떻게 연루되는지에 대한 중요한 통찰을 제시한다. 성적 학대에 대한 이야기, 특히 어린이 성적 학대의 이야기를 듣는 남성 목회자나 상담자들에게 있어서 가장 놀라운 것은, 성적 학대를 당한 여성들이 학대에 공모한 어머니에게 품는 분노이다. 종종 어머니는 자신이 학대를 저지하려 할 경우에 자신이나 가정이 어떻게 될지 알고 있기 때문에 학대를 모른 체하거나, 그런 일이 일어났다는 것을 믿지 못한다. 그녀는 자기와 자녀들에게 경제적인 지원 수단이 끊어질 수도 있다는 것, 즉 삶의 상황 전체가 악화될 수도 있다는 것을 알고 있었다. 따라서 어렸을 때에 학대당한 일이 있는 여성의 분노는 자신을 학대한 사람은 물론이요 여성에게 힘이나 신용을 주지 않는 사회 체계에 집중된다.

메리 필드 베렌키(Mary Field Belenky)와 그녀의 동료들은『여성들의 앎의 길』(Women's Ways of Knowing)이라는 책을 저술하기 위해 조사하면서, 처음에는 성적 학대에 관한 정보를 수집하려고 노력하지 않았지만 여성들을 취재하면서 어린 시절과 어른이 되어서 당한 성적 상처가 남성과의 관계를 학습하고 형성하는 데 영향을 미치는 중요한 요인임을 발견했다. 인터뷰에 응한 75명의 여성 중에서 학교나 대학에 다니는 38%의 여성, 그리고 사회 기관을 통해서 만난 여성들의 65%가 근친상간, 강간, 또는 상관으로부터 성희롱을 당한 적이 있다고 말했다…근친상간의 관계를 부인하고 침묵하다가 자기를 통제하는 지위에 있는 교사들과 성 관계를 갖게 된 사람들도 있었다."[14]

목회 신학자요 상담가인 낸시 램지(Nancy Ramsey)는 성적 학대에 관한 문헌들을 조사하여, 그것을 세 가지 특수한 성적 학대 사례에 관련지었다. 그녀는 학대가 이루어지는 가정, 특히 여성의 음란과 관련된 가정의 특성에 주목한다. "성인들의 강간처럼, 학대는 처리할 능력이 거의 없는 어린아이에게 가해진다는 사실에 의해 만들어지는 상처입기 쉬운 경험이다…이러한 학대를 경험한 사람들은 그러한 치욕스러운 일의 결과로 희망의 부재와 품위의 상실을 든다.[15]

학대 당한 사람은 학대가 자신이 믿던 가족에 의해 자행되었다는 사실 때문에 한층 더 파괴적인 결과와 배신에 직면한다. 램지는 분노를 표현하는 것이 중요하다고 강조한다:

> 분노를 표현하지 못한 여성들은 분노의 포로이며, 그런 상태가 지속되는 한 치료는 이루어지지 않을 것이다. 분노는 변화의 필요성, 그리고 그들이 경험한 것이 부당한 것이었음을 자아가 충분히 의식하고 있다는 것을 나타내 준다…어떤 피해자들은 학대의 경험에 하나님과 교회를 연결하여 분노하기 때문에 하나님께 접근하지 못한다.[16]

램지는 그러한 상처에서 회복하려면 치료사와의 관계, 그리고 같은 고통을 받은 사람들과의 관계를 유지해야 한다고 주장한다. "피해자로서의 정체성으로부터 학대를 이기고 살아 남은 생존자로서의 새로운 자기 이해를 향해 나아가는 것은 어렵지만 보람이 있는 일이다. 특히 그 일에 지원해주는 팀이 관련될 경우에 보람이 있다…비밀을 폭로하고 침묵을 깨뜨릴 때에 회복이 시작된다. 침묵의 세월은 피해자의 자아 의식과 행동 능력을 감소시켜 왔다."[17] 목회적 돌봄에서 경청과 기억에는 학대받은 사람들로 하여금 목회적 관계라는 상황 안에서 괴로웠던 일을 기억하도록 도와 주는 것, 또는 그들로 하여금 그러한 기억들을 털어놓고 다룰 수 있는 집단이나 치료의 상황을 발견하도록 도와 주는 것이 포함된다.

잡지 기고가인 엘렌 굳맨(Ellen Goodman)은 사람들이 범하는 다른 종류의 학대에 관심을 두고서, 강간을 대하는 대중의 태도에 변화가 시작되고 있다고 주장했다. 그러나 실제로 이런 경우는 자

주 일어나지 않는다:

> 다음은 그러한 경험들 중 하나이다. 내가 기억하는 한, 강간에 대한 유죄판결은 남자의 행동 뿐만 아니라 관련된 여성의 성품에도 의존한다. 흔히 피고측 변호사가 하는 일은 여성이 그러한 행위를 유발하게 했거나 동의했다는 것, 즉 그것이 성폭행이 아니라 동의에 의한 성행위라는 것을 증명하는 것이다.

굳맨은 메서추세츠 주에서 있었던 각기 다른 판결을 내린 세 가지 강간 사건에 대해 논하며, 그 평결들이 대중 의식의 변화를 어떻게 반영하는지에 주목한다. 그녀는 그 중 한 사건의 판결문을 인용한다:

> 처음에는 여성이 유혹하거나 의심을 받을 수밖에 없는 태도로 행동했다고 해도, 나중에 그러한 행동을 거부할 권리를 포기했다는 사실을 사회는 더 이상 받아들이지 않을 것이다.

굳맨은 "이제는 그 배심원들의 평결을 폭력이 발생한 문화에 완전히 이전해야 할 시기이다. 만일 그 여인이 거부한다면, 그것을 그 여인의 의도를 인정해야 한다"고 결론을 내린다.[18]

나는 학대의 문제를 학대자의 어린 시절에 돌보아주던 사람들이 돌봄에 실패한 것과 관련된 돌봄의 실패로서 논의해왔다. 고전적 패러다임은 이것의 상징을 창세기의 타락 이야기에서 보여 준다. 인간은 청지기로서 돌보라고 주어진 것을 잘못 사용하고 있으며, 그의 실패가 드러날 때 수치를 당한다. 학대받은 사람도 수치를 당하는데, 그것은 잘못된 수치로서, 때로 학대하는 사람들 보호해준다. 그것은 너무 약해서 학대를 거부할 수 없는 존재에게 가해지는 수치이다.

임상목회적 패러다임에서는 심리학 이론을 사용하여 돌봄의 실패나 충분한 돌봄을 유년기의 부자 관계 안에 둔다. 학대자는 다른 관계들을 남용함으로써 자신이 초기의 관계에서 추구했으나 얻지 못한 데 대한 수치에 대처하려 하거나, 자신의 수치를 내면화하여 자신의 연약함이나 무능함에 대한 분노의 형태로 간직한다. 그는 중독성 물질을 사용함으로써 자신의 감추려 하거나, 다른 사람들의 영역을 범하여 만족을 느끼게 해줄 것을 얻으려는 무익한 시도를 행함으로써 자신의 수치를 부인하려 한다. 여성의 경우에는, 사람들이 자신의 영역을 거듭 침범하는 것을 내버려 두기도 한다.

공동체적 상황적 패러다임은, 이와 같은 돌봄에서의 실패의 유형이 개인에게만 해당되는 것이 아니라, 사회 구조 안에서 어린이나 여성이나 다른 인종이나 계층을 학대하는 것을 장려하는 태도로도 표현된다는 것을 깨닫게 해준다. 힘을 가진 사람은 자신의 행위가 특수하고 상황적인 것임을 인정하기보다는 규범적인 것으로 보편화하려 한다. 권력을 가진 성이나 인종, 또는 계층은 사물을 다른 방법으로 보지 못하거나, 현재의 방법으로 인한 수치를 경험하지 못했기 때문에 그 권력에 매달린다.

자아 학대에 대한 목회적 반응

세 가지 패러다임 모두가 자아 학대에 대한 목회자의 이해에 대해 가르치고 있지만, 목회적 반응은 주로 임상목회적 패러다임과 공동체적 상황적 패러다임에서 다루어진다.

오늘날 목회자가 당면하는 가장 빈번한 인간의 문제는 알코올 중독이나 약물 중독에 의한 자아 학대이다. 예를 들면, 교회의 당회원인 조 존슨이 예기치 않게 중요한 회의에 참석할 수 없고 자신이 맡은 책임을 수행할 수 없게 되었다. 목사는 조 존슨에게 전화를 해서 그가 맡았던 일을 어떻게 할 것인지 의논하기 위해 만날 수 있느냐고 물어 보았다. 다음날 저녁에 목사가 조의 집을 방문했는데, 조는 약속을 잊어버린 채 만취되어 있었다. 조는 사과하면서 목사에게 다음날 오후에 만나자고 말했다. 그는 그 약속을 지켰다. 잠시 다음날 오후에 다시 만날 것을 약속했다. 잠시 동안 그가 맡아온 일들을 어떻게 처리할 것인지에 대해서 이야기한 후, 목사는 그가 술을 마시는 것에 대해서 질문했다.

조: 목사님, 그것은 걱정할 문제가 아니라고 생각합니다. 저는 최근에 많은 스트레스를 받고 있는데, 일과 후에 약간의 술을 마시면 긴장 완화에 도움이 됩니다.

목사: 조, 당신에게 걱정거리가 있다는 것처럼 들리는군요. 그것에 대해서 저와 이야기하지 않겠습니까?

목사와 조의 대화에 깊이 들어가지 않더라도, 조가 술을 마시는 것을 목사가 어떻게 생각하는지 생각해 보아야 한다. 돌보는 사람으로서의 목사의 우선적인 책임은 자신의 돌봄을 표현하며 조가 자신의 느낌에 대해서 말할 수 있는지를 살피는 것이다. 목사는 유리한 위치에서 대화를 주도한다. 그는 알코올 남용에 대한 전문가가 아니다. 조가 술에 중독되었을 수도 있겠지만, 목사는 자신이 잘 알고 있는 것, 즉 상처받은 사람의 감정을 다루는 일에서부터 시작한다. 목사는 사역하면서 슬픔과 질병을 다루어 보았기 때문에 그런 감정을 잘 알고 있다. 만일 조가 자신의 속 마음을 털어놓으며 목사와의 관계를 개인적으로 이용할 수 있다면, 그것은 조가 느끼고 있는 아픔을 다룸으로써 술을 남용하는 문제를 간접적으로 언급할 수 있다는 표식일 것이다.

반면에, 만일 조가 목사의 질문에 대해서 모든 문제를 부인하거나 다른 사람이나 직장에서의 상태 등을 비난하는 등의 반응을 나타낸다면, 목사는 조가 자신의 감정을 의식하는 대신에 가학적 행위—술을 마시는 것—에 빠졌다는 것, 그리고 중독 과정을 우선적으로 다루어야 한다고 생각할 것이다. 물론 나는 복합적인 문제를 지나치게 단순화하고 있다. 그러나 목사가 우선적으로 자신이 인간적인 상처에 대해 잘 알고 있는 지점에서부터 주도해 나갈 수 있는

지를 질문해야 한다. 만일 그렇지 못하다면, 조의 문제를 효과적으로 다룰 수 있는 공동체에 조를 의뢰하는 과정에서부터 시작해야한다. 그 과정은 어느 정도 시간이 필요할 수도 있다. 목사는 자신이 조가 술을 마시는 일에 대해 염려하고 있다고 말하며, 그 문제를 조의 아내와 함께 의논하려 한다는 것을 조에게 알리려 할 수도 있다. 그는 조의 아내의 느낌을 관찰하며 그녀를 학대자들의 가족들을 지원하는 그룹에 의뢰하는 문제를 고려하는 등의 과정을 되풀이할 것이다.

이 짧은 논의에서 목회자가 자기 공동체 내에서 치료를 위해 이용할 수 있는 자료가 무엇인지를 알고 있어야 한다는 것이 분명히 드러난다. 만일 공동체 내에 영리 목적의 치료 기관이 있다면, 목회자는 그 시설의 업무에 대해서 어느 정도 알고 있어야 한다. 환자를 수용하는 그 시설의 윤리가 적절한 것인가? 그 외에 중독과 관련된 문제들을 다룰 수 있는 정신과 의사나 심리학자가 공동체 안에 있는가? 목회자가 적절한 돌봄을 의뢰하려면, 그는 자신이 의뢰하는 대상과 증상에 대해 알아야 한다.

목회자는 목회적 관계를 지도하기 위하여 어떤 이론을 사용하는가? 세 가지 패러다임의 공로로 제시되어온 것들은, 목사는 조가 교회에서 맡은 책임에 대해 논의하지 못할 정도로 술에 쉬한 것을 청지기 직분의 실패이며 수치를 낳는다고 해석해야 한다는 의미를 함축한다. 가족치료사인 포섬(Merle Fosum)과 메이슨(Marilyn Mason)은 수치는 이름 없이 수동적으로 존재한다고 말한다. "수치를 나타내는 단어가 없듯이, 자아 확인의 부재를 나타내는 단어도 없다." 그러나 보다 적극적인 수치의 경험은 바보(stupid), 약골(weakling), 별난 놈(weird) 등으로 표현된다.[19]

목사는 조가 수치를 느끼고 있는지 알지 못하지만, 조가 맡은 일을 행하지 못한 것, 그리고 및 술에 취해서 목사와의 약속을 지키지 못한 것을 생각할 때, 조가 부끄럽게 여기고 있다고 가정하는 것은 그리 부당한 일이 아닐 것이다. 목사는 포섬과 메이슨의 표현대로 조가 "바보, 약골, 별난 놈"이라고 느끼고 있는지 궁금해 할 수도 있다. 그는 자기에게 발생한 일로 인해 자기 자신이나 남을 비난하고 있는가? 수치심이 말이 아니라 시선을 돌리거나 고개를 떨구거나, 어깨를 움츠리는 것 등으로 표현되는가? 조의 이야기에서 중요한 부분이 생략되어 목사가 당황하고 혼란을 느끼는 것 같이 보이는가? 조는 비밀이나 애매한 개인적 영역을 조장하며 무의식적으로 가족들에게 수치를 주입하는 "수치심에 사로잡힌 가정"에서 자란 것은 아닐까?[20] 아니면, 조는 수치심을 느끼지 않으며 자신에게 전혀 문제가 없다고 부인하는 것처럼 보이는가? 이런 상태에서는 조와의 목회적 만남은 결론에 이르지 못한다. 조는 자신에게 문제가 있다는 것을 부인하지만, 문제를 완전히 부인하는 사람과는 다른 감정을 가지고 행동한다.

목사는 조의 가정과 조상들의 고통에 대해서 알려 할 수도 있다. 목사는 조가 가정 문제에 대해 말하는 것에 대해서 개방적이어야 하지만, 그의 내면에서 소용돌이치고 있는 "가련했던 과거"에 대한 느낌을 대할 때에는 신중해야 한다. 또 조의 음주 행위, 음주, 또는 금주 등에 대해 장황하게 논하는 일을 피해야 한다. 만일 조가 그런 식으로 계속 자신과 자신의 문제들을 제시한다면, 즉시 중독 전문가에게 의뢰하는 것이 바람직하다. 만일 그가 자신의 인생에 관련된 문제들을 말할 수 있다면, 알코올 중독 치료 기관에 그를 의뢰하는 일을 피하거나 연기해도 좋다.

조를 즉시 관련 기관에 의뢰해야 하건 그렇지 않건 간에, 목사는 더 이상 조의 문제를 깊이 있고 강력하게 다루어서는 안 된다. 그러나 교회 내에서의 다른 관계 때문에 그렇게 하기가 어려울 수도 있다. 중요한 것은, 목사는 조와의 관계를 유지하기 위해 최선의 노력을 기울여야 한다는 것이다. 즉 조의 삶의 상황에 대한 질문을 하며, 앞으로도 계속 도와 주겠다는 것을 조에게 알려야 한다.

포섬과 메이슨은 자기들이 처음에 "수치심에 사로잡힌 가정"의 특징이라고 밝혔던 것들 중 다수는 알코올 중독과 마약 중독에 관련된 가정에만 해당되는 것이었다고 말한다. 그들은 "우리는 약물 중독보다 훨씬 더 광범위하고 만연되어 있는 증후군(syndrome)에 익숙해져 있었다"고 말한다. 특징적인 가정은 적극적인 중독과는 상관없이 여러 세대 동안 존속할 수 있다. "수치심에 사로잡힌 가정"이란 약물중독만 아니라 여러 가지 형태의 인간적인 아픔과 불행을 나타내는 단계이다.[21]

목사는 조의 수치 및 그가 어느 정도 "수치심에 사로잡힌" 가정에서 성장했을 가능성을 염두에 두는 것 외에, 중독에 대한 두 가지 주요한 견해를 인식해야 한다: 병적 모델(disease model)과 적응 모델(adaptive model). 목사는 이 두 모델이 지닌 특성을 효력을 확신할 필요는 없지만, 한 가지 문제에 대해서 비평적으로, 그리고 어느 정도 공평하게 생각할 수 있어야 한다. 그는 각 모델의 가치를 고려하며, 그러한 지식을 특별한 목회 상황에 연결할 수 있어야 한다. 병적 모델은 인간에 대한 일반적인 이론에 초점을 두는 임상목회적 패러다임에 적합한 것이다. 적응 모델은 알코올 중독자들의 차이점을 강조한다는 점에서 보다 상황적이다.

병적 모델에서, 사람은 유전적 기질이나 유아기에 발생한 정신적 손상 때문에, 또는 두 가지 모두 때문에 쉽게 중독된다. 중독되기 쉬운 사람이 술이나 마약, 또는 환경적 스트레스에 노출되면, 결과적으로 그것에 중독된다. 이것은 사회적으로 파괴적인 행위, 그리고 자기 자신은 물론 다른 사람들을 학대하는 행동으로 이어진다.

적응 모델은 양육과 돌봄의 실패 또는 부적절한 환경적 지원 등과 더불어 시작된다. 여기에 선천적인 육체적 장애나 정신적 장애가 추가된다. 이런 문제들, 그리고 당사자가 그러한 문제들을 이해하는 방법 등은 사회가 기본적으로 기대하는 수준의 자립, 사회적 수용, 자신감 등을 성취하지 못하게 하는 원인이 된다. 이런 실패에 비추어, 개인은 마약을 사용하는 것과 같은 대체 만족의 수단이나 적응 수단을 찾게 된다. 중독자의 정체성은 정체성이 전혀 없는 것보다 견딜 만한 것이다.

병적 모델은 중독된 사람을 환자라고 가정하지만, 적응 모델은 그렇지 않다. 적응 모델은 중독된 사람들은 "자신의 능력과 지각, 그리고 환경의 한계 안에서 적응하며 반응하고 있다"고 주장한다. 병적 모델에서, 중독은 다양한 문제의 원인으로 간주되지만, 적응 모델에서는 결과로 간주된다.[22] 중요한 것은, 목회자는 각 모델의 장점과 단점들에 관하여 비판적으로 생각할 줄 알아야 한다는 것이다.

병적 모델의 지지자인 조지 밸리언트(George Valiant)는 알코올에 대한 병적 개념을 엄격히 실용적인 토대에 둘 것을 주장했다. 그는 병적 모델을 반대하는 사람들을 월남전이 선한 것이었다고 주장하는 사람들에게 비유한다. 그의 말에 의하면, 그러한 공론가들은 한 가지를 제외하고는 판단을 내릴 충분한 자격을 갖추고 있었다. 그들 중에 월남전에 참전한 사람은 한 사람도 없었다. 밸리언트는 병적 모델에 반대하는 이론가들 중에는 알코올 중독 치료소에서 일해본 사람이 없다는 것에 주목한다. 그는 알코올 중독자들을 고혈압 환자에 비유한다. 자신이 병을 앓고 있음을 이해하는 알코올 중독자들은 기꺼이 자신을 돌보는 책임을 맡는다. 이것이 자조(自助) 집단인 Alcoholic Anonymous가 알코올 중독을 병이라고 강조하는 이유이다. 술을 끊는 동안에 생기는 금단 증상 때문에 전문적인 의료적 관심을 기울여야 한다. 그리고 중독된 사람들에게는 여러 가지 원인 때문에 죽음의 위험이 증가하므로, 그들이 응급실이나 해독실이나 의료보험에 가입하는 것을 편견 없이 허락해야 한다.

밸리언트는 적응 모델은 이미 충분히 죄책감에 시달리고 있는 알코올 중독자들에게서 더 많은 거부감을 일으킨다고 생각한다. 알코올 중독을 행동 장애로 보기보다는 질병으로 보는 것이 알코올 중독자로 하여금 문제를 인정하며 건강관리 기관에 입원하기 위한 자격을 마련해주는 실용적인 방법이다. 사회학자들이나 학습 이론가들의 모델에서도 알코올 중독자를 연구할 수 있다. 그러나 밸리언트는 개별적으로 다루는 데에는 병적 모델이 필요하다고 생각한다.[23]

목회적 돌봄을 행하는 사람들에게 있어서, 병적 모델은 성직자와 관련이 있는 알코올 중독자를 단순하게 비난하는 것을 반대한다는 점에서 교회와 성직자에게 긍정적인 가치가 있다. 교회는 악을 단순화하고 인격화하여 멀리하려고 노력하면서 중독된 사람을 따돌리거나 희생시키는 경향을 보여왔다. 병적 모델의 장점은 악을 교회와 상관 없는 외부의 것으로 객관화하려는 경향을 감소시키는 데 있다.

한편, 병적 모델은 중독에 대한 모든 관심을 구체화하여 중독 전문가 및 중독에서 회복되고 있는 사람들에게 둔다는 점에서 중요한 부정적 가치를 지닌다. 이렇게 구체화하는 경향 때문에 부당하게도 중독 전문가 및 중독을 전문적으로 치료하는 병원에 힘이 주어진다. 또 교회나 성직자가 치료 과정에서 소유할 수도 있는 비판 능력을 제거하는 경향도 있다. 전문가나 회복 단계에 있는 사람이 아닌 사람은 병적 모델의 이상과 중독 전문가에 대해 비판 능력을 행사할 수 없다. 병적 모델과 12단계 그룹은 많은 사람들에게 효력을 발휘해왔기 때문에, 종종 그런 식으로 문제를 언급하는 방법이 모든 사람들을 위한 유일한 방법으로 제시되며, 그 방법에 대한 비판을 허락하지 않는 일종의 종교적 근본주의가 된다. 비판은 방어나 부인의 표현으로 간주된다.

"상호 의존성"(codependency)이라는 개념은 "공동-알코올 중독자"(co-alcoholic)라는 단어에서 유래된 것으로 생각된다. 이것은 처음에는 중독된 사람과 함께 생활하는 데 따르는 스트레스가 원인인 것으로 생각되었다. 그러나 상호 의존이라는 현상은 중독되었던 가족이 알코올이나 마약을 끊은 후에도 가정 내에 계속 남아 있는 것 같이 보인다. 상호의존적인 부모에게서 자란 사람들은 결혼생활을 하면서 자신이 유년기에 경험한 학대의 상황을 재현하며 상호의존적인 부부가 되는 듯하다. "비록 무의식적으로 발생했지만, 상호의존적인 배우자는 과거의 학대 상황을 재현함으로써 유아기부터 지녀온 과장된 수치, 두려움, 아픔, 분노 등에서 해방될 수 있을 만큼 완전해지거나 즐거운 기회를 얻는 듯하다."[24]

샤로트(Charlotte Davis Kasel)는 상호의존적 사람이란 "핵심적 정체성이 발달되지 않았거나 알려지지 않은 사람, 그리고 외적인 것—동료, 배우자, 가정, 외모, 직업, 또는 규칙—에 의존적으로 집착함으로써 형성된 거짓된 정체성을 유지하는 사람"이라고 묘사한다. 그녀는 "상호의존성이란 다른 사람들에 의해 정의된 세계에서 생존해야 하는 미성년자가 자신에 대해서보다 권력을 가진 사람에 대해서 더 많은 것을 알게 될 것이라는 점에서 불평등의 병이라고 말한다.[25] 이 이론에 의하면, 상호의존적 사람은 충분한 자아의식을 발달시키지 못했기 때문에 자신이 어떤 상태인지 말하지 못한다.

> 그는 배우자나 자녀, 또는 애완동물의 상태에 대해서만 말할 수 있다. 그는 자신이 원하는 상태가 무엇인지 말하지 못하지만, 그 규칙은 말할 수 있다. 그는 구심점을 가지고 있지 않기 때문에 외부로부터 단서를 취한다…그의 영과 혼은 심각하게 무시되어왔기 때문에, 자신의 내적 자아를 무시한다. 그는 자신의 내적 자아를 알지 못한다.[26]

많은 사람들에게 있어서 상호 의존성은 매우 중요하고 강력한 이론이다. 개념과 언어가 많은 사람들을 파괴적인 관계에서 해방시켜 주며 자신의 정체성을 발견하게 해준다고 생각되었다. 문제는 상호의존성이 너무 대중화하여 모든 인간적인 어려움을 묘사하며 그것을 질병이라는 항목 아래 두기 위해 사용되는 듯 하다는 데 있다. "만일 사회 및 사회 안의 모든 사람이 중독되고, 자기 파괴적이고,

왼쪽 뇌의 합리성에 감염되어 있다면, 회복되는 사람은 선택된 소수, 계몽된 엘리트, 세상을 구원하기 위한 지혜를 가진 자아실현가(self-actualizers)일 것이다."[27]

페미니스트인 해리엇(Hariet Goldher Lerner)은 상호의존성과 회복 운동에 대한 상황적 비판의 좋은 예를 제공한다. 그녀는 회복 운동은 우리의 약점들을 양육하도록 유혹하고 있다는 두려움을 표현한다. 그녀는 다음과 같이 말한다. "회복은 일종의 절충적 해결이다. (성난 여성들을 좋아하지 않는) 지배 그룹의 문화는 병든 여성들이 회복을 위해 모이는 것에 위협을 느끼지 않기 때문에, 그것은 부적당한 것을 삭제하고 변화를 확보하는 한편, 여성들에게 보다 자기 중심적인 방향으로 움직이라고 가르친다…나는 여성들은 유능하며, 병든 것이 아니라 지혜롭다고 생각한다."[28]

목회 상담자요 신학교 교수인 게일 운터버거(Gail Unterberger)는 알코올 중독자 자주 치료 협회(Alcholics Anonymous)의 12단계 프로그램에 대해서도 유사한 비판을 한다. 그녀는 12단계 프로그램에서 각 사람의 개인적 여행을 강조하는 것이 공동체의 생각보다 우선할 수 있다고 염려한다. 전통적인 12단계 프로그램에서 그녀가 발견한 또 다른 문제는 권력을 휘두르고 간섭하시는 하나님의 이미지이다. 그녀는 이 모델이 성인 여인들에게 생색을 내는 것이며, "중독된 여인에게 부족한 성숙한 자아의식의 발달을 방해한다"고 주장한다.

운터버거는 12단계 프로그램의 페미니스트적인 개정판을 발전시킴으로써, 그리고 다른 여인들로 하여금 12단계 전통에 복종하기보다는 그들 나름의 단계를 써 보라고 권장한다. 그녀가 이러한 대안을 제시했다는 사실은 그녀의 주된 관심은 공동체에 있지만, 그녀가 공동체는 물론 개인의 중요성도 강조한다는 것을 보여 주는 듯하다. 개정된 12단계는 모두 공동체적 상황적 관점에서 비롯된 것이지만, 하나를 보면 그녀가 개정한 방향을 알 수 있을 것이다. 원래의 12단계에서 제1단계는 "우리는 술을 통제할 수 없다는 것, 즉 우리의 삶은 통제할 수 없게 되었다는 것을 인정한다"이지만, 룬터버거는 "과거에는 우리가 음주 문제의 지배를 받았지만, 지금은 우리가 음주 문제를 지배하고 있다"고 바꾸었다. 그녀는 무력함이 여성의 특별한 장애였다고 주장한다. "남성들에게 있어서 무기함을 인정하는 것은 곧 하나님께서 그들에게 들어오시고 그들을 변화시키시는 것을 받아들일 준비가 되어 있다는 것을 나타낸다. 그러나 여성들은 반대의 입장을 택해야 한다: 일어서서, 자신의 의지를 확인하고 자신에게 힘을 부여해야 한다."[29]

다른 사람들을 학대하는 것에 대한 목회적 반응

다른 사람들을 학대하는 것에 대한 목회자의 이해는 세 가지 패러다임 모두에 의해 강조되고 있지만, 그에 대한 목회적 반응은 대체로 공동체적 상황적 패러다임에서 나타난다.

젊은 어머니인 메리 마틴은 교회 목사인 제니 존슨을 교회 복도에서 마주쳤다. 메리는 울고 있었다. 목사는 메리를 사무실로 데리고 들어가서 물었다:

목사: 메리, 당신에게 괴로운 일이 있는 것 같군요. 무슨 일인지 말해주지 않겠습니까?

메리: 말할 수 있을지 모르겠어요. 나는 무척 부끄럽습니다. 지금 나는 화를 내야 하는데, 단지 배반감과 수치심을 느끼고 있어요.

목사: 수치심은 다루기가 굉장히 어렵지만, 나에게 사정을 이야기하면 도움이 될는지도 모르지요.

메리: 남편 마이크 때문입니다. 최근에 나는 남편이 다섯 살 짜리 딸을 성적으로 대하고 있다는 것을 알았어요. 무서운 일입니다! 확실히 알지는 못하지만, 무슨 일이 있었는지 생각하고 싶지 않

아요.

마틴 부인의 고통에 대해 목사는 어떻게 반응해야 하는가? 그의 반응은 근본적으로 마틴 부인의 반응과 마찬가지일 것이다. 그러나 만일 그 문제에 대해 생각하며, 마틴 부인이 사려깊게 행동하도록 격려해줄 방법을 가지고 있다면 목사는 도움을 줄 수 있다. 게다가, 조 존슨의 목사처럼, 제니 존스 역시 유리한 위치에서 상황을 이끌어 나가야 한다. 목사는 고통에 대해 알고 있다. 처음에는 마틴 부인의 감정을 다루어야 한다. 만일 목사 자신이 마틴 부인의 이야기를 듣고 충격을 받았다면, 목사 자신의 감정도 다루어야 한다. 마틴 부인은 신뢰하는 관계라는 상황 안에서 자신이 아는 대로 솔직하게 이야기를 해야 한다. 존스 목사는 수치심을 다루기가 무척 어렵다는 것을 알고 있었지만, 그 사실을 감추지 않고 솔직하게 털어놓고 시작하면 도움이 될 수도 있다.

감정을 다루는 것이 우선적으로 해야 할 중요한 일이지만, 목사는 그 외에도 많은 것을 알고 행해야 한다. 이러한 사건을 대비하여, 목사는 그 지방의 학대에 관한 법 및 학대 사건을 신고하는 데 필요한 조건 등에 관해 변호사와 상의해야 한다. 제니 존스와 조 존슨의 목사는 상담 사역을 담당하는 소위원회를 교회 안에 가지고 있어야 한다. 그 위원회에서는 무엇보다도 보고된 학대 사건에서 발생한 일에 대해 논해야 했다. 이에 대해서는 제9장에서 자세히 논할 것이다.

목사는 메리가 학대의 사실을 알았을 때에 어떻게 행동했으며 어떤 일을 하려 하는지 알아야 한다. 메리는 어느 정도 상황에 의지하면서, 소아과 의사와 상의하며, 필요할 경우에는 그 자료를 토대로 하여 딸을 다른 전문의에게 의뢰해야 한다. 목사는 메리를 도와서 장차 있을 수도 있는 학대의 가능성을 평가하여 남편과의 관계 및 앞으로 취해야 할 일련의 행동을 검토하게 해주어야 한다. 당장에 다시 학대가 발생할 위험이 분명하지 않으면, 성급한 조처를 취해서는 안된다. 목사는 상황을 진정시키기 위해 신중하게 대처해야 한다. 목사는 마이크(메리의 남편)와의 관계에 의존하면서, 마이크만 따로 만나거나 메리와 함께 만나서 그 상황에 대해 논의하는 일을 고려해야 한다. 가능하다면 그를 만나기 전에, 그 상황에서 목사가 해야 할 일과 할 수 있는 행동을 평가하는 데 도움을 줄 수 있는 사람을 만나 의논해야 한다.

이 논의에서는 많은 목사들이 대면해야 하는 것보다 훨씬 단순한 상황을 다루며 지나치게 단순화할 수도 있다. 중요한 것은 목사 혼자서 일을 처리해서는 안된다는 것, 그리고 목사는 이러한 목회적 사건들을 처리하는 계획을 가지고 있어야 한다는 것이다. 포섬과 메이슨이 "수치심에 사로잡힌 가정" 및 그 가정이 가족들에게 다른 사람들을 학대하는 성향을 심어주는 방법에 대한 묘사한 것이 도움이 될 수 있을 것이다. 그들은 그러한 가정에서 발생할 수 있는 일을 묘사하기 위해서 "지퍼"라는 비유를 사용한다. 지적이고 정서적이고 육체적인 자아 주위에는 경계가 있는데, 그것은 자아 존중과 수치심이라는 지퍼에 의해 폐쇄되어 있다. "수치심이 가득한 가정에서 성장하는 사람은, 지퍼가 외부를 향해 열려 있기 때문에 자아의 경계가 분명하지 못하다. 그들은 자신이 실제로 다른 사람들이나 외부 세계의 규제를 받고 있다고 생각한다."[30]

그런 사람들은 다른 사람들에 의해 쉽게 희생되므로, 언제라도 그들에게 다가와서 그들의 지퍼를 열 수 있는 사람은 그들을 장악하며 그들의 것을 차지할 수 있으며, 그들은 경계를 침범할 수 있다. 일반적으로 다른 사람들의 지퍼를 여는 것의 범위는 독심술—인격과는 상관없이 상대방의 생각이나 감정을 해석하는 것—에서부터 부모-자식 간의 근친상간에까지 이른다. 경계가 침해될 때, 피해자는 수치심을 경험하며, 침범한 사람은 뻔뻔스러움이나 부인을 경험한다.

제임스 폴링(James N. Polling)은 이렇게 경계를 범한 사람들을 다루면서, 치료사에게 있어서 가장 힘든 문제들 중 하나는 한계와 적절한 경계를 설정하는 것이라고 인정한다. 그는 "아동을 학대하는 남성은 자신의 파괴적인 행동을 제한하는 방법을 알지 못하며, 다른 사람들이 생존하기 위해서 필요한 경계를 존중하지 않는다"고 말한다.[31] 포섬과 메이슨은 성인 남성 성범죄자들을 다루면서, 이런 사람들은 유아기에 자라면서 부모와의 접촉이 박탈된 사람임을 발견했다. 그들은 자신에게 거부되었던 것을 나중에 획득하는데, 그 과정에서 다른 사람들의 경계를 침범한다. 자라면서 충분한 접촉을 받지 못한 사람은 상처받기 쉬운 어린 사람으로부터 안전한 접촉을 취한다.[32]

학대와 관련된 수치심과 뻔뻔스러움을 이해하는 것이 중요하다. 왜냐하면 그것은 목회자가 학대자의 비이성적이고 뻔뻔스러운 행동처럼 보이는 것에 단순히 반응하기보다 어떤 조처를 취하게 해주기 때문이다. 그러나 보다 적극적인 반응이 요구된다. 메리 포춘(Marie Fortune)은 성적 학대에 대하여 도움을 주는 개인적이고 윤리적인 반응 몇 가지를 제공하는데, 거기에는 다음의 것들이 포함된다: 의분, 피해자에 대한 연민과 지지, 가해자에게 책임을 물음, 장래의 학대를 방지하기 위한 노력.[33] 성적 학대를 고발하기 위해 법적으로 요구되는 사항은 주 정부마다 다르다. 사역자는 자신이 살고 있는 주의 법을 알아야 하고, 법적인 관점에서 그 법을 해석할 수 있어야 한다. 성직자는 비밀 보장에 관한 자신의 이해를 정리해 둘 필요가 있다. 그리고 특정한 주에서 법이 어떻게 해석되는지 알아야 한다.[34]

포춘은 목회적 돌봄을 행하는 사람이 학대의 문제를 다루는 데 도움을 주는 실질적인 지침을 제공했다.

첫째, 목회자는 성폭행, 학대, 지나친 성행위 등의 문제를 다룸에 있어서 자신에게 적합한 수준을 알아야 한다. 사람들마다 편견과 선입견을 가지고 있으며, 우리가 제대로 다룰 수 없는 유형의 사람들이 있다. 그러므로 제대로 다룰 수 없는 사람들은 다른 사람에게 의뢰하여 도움을 받을 수 있게 해야 한다.

둘째, 학대의 증상이나 혐의가 있다고 생각되면 질문하라. 종종 목회자들은 학대, 자살 충동, 강간 등에 대해서는 직관적으로 알아야 한다고 생각하여 질문하기를 꺼린다. 우리의 목회적 돌봄 안에 있는 사람들을 도와주는 데 도움을 주어야 하는 정보를 얻기 위해서 직접 질문하는 것을 방해하는 수치심이나 두려움이나 당황 등을 처리해야 한다.

셋째, 목회 상담의 인터뷰 과정의 초기에 성폭행을 경험했을 가능성에 대해 질문하라. 그러한 주제를 회피하기는 쉽다. 그러나 우리가 그런 주제들을 회피한다는 사실이 문제의 일부이다. 결혼을 앞둔 사람들을 상담할 때에 두 사람이 갈등을 다루는 방법이 드러날 수도 있다. 입교 문답자와의 개인적인 면접이나 젊은 사람들과 개인적으로 대화를 하는 도중에 학대의 이야기를 들을 수도 있다. 만일 그런 일이 발생한다면, 목회자는 그 사람이 그런 일에 도움을 주는 기관에 가본 적이 있는지 물어 보아야 한다. 만일 그런 기관에 도움을 청한 적이 없다면, 정규적으로 학대의 문제를 도와줄 사람과 만나기를 원하는지, 또는 그 사건에 대해서 더 이야기하기를 원하는지를 알아내야 한다. 만일 그녀가 이러한 질문에 응할 준비가 되어 있지 않으면 그녀의 결정을 존중해야 하지만, 당신이나 다른 기관에서 그녀를 도와줄 수 있음을 알게 해주어야 한다.

넷째, 일상적이고 자연스럽고 존중하는 음성으로 질문해야 한다. 침착함과 전문적 태도는 수치심과 비밀을 간직해야 한다는 느낌을 해소할 수 있고, 언젠가 그것을 털어놓을 수 있게 해줄 수도 있다. 예를 들면, "학대나 폭행을 경험한 사람들이 많습니다. 그런 일이 당신에게도 발생했습니까?" "식욕 부진 때문에 고생하는 사람들 중에는 성 폭행을 당한 사람들이 있습니다. 당신의 경우도 그런 것이 아넌지 모르겠습니다."

목회자가 자문과 지도를 필요로 할 때에 인근에 상담 센터가 없으면, 학대 해결을 위한 심층 교육을 받거나 전화로 조언을 요청하는 문제를 고려해 볼 수 있다.[35]

페기(Peggy Halsey)는 성적 학대에 관하여 교회가 무엇을 할 수 있는가에 관한 글을 쓰면서, 가장 중요한 것은 침묵을 깨는 것이라고 말한다. "우리는 교회란 상처 받은 사람들의 피난처이며 그런 문제들을 털어 놓는 데 가장 적합한 장소로 보고 있다는 것을 분명히 해야 한다. 우리는 교회가 사람들이 위로와 치료를 위하여 마지막으로 선택하는 곳이 아니라 우선적으로 의지해야 할 곳이라는 것을 증명해줄 방법을 찾아야 한다."[36]

종교적 관점에서 저술한 제임스 폴링(James Poling)은 이 일의 가능성에 대하여 회의적이다. 폴링은 그 예로서 자신이 카렌을 상담하던 상황을 이야기한다. 카렌은 자신의 경험이 교회 안에서 금지된 일이라는 것을 알고 있었고, 또 간접적으로 그 일에 대해 침묵하라는 말을 듣고 있었다. 폴링은 말하기를, "특별한 공동체만이 카렌의 경험 전체를 맡아줄 수 있었다. 그 공동체는 카렌의 주치의, 목사로 이루어졌고, 나중에 치료사도 포함되었다. 이 특별한 공동체는 그녀의 아픔을 불쌍히 여기고 토로하게 해주었다. 나중에 카렌은 다섯 사람을 선발했는데, 그들은 그녀의 교회와 다른 사회적 집단들의 부족함을 보상해주는 반-공동체(counter-community)가 되었다.[37]

> 피해자에게 훌륭한 목회적 돌봄을 행하려면 신학적 재구성이 필요하다. 우리는 피해자의 비난, 폭력과 지나친 성 행위에 대한 자신의 편견, 여성과 남성에 대한 우리의 생활 체험과 심오한 감정, 부모와 자녀와 가정생활에 대한 우리 자신의 신념 등을 진지하게 바라보아야 한다.[38]

자아 학대 및 타인 학대와 관련하여 용서를 이해할 때에, 지속적인 신학적 재구성이 필요하다. 가해자를 용서하려면 치료하는 데 필요한 분노를 거부해야 함에도 불구하고, 교회나 교회의 지도자들은 학대받은 사람에게 용서하라고 권하는 경향이 있다. 나는 요구(demand)가 아닌 발견(discovery)으로서의 용서에 관하여 책을 저술했다. 발견은 수치심에서 회복된 후에 가능하다.[39] 최근에 *The Christian Century* 에 실린 용서에 관한 기사는 학대의 피해자에게 보다 많은 관심을 나타냈다. 그 기사에서 리처드 로드(Richard P. Lord)는 목회자나 선의의 기독교인들은 "피해자가 화해를 위하여 가해자와 관계를 맺어야 한다"고 주장할 권리가 없다고 결론짓는다. 나도 그 의견에 동의한다.

리처드 로드는 용서는 상대방이 고의가 아니었다고 인정하는 것을 함축한다는 사실을 용기하게 다룬다. 만일 학대를 가한 사람이 나중에 종교적인 경험을 한다면, 그것은 "우리가 마치 그가 죄를 범하지 않은 것처럼 행동해야 한다는 것을 의미하는가?" 목사인 리처드는 자신이 예배 때에 "당신은 죄사함을 받았습니다"라고 선포하는 것에 관하여 깊이 생각하면서, 매 맞는 여성이 "도대체 누가 당신에게 나를 때린 사람을 용서할 권리를 주었습니까"라고 묻는 것을 상상하며, 용서는 교회나 어떤 사람이 쉽게 건네줄 수 있는 일용품이 아니라는 것을 상기시켜 준다.[40]

최근에 시드니와 수잔 사이몬(Sydney and Suzanne Simon)이 제시한 세속적인 치료 방법에서도 용서에 관하여 심리학적으로 내가 신학적 관점에서 말하려 했던 것—즉, 용서는 발견이 아니라 행동이라는 것—과 동일한 것을 말한다. 아래에서 나는 사이몬이 전개한 논제가 함축한 유익한 의미 중 몇 가지를 약간 바꾸고 해석하여 소개하려 한다.[41]

(1) 용서는 잊는 것이 아니다. 그러한 경험들이 야기한 아픔은 우리에게 많은 것을 가르쳐주므로, 우리는 그것을 잊을 수도

없고 잊어서도 안된다.
(2) 용서는 죄를 눈 감아 주는 것(condoning)이 아니다. 우리는 자신에게 가해진 일을 받아들일 수 있는 일이었다거나 "그다지 나쁜 일이 아니었다"고 말할 수 없다.
(3) 용서는 상처를 준 사람이 자신의 행동에 대해서 져야 할 책임을 완전히 면제해 주는 것이 아니다. 그는 자신의 행동에 대해 책임을 져야 하며 스스로 그것을 해결해야 한다.
(4) 용서는 자기-희생이 아니고 우리 자신의 진정한 감정을 감추고 순교자처럼 행동하는 것이 아니다.
(5) 가장 중요한 것은, 용서란 명쾌하고 일회적인 결정이 아니라는 것이다. 우리는 자신이 오늘부터 용서하겠다고 간단하게 결정할 수 없다. 그런 결정은 고통스러운 과거의 경험을 대면하고 오래된 상처들이 치유된 때 따른 결과이다.

그렇다면, 용서란 무엇인가?
(1) 용서는 발견, 즉 진행되는 치료의 과정의 부산물이다. 용서하지 못하는 것은 의지가 부족하기 때문이 아니라, 상처가 치유되지 않았기 때문이다.
(2) 용서는 우리가 행하는 것이 아니라, 우리가 과거에 있었던 일을 중심으로 정체성을 형성하지 않을 때에 적극적인 자긍심의 표식으로 나타난다. 상처는 우리의 존재가 아니라 일부일 뿐이다.
(3) 용서는 우리에게 더 이상 미움이나 분개함이 필요하지 않으며, 상처를 준 사람도 우리와 동일하게 고난을 받기를 원하거나 벌 받기를 원하지 않는다는 것을 인정하는 것이다.
(4) 용서는 가해자를 벌한다고 해서 우리가 치료되는 것이 아님을 깨닫기 때문에, 과거에는 격분하고 분개하는 데 소비하던 에너지를 선용하는 것이다.

목회적 관계에서 수치와 학대가 가해질 가능성

나는 이미 목회자나 종교적 공동체가 학대당한 사람에게 너무 일찍 용서를 요구하는 데 따르는 학대의 가능성을 지적하였다. 그것은 목회자나 교회가 상처받고 학대받은 사람들과 관계하면서 자신의 힘을 파괴적으로 사용하는 것이다. 메리 포춘을 비롯한 여러 학자들이 주장한 것처럼, 목회적 돌봄이 용서보다는 분노를 초래할 경우가 있다.

그러나, 참여자들이 지닌 힘의 차이 때문에 목회적 돌봄이 학대의 가능성이 된다는 것을 인식하는 것은 중요하다. 도움을 요청하며 도와주는 사람을 의지하는 과정에는 어떤 형태의 수치가 내재한다. 예를 들면, 장기간 나에게서 상담을 받은 어떤 사람은 자신이 그 과정에서 경험한 것을 이렇게 표현했다: "당신이 나를 보아왔다는 것, 당신이 나를 샅샅이 알고 있다는 것이 부끄럽습니다." 같은 상담 시간에 그녀는 "내가 당신을 이처럼 의존하고 있다는 것이 싫습니다"라고 말했는데, 이 말은 인간은 관계를 유지해야 한다는 것과 그러한 관계에서 상처를 받을 수도 있음을 충분히 인식한 데서 생겨난 수치와 분노의 표현이다.

칼 슈나이더(Carl Schneider)는 불균형적 노출(asymetrical disclosure), 결과적으로 불균형적 힘을 포함하는 정신치료 관계에 의해서 상처를 받을 수 있는 취약성에 대해 이야기한다. 자제하지 못할 때, 그리고 침입당하기 쉬울 때에, 환자로 간주된다. 목회적 돌봄의 관계는 도움을 필요로 하는 사람이 취하는 주도권에 따라 어느 정도 달라질 수 있다. 그럼에도 불구하고, 위에서 언급한 사건과 같이, 중요한 유사점들도 있다. 목회적 돌봄이나 상담에서, 목회자는 자존심을 경험하거나 유지하거나 주장할 수 없을 때에도 환자를 존중해야 한다.[42]

병원에 입원한 환자들을 심방한 경험이 많은 사람들은 비슷한 상황을 경험했을 것이다. 목회적 돌봄을 행하는 사람은 환자가 그를 필요로 할 때에 환자를 방문한다. 환자는 원목이나 목회자에게 자신의 걱정과 염려를 털어 놓는다. 심방을 마친 후, 목회적 돌봄을 행하는 사람은 자신이 잘 했고, 목회적 관계에서 가장 중요한 환자와의 신뢰를 확립했다고 생각하면서 떠나간다. 그러나 다음에 환자를 방문했을 때, 돌보는 사람은 환자가 목회자를 전혀 알지 못하는 것처럼 행동하는 것을 발견하고 놀란다. 환자는 저번 방문 때에 개방적인 태도를 취했던 것과는 달리, 이번에는 폐쇄적이고 멀리 있는 것 같이 보인다. 목회적 돌봄을 행하는 사람은 혼란을 느끼며 병실을 떠난다. 그러나, 만일 목회적 돌봄을 행하는 사람이 마음을 털어놓는 관계에서 작용하는 수치의 기능을 조금이라도 안다면, 그렇게 놀라지는 않았을 것이다. 아마 이것을 알지 못한다면, 돌보는 사람은 환자에게 저번보다 더 많은 사연을 털어 놓으라고 권면할 것이다. 그리고 다음 번에는 환자가 자신의 사정을 너무 많이 털어놓는 데 대한 수치로부터 자신을 방어하려는 욕구를 더욱 의식하게 될 것이다.

여기에서 중요한 것은, 도움의 필요성을 깨닫고 있는 사람들은 가끔 수치심과 자신의 취약성도 경험하게 된다는 것을 목회적 돌봄을 행하는 사람들이 인식해야 한다는 것이다. 그들은 과거에 받은 학대 때문에 목회자로부터 도움을 구하지만, 그들의 현재 상황 역시 학대가 발생할 가능성을 가지고 있다. 목회자는 그러한 상황에서 학대가 발생하지 않도록 조심해야 한다.[43]

정리

조 존슨의 자기-파괴적인 음주 습관, 메리 마틴이 보고한 것과 같은 어린이 성폭행에 대해서, 그 밖의 많은 학대 상황에 대해 목회자는 어떻게 반응하는가? 이 질문에 대답하는 방법은 여러 가지가 있지만, 모든 가능한 대답은 돌봄을 경청과 기억함으로 이해하는 것을 토대로 한다. 목회자가 나타낼 수 있는 모든 반응의 초점은 학대자나 학대당한 사람들의 치료가 아니라 돌봄에 두어야 한다. 돌봄은 즉각적인 결과를 기대하기보다는 돌봄의 관계를 통해 이루어지는 변화의 점진성을 이해하는 데서 자라나야 한다.

존슨이나 마틴의 가정에 대핸 목회적 반응의 신학적 차원은 인류가 청지기 직분 수행(돌봄)에 실패한 것, 그리고 그와 관련된 수치에 실패한 것에 초점을 두는 고전적 패러다임에서 발견할 수 있다. 목회자는 학대 당한 사람, 그리고 학대하는 사람—신학적으로나 고전적으로 이해하면 학대하는 사람이란 돌보는 일이나 돌봄을 받는 데 실패한 사람, 따라서 자신의 수치 및 자기와 관련된 사람들의 수치를 서서히 다루어야 하는 사람—을 다룬다.

토의 문제

1. 목회자가 학대에 관하여 비판적으로 생각하는 것이 왜 중요한가? 어느 방법으로 비판적 자세는 돌봄에 어떻게 기여하거나 방해하는가?
2. 청지기 직분과 수치심에 대한 신학적 견해는 학대에 대한 목회적 반응에 어떻게 관련되는가?
3. 학대는 병인가 죄인가? 심리학적으로, 그리고 신학적으로 설명해 보라.
4. 중독증의 병적 모델과 적응 모델의 상대적인 장점들과 문제점을 생각해보라. 이 문제는 어떻게 죄와 병의 관계에 대한 신학적 질문, 그리고 환자라는 개념이 지닌 긍정적인 특성과 부정적인 특성에 어떻게 연결되는가?
5. 어떻게 교회와 성직자가 사람들이 학대의 상황에 대처하는 것을 어떻게 방해해 왔는가? 학대하는 사람이나 가정에게는 어떤 종류의 종교적 신앙과 자료가 도움이 되는가?
6. 강간을 당한 사람에 대한 당신의 이해와 태도에서 변화가 있다고 생각되면, 그에 대해서 깊이 생각해 보라. 이러한 종류의 학대에 대한 최근의 대중의 의식이 당신의 태도에 어떤 영향을 미쳤으며, 당신이 속한 교회와 공동체에는 어떤 영향을 미쳤는가?
7. 당신의 공동체 내에서 상담 치료를 하면서 대가를 받는 것은 당신이 그러한 기관에 환자를 의뢰하는 일을 결정하는 데 어떤 영향을 미치는가? 영리 추구의 치료 기관과 비영리 기관이 지닌 부정적인 특성과 긍정적인 특성을 무엇인가?

제8장

특별한 관계:
돌봄의 균형

> 가끔, 그녀는 마치 담 너머로 다른 집에서 벌이는 파티를 구경하는 어린아이처럼 다른 가정을 응시하면서 그 가정의 비결이 무엇인지 궁금해 한다. 그들은 매우 친밀할 것 같았다. 그들은 매우 경건하기 때문인가? 아니면 더 엄격하거나. 관대하기 때문인가? 그들이 스포츠를 같이 하기 때문일까? 함께 책을 읽기 때문일까? 취미가 같기 때문일까?
>
> ─앤 타일러(Anne Tyler)[1]

이 장에서는 가정에 대한 목회적 돌봄이다. 앞에서와 마찬가지로, 이 장에서도 인간은 하나님이나 사람들과 관계를 갖는다고 가정한다. 그러나 이 장에서는 특히 인간이 개성을 상실하지 않고 관계를 유지하는 방법의 문제를 중심으로 하는 인간 관계의 질문에 초점을 둔다. 이 장은 인간 생활의 특수한 관계들, 흔히 혈연 관계에 대해 다루지만, 친구 관계에 대해서도 다룬다. 여기서는 이러한 특수한 관계에 관련된 사람들을 다루는 목회적 돌봄에는 돌봄에서의 두 가지 기본적인 균형을 다루는 일을 도와 주는 것이 포함된다:

(1) 개인으로서의 그들 자신을 돌보는 것과 그들에게 중요한 관계를 돌보는 것의 균형; (2) 그들과 가장 가까운 세대, 즉 그들 자신의 세대와 이전 세대와 다음 세대 사이에서의 돌봄의 균형.

인간은 관계를 갖는 존재이며, 어떤 관계는 특별하다

관계를 갖는 인간인 내가 다른 사람들과 갖는 중요한 관계에서 나를 지도하는 것은 무엇인가? 윤리는 인간의 행동을 지도하는 일반적인 원칙으로 사용되지만, 배우자나 자녀들과의 관계라는 상황에서 적용되는 원칙은 내가 잘 알지 못하는 사람과의 관계에 적용되는 원칙과는 다른 의미를 갖는다. 이런 관계들이 여러 면에서 다른 모든 관계들과 비슷하지만 그 관계들은 다른 관계들과 다르다는 것을 우리의 매일의 경험은 말해 준다. 특별한 관계에서는, 정의나 사랑이나 힘의 본질을 묘사하는 데 일반적 원칙이 적합하지 않을 수도 있다.[2]

윤리적 원칙들은 일반적으로 사람들은 모두 비슷하며 비슷한 방법으로 설득할 수 있다는 가정에 토대를 둔다. 그러나 가족들의 특성들이 가정 내의 특별한 관계의 특징을 이룬다. 그 특성들은 그 가족들의 역사이고, 그들이 서로의 관계 안에서 떠맡아 온 자발적인 의무들이다. "사람들은 서로 교환할 수 없다…나 자신의 인격을 형성하는 데 도움을 준 특별한 관계의 유형과 특성이 나의 인격 유형을 형성한다. 특별한 관계를 유지하는 '상대방'은 진정한 의미에서 나 자신의 일부이며, 나는 상대방의 일부이다."[3]

형제를 몇 번이나 용서해 주어야 하는가에 대한 신약 성경 본문을 다루는 일반적 방법은, 그것이 모든 사람, 또는 다른 교인이나 다른 제자를 용서하는 데 적용된다고 해석하는 것이다.

그러나 형제나 아내나 자녀들을 용서하는 것은 우리와 특별한 관계를 가지지 않은 사람들을 용서하는 것과는 다르다. 특별한 관계의 개념에 비추어서 신약 성경의 질문에 대한 대답은 우리가 말하고 있는 형제가 누구인가에 따라서 달라질 수 있다. 대답은 원칙 뿐만 아니라 우리 관계의 이야기에 따라 달라진다.[4]

나는 순진하게도 가정의 규칙들은 각각의 가족에게 공평하게 적용할 수 있다고 가정하고서 내 자녀들에게 공평해야 한다는 불가능한 일을 시도하려고 노력하면서 이 일을 절실하게 경험했다. 나는 공평하게 하는 것이 불가능하고 부적당하다는 것을 발견하였다. 특별한 관계는 본질적으로 이성과 감정을 포함한다. 특별한 관계에서 해야 할 옳은 일을 결정하는 데에는 특별한 관계와 가정의 이야기가 포함된다.

혈연 관계와 우정

가족들만이 우리와의 특별한 관계에 포함되는 것은 아니다. 우정 역시 특별한 것이다. 심리학자인 릴리언 루빈(Lilian Rubin)은 우정이 "가정 내의 한 사람으로부터 세상 내의 인간으로 이동하는 데 필요한 접촉과 위안을 제공함으로써 우리를 가족들로부터 멀어지게 하고 개성 발달을 얼마나 장려하는지"를 지적한다.[5] 루빈은 절친한 친구의 아들 결혼식에 참석했던 이야기를 하면서 우정과 혈연관계를 대조한다. 루빈과 그 친구는 무척 사이가 좋고 친자매 같았다. 하지만 결혼식장에는, 가족들을 위한 자리는 있었지만, "친한 친구들"을 위한 자리는 없었다. 루빈은 버림받은 듯한 기분을 이야기하고,

우정의 특별한 특징, 즉 이 관계는 공식적으로 인정되지 않는다는 것을 그 때의 느낌이 어떻게 증명해 주는지 이야기했다.

우정은 공식적으로 인정되지 않음에도 불구하고, 나는 목회 상담을 하면서 어떤 사람이 고통스럽고 비극적인 환경 속에서 삶에 성공적으로 대처하는 능력을 평가하는 데 있어서 가장 중요한 것은 그에게 우정이 있는지, 그리고 어떤 것인지에 있다는 것을 발견했다. 그러기 위해서는, 특별한 관계라는 의미에서 누구를 친구로 이해해야 하는지에 대한 실질적인 정의가 필요하다. 내가 사용한 실질적인 정의는 "친구란 신뢰할 수 있고, 함께 있으면 편안하며, 만났다가 헤어지고 나서도 기분 좋은 사람"이다.

루빈은 혈연 관계와 우정을 비교하면서, 혈연 관계는 아주 어린 시절에 형성된 유대에 의존하며 내면 생활의 가장 깊은 곳과 가장 원초적인 감정들을 다루는 특성을 가지고 있다는 점에 주목한다. 그러므로, 혈연관계는 우정보다 기복이 심하고 격정적이다. "친족들이 의무적으로 해야 하는 것을 친구들은 선택하여 행한다…친구들은 처음 만났을 때와 본질적으로 동일한 상태를 유지하는 한 서로를 받아들인다…만일 그들이 서로 다르게 변화되거나 성장하면, 그들의 우정은 대부분 상실될 것이다." 루빈은 다음과 같이 말한다. 일반적으로 친구들은 친척보다 이해가 빠른 듯 하지만, 우리는 그러한 이해에 대한 대가를 지불한다." "우리는 친구와 완전히 헤어질 수 있다; 우리는 배우자와 이혼할 수 있다. 그러나 영원히 형제나 자매를 만날 수 없다고 해도, 형제나 자매 관계는 영원하다."[6]

혈연 관계는 적극적인 상호작용이 부재할 때에 그 관계를 특별하게 만들어주는 힘을 가지고 있다. 결혼관계, 분명한 성적 관계, 그리고 헌신적이고 의식화된 비 성적인 관계 안에서 결속된 사람들의 관계는 혈연관계와 우정 사이에 위치한다. 그런 관계는 규모가 더 크고 공적인 공동체에 의해 의식화되거나 확인된다. 그러나 혈연관계와는 달리, 그 관계는 선택에 의해 깨질 수 있다. 차이는 있지만,

이 세 가지 관계는 특별한 관계이거나 특별한 관계가 될 수 있다. 다시 말해서 원리와 이야기를 포함하는 인간관계의 특별한 사례로 이해될 수 있다.[7]

돌봄의 균형을 위한 고전적 패러다임의 공헌

고전적 패러다임에서 가정을 위한 목회적 돌봄을 위해 제공하는 메시지를 찾는다는 것은 여러 가지 면에서 어렵다. 가족들의 특별한 관계에 관하여 성경적 전통이 말하는 것은, 오늘날 성경을 문자적으로 해석하는 사람들이 현 시대와 관련하여 가지는 권위를 받아들임에 있어서 경험하는 고대 문화와 관계가 있다. 성경은 근친상간, 간음, 그리고 족장 시대에서의 결혼 갈등 등에 대한 이야기를 제공한다. 이 이야기들은 가정 문제에 대한 그 시대의 관심은 현대의 관심과 거리가 멀지만, 현대의 가정을 위해 제공하는 지침에는 문제가 있는 것 같다. 목회적 돌봄을 행하는 사람의 과제는 가족에 관한 성경적 메시지의 주된 특성을 찾는 것이고, 주변적인 요소들보다는 그런 중심에 초점을 맞추려고 노력하는 것이다.

성경에서는 가족들의 특별한 관계는 궁극적으로 중요한 것이 아니라고 말한다. 구약성서에서 우상숭배를 정죄하는 강력한 메시지인 "너는 나 외에는 다른 신들을 네게 있게 말지니라"(출 20:3)는 오늘날 가족을 우상화하는 것도 포함하는 것으로 이해될 수도 있다. 공관복음에서 가정에 대한 예수님의 관심은 이혼을 금한 것보다 가족을 희생시키면서 종교적 소명에 전념한 것에 의해 묘사되고 있다.

예수께서 무리에게 말씀하실 때에 그 모친과 동생들이 예수께 말하려고 밖에 섰더니 한 사람이 예수께 여짜오되 보소서 당신의 모친과 동생들이 당신께 말하려고 밖에 섰나이다 하니 말하던 사람에게 대답하여 가라사대 누가 내 모친이며 내 동생이냐 하시고 손을 내밀어 제자들을 가리켜 가라사대 나의 모친과 나의 동생들을 보라 누구든지 하늘에 계신 내 아버지의 뜻대로 하는 자가 내 형제요 자매요 모친이니라 하시더라.(마 12: 46-50)

특별한 관계, 가족 관계는 궁극적인 것은 아니지만, 그 관계들이 지닌 "세대적인 특징"은 인간 관계의 중요한 표현이다. 브라이언 차일즈(Brian Childs)와 나는 함께 저술한 책에서, 가족들을 목회적으로 돌봄에 대해 생각하는 방법("세대 간의 돌봄"이라고 불림)과 가정생활을 위한 규범을 개발했다.[8] 우리는 한 가지 규범만 강조하는 가정생활에서 벗어나는 데 관심을 두었다. 우리는 구조적인 규범보다는 기능적인 규범—3세대 간의 돌봄의 관계—을 제안했다. 이러한 가정생활 방식이 순수한 초-문화적(cross-cultural) 방식이라고 주장하지는 않지만, 이 방식은 특정 문화의 가정생활의 형태가 표준적인 가정생활을 적절히 묘사할 수 있다고 가정하는 것을 방지하는 데 도움이 된다.

"세대 간의 관계를 유지하는 사람들"로서 살라는 소명은 여러 곳에 표현되어 있다: 부모를 공경하라는 구약성경의 명령, 가정에 충실한 것의 한계와 중요성에 대한 예수님의 가르침, 신약의 목회서신에 표현된 기독교 가정의 본질에 대한 관심. 성경적 전통에서는 부모를 공경하라고 말하지만, 부모나 다른 형태의 인간관계를 이상화하는 것을 경계한다. "…의 세대라"는 성경 구절은 역사의 연속성 안에서의 인간의 위치와 책임을 강조한다. 인간이 된다는 것은 자기 부모와 자녀를 돌보아야 한다는 것을 의미한다.

기독교의 성경-이후의 시대(postbiblical history)에서 가정 돌봄에 대한 책은 인간적인 문제를 다룬 책보다 적다. 그것은 기독교 메시지에 헌신하는 것은 가족을 외면하는 것을 의미했고, 그러므로 가정 문제는 목회적 돌봄에서 부차적인 것으로 간주되었기 때문이다. 그러나, 결혼과 가정 문제를 위한 돌봄의 흥미로운 고전적 실례를 기독교의 소명에 결혼이 포함된다고 본 마틴 루터의 해석에서 찾아볼 수 있다. 종교적·사회적 변화의 시대에, 루터는 영적 조언을 하는 편지에서 그런 문제를 다루었다. 그러나 루터는 어느 정도 불안을 느끼면서 그 일을 했다. 그는 1524년에 쓴 편지에서 이렇게 말한다: "결혼 생활에 관하여 쓰기 시작했을 때, 나는 나에게 일어났던 일들이 다시 발생할까 두렵다. 다시 말하면, 다른 저서들보다 이 글 때문에 더 괴로움을 당하게 될까 두렵다."[9]

결혼과 가정에 대한 루터의 접근은 매우 실질적인 것이었다. 그는 결혼과 성생활을 교회의 통제 밖으로 끌어내려 했다. 그는 성을 은혜라기보다 본성의 문제로 해석하는 한편, 결혼을 종교적인 문제가 아니라 세속적인 문제로 보려 했다. 왜냐하면 결혼에는 기독교적인 것과 비-기독교적인 것이 포함되어 있었기 때문이다. 루터는 결혼과 성에 지나친 관심을 두지 않음으로써 보다 중요한 구원 문제를 진척시킬 수 있다고 생각했다.

이러한 견해는 루터가 독신 서원을 포기했지만 성생활과 결혼에 대한 금령을 극복하지 못하고 어려움을 겪고 있는 사제들과 수녀들에게 보낸 편지에서 찾아볼 수 있다. 루터는 그런 사람들에게 결혼을 권했을 뿐만 아니라, 고전적인 기독교 메시지를 하나님께서 사람들에게 결혼을 강요하신다고 해석했다. "결혼은 맹세에 의해서나 법으로 금지할 수 없다. 왜냐하면 결혼은 하나님의 법이고 행위이기 때문이다." 혼자 살기를 선택하는 사람은 불가능한 과제를 떠맡고, 그것으로 인하여 하나님의 말씀을 거스른다." 루터는 "결혼은 용감한 남편을 택하는 것, 아내를 택하는 것이다. 당신에게 우선적으로 필요한 것은 격려와 권면을 받아들이며 담대해지는 것이다… 결혼에 대해 생각하는 일을 멈추고 즐거운 마음으로 결혼하라. 당신의 몸이 결혼을 요구한다. 하나님이 결혼을 의도하셨고, 당신을 결혼으로 인도하신다. 결혼에 관하여, 당신이 할 수 있는 것은 아무 것도 없다"고 말한다.[10]

성과 결혼에 관한 기독교의 역사적 자료를 해석한 사람은 20세기 중반의 교회사가인 롤랜드 베인톤(Roland Bainton)이다. 베인톤은 결혼에 관한 교회의 세 가지 고전적 견해를 확인했다: 성례전적 결혼, 낭만적 결혼, 동반자적 결혼. 윌리엄 존슨 에버렛(William Johnson Everett)도 고전적 기독교적 견해를 다루고 있다. 그는 결혼에 대한 기독교적 견해를 본질적으로 양면적인 것이라고 해석하며, 한편으로는 결혼을 존중하면서 다른 한편으로는 거룩한 삶의 장애물로 본다. 그는 다음과 같이 말한다: "본성과 은혜는 결혼에 접근하는 두 가지 상이한 견해이다. 각각의 기독교 전통은 이 두 가지에 대해 말하는 나름의 방법을 발견한다. 에버렛은 베인톤과는 달리, 결혼 안에서 본성과 은혜의 관계를 형성하는 네 가지 주요한 방법을 제시한다: 성례전(sacrament), 계약(covenant), 소명(vocation), 그리고 교제(communion). 베인톤과 에버렛의 견해를 함께 고찰해 보는 것이 더 가치있는 일일 것이다.[11]

베인톤에 의하면, 성례전적 견해(sacramental view)는 결혼을 종교적 관계와 절대적인 삶의 헌신으로 강조한다. 성례전적이란 단어가 이 입장에 적용되는 것은, 결혼은 내적이고 영적인 은혜의 가시적인 상징이라는 특수한 교리 때문이 아니라 강력한 종교적 강조점 때문이다. 에베소서(5:32)는 남편과 부인의 관계를 그리스도와 교회의 관계로 비유하고, 그것이 비밀(mysterion)이라고 덧붙인다. 이 희랍어가 라틴어 "*sacramentum*"으로 잘못 번역되었다.[12] 그럼에도 불구하고, 이 견해는 하나님께서 창조의 질서인 자연과 결혼을 통해서 일하신다고 강조한다. 성례전적 견해는 교회의 기대를 더 강조하고 사랑의 본성적인 활력은 덜 강조하며, 결혼 생활을 제도적인 형태로 축소하는 경향이 있다.

결혼에 대한 성례전적 견해와 크게 대조적인 것이 성과 사랑에 대한 낭만적 견해이다. "초대 교회와 중세시대에는 일반적으로 성을 좋지 않게 여겼다. 결혼은 성례전적이고, 평생 지속되는 것이며, 기본적으로 자손을 얻기 위한 것이고, 낭만적인 것이 아니고, 순결보다 못한 것이었다." 이것을 교정하려는 시도가 여성과 사랑 자체를 이상화하는 낭만적 견해이다. 베인톤에 의하면, 낭만적 견해는 "신적인 것과의 연합을 바라는 신플라톤주의적 갈망에서 생겨난 듯하다. 여성은 말로 표현할 수 없는 *nous*의 위치를 갖는다."[13] 성과 결혼에 대한 낭만적 견해는 여러 면에서 반-교회적이었지만, 반드시 반-교회적인 것은 아니다. 그것은 제도적 안정성에 반대하여 개인의 감정을 강조한다.

베인톤이 주장한 결혼에 대한 기독교의 세번째 태도는 동반자적 견해(companionable view)이다. 사랑하는 사람 안에서 종교적인 것을 찾으려는 낭만적인 견해와는 달리, 이 견해는 배우자에 대한 사랑은 그리스도를 향한 열정을 식게 하는 것이 아니라는 데 관심을 갖는다. 남자와 여자는 하나님을 최우선 순위에 둠으로써, 그들의 생리적 차이점을 특별히 의식하지 않고 함께 일할 수 있다. 동반자가 될 수 없는 여인과의 불행한 결혼으로 고통당하던 존 밀튼(John Milton)은 결혼과 이혼에 관한 변론을 아래와 같이 시작했다.

> 하나님의 첫번째 명령은 "생육하고 번성하라"(카톨릭 교회의 성례전적 견해에서 즐겨 사용되는 구절)가 아니고, "결혼하는 것이 화형 당하는 것보다 낫다"(루터교의 기본 가르침)도 아니라, "남자가 혼자 있는 것이 좋지 않다"이다. 하나님의 의도 안에서는 만남과 행복한 대화가 결혼의 최고의 목적이요 가장 고귀한 목적이다.[14]

베인톤은 성례전적 견해, 낭만적 견해, 그리고 동반자적 견해 모두가 기독교 결혼의 중요한 요소라고 결론짓는다.

성례전적인 것 외에, 에버렛이 제시한 세 가지 상징은 베인톤의 견해를 보완한다. 거기에는 낭만적인 견해와 동반자적인 견해의 요소들도 있지만, 다른 요소들이 추가된다. 하나님과 인간 관계를 나타내는 주된 성경적 상징은 계약(covenant)은 뒤늦게 결혼에 적용되었다. 계약은 어떤 때는 무조건적이고 어떤 때는 조건적이다. 계약은 법적인 개념과 관련된다. 왜냐하면 비록 계약을 맺는 것은 자유로운 일인 듯하지만, 일단 계약을 맺으면 자유가 크게 제한되기 때문이다. 계약에는 보다 높은 목적의 창조를 위하여, 그리고 하나님께서 여러 공동체들 가운데서 새롭고 특징적인 공동체를 정하신 것의 본보기로서 자신을 구속하는 것이 포함된다. 그러나 결혼을 계약으로 보는 것은 하나님과 하나님의 백성들 사이의 계약에 도태를 두고 있기 때문에, 그것은 결혼보다는 부모-자식 관계에 보다 잘 적용된다.

소명(vocation)으로서의 결혼은 창조의 질서로 여겨지기 보다는 하나님의 은혜로우신 부름과 더불어 시작된다. 자연의 과정으로서의 결혼은, 창조를 새롭게 하라는 하나님의 부르심에 대한 응답을 통하여 나타나는 은혜에 종속된다. 결혼한 사람들과 가족들은 자신의 소명을 수행함으로써 하나님을 섬겨야 한다. 결혼과 가정은 관련된 사람들을 안정시키고 지원함으로써 이 일을 촉진한다. 부부가 동일하게 제자의 소명을 받는 데서 부부의 평등함을 볼 수 있지만, (루터와 바르트의 경우에서처럼) 그 소명 안에서 그들이 수행하는 역할은 정적이고 사회적으로 결정되어 있으며, 은혜의 영향을 그리 받지 않는 듯하다.

교제(communion)라는 상징은 두 사람의 본성의 공명, 그리고 그들이 공동으로 참여하는 세상과 각기 인격으로서 소유하는 특성에 상호 참여하는 것을 강조한다. 그것은 낭만적 견해와 동반자적 견해를 통합한 것이며, 그 기원은 신비 체험에 있다. 에버렛은 오늘날 결혼에 가장 적절한 상징이 교제라고 여긴다. 교제 안에서 은혜는 주어진 성격 구조를 통해서 작용한다. 에버렛은 다음과 같이 말한다: "교제는 자연을 신중하게 받아들인다는 점에서 성례에 가깝지만, 성례전이 전형적으로 지니는 외적인 상징적 구조가 결여되어 있다." 그리고 교회가 자연에 대해 발휘하는 영향력을 그다지 강조하지 않는 듯하다. 교제의 모델에서는 부부를 직접 변형시키려 하거나 공동체의 구성원으로서 여겨 접근하기보다는 "그들이 서로에게 자신을 드러낼 능력을 부여함으로써, 그들이 참된 자아가 공명하면서 보다 높은 차원의 삶으로 변화되게 만들려 한다."[15]

다른 주요한 인간적인 문제를 다룰 때와 마찬가지로, 목회적 돌봄에 관한 고전적 패러다임의 공헌으로서 내가 선택한 것은 여러 면에서 다분히 자의적이다. 특별한 관계에 관한 고전적인 기독교 메시지가 무엇인지 고찰할 때에는, 그 메시지의 어떤 부분이 오늘날에도 지침을 제공하는지, 그리고 메시지의 어떤 부분이 오늘날에는 그다지 적용되지 않는 과거의 상황에 관련된 것인지를 판단해야 한다. 그런 판단으로서 나는 세대 간의 돌봄이라는 개념에 초점을 두고서 그러한 판단을 해왔으며, 다른 사람들에게 그 개념이 함축한 의미들을 탐구하거나 그 전통에서 비롯된 다른 개념이 보다 타당하다고 주장하라고 도전하고 싶다. 루터, 베이톤, 에버렛 등에의 글을 인용한 것은, 기독교 전통은 가족 관계에 대한 관심이 상대적으로 부족함에도 불구하고, 고전적 기독교 전통 안에 있는 많은 요소들은 오늘날의 목회적 돌봄을 위한 자료가 될 수 있다는 것을 증명하기 위한 것이다.

돌봄의 균형을 위한 임상목회적 패러다임의 공헌

메시지 및 심리학적 자료들을 사용하는 것을 강조하기보다 사람을 강조하는 임상목회적 패러다임은 특수한 관계와 관련된 사람들을 돌보는 데 많은 공헌을 했다. 그 중 몇 가지만 다루어 보려 한다. 정신분석학은 인간의 성의 구심성을 주장하며, 그것들이 어떻게 과거로부터 현재로 전달되는지를 포함하여, 가족 관계의 힘과 잠재적인 파괴적 본성을 강조한다. 정신분석학에서는 개인을 속박에서 해방시키는 데 초점을 두는 데 반해, 가정에 초점을 두려 하는 가족 치료(family therapy)에서는 가족들이 역사적으로 관계를 맺는 방법보다는 체계적으로 관계를 맺는 방법을 강조했다. 일부 가족 치료사들은 특히 가정의 틀 안에서의 의사소통에 관심을 기울여왔고, 어떤 사람들은 가정 구조의 중요성을 강조해왔다. 또 어떤 사람들은 가정 조직의 힘에도 불구하고 개인에게 힘이 부여되는 방법에 초점을 두기도 했다.

최근에, 미국의 심리치료사들은 영국의 대상 관계(object relation) 이론을 사용하여 개인과 가족 관계의 중요성을 주장하기 위해서 프로이드의 정신 분석과 가족 시스템 이론의 영향력에서 벗어나기 시작했다. 여기에서 나의 관심은 이러한 다양한 이론들의 공헌을 개관하려는 것이 아니라, 사람이 독특한 개체가 되면서 동시에 특별한 관계 안에서 다른 사람들과 충분히 관계를 가지는 방법이라는 중요한 인간적 문제에 초점을 둠으로써 그 이론들 중 몇 가지를 이용하려 한다. 이 문제에 관한 대답의 열쇠는 친밀함(intimacy)과 거리적으로 가까움(closeness)의 의미에서 발견할 수 있다. 이 개념들의 의미를 해석하기 위하여 세 사람의 이론을 이용하려 한다.

피터 버거(Peter Berger)는 사람들이 공통된 의미의 세계를 발전시키는 특수한 관계에 대해 논한다. 흥미롭게도, 그는 창세기의 창조에 관한 야웨 문서, 그리고 하나님께서 인간에게 동물들의 이름을 짓는 일을 맡기신 묘사에 관심을 돌린다. 버거는 이것이 자신과의 의미있는 관계 안에서 세상의 질서를 부여해야 하는 인간의 의무를 상징한다고 여긴다.

> 사회적으로 정의하여, 세상의 그럴듯함과 안정성은 이 세상에 대한 대화가 지속적으로 이루어질 수 있는 중요한 관계의 힘과 지속성에 의존한다…세상의 실체는 의미있는 사람들과의 대화를 통하여 유지된다.[16]

특별한 관계들은 "생소한 두 이방인이 함께 모여 자신들을 재정의하는" 대화를 통하여 유지된다. 버거는 결혼 관계에 참여하는 사람들을 "이방인"(stranger)이라고 묘사한다. 왜냐하면, "과거의 많은 사회에서의 결혼 후보자들과는 달리, 우리 사회에서 결혼하는 사람들은 전형적으로 다른 대화 영역 출신이기 때문이다." 버거는 현대 사회를 보다 안정된 고대 사회와 비교하면서, "과거에는 새로운 결혼의 성립은 이미 존재하고 있는 사회적 세계에 분화와 복잡성을 추가하는 것에 불과했지만, 오늘날 결혼하는 사람들은 자신이 살아야 할 작은 세계를 스스로 건설해야 하는 어려운 일을 시작한다"고 말한다.[17] 버거에게 있어서, 특별한 관계에 포함된 친밀성은 대화를 통해 공동의 세계 건설에 의해서 크게 촉진된다.

가족치료사인 라이먼(Lyman Wynne)과 애덜리(Adele Wynne)는 특별한 관계 안에서의 친밀의 의미에 초점을 두었다. 그들은 친밀이란 "신뢰하면서 자기의 속마음을 드러내는 것과 감정이입의 전달이 핵심 요소를 이루는 주관적이고 관계적인 경험"이라고 이해한다. 그들의 가장 중요한 주제는 "친밀감은 근본적이거나 지속적인 경험으로 요구될 때에 되살아나는 것이 아니라, 기본적이고 제대로 기능하는 관계의 과정에서 자발적으로 생겨난다"는 것이다. 자기를 드러내는 것(self-disclosure) 자체가 반드시 친밀함을 만들어내는 것은 아니다. "감정이입적 피드백이 있어야 친밀함이 형성된다. 즉, 말로든 다른 방식으로든 용납하고 인정한다는 것이 전달되면, 그 신뢰가 정당한 것으로 인정된다는 표시로서 친밀함이 형성된다."[18]

이 견해에서 목회적 돌봄과 가장 관련이 있는 것은, "친밀함 자체를 목표로 하여 집착하면 친밀함의 획득이 방해되며 관련된 다른 형태에 집중하지 못하게 된다"는 라이먼과 애덜리의 확신이다. 이 방인과의 짧은 일차원적인 만남에서도 친밀함을 경험할 수 있지만, "일회적인 관계에서도 친밀하게 자신의 속마음을 털어놓는 일이 가능하다. 왜냐하면 다시 관계가 이루어지며 배반 당할 가능성이 없기 때문이다." 그러나 지속적이고 특별한 관계에서의 친밀함은 그것과는 다른 것이다.

친밀함에는 다음과 같은 과정이 포함되는데, 이 과정은 차례로 전개된다. (1) 애착/보살핌, 또는 보완적이고 애정적인 결속의 과정으로서, 이것의 원형은 부자 관계이다. (2) 공통된 관심의 초점이 있고 의미와 메시지의 교환이 이루어지는 의사소통의 과정. (3) 함께 문제를 해결하고 일상적인 일들을 함께 해결하는 과정. (4) 이전의 과정들이 통합된 영속적인 형태로 이해되는 상호관계.

상호관계는 "격리나 파혼, 그리고 건설적인 재결합을 포함한다는 점"에 유의해야 한다. 이 과정들은 연속적으로 전개되지만, 수직적인 것이 아니라 순환적으로 발생한다. 상호관계가 확보된 후에도, 이전 과정에 초점을 두는 것이 유익할 수도 있다. 애착/보살핌이 결합되어 하나의 관계가 되지 않는 한, 그 관계는 영속적이고 의지할 만한 것이 되지 못한다.[19]

라이먼과 애덜리는 서구 문화에서는 "친밀해짐"에 초점을 두지만, 대인관계에서 친밀함 자체가 주된 과정은 아니라고 주장한다.

그것보다 더 기본적인 과정들이 있다. 게다가 비록 상호관계가 친밀의 가능성을 제공하기도 하지만, 친밀은 상호관계가 이루어지기 전에도 이루어질 수 있다. 그 예로 사춘기의 청소년들이 문제를 해결하는 행위를 들 수 있다. 친밀한 경험은 인류의 생존에 중요한 역할을 하는 유대를 강화하는 과정에 반드시 필요한 것이 아니라 보완적인 것이다.[20]

버거는 함께 대화하는 세계를 형성하는 것이 특수한 관계에서의 핵심 요소라고 강조한다. 라이먼과 애덜리는 친밀함을 증진하는 데 있어서 보살핌이 중요하다고 강조한다. 심리치료사인 톰 맬론과 패트 맬론(Tom and Pat Malone)은 이 두 가지 견해를 부정하고, 친밀함을 가까움과 비교하면서 친밀함의 의미를 전개한다.[21] 부자 관계인 톰과 패트에 의하면, 대인관계의 근본적인 문제는 "내가 다른 사람과 관계를 유지하면서 나 자신을 잃지 않으려면 어떻게 해야 하는가"이다. 그들은 "여러 관계 안에서 자아를 유지하는 능력이 정신 건강"이라고 생각한다. 관계를 맺는 데 있어서 이러한 건강과는 달리, 신경질적인 사람은 불편하게라도 관계 안에 머물기 위해서 자신의 존재를 적응하거나 변화시켜야 하는 사람이다. 정신 질환자는 다른 사람과의 관계에서 자신이 누구인지 발견하지 못하는 사람이다. 맬론 부자는 "당신이 다른 사람과 함께 있으면서도 자신의 개인적인 공간 안에 존재할 수 있을 때에, 당신은 친밀해진다"고 말한다. 그들은 계속해서 "당신이 혼자 있을 때에도 이 공유된 공간에 거할 수 있다. 그 때에 상대방은 당신의 생각과 감정 안에 존재한다…그 때에 당신은 자신을 아는 것처럼 상대방을 알게 된다"고 말한다.[22]

또 그들은 다음과 같이 말한다:

> 부부 간에 경험되는 대부분의 곤경은 그들의 육체적으로는 가깝지만 친밀함이 부족한 데서 비롯된다. 부부는 각기 상대방을 자신이 아닌 남으로 의식한다. 그들이 자신을 의식하게 될 때, 시계추는 반대쪽으로 움직이며, 그들은 상대방과 관계를 갖지

않는다. 그들은 공유된 공간을 버리고 개인적인 공간으로 돌아 간다…이와 같은 불균형을 바로잡는 것은 단순히 치료를 요하 는 문제가 아니다…이러한 불균형이 우리들 대부분 안에 존재 한다.[23]

가까움과 친밀함은 경험을 강화해 주는 개념인 데 반해, 노이로 제(neurosis)는 비-경험(nonexperience)의 동의어이다. "후자는 우 리가 자신의 욕구 때문에 자신의 개성을 수정하여 상대방을 '보호 하려' 할 때에 발생한다…다른 사람들을 "보호하는 것"은 그들을 "보살피는 것"과 거의 반대의 일이다. 보살핌은 쌍방을 강화하고 활 력을 부여해 주지만, 보호는 쌍방을 허무는 것이다. 보호하는 것은 거리적으로 가까운 것이지 친밀한 것이 아니다. 그것은 서비스를 제공하는 것과 같다. 그것은 삶에 필요한 것이며, 건전하게 행해질 수 있지만, 그것이 관계를 형성하거나 변화시키지는 않는다." 거리 적인 가까움은 관계를 확인해 주고 유지해주는 반면, 친밀함은 관 계를 변화시킨다.[24]

개인의 삶에서 중심이 되는 것은 가까움과 친밀함의 균형을 이루 는 것이다. "거리적인 가까움이 없으면 친밀함이 무질서한 것이 된 다. 친밀함이 없으면, 가까움의 질이 저하되어 역할 수행이나 지루 한 것이 된다."[25] 가까움의 원형은 개인적인 경험이지만, 성적인 경 험을 할 때에 두 사람은 상대방을 개별적으로 아는 것보다 통합적 으로 의식한다…친밀함은 내가 경험의 주체인 동시에 대상이 되는 능력에 의존한다. 즉 상대방과의 관계 안에서 나의 개성을 유지하 면서 상대방을 의식하는 것에 달려 있다." 이러한 경험은 매우 성적 인 것이지만 반드시 생식기와 관련된 것은 아니다. "친밀감의 본질 은 자신과 밀접하게 관련된 사람 앞에서 자신의 자아를 의식하는 것이다."[26]

우리는 오랜 관계를 통해서 다른 사람의 이미지를 알 수 있지만, 이것이 특별한 순간에 상대방을 객관적으로 아는 일에 방해가 될 수도 있다. "사람들이 당신에게 말해 주려고 해도, 그들이 당신에게 말할 때에 아주 가깝다는 느낌을 받는다 해도, 당신은 그들을 알 수 없다. 당신은 친밀할 때에만 사람들을 알 수 있다. 왜냐하면 그 때에 당신은 자신이 느끼고 경험하는 것을 알기 때문이다." 상대방에 대해서 알 수 있는 유일한 정보는 "당신이 그들에 대해 친히 경험하고 알고 있는 것"이다.[27]

> 친밀감 안에서, 타인에 대한 이질감은 우리 자신 안에서 새롭고 생소한 것을 발견하는 것을 허락하거나 자극한다. 이것이 친밀한 경험이 매우 활력적인 이유이다. 그것은 관계를 변화시킨다. 보다 중요한 것은, 그것이 우리 자신에 대한 의식을 증진시킨다는 것이다. 그것은 우리의 변화를 허락한다. 우리가 이러한 차이점, 이러한 생소함을 추구하고 있다는 것을 인식하면, 경험에 의한 접합 및 우리가 그 안에서 자신의 다른 측면을 찾으려는 이유를 이해하는 데 도움이 된다.

우리가 잘 알고 있는 사람보다는 생소한 사람과 더 쉽게 친밀해질 수 있다. 그 이유는 다음과 같다.

> 생소함은 쉽게 이용할 수 있기 때문이다. 친숙하게 알고 있지 않을 때, 우리는 자신이 이미 가지고 있는 지식이나 판단이나 편견에서 해방될 수 있다. 그러나 우리가 친숙한 사람들과 관련해서도 동일한 생소함을 느낄 때에, 가장 강력하고 친밀한 경험이 발생한다. 우리는 아주 가까운 사람들에게서 생소함을 느낄 수 있을 때에 매우 친밀해진다.[28]

버거가 주장한 공통된 대화의 세계, 라이먼과 애덜리가 주장한 바 기본적인 돌봄의 관계가 지닌 근본적인 본질, 그리고 친밀함과 가까움에 대한 맬런 부자의 해석은 특별한 관계에서 돌봄의 균형을 이해하는 데 공헌한다. 특별한 사람과 공통된 세계를 공유하는 것,

자신이 돌보고 돌봄을 받는 경험, 다른 사람과 함께 있으면서 자신을 충분히 유지할 수 있다는 것을 발견하는 것 등이 중요하다. 이것들은 사람을 강조하는 임상목회적 패러다임의 중요한 표현이다.

공동체적 상황적 패러다임에서의 돌봄의 균형을 위한 공헌

공동체적 상황적 패러다임이 특별한 관계 안에서의 친밀함과 가까움에 미치는 영향은 매우 신속하게 변화되고 있기 때문에, 여기에서는 간단하게 언급하려 한다. 중요한 것은, 오늘날 목회적 돌봄을 행하는 사람들은 공동체적 상황적인 것을 토대로 하여, 특별한 관계의 규범이 되는 것에 대한 자신의 가정들을 판단해 보아야 한다는 점이다. 돌보는 사람은 가정 생활에서 보편적인 것과 특별한 것에 대한 판단의 속박을 받지 않아야 한다. 그러나 그러한 판단들은 이루어져야 하며, 돌봄을 행하는 사람은 그것들로부터 정보를 얻어야 한다. 가정 생활에서의 돌봄의 균형을 찾는 일의 규범은 세 가지 패러다임 모두에서 제공되며, 유동적이다. 여기에서는 공동체적 상황적 패러다임이 목회적 돌봄에 기여한 것을 지적하면서 간단히 두 가지 이론을 언급하려 한다.

제2장에서는 상황적인 것에 대한 관심이 "역사적 시간 안에서 여러 가지 선택을 하며, 무의식적인 과정에 의해 강화되거나 금지되며, 성이나 문화, 인종, 계층 등의 틀 안에서 살아가는" 사람들을 재구성하는 데 얼마나 기여했는지 지적하기 위해서 여성주의 가족 치료사인 드보라 루프니츠(Deborah Luepnitz)의 글을 인용했다.[29] 그녀는 치료사로서의 자신의 관심은 "남성과 여성이 자신을 보존하고, 상호의존을 소중히 여기며, 거리낌 없이 사람들을 위해 주며, 두

려움이 없고 절제된 삶을 살며, 비판적 사고와 정치적 저항과 성적 엑스타시를 누리는 능력을 소유하기 위해서 힘을 사용하게 하는 데" 있다고 말했다. 루프니츠는 가족들의 역할과 기능을 변화시켜 그것들에 대한 새로운 통찰과 이해를 끌어내기 위해서 정신분석과 관련된 "기억"을 가족 치료와 관련된 "재구성"과 결합하려 한다.

 루프니츠는 오늘날 규범이 된 밀접하게 결속된 핵가족은 "역사적으로 불변하는 것이 아니며, 어린아이의 욕구에 큰 관심을 기울이는 현상 역시 불변의 것이 아니다…현대 가정의 구조는 18, 19세기 유럽의 부르조아 가정에서 파생된 것이다. 거기에서 바로 내가 가부장적이지만 아버지가 부재하는 가정이라고 부른 가정이 파생되었다"고 말한다.[30] 가정에 아버지가 부재하며 가정이 공동체로부터 점점 고립되면서 어린이들이 가정의 중심이 된다. 때때로 아이들이 부모의 정서적 재공급자가 되고, 때로는 희생양이 되고, 때로는 부모 중 한 사람의 편에 서서 다른 편을 공격하기도 한다. 핵가족이 현대 사회의 마을(village)을 대신한다고 말한 역사학자들에 반대하여, 루프니츠는 마을을 대신하는 것은 아이들이며 그것은 아이들이 정서적으로 부모들을 보살펴야 한다고 느끼며, 종종 스트레스에 대한 반응으로 여러 가지 증상을 나타내는 이유를 설명하는 데 도움이 된다고 말한다.[31]

 정신분석 이론에서 무의식 개념은 인간의 고집을 설명하는 데 필요하지만, 가정 문제를 다루는 데에는 충동에 기초를 둔 정신분석보다는 인간관계를 다루는 정신분석이 더 소중하다는 것이 루프니츠의 생각이다. 정신분석학은 어린 시절에 학습된 것은 비교적 불변한다는 것을 이해하는 데 도움을 준다. 그러므로 "현대의 부부들이나 치료사들에게는 유감스럽게도, 우리가 친밀함을 경험하고 추구하는 방법을 바꾼다는 것은 거의 불가능하다." 정신분석학 이론은 "정신분석학의 이론은 성별에 대한 비타협적인 태도와 단호한 특징을 설명하는 데 도움을 준다. 정신분석학에서는 생물학적 설명에서 주장하는 것처럼 성별이 영구적이고 획일적인 것이 아니며, 사회적 학습 이론에서 설명하는 것처럼 변화될 수 있는 것도 아니라고 말한다."32)

페미니즘에 대한 상황적 이해에 주장되는 바 가족 치료에서 추구하는 대상-관계(object-relations)는 다음과 같다:

> 가족 치료에서는 새로운 아버지, 밤이면 피곤에 지쳐 돌아오는 손님이 아닌 존재, 치료사로 임명된 전문가 이상의 존재, 우유부단한 아내를 훈련하는 코치 이상의 존재, 아내의 후원자 이상의 존재, 가정 내의 위계 질서를 세워주는 사람, 그러면서도 자상한 아버지요, 어머니가 아이들을 아는 것처럼 자녀들을 아는 사람을 만들어 내는 것이다.33)

루프니츠를 비롯한 여성주의 치료사들이 밝힌 상황적 문제들을 다루는 치료사나 목사는 "가정이 덜 가부장적이면서 아버지의 부재가 심하지 않게 해줄 방법으로 가정의 문제들을 해결하는 데 도움을 주려 할 것이다."34)

미국의 흑인 가족 치료사인 보이드 프랭클린(Nancy Boyd Franklin)은 완전한 흑인 가정이란 존재하지 않는다고 주장한다. 흑인 가정들의 문화적 다양성이 간과되거나 오해되고 있다. 목회자들은 미국의 흑인 가정들에 대해서만 아니라, 다른 인종이나 문화에 대해서도 기억해야 한다. 보이드 프랭클린의 주장에 의하면, 미국의 흑인 문화는 아프리카의 유산, 노예 제도, 인종차별 등을 경험했기 때문에 독특한 인종적 경험을 나타낸다. 게다가 가정의 기능을 멸시하는 사회과학 분야의 저술에는 흑인 가정들에 대한 많은 신화가 있다. 흑인 가정들을 다룰 때에는, 권한 부여를 치료 계획의 중심 부분으로 삼아야 한다.35)

보이드 프랭클린이 미국의 흑인 가정들을 대상으로 일하는 치료사들을 위해 주장한 것은 목사들의 가정과는 다른 유형의 가정을 다루는 목사들에게도 소중한 것이 될 수 있다. 그들은 먼저 자기들의 신념과 가치관과 편견들을 포함하여 문화와 가정을 탐구해야 한다. 이 일은 가계도(genograms)와 다른 역사적 연구와 병행하여 이행할 수 있다. 보이드 프랭클린은 가족 치료사들에게 문화적이고 인종적인 감수성을 갖도록 교육하는 자신의 일에 대해서 말하면서, 자신의 문화를 탐구하고 거기에 동참하는 것은 "문화적 다양성의 개념을 전달하고 진부한 생각들을 몰아내는 가장 활기찬 방법이다. 훈련생들이 자신의 가정을 소개할 때에, 흑인 가정, 유대인 가정, 아일랜드계 가정, 이탈리아계 가정, 라틴 아메리카계 가정 등의 개념이 매우 분명해진다"고 했다.[36]

목회자들이 가정 생활의 형태 중에서 특별한 것과 보편적인 것을 이해하는 데 있어서 가정에 대한 문화 간 연구나 인종 간의 연구가 도움이 된다. 제대로 기능하는 가정들의 구조는 가지각색이다. 목회자는 자신이 대하는 가정의 구조가 자기 가정과는 다르다는 것에 신경을 쓰지 말고, 가정을 구성하는 세대들 간의 돌봄의 균형, 그리고 자신을 돌보는 것과 특별히 관련된 사람들을 돌보는 것 사이의 균형에 대해 질문하고 논하는 것이 유익하다. 이제 목회자가 돌보는 가정 내에서의 돌봄의 균형에 대해 언급하는 방법을 실질적으로 다루려 한다.

가정에 아픔이 발생하기 전의 목회적 돌봄

결혼이나 가정과 같은 특별한 관계를 위한 목회적 돌봄은 두 가지 시점에서 이루어진다: 가정에 고통이 발생하기 전과 후. 가정에 고통이 발생하기 전의 돌봄은 목회자가 교인들과 특별한 관계를 유지하면서 그들의 말을 들어주고 기억해주고 응답해줄 때에, 가정이나 특별한 관계 안에 있는 사람들과의 일상적인 만남을 통해서 발생한다. 목회자는 관계와 관련하여 생각하고, 자기들이 알고 있는 개개인에 대해서만 생각하는 것이 아니라 여러 가지 관계의 그물

안에 있는 사람들을 생각함으로써 이 일을 행한다. 그러한 관계들에 대해서 많은 것을 알아야 할 필요는 없지만, 그러한 관계들에 대해 듣거나 관찰한 사실들을 토대로 하여 교인들을 기억하려고 노력하면 고통이 발생할 때에 돌봄을 행하는 데 도움이 된다.

내가 교사이자 임상적 감독으로서 하는 일과 목사로서 하는 일은 다르지만, 나는 학생들을 다룰 때에는 그들에게 중요한 관계들의 그물망에 대해 무엇인가를 알아야 한다. 나는 교실에서, 또는 비공식적인 대화를 통해서 이 일을 할 수 있다. 교실에서, 나는 학생들에게 이야기하는 것을 장려하는데, 종종 가족들에 대한 이야기도 장려한다. 교실 밖에서는, 학생들이 관련된 관계들을 그려볼 수 있게 해주는 이야기에 귀를 기울인다. 언젠가 대학원생이 할머니가 돌아가셨기 때문에 조퇴해야 한다고 말했다. 그 학생은 미소를 지으면서 "교수님은 제 할머니를 기억하시지요?"라고 말했다. 물론 나는 그 학생의 할머니를 기억했다. 나는 그 이야기에 대한 나의 감정과 하나의 이야기를 기억했다. 내 얼굴 표정에는 슬픔과 기쁨이 함께 표현되었다. 나는 "당신의 할머니에게 고맙게 생각하고 있어요"라고 말했고, 학생은 할머니의 죽음에 대해 간단히 말해 주었다. 나는 나의 가정에서의 할머니의 중요성에 관한 생각을 이야기해 주었고, 우리는 서로에게 돌봄을 주고 나서 교실에 들어갔다. 경청하고 기억해 주는 목회자들에게는 이러한 순간들이 많다.

돌봄이 발생할 수 있는 조건을 만들어 내는 데 있어서, 교인들의 특별한 관계를 돌보는 목회적 돌봄의 일부인 비공식적인 경청과 기억 외에도, 목회자의 가르침과 설교가 중요하다. 목회자가 교실이나 강단에서 특별한 관계를 이해하고 해석하는 방법은, 어려운 시기에 중요한 목회적 관계를 형성할 수 있게 해주거나 사람들로 하여금 가정의 특수한 상황에서는 목회자나 교회가 그들에게 도움을 주지 못할 수도 있음을 알게 해준다. 돌봄의 공동체와 목회자가 가정과 관련된 기념일을 어떻게 이해하고 축하하느냐에 따라서 다른 때의 돌봄이 가능하기도 하고 불가능해지기도 한다. 휴가를 친밀하고 행복하게 보내는 핵가족 분위기를 지나치게 강조하는 것은, 그렇지 못한 가정이나 관계에 있는 사람들에게 장애가 된다. 기독교 공동체와 목회자의 과제는 특별한 관계에서의 돌봄의 중요성을 지적하고 해석하는 것이지만, 돌봄의 형식을 지나치게 강조해서는 안된다.

가정에 고통이 발생하기 전에 돌봄의 균형을 전할 수 있는 기회는 목회자가 결혼을 앞둔 남녀의 준비를 도와주는 데서 발견된다. 그러한 상황은 가족 관계에서 현저한 어려움이 발생하기 전에 표현될 수 있는 돌봄과 관심의 예를 제공한다. 공동체의 돌봄은 특정한 교회에서 결혼식에 대한 정책을 수립하고 수행하는 방법과 관련된다. 목회자는 결혼 및 결혼식에 대해 의논하기 위해서 몇 차례 면담을 한다.

결혼을 앞둔 예비 부부가 목회자에게 주례를 부탁하는 방법이나 그들의 특별한 상황에 따라서 목회자가 면담에서 얼마나 많은 도움을 줄 수 있느냐가 결정된다. 만일 그들이 목사에게 단지 결혼식 주례만 부탁한다면, 목사가 줄 수 있는 것은 극히 한정된다. 그러나 그런 상황에서도 결혼식을 준비하는 데 필요한 조건이 제시되어야 한다.

만일 결혼을 앞둔 사람들이 많은 것을 요구하지 않는다면, 목사는 결혼식을 거행하기 전에 그들을 두 차례만 만나면 될 것이다. 한 번의 만남은 삶에 대한 중요한 결정을 내린 성인인 그들에 대해 알기 위해서이다. 목사는 그들이 생각하고 있는 결혼식이 목사가 대표하는 기독교 공동체의 결혼관에 적합한 것인지를 알아야 한다. 만일 그들의 견해가 교회의 결혼관에 합당하지 않으며, 토론과 협상으로도 그들의 견해를 바꿀 수 없다면, 목사는 그들의 결혼식을 집례할 수 없을 것이다. 두번째 만남은 세 가지 목적을 성취하기 위해서 필요하다: 결혼할 남녀에 대해서와 인생에서의 그들의 위치를 이해하기 위해서, 결혼식의 의미를 해석해 주기 위해서, 그리고 그들과 목사, 또는 교회 사이에 어떤 관계를 발달시키기 위해서. 이 세 가지 중 마지막 것은 그들과 목사, 혹은 다른 사람과의 목회적 돌봄의 가능성을 열어놓을 수 있다는 점에서 중요하다.

목사에게 시간적 여유가 있고, 결혼할 사람들이 목사와 함께 그들의 결혼을 깊이 고찰할 자세가 되어 있다면, 이 세 가지 목적을 그러한 상황에 맞도록 다음과 같이 수정할 수 있다: (1) 결혼할 사람들을 보다 잘 알게 됨; (2) 그들이 교회와 교회의 전통을 더 깊이 알게 됨; (3) 그들과 교회 사이의 관계를 강화하기 위해서 결혼 전의 상황을 이용함.

결혼을 앞둔 사람들이 목사의 도움을 받아 결혼 전의 자신들의 상황을 파악하려는 이유는, 배우자 선택에는 많은 책임이 포함되기 때문이다. 가족들이 결혼을 주선하던 시절에는, 결혼이 잘못 될 경우에 비난할 대상이 있었다. 그러나 오늘날 다른 사람들이 결혼을 주선하는 경우는 드물기 때문에, 모든 것이 그들의 선택에 달려 있는 듯하다. 브라이언 차일즈와 나는 가정에 대한 책에서 다음과 같이 말한다: "성적으로 비교적 자유로우며 직업 선택의 폭이 넓은 시대, 가정에서 기대되는 성적 욕구와 사회적 욕구가 감소되는 시대에는, 반드시 결혼해야 할 사람은 거의 없다. 사람들은 결혼을 선택해야 한다."[37] 결혼을 선택하는 데 따르는 책임은 무겁다. 재혼하려는 사람은 결혼의 긍정적인 특성들이 발생하는 것도 무척 나쁜 일일 수 있다는 것, 그리고 잘못될 수 있다는 것을 잘 알고 있다. 결혼을 앞둔 대부분의 사람들이 인간적인 역설을 받아들여야 한다. 즉 자신과 관련된 사람에 대해서 많이 안다고 해서 그 관계의 애매함을 해결되지는 않는다는 것을 알아야 한다.

교회는 종종 결혼을 앞둔 사람들이 결혼 전의 면담에서 배울 수 있는 것의 중요성을 지나치게 높이 평가해왔지만, 중요한 관계를 통해서 결혼 전의 상황이 제공할 수 있는 것에 대한 논의는 충분히 이루어지지 않고 있다. 결혼 전에 이루어지는 목회적 돌봄의 기능은 주로 "결혼의 성공에 지장을 주지 않는 아버지 같은 인물과의 관계를 통해서" 결혼을 선택한 데 따르는 책임에 대한 불안을 완화해 주는 것이다. 차일즈와 나는 이 점을 강조했지만, 여기서 나는 이 주장을 약간 수정하려 한다. 물론 결혼할 사람들과 관계를 가지고 결혼식 집례를 하는 데 있어서 목사에게 문제점이 있을 수도 있다. 그러나 만일 문제가 너무 많다면, 만일 목사가 개입했기 때문에 결혼생활이 성공해야 한다면, 예비 부부가 일상적인 방식으로 관계를 파악할 수 있는 아버지 같은 인물의 가치를 상실할 것이다. 목사는 "당신들의 관계에 잘못된 것이 있다는 사실에 놀라고 실망하는 것 같군요"라고 말함으로써 인간 관계가 지닌 본질적인 애매함을 암시해 줄 수 있어야 한다.[38]

결혼 전 상황에서 목사는 무엇을 해야 하는가? 보통, 결혼할 사람들이 자기들의 관계의 특성에 대한 특수한 질문을 하지 않으면, 면담은 "교회와 결혼하는 것"을 아는 것 "그들과 결혼하는 것" 사이의 균형을 훌륭히 유지될 것이다. 내가 결혼을 앞둔 사람들을 면담하고 신학생들에게 이 일을 해석해 줄 때에, 케네스 미첼(Kenneth Mitchell)과 허버트 앤더슨(Herbert Anderson)의 글이 많은 도움을 주었다.[39] 결혼을 앞둔 사람들, 심지어 목사의 상담을 통한 도움을 원하는 사람들은 보통 자기들의 관계를 조사하려 하지 않는다. 그다지 큰 저항 없이 할 수 있는 일은, 그들로 하여금 자기의 조상 대에서의 결혼 관계들을 살펴보면서 결혼은 무엇이며 그들의 결혼생활은 어떨지 가정해보게 하는 것이다.

미첼과 앤더슨은 이전 세대를 조사하는 다양한 방법을 주장하는데, 예를 들면 각자의 가정 내에서 가족들의 행동 지침이 되는 분명한 규칙이나 암시적인 규칙들 및 여러 가족들의 역할, 그리고 가정의 전통에 대해 논의하는 것을 들 수 있다. 나는 강의 시간이나 결혼을 앞둔 사람들을 면담하면서, 그들에게 그들의 가정 생활의 모습을 보여주는 특별한 시기에 대한 이야기를 하거나 적어보라고 요청하곤 한다. 그러한 이야기들을 토론하면, 그들의 현재의 관계를 직접 비판하지 않고서, 결혼생활이나 가정에 대한 그들의 생각을 드러낼 수 있다.

돌봄의 유형에 대한 라이먼과 애덜리의 관심에서 주장되는 것처럼, 결혼을 앞둔 사람들은 자기들의 부모 시대에 존재하거나 존재했던 돌봄의 유형들을 식별함으로써 많은 것을 성취한다.

> 결혼을 앞둔 사람들의 가족들은 서로를 어떻게 돌보았는가? 가정에서의 돌봄과 충성과 관련하여 어떤 종류의 기대를 했는가? 부모 세대가 지닌 이러한 기대는 앞으로 배우자가 될 사람과의 관계에서 기대하는 것과 어떻게 다른가? 결혼을 앞둔 사람들이 결혼 관계에서의 돌봄에 대해 지니고 있는 부정적인 이미지는 무엇이고, 긍정적인 이미지는 무엇인가? 이것은 대체로 가계도나 상세한 가정의 내력에 대한 논의를 통해서 알 수 있다. 이것은 단순히 정보를 얻기 위한 정보 수집이 아니라, 결혼할 당사자들로 하여금 그들이 상대방과 형성하는 관계에서 부모 세대가 얼마나 큰 영향을 미치는지를 알 수 있게 해주는 것임을 기억해야 한다.[40]

교회에게 결혼을 축복해주기를 요청하려면, 교회가 결혼을 신앙생활과 연결지어온 방법을 이해할 수 있을 만큼 충분한 돌봄이 요구된다. 이것은 부모 세대를 돌보는 방법이 된다. 그러기 위해서는 고전적 패러다임의 일부로서 논의했던 바, 성과 가정에 대한 몇 가지 견해를 알아야 한다. 결혼에 대한 어떤 견해가 결혼할 사람들로 하여금 축복을 받기 위해 목사와 교회로 오게 하는가? 결혼 예식과 관련된 이런 자료들을 어느 정도 알고 있으면, 예비 부부의 결혼이나 결혼관계에 대한 고찰에 도움을 주는 부모 세대로서의 교회를 보다 잘 알게 하는 데 도움이 된다.

지금까지 나는 결혼 전 면담의 관심을 결혼할 당사자들의 관계보다는 그들의 부모 세대, 그리고 부모 세대와의 관계에 초점을 두어

왔다. 그러나 나는 장차 그들이 낳을 자식들에 대한 문제에 대해서도 시간을 할애했다. 이것은 우리 세대들이 지닌 돌봄의 이미지에서 비롯된 것이다. 아이를 갖는다는 육체적인 사실과 상징적인 의미는 돌봄과 장래의 투자에의 헌신을 분명히 표현해준다. 그들이 아이를 갖기로 하거나 갖지 않기로 한 결정과는 상관없이, 대부분의 부부에게는 아이를 기름으로써 자신의 존재를 표현하려는 강력한 인간적 욕구가 있는 듯하다. 물론 예외가 있으며, 이러한 예외는 결정을 하는 사람의 삶, 그리고 그의 배우자에게 중요하다.

나는 결혼할 사람들과 논의하면서 그들이 서로간의 성적인 친밀함에 대해서보다 이 문제에 대한 걱정이 더 많다는 것을 알았다. 취업 준비 때문에 출산을 뒤로 미루면, 부인이 건강한 아이를 낳을 수 있는지, 만일 낳을 수 있다면 어떻게 해야 할 것인지가 큰 관심사가 된다. 자신이 돌보거나 지도하는 부부들과 함께 자녀 문제를 논의하지 못하는 목사는 각 사람에게 있어서 인간으로서의 중요한 부분이 무엇인지 인식하지 못한다. 다음 세대에 참여하는 방법에 대한 결정은, 인간됨의 의미의 중요한 부분이며 신앙의 표현이다.

나는 목회자의 결혼 전 상담은 "그들의 현재의 삶의 상태, 조상, 그리고 역사적으로 교회가 결혼을 축복해온 방법 등을 해석하는 자리를 마련해 주는 것"[41]이라고 생각한다. 패튼과 차일즈가 기독교의 결혼에 관해 저술한 책에 제시된 결혼 전 목회적 돌봄의 구조 일부는, 목회자들이 이러한 사역을 위해 준비하고 자 평가하는 데 유익할 것이다.[42]

가정적인 아픔의 시기의 돌봄

결혼 상담이나 가정 상담 교육을 받지 않은 목회자는 특별한 관계에서 발생할 수도 있는 아픔과 관련하여 도움을 청하는 교인들을 어떻게 돕는가?

먼저, 목사는 다음의 두 가지를 기억해야 한다: (1) 목사는 가족

치료사가 아니다: (2) 목사는 한 가정과 그 가족들에게 반드시 도움을 주어야 하는 것은 아니다. 목사가 해야 할 일은 치료(cure)가 아니라, 각각의 가족에게 나머지 가족들 앞에서 돌봄을 전할 수 있는 구조를 마련하는 것이다. 물론 목사는 자신이 가족 치료사가 아니며 사람들이 목사에게 치료를 기대하지 않는다는 것을 기억해야 하지만, 동시에 균형을 잃은 가정에 도움을 주기 위해서는 가정들과 대인관계에 대해서 자신이 이미 알고 있는 많은 것들을 활용할 수 있어야 한다는 것도 기억해야 한다.

나는 여기에서 가족이나 다른 특별한 관계를 해석하면서 "균형을 잃은"이라는 표현을 사용한다. 또 그것을 상식적인 진단 용어로, 분명히 심리학적 진단 범주들을 사용하지 않고 가정의 고통에 대해 이해하고 생각할 수 있는 일반적 방법으로 사용한다. 물론 나는 가정들이 모두 비슷하다거나 다루어야 할 가정의 문제는 오직 하나라고 주장하는 것이 아니다. 내가 말하고자 하는 것은 가족 치료 훈련을 받지 않은 평범한 목사들에게 있어서는 가족의 아픔을 불균형으로 이해하고 해석하고 중재하는 것이 생산적인 접근 방법일 수 있다는 것이다. 돌봄의 균형을 자신의 종교 전통과 심리학 이론의 일부로 이해하고 해석해온 목사는 돌봄의 균형에 대한 대화에 가족들을 개입시킬 수 있다. 그런 균형에 관한 대화와 가족과의 합류는 많은 경우 균형에 대한 그러한 대화는 대부분 그 가정이 보다 균형있는 돌봄을 향해 움직이는 데 도움을 준다.

그 일은 목사가 가족들을 한자리에 모으는 것으로 시작된다. 괴로움을 당하는 가정에게 목사가 제공하는 중요한 것은 돌봄, 그 가정의 가족들 각자에 대한 관심과 책임 의식이다. 만일 그 가정이 목사가 맡고 있는 신앙의 공동체에 속한 가정이라면, 목사는 이미 그 가정의 가족들 각 사람을 적극적으로 돌볼 수 있는 허락을 받은 셈이다. 만일 그 가정이 목사의 교회에 속한 가정이 아니라면, 그들은 부분적으로 목사의 상담을 구할 것이다. 그러므로 목사에게는 돌봄의 권위, 그리고 돌봄의 상황을 구성할 권위가 부여되어 있다.

목사가 처리하는 대부분의 상황에서, "가족들을 불러모으는 것"은 첫번째 면담에서 부부를 함께 만나며, 도움을 구하는 사람이 배우자나 다른 가족들이 없는 곳에서 그들에 대해 말해야 하는 상황을 피하기 위해 노력한다는 것을 의미한다. 다른 사람들과는 관계없이 개별적으로 가족들을 돌보는 일은 나중에 행할 수 있다. 가정을 위한 돌봄의 첫번째 표현은 가족들 모두를 연결함으로써 가정 전체를 인정하고 평가하는 것이다. 처음에는 아이가 공부를 잘 하지 못하거나 남편이 직장에 매달려서 부인을 등한시하는 것과 같은 개인적인 문제가 제시될 수도 있다. 어떤 문제가 제시되더라도, 목사는 먼저 부부를 함께 만나기 위해 노력해야 한다. 만일 자녀 문제일 때에는 가족 모두를 함께 만나야 한다.

가족들 모두를 사무실이나 적합한 장소에 불러 모은 목사는 목회적 돌봄에서 함께 함(being with)의 중요성에 대하여 자신이 배운 것이 여전히 효력이 있음을 기억해야 한다. 가족들은 서로 강력한 관계를 가지고 있으므로 그들이 다른 식구들이 있는 곳에서 각각의 가족들과 함께 있으려면 대단히 적극적이어야 할 것이다. 개인을 보살피는 사람은 다소 소극적으로 행하며 그 사람의 말을 들어주는데 초점을 둘 수 있다. 한 사람 이상을 보살필 때에는, 함께 함과 경청을 부정하지는 않지만, 보다 적극적으로 면담을 구성해야 한다. 이것은 비교적 교육을 덜 받은 목하에게 적용된다. 교육을 덜 받은 사람은 더 많은 구조를 필요로 한다. 목회적인 가정 면담은 교실에서의 수업에 비유할 수 있다. 수업을 맡은 교사는 학생들에게 발표를 권하며 다른 학생들에게는 경청하라고 권한다.

가족들이 모인 후, 가족 돌봄의 면담의 기본적 방법은 이 가정의 가족들 각자가 나머지 가족들 앞에서 개별적으로 발언하게 하는 것이다. 이것은 가족들이 소유한 헌신과 충성을 존중하지만, 분리와 개성도 인정한다. 그것은 자아와 다른 사람들 사이의 돌봄의 균형,

그리고 가족을 구성하고 있는 모든 세대에 대한 관심을 보여준다.

가정에서의 돌봄의 균형에 관한 중심적 문제 이외에도, 가족들을 개입시키는 과정에서 목사는 가족들 중 한 사람이 아니라 가족들 전체가 어려움에 빠져 있다고 생각해야 한다. 가족 전체의 행위가 문제이거나 아픔을 야기한다. 가족 전체 또는 부부 모두가 균형을 잃고 있다. 만일 이렇게 가정하지 않는다면, 비효율적인 가정의 형태가 변화되기보다는 재확인될 가능성이 커진다.

가족들 전체, 또는 되도록 많은 가족들이 모이는 상황을 구성하는 방법, 그리고 목사가 면담을 하면서 하는 질문이나 논평 등은 일종의 중재로서 표현된다. 중재란 문자 그대로 "사이에 들어감"을 의미하는 유익한 개념이다. 실제로, 목사는 대화를 하면서 가정 내의 관계 사이에 들어간다. 중재란 가정 내의 역기능적인 것을 치료하는 것이 아니라, 관계의 패턴을 바꾸는 것이다. 가족이 아닌 사람이 있으면, 가족들은 다르게 행동한다. 목회적인 가족 면담의 경우에, 중재의 목적은 가족들로 하여금 그들이 평소에 서로 상호 작용하는 방법을 의식하도록 도와주는 것이다. 만일 그들이 하나의 패턴을 볼 수 있다면, 그들은 그 안에서 변화를 이루는 편을 선택할 수 있을 것이다.

면담에서 진행되는 것을 구성하는 목사는 "아픔을 주는 것이 무엇인가?" "어떤 일이 진행 중인가?" "가정 내에서 무엇이 작용되지 않는가?" 등의 질문을 한다. 또는 "지난 주일 예배 후에, 조지가 나에게 와서 가족들이 많은 긴장을 겪고 있다고 말했습니다. 그래서 혹시 그 문제에 대해 대화하면 도움이 되지 않을까 해서 잠시 들렀습니다"라고 말하면서 면담을 시작할 수도 있다. (여기에서 목사는 첫마디를 하면서 문제를 자신이 들은 그대로 전하는 것이 아니라, 가정의 문제로 재정의하고 있다. 만일 현재 진행되고 있는 것이 그 가정의 문제라고 재해석하면서 면담을 시작한다면, 이미 그 가정에 유익한 것을 제공한 셈이 된다.)

가족들 중 누구에게 첫 질문을 할 것인가? 가족 치료사들은 개인의 문제보다 가정의 고통이라는 개념을 전하려면 확인된 환자나 문제를 거론해서는 안된다는 데에는 의견이 일치하지만, 그들이 사용하는 접근 방법은 각기 다르다. 누가 먼저 반응을 나타내는지 알기 위해서, 가족들 전체에게 가정의 아픔이나 문제에 대한 질문을 할 수도 있다. 가족들이 도움받기를 절실히 원하는 사람이나 가장 관심이 없는 사람에게 그 질문을 할 수도 있을 것이다. 이 방법에서는, 가장 관심을 가진 가족이 확인한 문제를 제시하기보다는 가정 전체 안에서 일어나는 일을 언급할 가능성이 많다.

각기 다른 문제를 가진 개인들을 대상으로 목회적 돌봄을 행한 목사는 그 조직 내에 있는 각 사람의 아픔을 보살피거나 반응하지만, 다른 가족들에게서 진행되는 있는 다른 문제와의 접촉을 상실하는 것은 아니다. 목사는 가족 체계에서는 국외자이지만, 그는 가족들 개개인의 느낌에 대한 감수성에 의해서 그들의 내부자가 될 수 있다. 아마도 가장 중요한 것은, 목회자가 가족들과 목회자 사이에 대화가 이루어질 수 있도록 적극적으로 대화를 조성하는 것이다. 그다지 교육을 받지 못한 목회자에게는, 이것이 면담을 통제하며 가족들 내에 있는 역기능적인 상호작용의 흐태를 제거하기 몇 가지 조처를 취할 수 있는 유일한 방법이다.

목회적인 가족 면담의 유익한 틀에는, 가족들 각자에게 연속해서 동일한 질문을 하는 것, 그리고 동일한 질문에 관해서 각 사람과 비슷한 대화를 시도하는 것이 포함된다. 각각의 가족이 아픔을 얼마나 오랫동안 의식해왔으며 그것이 각 사람에게 얼마나 영향을 주었는가에 대한 그들 자신의 관찰에 초점을 두고 질문을 제기할 수 있다. 또는 가족들이 가정의 문제를 다루기 위해서 무슨 일을 해야 하는가에 대한 견해를 물을 수도 있다.

여기에서는 세 가지 특수한 중재 방법만 언급했지만, 중재하는 과정에서 많은 일이 진행될 수 있다. 문학에서 가정을 묘사하는 데 사용되는 개념들이 그 과정에서 유익할 수도 있다. 이 과정에서 발생하는 것들은 가정의 역할, 경계, 비밀, 습관, 의사소통 방법, 규칙 등에 인식의 증가로 해석될 수 있다. 비교적 교육을 받지 못한 목회자들에게 보다 유익하고 친밀한 개념은 돌봄의 균형—가정을 이루는 세대들 간의 관계를 다루는 방법, 그리고 가까이 있고 싶은 욕구와 개성 있는 개체가 되려는 욕구의 균형을 이루는 방법—일 것이다. 이러한 문제들에 대해 목회자가 관찰한 사실을 가족들에게 해석해주는 것은 가족들이 당연하게 여기던 일들을 의식하게 하는 데 도움이 된다. 여기에서의 가설은, 사태를 있는 그대로 의식하면 변화를 이룰 수 있다는 것이다. 목사가 한 가정을 그 가족들이 보는 것과는 다른 방식으로 본다는 것은, 다른 존재 방법들이 있다는 것을 암시해준다.

다음 장에서는 부부와 가족들을 대상으로 사역하는 데 관련된 문제들을 논할 것이다. 목사 자신이 이미 경험한 것을 사용한다는 것, 아픔을 겪고 있는 사람들로 하여금 자신의 말이 경청되고 기억되리라는 것을 알게 하는 것이 중요하다.

목회적인 가족 중재에 대한 논의는 부부와의 만남, 그리고 부모들과 어린아이들과의 만남에 적용된다. 그러나 부부만을 만날 때에는 몇 가지를 더 강조해야 한다. 부부를 면담할 때에, 목회자는 배우자 중 한 사람과 목사의 대화가 교대로 이루어지도록 주선해야 한다. 부부에게 제기하는 질문들은 가족 면담에서 사용된 질문들과 비슷한 것일 수 있다. 그것들은 두 사람이 각기 문제라고 여기는 것을 다루어야 한다. 문제가 얼마나 오랫동안 진행되어 왔는가? 현재의 상태를 개선하기 위해서 각자가 바라거나 원하는 것은 무엇인가? 아마 가장 중요한 것은 부부들이 목회자와 면담하면서 자신이 느끼는 아픔을 털어놓을 기회를 소유한다는 것이다. 다음으로 중요한 것은, 배우자가 털어놓는 아픔을 어깨 너머로 들을 수 있다는 것이다. 사람들은 직접 들을 때보다 어깨 너머로 들을 때에 더 효과적으로 경청할 수 있다: 그러므로 면담은 어깨 너머로 듣는 일이 이루어질 수 있도록 진행되어야 한다.

마지막 정리

목회적 중재의 과정에서 목회자로서의 가치는 치료가 아니라 돌봄에 좌우된다는 것을 기억해야 한다. 치료는 특수한 목표가 아니라 선물이다. 한편, 목회적 중재는 가족들로 하여금 돌봄의 공동체를 대표하는 목사와의 관계 안에서 사태를 전과는 달리 경험하게 하며, 충분한 자유와 지원을 느끼면서 새로운 일을 시도할 수 있게 해준다. 이런 일이 발생하지 않더라도, 목회자가 누군가 책망받아야 할 사람이 있다고 가정하기보다는 진행되고 있는 일을 이해하려 한다는 것을 알게 되면, 가족들이 참된 만족을 느낄 수 있다.

토의 문제

1. 당신의 가정에서 혈연관계와 우정은 어떻게 다르고, 어떻게 비슷한가? 당신은 어떻게 우정을 정의하는가?
2. 윤리학과 목회적 돌봄의 관점에서 세대 간의 돌봄이라는 개념에 대한 당신의 이해에 대해 논하라. 후대를 돌보아야 할 책임은 자식이나 손자가 있는 사람들에게, 그리고 친 자식이 없는 사람들에게 어느 정도 적용된다고 생각하는가?
3. 라이먼과 애덜리, 그리고 맬론 부자의 입장에서 돌봄과 친밀감을 연결해 보라. 그것들은 어떻게 서로 보완적이고 반대적인가? 당신이 잘 알고 있는 특별한 관계에서 비슷한 점과 차이점을 생각해 보라.
4. 당신에게 가장 의미있는 결혼의 상징들은 어떤 것인가? 결혼 전 사역이나 다른 형태의 사역에서 그것들이 어떻게 사용되는지 논의하여 보라. 당신이 중요하게 여기는 결혼의 상징들은 당신이 관여한 결혼식에 어떤 영향을 미치며, 당신이 부부 간의 아픔이나 가정의 아픔에 중재하는 방법에 어떤 영향을 미치는가?
5. 당신이 목회적 돌봄의 사역자로서 일하는 데 있어서 당신의 조상이 기여한 점은 무엇이라고 생각하는가? 당신의 조상은 어떤 영향을 주는가? 당신의 조상으로부터 분리하는 것은 당신이 돌보는 가족 관계를 다루는 방법에 어떤 영향을 줄 것이라고 생각하는가?
6. 문제 가정의 삶을 중재하는 문제에 있어서, 당신이 가장 염려하는 것은 무엇인가? 그들을 개입시키는 데 있어서 당신의 장점은 무엇이라고 생각하는가? 약점은 무엇인가? 당신의 불안을 해소하며 당신의 한계를 보충하기 위해서 어떤 일을 할 수 있는가?

제4부

상담자 및 신학자로서의 목사

제9장

목회 상담:
유효성과 소개의 사역

> 상담에 대한 절망적인 욕구가 있다. 그것은 가볍게 착수할
> 수 있는 과정이 아니다. 하나님은 인간의 몸보다 영혼을 덜
> 복잡하게 만드는 것은 적합하지 않게 여기셨다.
> - 슈워드 힐트너(Seward Hiltner)[1]

"목회 상담은 삶에서 고통을 당하고 있으며 그것을 해결하기 위하여 목회적 도움을 찾는 개인, 부부, 또는 가정에게 제공되는 전문화된 유형의 목회적 돌봄이다."[2] 상담을 기본 사역으로 제공하지 않는 상황에서의 목회 상담은 유효성과 소개의 사역이다. 이 사역의 본질은 목회자가 현장에 있으면서 사람들이 다른 사람들과 관계를 맺도록 도와주는 것이다. 이 장은 주로 돌봄의 공동체가 제공하는 사역의 일부인 목회 상담에 대해 다룬다.

나는 다른 곳에서 목회 상담은 교회의 사역, 보다 정확하게 말하면, 그리스도의 이름으로 하나가 된 교회의 사역의 차원이라고 주장하여 왔다.[3] 비록 목회 상담 사역을 전공한 사람들이 점차 증가하

고 있지만, 목회 상담 자체는 전문직이 아니라 전문적으로 사역하는 사람들이 행하는 기능이다. 특별한 유형의 상담을 목회 상담이라고 정의하는 것은 상담에 사용하는 방법보다는 상담자의 인격과 책임과 더 깊은 관련이 있다. 어떤 방법을 목회적이라고 결정하는 주된 기준은, 그것이 사역에 적합한 것인가, 그리고 도움을 구하는 사람의 욕구와 관련된 것인가이다.[4]

목회 상담자는 자신의 종교 공동체가 확증한 삶의 이미지와 그 의미를 대표하는 사람이다. 목회 상담자는 삶과 믿음에 대한 이해를 탐구할 수 있는 관계를 제공한다. 이 책에서 확인된 중심적인 이미지에 비추어 보면, 목회 상담은 우리를 기억하시며 기억하는 공동체를 통해서 그리스도 안에 있는 하나님의 사랑을 기억하는 은혜를 주시는 하나님을 믿는 믿음에 의해 능력이 주어지는 관계라고 볼 수 있다. 그다지 체계적이지 못한 형태의 목회적 돌봄들이 그렇듯이, 목회 상담에서도 목회적 돌봄을 위한 세 가지 패러다임 모두의 요소를 채택한다..

고전적 패러다임에서의 목회상담

토마스 오덴(Thomas C. Oden)의 저서 『목회 상담』(*Pastoral Counsel*)은 목회적 돌봄을 위한 고전적인 기독교 메시지의 힘을 재발견하는 데 필요한 풍부하고 훌륭한 자료이다. 상담에 관심있는 목회자는 사도행전에서 "새로 되는 것을 말하고 듣는 이외에 달리는 시간을 쓰지 않는다"(행 17:21)고 묘사된 아테네 사람들과 같다는 평판을 지녀왔기 때문에, 오덴은 "심리학이 전문 분야가 되기 훨씬 전부터 목회자들은 심리학적 지혜가 요구되는 활동에 참여해 왔다는 것"을 상기시키려 한다.[5] 그러나 칼 로저스가 말한 "심리치료에 성공하기 위한 필요충분조건"을 교회 교부들에게서 찾아보려는 오덴의 시도와는 달리, 고전적 전통이 우리에게 알려 주는 것은 방법에 관한 것이 아니라 하나님께서 듣고 기억하신다는 메시지에 관한 것임을 기억해야 한다.

공관복음에 지속적으로 등장하는 바 경청, 메시지를 받음의 중요성, 그리고 준비된 사람과 그렇지 못한 사람의 비교는 목회 상담자에게 강력한 이미지를 제공한다. 그 주제는 거듭 나타나지만, "그러므로 너희가 어떻게 듣는가 주의하라"고 한 누가복음 8:18에서는 이미지에 초점이 주어질 것이다. *Blepete*는 문자 그대로 너희가 어떻게 듣는가를 "보라"는 의미를 가진 명령형이다. 이 희랍어는 감각 인식, 눈 먼 상태가 아니라 확실하게 볼 수 있는 상태를 지칭한다. 그것은 전달되는 메시지를 완전히 의식하기 위해서 모든 감각들을 요구하는 듯하다.[6] 목회 상담자도 동일한 정신으로 자신이 듣고 기억하는 방법을 보며, 내담자의 특수한 삶의 정황과 목회자가 대표하는 메시지를 연결하려 한다. 오늘날 목회상담에 요구되는 것은 로저스가 말한 "필요충분조건"이 아니라, 내담자를 다른 돌봄의 사역자에게 의뢰하고 소개해줄 수 있는 목회자이다.

임상 목회적 패러다임에서의 목회상담

목회상담이 임상목회적 패러다임에서 얻어낸 것은 인격과 관계성의 강조, 그리고 상담자와 내담자 및 그들의 관계에 대한 이해를 깊게 해 주는 심리학적 자료와 신학적 치료를 사용한 것이다. 목회자가 교인들을 상담하면서 제공하는 것은 "관계적 인간성"(relational humanness)이다.[7] 목회자는 상담 중에 있는 내담자의 직접적인 관심이 되는 문제를 해결할 수도 있고 못할 수도 있다. 목회자가 제공하는 것은 인격적인 현존(personal presence)과 유효성(availability), 즉 교인이 목사에게 자신의 아픔을 이야기하며, 그 모습을 보는 목사의 공감적인 이해를 경험하는 관계이다. 상담은 단 한번의 만남으로 끝날 수도 있지만, 훌륭한 목회 상담에는 문제 제기와 경청만이 아니라 인격들의 만남이 포함된다. 목회적 돌봄과 상담에서 발생하는 것에 대한 이러한 이해는 임상목회적 패러다임의 공헌으로서, 돌봄의 메시지 뿐만 아니라 돌봄이 이루어지는 관계가 중요하듯이 돌보는 사람의 인격이 중요하다고 강조한다.

상담 전문가가 아닌 사람은, 교인이 목사와 잠시 만나는 것이 매우 중요한 의미를 가지며 필요한 경우에 다른 전문인과의 장기간의 유익한 관계를 형성하도록 촉진할 수도 있다는 것을 기억해야 한다. 물론 기회가 주어지면 목회자는 상담 교육을 받아야 하지만, 보다 중요한 것은 그러한 상담 교육을 받지 않고서 제공해야 하는 것을 과소평가해서는 안된다는 것이다. 몇 년 전에 성공회의 사제들과 주교들이 모여 목회적 감독에 관한 연수회를 개최한 적이 있다. 당시 나는 소그룹에서 토의하고 해결 방안을 탐구하기 위한 문제로 많은 어려움에 직면해 있는 사제의 사례를 제시했다. 내가 "당신이라면 어떻게 하시겠습니까?"라고 질문했을 때, 상담 교육을 받은 적이 없는 무뚝뚝하고 늙은 주교가 망설임이 없이 "나는 거기에 그들과 함께 있겠습니다!"라고 대답했다. 나는 그곳에 참석한 사람들 중에 그 감독이 참석한 것의 가치를 의심하는 사람은 한 사람도 없었다고 확신한다. 그 주교는 자신의 존재와 자신이 제시하는 것을 확신하고 있었다. 훌륭한 목회자라면 누구나 그와 비슷한 확신을 가지고 있어야 하며, 교육을 제대로 받지 못했다고 해서 위축되어서는 안된다.

어떤 사람의 인격 및 그가 대변하는 것을 평가하는 것의 다른 측면은 사역은 치유나 문제를 성공적으로 해결하는 것과 동일시되어서는 안된다는 목회자의 의식이다. 목회자는 어떤 것을 어떤 일을 하는 방법을 알지 못한다는 사실을 감추지 말고, 자신에게 치료의 능력이 있다고 주장하지 않으면서 돌봄을 제공할 수 있어야 한다. 전장에서 주장한 것처럼, 목회자는 아픔을 당하는 가정들을 만나 그들의 아픔에 응답하는 가족 치료사가 될 필요는 없다. 목회자는 아픔을 당하는 가정을 만날 때에 그들에게 소중한 것이 무엇인지를 알아야 하지만, 그 만남에서 이루어진 것에서 지나치게 많은 것을 기대하거나 주장해서는 안된다. 중요한 치유가 이루어질 수도 있지만, 목회자가 제공할 수 있는 것은 치료가 아니라 돌봄이다.

공동체적 상황적 패러다임에서의 목회상담

공동체적 상황적 패러다임이 목회적 상담에 미치는 효과는 아직 초기 단계에 있다. 공동체적 상황적 패러다임의 공동체적 차원의 효과에는 목회상담은 개인적 실행이 아닌 믿음의 공동체에 의해 인준된 사역이라는 인식을 포함된다.[8] 그리고 목회상담이 점차 안수 받지는 않았지만 실제로 목회적 책임을 지고 있는 사람들이나 상담 훈련을 받은 신앙인 이상의 사람들에 의해 행해지고 있다는 인식도 포함된다. 목회상담자와 종교 상담자 또는 기독교 상담자와의 차이는, 목회상담자는 주로 신앙의 공동체를 책임진다는 데 있다. 만일 목회상담자가 전문 교육을 받은 사람이라면, 그는 부차적으로 다른 목회상담자들이 연합하여 구성된 전문 기구를 책임져야 할 것이다. 안수 받지 않는 사람도 목회 상담자가 될 수 있다. 이 패러다임의 공동체적 차원은 다음과 같은 포용성을 강조한다: 목회상담자라고 해서 믿음의 공동체를 우선적으로 책임져야 하는 것은 아니다—책임을 가지고 있어야 한다.

책임의 문제는 상담과 정신치료 분야를 전문적으로 다루는 사람들과 관련된 것일 뿐, 교구 사역자에게는 그다지 중요한 것이 아닌 것처럼 여겨지는 듯하다. 그러나 사실은 그렇지 않다. 교구 사역자는 자신이 상담하는 믿음의 공동체에 대해 중요한 책임을 갖고 있다. 교구에서 목회 상담의 책임은 목회자만이 아니라 공동체 전체에게 있다. (이 말은 상담을 행하는 안수받은 사역자와 안수받지 않은 사역자 모두에게 적용된다.)

나는 여러 해 동안 사역자 그룹을 만나면서 많은 목회자들이 목회상담을 비밀리에 행하고 있다는 것을 관찰하였기 때문에, 교구 사역자들의 책임의 중요성에 대하여 강조하려 한다. 교회 내의 어느 그룹도 자기들이 어떤 종류의 상담을 얼마나 행하고 있는지, 자기들의 시간 중 몇 퍼센트를 이 사역에 할애하고 있는지 알지 못한다. 목회자는 자신이 얼마나 많은 시간을 이 일에 사용하는지, 이러한 봉사를 위해 받은 돈이나 궁핍한 사람들에게 구제한 돈, 자신이 대면하고 있는 상황이 어떤 것인지, 자신이 누구로부터 어떤 자문을 받고 있는지 등을 보고해야 한다. 모든 종류의 상담에서 중요한 요소인 비밀 유지 때문에, 목회자가 목회적 상담을 책임지고 있는 교구의 위원회에 정규적으로 보고하며, 가끔 얼마나 많은 상담을 목회자가 하고 있으며 상담의 얼마나 많은 부분들이 교인이 아닌 다른 사람들을 위한 사역으로 진행되고 있는지에 관해 조언을 받아야 하는 문제를 절충할 수는 없다.

새로 부임한 목회자가 목회상담을 시작하는 방법 중의 하나는 교회의 치리 기관, 당회, 제직회 등에게 목회상담과 소개 위탁(환자를 전문 기관에 소개함[referal]) 사역을 도와줄 소규모의 임시 위원회를 구성해달라고 부탁하는 것이다(나는 처음 위원회는 상임 위원회보다는 특별 임시 위원회로 할 것을 제안한다. 그렇게 하면, 새로 부임한 목회자가 교인들을 제대로 알게 된 후에 위원회의 위원들을 바꿀 수 있다). 이런 위원회를 구성하는 것은, 목회자의 상담 사역이 비밀이 아님을 나타내준다. 위원회가 우선적으로 해야 할 일 중 중요한 부분은 목회자에게 공동체 내에서 이용 가능한 "돌봄의 네트워크", 즉 특별한 상황에서 도움을 받을 수 있는 사람들에 대해 조언해 주는 것이다.

　목회자로 하여금 상담에 착수할 수 있게 해준 후, 위원회는 다양한 상황에 대해 자문과 충고를 해줄 수 있다. 목회자는 그러한 상황에서 사람들을 도와주는 데 필요한 기금을 가지고 있어야 하는가? 위원회는 이 문제에 대해 건의를 하거나 정책을 제시함으로써, 각각의 상황에 따라 새로운 결정을 하는 일을 피하게 할 수 있다. 각각의 상황에서 목회자와 교인에게 법적인 적용을 어떻게 할 것인가? 위원회는 충고를 할 수 있고, 자료들을 제안할 수 있다. 위원회는 목회자가 사람들의 비밀을 지켜 주어야 하는 관계를 침해하지 않으면서 지원과 조언을 해줄 수 있다. 아마도 위원회는 목회자가 홀로 일하는 것이 아니라는 의식, 그리고 목회자는 목회 상담을 비밀로 해서는 안된다는 의식을 제공한다는 점이 가장 중요할 것이다. 목회 상담은 목회자 혼자서 하는 일이 아니라 돌봄의 공동체의 일이다.

　공동체적 상황적 패러다임의 상황적 차원은 여러 면에서 목회 상담에 대한 이해를 바꾸고 있다. 그 중 일부에 대해서는 이미 논하였다. 예를 들면, 전문적 능력, 성별, 인종, 그리고 상담 상황 내의 문화 등에 대한 관심이 증가되고 있다. 목회 상담은 다음과 같은 두 가지 점에서 영향을 받아온 듯하다: (1) 한편으로는 일반화하는 데 포함된 편견을 무시하고 다른 한편으로는 성이나 인종이나 문화와 같은 요인들을 무시하면서, 인간에 대한 이해를 일반화하려는 상담이론과 실천의 경향에 대해 질문하는 것; (2) 목회상담의 관계들과 같은 전문적 관계의 힘을 사용하는 것과 잘못 사용하는 것에 대한 비판적 분석.

　이러한 주제들을 다룬 박사학위의 논문들이 많지만, 성별이나 종족, 그리고 다른 상황적 문제들을 구체적으로 다루는 목회상담의 이론서들은 이제 겨우 출판되기 시작했다. 그러나 그것들은 벌써 상담 과정에 대한 우리의 이해, 특히 평가와 진단, 그리고 상담과정의 결과나 목적에 영향을 주기 시작했다. 목회 상담자들은 인간에 관한 대부분의 이론들은 지배적인 문화의 남성 위주의 이미지로 구성되어 왔다는 사실을 인식하기 시작했다. 이것은 편파적인 진단을 낳았고, 그런 기준과 다른 견해를 가진 사람들의 기대들을 억제했다.

상담과 관련된 평가 과정의 대부분은 내담자의 "내면"의 요인들에 집중되어 있었기 때문에, 그런 편견을 언급하려면 내담자의 기능에 영향을 주고 있는 외부 요인들에게 많은 관심을 기울여야 한다. 성별이나 인종, 계층, 또는 문화와 상관없이 모든 목회 상담자들, 특히 지배적 문화에 속해 있는 남성들은 자신의 가치관과 편견들을 계속 재고하고 검토해야 한다.

엘레인 핀더휴즈(Elaine Pinderhughes)는 남성 상담자가 해야 할 고찰을 다음과 같을 것이라고 묘사한다:

> 나는 여성들도 동등한 기회를 소유하기를 원하지만, 여성들이 내 위에 군림하는 권위를 소유한다면 불편함을 느낀다…백인 남성인 나는 여성들의 주장이 옳다는 것을 알지만, 여성들이 매우 강력하여 내 뒤를 쫓아오면 위협을 느낀다…나는 한편으로는 여성들에게 가해져온 불의를 인정하고, 나 자신의 삶에서 그것이 어떻게 해결될 것인지를 인정하지만, 페미니즘에 헌신하는 것은 불편하다.[9]

상담자의 가치관과 자신과 다른 사람들에 대한 편견의 명백한 효과, 또는 잠재적인 효과는 무엇인가? 어떻게 상담자의 사회화 과정(socialization process)이 내담자의 과정과 비슷한 방법으로, 또는 상이한 방법으로 어떻게 내담자에게 영향을 주었으며, 그것은 관계 형성에 어떤 영향을 줄 것인가? 목회 상담이란 인간들의 공통된 특성을 찾는 일을 포기하는 것이 아니라, 상담자의 편견을 찾아내고 이해하기 전에는 사람들에 대한 공통적이거나 규범적인 것에 대한 가정들을 신뢰하지 않는 것이다.

목회 상담 관계에서의 힘의 문제와 관련하여 중요한 것은 학대가 발생할 잠재성을 인식하는 것이다. 목회 상담 관계에는 분명히 상담 구조의 일부로 인정된 의존관계가 포함된다. 목회적 돌봄에서와는 달리, 목회 상담에서는 내담자가 공개적으로 "나에게는 도움이 필요합니다"라고 말한다. 그는 자신의 삶의 어떤 면에서의 약점과 취약성을 인정하며 자신이 변화를 원하는 욕구에 대처하는 일을 도와줄 권한을 목회상담자에게 부여한다. 이 관계에 포함된 의존성은 나쁜 것이 아니다. 사실상 의존성은 "자아의 봉사에서의 일시적이고 긍정적인 퇴행이다. 누구를 의지한다는 것, 돌봄을 받는다는 것은 그 사람으로 하여금 삶의 도전에 직면하는 데 필요한 힘을 갖게 해 줄 수 있다.

그러나 목회자의 힘이 악용되거나 남용될 때에 내담자의 의존성과 취약성은 파괴적인 것이 될 수 있으며, 상담 역할에 내재하는 만족감이 그 관계를 쉽게 "힘의 역학을 드러내는 장소"로 바꿀 수 있다는 것을 알아야 한다.[10] 현재의 사람을 마치 과거의 사람인 듯이 관계하려 할 때 힘이 남용될 수 있다. 목회자는 부모나 교사와 같이 권위를 가진 중요한 인물들을 대변하므로, 교인들이나 내담자들은 종종 과거에 자신에게 중요했던 권위있는 인물들과의 경험을 토대로 하여 목회자와 관계한다. 자신이 목사와 연애한다고 느끼거나, 과거의 거부 경험 때문에 목사로부터 거부되었다고 느끼는 교인도 있을 수 있다. 목회자는 이런 현상을 진지하게 다루어야 하며, 어떤 방법으로든 자신의 욕구를 충족시키기 위해서 내담자를 이용해서는 안된다.

상담이나 심리치료 실습 교육을 그다지 받지 못한 목회자는 내담자가 제시한 문제의 실질적 차원에 초점을 두며 상담 시간을 정함으로써 이 전이 현상을 다루어야 한다. 카렌 레바크즈(Karen Lebacqz)의 직업 윤리에서의 힘의 역학에 관한 연구 및 『교구 안에서의 성 문제』(Sex in the Parish)에 관한 최근의 연구는 목회상담을 하는 모든 사람들, 특히 훈련과 자문을 위한 자료가 제한된 사람에게 필요한 것이다.[11] 이것들은 공동체적 상황적 패러다임이 목회 상담에 초점을 맞추는 데 도움을 주어온 것들 중 일부이다.

유효성의 사역으로서의 목회상담

1960년대 초에 미국 목회상담자 협회(AAPC)가 출현한 것은 현대 목회 상담의 발달사에서 중요한 요인이었다. AAPC의 주요 관심사는 전반적으로 일반적인 교구의 조직으로부터 분리된 목회상담 센터에서 이루어지며 전통적인 사역 의무는 거의 행하지 않는 사역자들에 의한 전문 사역으로서의 목회상담의 발달이었다. 이러한 목회상담 전문가들 중 다수는 의학이나 심리학이나 사회사업과 같은 다른 전문직 출신의 심리치료 의사들보다 더 훌륭하게 역동적인 정신치료와 결혼 및 가족치료 교육을 받은 사람들이었다.[12] 목회상담의 전문화로 인하여, 상담 전문가가 아닌 사람들은 자기 나름의 전문 분야를 계발할 수 있게 되었다. 상담이나 심리치료에 관여하는 비전문적 목회상담자는 내담자로 하여금 보다 큰 관점에서 문제를 내어놓도록 도와주는 단기적 상담 관계를 전문으로 할 수 있고 또 그렇게 해야 한다. 그리고 그 문제를 다루는 데 이용할 수 있는 자료들을 알고 있어야 한다.[13] 상담이나 심리치료 전문가가 아닌 사역자는 유효성(availability)과 소개(introduction)의 사역에서 전문가가 되어야 한다.

유효성이란 소용에 닿는 상태, 바꾸어 말하면 어떤 사람이나 사물에 쉽게 접근할 수 있다는 것을 의미한다. 유효성이 지닌 그러한 차원에서의 실질성은 그것이 "가치"(value)라는 단어에서 유래된 것과 결부시켜 생각해야 한다. 비록 목회적 유효성이란 목회자는 도움을 요청하는 사람들에 대한 반응에 제한이나 경계가 없어야 한다는 것을 의미하지는 않지만, 도움을 필요로 하는 사람들은, 목회자 및 목회자가 대변하는 것이 유효하다는 것을 알아야 한다. 경험에 의하면, 일반적으로 자신이 다른 사람에게 유익하게 사용되는 것을 허락하는 일에 문제를 가진 사람들은 비현실적으로 자신에게 관심을 집중할 것을 요구하는 듯하다.

철학자인 가브리엘 말셀(Gabriel Marcel)의 disponibilité라는 개념을 간단히 살펴보면 유효성에 대한 이 실질적인 듯한 개념의 중요성을 알 수 있다. 불어 disponibilité라는 단어를 적절하게 표현할 수 있는 영어 단어는 없지만, 그것은 영적 유효성, 타인에 대한 개방성, 기꺼이 응답하려는 태도, 솔직함 등을 의미한다.[14]

말셀의 저서를 번역한 조 맥카운(Joe McCown)은 유효성, 뜻대로 할 수 있음 등을 의미하는 disponibilité가 말셀 저서에서는 "잉여 의미"(surplus of meaning)를 가지고 있다고 말한다. 그것은 타자를 향한 태도로서, 그 안에 주체의 자아가 존재한다.[15]

> 지적인 용어로는 묘사하기 어렵지만, 자신이 현존한다고, 즉 자신을 우리의 뜻대로 할 수 있다고 드러내는 사람들이 있다. 주는 방법으로서의 경청의 방법이 있고, 타인을 거부하는 방법으로서의 경청의 방법이 있다.[16]

disponibilité는 수용(receiving)과 환영(welcoming), 그리고 말셀의 중심 개념인 "창조적 성실"(creative fidelity)과 관련되어 있다. "창조적 성실이란 자신을 투과할 수 있는 상태 안에 적극적으로 유지하는 것이다. 그리고 여기에서 우리는 자유로운 행동과 그것에 대한 반응으로 얻어진 선물 사이의 신비한 교환을 볼 수 있다."[17] 수

용과 환영으로서의 유효성은 헨리 나우웬과 토마스 오글렛리(Thomas W. Ogletree)가 사용한 환대(hospitality)의 개념과 관련이 있다.[18] 여기에서는 그 개념의 보다 깊고 철학적이고 신비한 차원과 이용할 수 있고 실질적이고 기능적인 의미를 나란히 열거해야 하는데, 그 이유는 이 두 측면 모두가 사역에 필요한 것이기 때문이다.[19]

목회자의 유효성은 어떻게 표현되는가? 말셀의 개념의 신비적인 측면에서 실제적인 측면으로 옮겨서, 유효성은 조직화(structuring)를 통하여 표현될 수 있다. 조직화는 목회상담의 상황이나 구조를 강조한다. 힐트너(Hiltner)는 1949년에 출판한 목회상담에 관한 책에서 "전-상담"(pre-counseling)이라는 단어를, 여기에서는 조직화라고 표현되었으며 많은 정신 건강과 관련된 상황에서 "받아들임"(intake)의 과정이라고 알려져 있는 것을 지칭하는 데 사용했다. 어떤 용어를 사용하는지 간에, 이것은 목회 상담 과정에서 가장 중요하면서도 빈번하게 무시되는 요소들 중 하나이다. 내담자의 말에 대한 좋은 반응과 나쁜 반응에 관한 상담 교육을 강조한 것은 이처럼 무시하는 태도 형성에 작용해왔다. 상담의 초기 과정에서 이루어지는 조직화와 평가는 상담의 초점을 확대하거나 상담이 이루어지는 상황을 발전시키려는 의도를 지닌다. 조직화와 평가는 내담자의 염려가 목회자나 도와 주는 사람들과 함께 잘 다루어질 수 있는 것인지를 결정하는 데 도움을 준다. 조직화의 과정에서, 목회자는 또한 사람들로 하여금 자신에게 도움이 필요하다는 것을 인정하게 하며 도움을 요청하는 것이 지극히 인간다운 일임을 확인하도록 도와준다. 이런 인식은 상담의 초점을 오로지 문제에만 두는 데서부터 이동하여 도움의 관계의 가치를 의식하는 데 도움이 된다.

목회자들이 가장 많이 사용하는 조직화의 도구는 "마술적 질문들"(magic questions)이다.[20] 이 질문들은 모든 정신건강 훈련에서 사용되는데, 예를 들면 다음과 같다: "당신은 무엇을 기대하고 있습니까?" "왜 지금 기대하고 있습니까?" "왜 나에게 기대하고 있습니까?" 등이다. 목회자는 교인이나 내담자에게 그의 관심사를 환기시킬 기회를 주어야 하며, 그럼으로써 그와 관련된 불안을 줄일 수 있다. 그러나, 그러한 관심사들을 다룰 방법을 이해하기 위해서 자료들을 이해할 수 있는 순서로 배치하기 위해서 마술적 질문들이 필요하다. 첫째 질문은 관계를 가지고 있는 양쪽 모두가 모든 문제를 다루는 것이 아니라 특별한 것만을 다루게 한다. 두번째 질문은 내담자로 하여금 자신의 관심사에 보다 깊이 초점을 둘 수 있게 해준다. 문제가 항상 존재한 것이 아니라 어느 시점에 시작되었을 것이며, 따라서 언젠가는 종식될 수 있을 것이다. 세번째 질문은 목회 상담에서 관계의 중요성을 강조할 뿐만 아니라 목회자에게 기대할 수 있는 것의 실제적 한계를 설정하기 시작한다.

　조직화나 전-상담 과정에서 또 다른 중요한 개념은 "돌봄의 단위"(unit of care)이다. 남편과 부인이 참석한 곳에서, 또는 가정 안에 살고 있는 모든 사람들이 참석한 가운데서, 내담자의 관심사를 개별적으로 효과적으로 다룰 수 있는가? 일반적으로 목회자는 도움을 요청하는 사람들보다 이 문제를 결정한 준비가 더 잘 갖추어져 있다. 임상 훈련과 감독은 목회자가 이러한 차원의 조직화 책임을 감당하는 데 도움을 줄 수 있다. 전 장에서 제안한 것과 같이, 적절한 사람들을 상담과정에 참여시키는 것이 면담에서 이루어지는 대화보다 더 중요하다.

　목회 상담의 상황에서, 평가나 진단이란 사람들의 특수한 관심사에 주의를 집중하는 과정에서 그들의 삶의 보다 큰 문제들과의 접촉을 잃는 것을 의미하지는 않는다. 최소한 여기에는 어떤 사람이 자신에 대해 묘사한 것을 의식하며, 상담 과정에서 이야기하는 적절한 방법을 발견하는 것이 포함된다. 목회자는 종교적 관심사에 특별한 관심을 가지고 헌신하지만,[21] 그의 지속적인 진단적 관심은 사람들로 하여금 종교적인 문제 및 다른 문제들과 관련하여 자신에 대한 보다 큰 그림을 보는 것을 허락하는 방법을 형성하는 데 있다.

목회상담자의 가장 중요한 능력은 솔직한 돌봄의 관계를 제공하는 능력이다. 이것은 내담자에게 종교적 공동체 및 그 공동체가 제시하는 가치관과의 직접적이고 개인적인 관계를 제공해 주는 관계이다. 내담자가 제시하는 문제에 대해 목회자가 잘 알 수도 있고, 그렇지 못할 수도 있다. 대부분의 경우, 내담자는 문제를 다루기 위한 충분한 지식을 가지고 있다. 그러므로 그가 필요로 하는 것은 문제를 해결하는 데 필요한 자료들을 동원할 수 있는 상황(관계)이다. 목회 상담은 규범적으로 종교 신앙을 대표하는 사람과의 관계, 그리고 돌봄의 교육을 받은 정직한 사람과의 관계를 제공한다.

목회 상담자가 관계를 맺는 기술은 내담자의 이야기를 경청하고 이해함을 통하여, 그리고 내담자를 자신의 삶에서 발생한 사건들에 대해 중요한 책임을 가진 존재로 표현하면서 그 이야기를 재해석하기를 시작하면서 표현된다. 이 과정이 지닌 두 가지 차원은 모두 중요하다. 내담자의 말은 인격으로서의 그의 존재의 가치를 확인할 수 있도록 정확하게 이해되어야 하며, 또한 내담자에 대한 목회자의 이해를 전달함을 통해서 풍성해져야 한다. 게다가 믿음의 이야기를 대변하는 사람으로서의 목회자의 역할과 기능은 그로 하여금 하나님과 관계를 가진 사람에 대한 믿음의 이해에 비추어 내담자의 이야기를 재해석할 수 있게 해준다. 목회상담에서 해석적 기능은 분명히 상관적이다. 이것은 관계의 외부로부터 상징들과 이야기들을 가져오는 것이 아니고, 찰스 거킨(Charles Girkin)이 제안한 것처럼 목회상담자의 영역과 내담자의 영역과 믿음의 공동체의 영역의 융합이다.[22]

소개의 사역으로서의 목회상담

나는 여러 해 동안 "소개해 주는 사역자로서의 목회자"라는 웨인 오츠의 개념의 영향을 받아왔다. 사역자는 사람들을 하나님께 소개한다. 그러나 "기독교 목회자는 사람들과의 이중 관계를 갖기 때문에" 목회자는 그들을 "서로에게 소개하며, 또 우정, 전문 기술, 임상 경험 등이 제공할 수 있는 풍부한 자료들을 그들에게 공급함으로써 그들로 하여금 필요한 일을 스스로 행할 수 있게 해줄 수 있는 사람들에게 소개한다."[23] 오츠의 주장에 의하면, 소개의 사역은 "볼품없고 무가치하게 보이고, 때로는 방해가 되는 인간의 고난을 재료로 택하여 고난 속에 있는 사람들을 위한 중요하고 헌신적인 사람들의 새롭고 온전한 세계로 변화시킨다." 오츠는 목회자들이 어떻게 다루어야 할지 모르는 사람이나 목회자를 불쾌하게 만드는 사람들을 무책임하게 다른 전문인에게 소개하는 것에 대해 염려했다. 그러므로, 소개 위탁을 긍정적 사역으로, 소개의 사역을 드러내 주는 방법으로 재해석해야 한다.

나는 큰 교회의 목회상담 센터에서 일한 적이 있는데, 그 교회의 담임 목사님은 여러 해 동안 그 교회에서 시무해오신 분이셨다. 목사님으로부터 위탁받은 사람들 중에는 목사님에게 유아세례를 받은 어른들도 있었다. 목사님은 대다수의 교인들과 오랜 관계를 가지고 있었다. 그들을 만나 보니, 그들은 아직도 그 목사님과 중요한 관계를 가지고 있었다. 그들은 가끔 목사님에게서 들은 이야기를 해주었다. 또 그들이 젊었을 때에 목사님이 그들에게 어떤 의미를 지닌 분이셨는지에 대해서도 말하곤 했다. 목사님이 그들을 나에게 소개한 방법―나와 나의 일에 대해 그들에게 말한 것―때문에 그들은 앞으로의 일에 대해 긍정적인 기대를 하고 있었다. 목사님이나 목사님이 소개한 사람들은, 목사님이 그들을 단 한번 만나고 나서 이후의 상담은 나에게 맡겼다는 사실에는 그다지 관심을 갖지 않는 듯했다. 거기에는 경쟁적인 것이 없었다. 나는 이 목사님의 사역의 연장(extension)이었고, 또 그렇게 이해되는 것을 자랑스럽게 여겼다. 그 때문에 일하기가 더 쉬웠다.

어느 목회자도 한 교회에 40년 이상 머물러 있을 수 없고, 교인들을 모두 잘 알 수는 없다. 그러나 목회자들은 자신이 모든 교인을 혼자서 돌볼 수 없다는 것은 잘 알고 있다. 목회자들은 교회 내에 목회적 돌봄을 행할 사람들을 필요로 하며, 또 믿고 돌봄을 필요로 하는 사람들을 위탁할 수 있는 전문인들이 필요하다. 새로운 공동체에 부임한 사역자가 우선적으로 해야 할 목회적 책임은 그 공동체 내의 유익한 사람들에 대한 자료들을 파악하는 것이다. 공동체의 기관 명부가 있으면, 그것에서부터 출발할 수 있을 것이다. 그러나 목회자는 이름과 전화 번호를 아는 데 그쳐서는 안된다. 그는 각 기관에 속해 있는 사람들을 알아야 한다. 그래야 필요한 경우에 적절한 사람에게 소개 위탁을 할 수 있을 것이다.

기관 명부보다는 교인들에게 알려진 도움을 주는 사람들에 대한 지식 및 목회자가 혼자서 일해서는 안된다는 교인들의 관심이 더 중요하다. 웨인 오츠는 특정 공동체 안에서의 돌봄의 네트워크에 대한 목회적 탐구를 가리켜 "동료 목자들과의 사귐"(making friends with fellow shepherds)이라고 부른다.[24] 공동체에 친숙해짐에 따라, 목회자는 도움이 필요한 사람들에게 도와줄 수 있는 사람들을 소개하는 사역자가 된다. 또한 교회는 곤경에 빠진 사람들을 돌보는 공동체가 될 수 있다는 것, 그리고 훌륭한 목회자는 돌봄의 소중한 제휴자가 될 수 있다는 것을 간접적으로 공동체 내의 전문인들에게 상기시켜 준다.

소개의 사역은 사람에게 사람을 소개하는 사역이다. 이차적으로 소개의 사역은 사람들로 하여금 대리인들을 알게 해준다. 효과적으로 소개하기 위하여, 목회자는 자신이 내담자를 위탁하는 사람들에 대하여 알아야 한다. 만일 내담자를 맡을 사람이 어떤 기관에서 일한다면, 목회자는 그 기관 및 그 기관의 정책에 대해서 알아야 하며, 자신이 소개하는 사람이 내담자의 주된 상담자가 될 수 없을 수도 있다는 것을 내담자에게 알려 주어야 한다. 그러나 목회자는 자신이 교인이나 내담자를 의뢰하려는 전문인이 내담자를 진단하고 그의 욕구에 응답하기 위해 해야 할 일을 해석할 수 있다는 것을 알아야 한다. 소개의 사역은 사람을 사람에게 소개하는 것이다. 만일 어떤 이유 때문에 소개가 제대로 이루어지지 못하면, 목회자는 내담자가 당면한 냉담함이 다시는 발생하지 않도록 조처를 취할 수 있다.

목회자는 다음과 같은 이유 때문에 교인이나 내담자를 전문가들에게 소개한다: (1) 시간의 부족; (2) 현재의 상황에 대처할 교육이 부족하기 때문에; (3) 내담자나 내담자의 가족들에게 너무나 많은 시간을 빼앗기기 때문에 목회자가 개인적으로나 전문적인 역할을 다 할 수 없기 때문에.[25]

소개의 사역자일 뿐만 아니라 유효한 사역자인 목회자는 모든 사람을 한 번은 만나야 한다. 그러나 유효성은 목회자가 사역적으로나 개인적으로 중요한 다른 책임들을 포기하면서까지 상담 관계를 계속 해야 한다는 것을 의미하지는 않는다. 상담에 대한 자문을 할 수 있는 자문 위원회를 가지고 있는 목회자는 그 위원회로 하여금 시간 배정에 대한 정책을 연구하게 할 수 있다. 물론 상담 과정이 시작되기 전, 아니면 최소한 첫 상담 시간에, 목회자는 다음부터는 개인적으로 내담자를 만나지 못할 수도 있으며 도움을 주는 다른 사람에게 그를 소개해 줄 수도 있다는 것을 내담자에게 알려야 한다.

훈련의 단계나 정도의 문제는 중요하다. 좋은 목회적 돌봄이 되려면 잘 다루어져야 한다. 웨인 오츠는 다음과 같이 논평한다: "목회자가 '내가 당신을 도울 일이 전혀 없습니다'라고 말하는 것은 그 사람에게 운명을 선언하는 것이다. 왜냐하면 그는 하나님을 대변하고 있기 때문이다."²⁶⁾ 목회자는 도움이 필요한 사람이 도움을 찾는 과정에서 처음으로 만난 사람이 아니라 마지막 희망일 수도 있다. 비록 목회자가 자부심 때문에 하는 말이거나, 모든 일을 다룰 수 있지만 이 상황을 너무 다루기 힘든 상황이기 때문에 하는 말이거나, "내가 할 수 있는 일이 없습니다"라는 메시지를 전하는 것은 내담자에게 운명을 선포하는 것이다. 목회자는 솔직하게 자신의 한계를 인정하는 법을 배워야 한다. 사람들의 소용에 닿는 유효한 사역자로서의 목회자는 거의 모든 일을 보고 들으려 하지만, 모든 일을 다루는 방법을 알아야 하는 것은 아니다. 목회자가 해야 할 일은 치료가 아니라 돌봄이다. 만일 목회적 관계에서 치유가 이루어진다면, 그것은 관계를 가진 어느 한편에서 요구한 것이 아니라 은사이거나 은혜이다.

인간 상호관계에 탁월한 정신과 의사인 해리 스택 설리반(Harry Stack Sullivan)의 저서에서, 나는 "사실"(matter-of-factness)의 중요성을 배웠다. 설리반이 강조한 바 돕는 사람의 특징들은 거의 모든 일에 우선적으로 이용할 수 있는 자원이 되라는 부름 받은 목회자에게도 소중한 것이다. 이 특징들은 감수성(sensitivity), 안전성(security), 진실성(realness)이다.²⁷⁾ 목회자는 내담자가 느끼는 불안에 대해 민감해야 하며, 그것에 대해 과장된 반응을 보이지 말고 도움을 구하는 사람이 경험하는 자연스러운 일로 여겨야 한다. 목회자의 침착함은 내담자의 불안을 덜도록 도와줄 수 있다. 이런 침착함과 자신의 유효성을 내담자에게 편안하게 보여 주는 목회자의 능력은 내담자에게 안전성을 전달해 준다. 진실성은 문제점 및 그것을 다루는 데 있어서 목회자의 한계에 대한 솔직한 대화에 의해서 전달된다. 목회자는 특별한 문제에 대해서 자신이 이용할 수 있는 지식이 없다고 해서 위축되어서는 안된다. 목회자는 공동체 내에서 그 문제를 다루는 데 이용할 수 있는 사람이 누구며 무엇을 이용할 수 있는지를 알아야 한다.

내담자에게 너무 많이 관여하여 폭넓게 그를 다룰 수 없게 되는 문제는 매우 자연스럽게 해결된다. 목회자와 내담자는 종종 그들 또는 그들의 가족들이 상담 이외의 다른 방법으로 관계하고 있다는 것을 깨닫는다. 그러므로 목회자는 내담자의 상황을 보다 객관적으로 볼 수 있는 사람을 쉽게 지적할 수 있다. 목회자와 내담자는, 자신들이 다른 방법으로 관련되어 있어서 목회자가 내담자의 문제를 상세히 안다는 것이 상담이 아닌 다른 관계들을 더욱 어렵게 한다고 느낄지도 모른다. 그러나 어떤 사람을 도와줄 사람에게 소개해야 할 필요성을 설명할 때에는 그런 말을 할 필요가 없다.

웨인 오츠는 소개 위탁 사역자로서의 목회자에 대한 글을 안톤 보이슨(Anton Boisen)이 묘사한 목회자가 다루어야 하는 사람들의 유형에 대한 묘사를 해석하면서 끝맺는다. 그것은 기억할 만한 것이다. 목회자가 제공하는 돌봄에 관계없이 자신을 잘 돌보고 잘 적응해 가는 사람들이 있다. 또 여러 가지 이유 때문에 목사가 어떤 일을 해도 상태가 악화되는 듯한 사람들도 있다. 또 "교차로에 서 있는 사람, 목회자가 인내하며 사역하는 결과에 따라서 삶의 결과가 결정될 사람들도 있다."[28]

목회상담의 도덕적 상황

단 브라운닝(Don Browning)은 목회적 돌봄에는 도덕적 상황이 있다고 주장해왔다. 그는 초기에 목회적 돌봄과 상담이 이루어지는 도덕적 상황을 예증하려고 노력하면서 공립학교 간호사로서 개신교 원목을 만나러 온 메리 존스의 이야기를 했다.[29] 메리는 카톨릭 교인이었지만, 낙태에 관한 조언을 얻으려고 개신교 성직자를 찾아왔다. 메리는 결혼했다가 이혼한 지 1년이 넘은 여인이었다. 그녀는 이혼한 후에 아버지와 친척들이 살고 있는 고향으로 돌아갔다. 그녀는 임신 중이었는데, 상대방 남자와 결혼할 계획이 없었다. 그녀를 상담한 심리치료사는 그녀가 아기를 유산시키는 데 대한 결정을 하는 데 도움을 줄 수 없다고 느껴 그녀를 그 원목에게 의뢰했다.

메리는 한편으로는 이혼, 혼외정사, 낙태 등은 모두 죄라고 믿고 있었다. 다른 한편으로는 아이를 가질 수 있다는 가능성에 매력을 느꼈고, 그녀의 전통적인 카톨릭 신앙의 가치관이 이 시점에 그녀에게 도움이 될 것인지 알고 싶어 했다. 브라우닝은 낙태를 가능하다고 생각하는 메리의 생각을 "비용-이익분석"이라고 묘사한다.

> 비용의 측면에서 볼 때, 만일 그녀가 낙태를 하면 그녀는 죄의식을 느낄 것이며; 그녀가 항상 원했던 아이를 잃을 것이며; 건강 상의 문제가 발생할지도 모른다. 이익 면에서 보면, 가족들과의 관계가 위험해지지 않을 것이고; 아이를 양육하는 부담에서 해방될 것이고, 간호사 직업을 잃지 않을 것이고; 다른 부담되는 일들이 발생하지 않을 것이다.

원목은 상담의 초점을 메리의 성장사에 두었다. 메리는 중하층의 아일랜드계 카톨릭 가정의 삼 형제 중 맏이였다. 그녀는 어머니와의 관계가 좋지 않았는데, 그것은 그녀와 여동생 사이의 질투의 책임을 항상 메리에게 물은 것 때문이었다. 메리가 11살 때 어머니는 돌아가셨고, 메리가 살림을 도맡아 하게 되었다. 메리는 요리, 청소, 등 집안의 모든 일을 해야 했고, 그 때문에 아버지로부터 칭찬을 받았다. 아버지는 술을 좋아하여 문제가 되었지만, 메리는 아버지를 세상에서 가장 멋진 사람이라고 말한다. 고등학교를 졸업한 메리는 간호학교에 진학했고, 의대생과 결혼했다. 그녀는 남편이 의과대학을 마칠 수 있도록 도왔지만, 학업을 마치고 의사가 된 남편은 그녀를 더 이상 필요하지 않았으므로 그들은 결국 이혼했다. 메리는 "아이를 갖는다는 것은 최소한 돌봐 줄 사람, 또는 그녀를 인정해 줄 사람을 갖는다는 것을 의미한다"고 말했다.

브라우닝은 이 사례를 매우 흥미롭게 다루었다. 그는 먼저 메리의 윤리적 사고 방식에 대해 논평하며, 그것이 결코 표준적인 가톨릭 사고 방식이 아니라는 데 주목한다. 이것은 어떤 행동이 가장 큰 유익을 가져올 것인지를 결정하려고 노력하는 비용 편익 분석에 있어서 목적론적이다. 그러나 그녀의 관심은 많은 사람들의 유익이 아니라 그녀 자신의 유익이다. 따라서 브라우닝이 말한 것 같이, 그녀는 "윤리적 개인주의 관점"을 택하고 있다. 로렌스 콜버그(Lawrence Kolberg)의 도덕적 발달의 단계에 의하면, 메리는 "도구적-쾌락주의적 단계"(instrumental-hedonistic)와 전통적인 "좋은 아이와 나쁜 아이의 지향성"(good-girl, bad girl orientation) 사이에 있다.

브라우닝은, 목회적 돌봄에는 양육하고 양육 받기를 원하는 욕구, 인정받고 인정하려는 욕구처럼 메리가 전달하는 윤리적 문제들과 정신 역학적인 문제들을 다루는 일이 포함되어야 한다고 주장한다. 나는 목회적 돌봄에는 도덕적인 문제와 상황적인 문제들, 관련된 사람들의 문제들, 그리고 고전적 기독교 전통의 메시지 등을 다루는 일이 포함되어야 한다고 주장한다.

이 책의 중심은 하나님은 기억하신다는 것, 그리고 하나님의 백성은 하나님이 그들에게 행하신 것을 기억한다는 확신에 있다. 기독교의 예배는 하나님께서 십자가와 부활을 통하여 우리에게 무조건적인 사랑을 선포하셨다는 것을 기억함을 중심으로 한다. 우리의 행동에도 불구하고 하나님은 우리를 버리지 않으실 것이며, 목회적 돌봄은 하나님의 기억에 대한 확신으로부터 시작된다. 때때로 목회자들은 이 믿음을 분명하게 전달할 수 있을 것이다. 그러나 돌봄이 특정한 인간 상황에 얼마나 잘 연결될 수 있는가에 대한 판단에 따라서 목회적 돌봄에서 그것이 얼마나 명확하게 전달되는지가 결정된다. 나의 경험으로는, 목회자가 내담자가 경험한 상황을 듣고 기억하고 반응함으로써 간접적으로 전달될 때에 잘 수용된다. 목회자 혼자만을 만족시키는 말로 표현된 것은 좋은 소식이 아니다. 목회 기술은 좋은 소식이 전달되는 정확한 시간에 대한 민감성(sensitivity)에 크게 의존한다.

그러므로 목회적 돌봄의 도덕적 상황에 반응하는 것에는 문제를 정확하게 경청하고, 그것을 더 큰 상황 안에서 재구성하여, 다른 방법으로 내담자에게 다시 전달하는 것이 포함된다. 그 다른 방법은 내담자가 자신의 상황과 관련이 있다고 이해하는 것이어야 한다. 목회자는 일반적으로 사람들의 사고 방식에 직접적으로 도전하지 않는다. 왜냐하면 그런 과정은 그 사람으로 하여금 자신의 위치를 더 확고하게 하기 때문이다. 목회상담자는 문제를 고찰하는 다른 방법을 제시하며, 내담자에게 발생했던 것이 아닌 다른 것을 고려해 보라고 권장한다. 위의 사례에서, 메리에게 있어서 실질적인 질문은 "내가 무엇을 해야 하는가?"(율법의 방법)가 아니라 "내가 무엇을 자유롭게 할 수 있는가?"(은혜의 방법)이기 때문에, 목회자는 자신의 상황에 대한 메리의 의식이 하나님의 은혜의 영향 아래서 변화될 수 있다는 가능성에 매달린다.

목회적 돌봄의 도덕적 상황에 반응하는 것에는, 교인이나 내담자들의 선택이 애매한 것일 수도 있다는 사실에도 불구하고 그들이 행동하는 것을 지원하는 관계가 포함된다. 선택을 회피하는 것 자체도 선택이고, 진지한 결정에 포함된 죄의식이나 실패를 직면하지 못하는 저급한 결정이다. 우리는 최선을 다하여 상황을 평가하면서, 하나님의 은혜는 결과가 어떻든지 우리를 버리지 않으실 것이라는 지식을 가지고 자유로이 결정할 수 있다. 목회상담은 인간들로 하여금 선택이라는 위험을 감행하게 해주는 의사소통을 포함한다.

나는 브라우닝이 목회적 돌봄과 상담의 도덕적 상황에 주의를 환기시키면서 행한 것의 대부분을 인정한다. 우리 문화 내에 규범들이 감추어져 있음을 언급하려는 그의 시도, 그리고 그것들을 보다 분명히 밝히려는 시도는 우리가 목회 사역을 이해하는 데 크게 기여한다. 목회자인 우리는 단순히 심리학자들의 원리와 가치관을 적용하는 데 그칠 수는 없다. 우리는 사람들로 하여금 스스로 결정하게 한다는 구실 하에 윤리적 문제나 윤리적 원리에 대한 논의를 피할 수는 없다. 우리의 목회적 돌봄을 받는 사람들에게는 우리가 그들과 함께 도덕적인 문제를 고찰해 줄 것이라고 기대할 권리, 그리고 우리가 그들을 존중하고 인간의 선택의 모호성을 존중하여, 도덕적 질문에 대한 대답이 단순한 것처럼 행동하지 않으리라고 기대할 권리가 있다. 우리는 그들이 행해야 한다고 생각하는 것이나 그들이 어떤 존재인지를 참작해야 한다.

간단히 말하자면, 나는 브라우닝이 올바른 삶의 원리를 제공하는 것으로서의 도덕적 상황에 대해 지나치게 많이 다루었다고 생각한다. 그보다는 도덕적 상황을 사람들로 하여금 자신의 존재를 상기하게 하는 것으로 이해하는 것이 더 중요하다. 브라운은 미래의 죄를 피하거나 현재의 죄의 심각성을 밝히는 방법에 관심을 가졌지만, 도덕적 상황은 나의 정체성을 상기시켜 주며, 바울이 말한 것처럼 그리스도 안에 있는 새로운 본성에 따라서 살라는 권면이 될 수도 있다.[30] 행동 및 행동의 규칙으로서의 도덕도 중요하지만, 그보다 더 중요한 것은 우리를 향한 하나님의 기억과 돌봄 안에 존재하는 우리의 존재와 관련한 우리의 행동이다

나는 낙태에 관심을 가지고서 목회상담을 받기 위해 나를 찾아왔던 또 다른 메리 존스(Mary Jones)의 상황을 살펴 보면서 이 문제를 보다 더 깊이 탐구하려 한다. 그녀는 휴가를 떠나는 목사님의 소개로 나에게 왔는데, 그 목사님은 자신이 그녀를 만날 수 없다고 말해 주었었다. 메리는 나를 만나기 6주 전에 낙태 수술을 했는데, 자신이 행한 일에 대한 죄의식을 극복할 수 없다는 말로 자신의 이야기를 시작했다. 메리는 낙태 수술을 받기 전에, 어느 가정 상담소에서 상담자를 만났었다. 그 상담자는 "이 문제에 대해서는 옳고 그름

이 없습니다. 문제는 당신에게 옳은 일이 무엇인가입니다"라고 말했다. 메리는 의사가 임신 8주가 되어야만 태아의 심장이 형성된다고 말한 것도 기억하고 있었다. 메리는 남편이 아기를 갖는 것에 대해서 대화를 하려 하지 않기 때문에 낙태를 했다고 말했다. 그녀는 첫 주가 지나면 상태가 좋아질 것이라고 생각했었지만, 6주가 지난 지금도 그녀의 상태는 좋지 않다. 그녀는 하루 종일 울었고, 두 아들 (하나는 12살, 다른 하나는 이번 가을에 대학에 들어가 집을 떠날 18살 짜리)이 그 일을 알까 두려워하고 있었다. 나는 절망과 분노로 괴로워 하면서 "내가 죄를 지었지요? 아이를 죽였지요?"라고 말하던 메리의 모습을 기억한다.

나는 되도록 사무적으로 응답했다. "그 두 질문은 각기 다른 질문이며, 당신은 그 문제에 대해 따로 대답을 해야 합니다. 그러나 먼저 당신에 대하여 알 기회를 내게 주십시오. 그래야만 당신이 그 질문에 대답하는 것을 도와줄 수 있습니다." 그리고 나서 나는 일상적인 방법으로 메리의 상황을 파악하기 시작했다. 나는 그녀가 나에게 제기한 문제를 무시하지 않았으며, 그녀에게 발생한 일을 그녀의 인생의 보다 큰 이야기 안에 삽입하려고 노력했다. 일반적으로 말하면, 어떤 사람은 나의 임상적 관점은 윤리학 뿐만 아니라 인간론, 다루어야 할 행동이나 상황 뿐만 아니라 하나의 역사를 강조했다고 말할지도 모른다.

메리는 나에게 열심히 일하는 남편과의 생활에 대해서 이야기했다. 메리는 40세였고, 남편은 메리보다 나이가 조금 많았다. 그들은 결혼한 지 20년이 되었는데, 결혼 후 그들의 경제적 형편은 조금씩 좋아졌다. 동시에 남편은 가정의 성공을 유지하려고 노력하면서 스트레스가 쌓이는 것 같았다.

우리는 그녀의 자녀들에 대해서 이야기했는데, 그녀는 다시 아기를 갖는 것은 대단한 일일 것이라고 느끼고 있다고 인정했다. 그녀는 60세가 되었을 때에 집안에 아이가 있기를 원했다. 그러나 남편의 태도는 달랐다. 남편은 지금도 그녀가 항상 아이들에게만 매달려 있어 자기에게 신경을 쓰지 못하고 있다고 말했다. 남편은 자신과 아기 중 하나를 선택하라고 말했다.

나는 메리에게 남편과의 성생활에 대해 말해 달라고 요청했다. 그녀는 남편이 너무 일에 매달려 지내기 때문에 성생활은 거의 하지 못했는데, 아기를 임신했다고 말했다. 나는 "당신이 임신을 원했던 것이 아닌지 알고 싶군요"라고 말했는데, 메리는 그 질문에 답하지 않았다. 그래서 나는 문제를 돌려 피임에 관해 질문했다. 메리는 자신이 주기 피임법을 사용했었는데, 이번에는 계산을 잘못했었다고 말했다. 그녀가 남편에게 임신했다고 말했을 때, 남편은 화를 냈기 때문에, 그녀는 원하지 않았지만 유산시켜야겠다고 생각했다.

나는 메리에게 신앙에 대하여 물었다. 그녀는 하나님의 능력을 굳게 믿고 있으며 하나님으로부터 해답을 찾고 있다고 말했다. 그녀는 항상 옳은 일을 하려고 노력해 왔다. 그러나 아직까지도 그녀는 평안함을 찾지 못했고, 자신이 어떤 면에서 그 일을 하나님께 맡기지 않았다고 느꼈다. 나는 메리의 이야기를 듣고 나서 다음과 같이 말했다. "당신의 말을 정리해 보면 다음과 같습니다. 당신은 크게 상처를 입고 있으며, 그 상처를 극복할 방법을 찾고 있습니다. 당신에게 중요한 믿음도 기대했던 것만큼 도움을 주지 못하는 것 같습니다. 당신은 도덕적 딜레마에 처해 있으며, 그것이 당신의 고통의 이유인 듯합니다. 내 생각에 당신의 문제는 당신의 인생에서의 당신의 위치, 그리고 앞으로 살아가면서 하려는 일과 관련되어 있습니다. 그러나 이 문제에는 임신, 낙태, 남편이 지나치게 일에 매달려 있는 것에 대한 걱정, 남편과 당신의 관계, 맏아들이 대학에 진학하여 집을 떠나게 된 일 등 많은 일들이 혼합되어 있습니다. 조금 전에 당신이 죄를 졌는지, 그리고 아이를 죽였는지에 대하여 질문하셨고, 나는 그 질문들은 분리되어야 한다고 말했습니다. 첫번째 질문에 대한 대답은 긍정입니다. 당신은 죄인입니다. 그러나 당신은 죄 가운데서 가장 나쁜 죄는 다루고 있는 것 같지 않습니다. 정말로 당신의 가장 나쁜 죄에 대하여 걱정하고 있다고 생각하지 않습니다."

메리는 "무슨 뜻입니까?"라고 물었다. "당신 부부에게 6주 된 태아의 죽음에 대한 책임이 있다는 것은 확실히 아닙니다. 아마 당신은 이 일을 내가 보는 것처럼 보려 하지 않을 겁니다. 나는 당신에게 말해준 의사의 견해에 동의합니다. 임신 초기의 태아는 어린아이와 같지 않습니다. 유산으로 인한 괴로움은 점차 사라질 것입니다. 그러나 앞으로의 삶에서 당신이 대처해야 하는 아픔은 보다 오래 지속될 것이며 다루기도 한층 어려울 것입니다. 당신이 범한 가장 좋지 않는 죄는 그것을 회피한 것입니다."

메리는 "나를 위해 기도해 주세요"라고 말했다. "당신을 위하여 기꺼이 기도하겠습니다. 그러나 지금은 당신 자신이 유산에 관해서뿐만 아니라 당신의 삶에 대해 생각해야 할 때입니다. 내 기도보다는 당신 자신의 기도가 그 문제에 대해 더 많은 말을 할 수 있습니다. 나도 당신을 위해 기도하겠고, 다음 번 만날 때에도 당신을 위해 기도할 것입니다. 그러나 지금은 당신의 이야기에 대한 나의 반응에 대해 당신이 생각해야 할 때입니다." 그 후 두 차례의 면담 때에 나는 전과 마찬가지로 일반적인 과정으로 진행했고, 그녀를 보다 잘 알게 되면서 상담을 하는 동안에 그녀와 함께 기도했다.

나는 이 사건을 제시하면서, 독자들이 동일한 상황에 처했을 경우에 어떻게 행동해야 할 것인지를 규정하려 하지 않는다. 예를 들어, 독자들은 내가 면담을 하면서 메리와 함께 기도하지 않은 것을 잘못이었다고 느낄는지도 모른다. 나는 내 행동이 옳았는지 그렇지 않은지 관심을 갖기보다는, 만일 독자들이라면 메리에게 무슨 말을 했을지 생각해 보라고 도전하고 싶다. 독자라면, 메리 존스를 위해 사역하면서 윤리와 신학과 목회 기술을 어떻게 결합할 것인가? 그 사건 안에서 발생한 것을 다시 한 번 살펴보자.

우선, 메리는 자신의 최근의 삶에서 모든 일을 낙태를 하기로 한 결정에 집중시켰다. 메리가 필사적으로 만들어낸 질문은 "내가 죄를 지었습니까? 내가 아이를 죽인 것입니까?"였다. 그 질문에 신속하게 대답하지 않음으로써 내가 여러 해 전에 학습한 로저스의 상담 게임—하나의 질문에 대해 직접적인 대답을 피하기 위해서 무슨 일이든지 행하는 것—을 한 것이 아니다. 나는 의도적으로 침착하게 그녀의 강력한 느낌에 대처하려고 노력했고, 당장 무엇인가 해야 한다는 요구를 감소시키려 했다. 나는 철학자 화이트헤드가 "잘못 준 구체성의 오류"(fallacy of misplaced concreteness)라고 부른 것—여기서는 메리와 내가 낙태에 대해서, 그리고 그로 인한 죄의식에서 자신이 해방되지 못하는 것만 살펴보자고 주장한 것—으로부터 물러서려 했다. 내가 여기서 말하려고 하는 것—"메리, 진정하십시오"라고 말하지 않고서 사태를 진정시키려 한 것—이 바로 목회적 돌봄이다. 그것이 고통 중에 있는 사람과 신뢰할 수 있는 관계 자체가 문제를 언급하는 데 도움이 될 것이라고 믿고서, 그러한 관계를 형성하는 출발점이다.

나는 그녀의 이야기와 문제를 경청하면서 목회적 돌봄을 계속하였다. 나는 완전히 메리의 이야기에 의존하는 상황 윤리를 발전시키려 하거나 옳고 그름이 없다고 말한 상담자가 취한 경로를 따르려 하지도 않았다. 메리의 이야기는 윤리적 질문들을 다루는 데 필요한 자료 중 없어서는 안될 부분을 제공한다. 이제, 메리의 삶의 상황 안에서 윤리적 차원으로 옮겨 보면, 여기에서는 한 가지 이상의 도덕적 문제가 있다. 메리의 문제를 낙태가 옳은 일인지의 여부에 의해 다루는 것은 너무나 단순한 태도이며 옳지 못한 것이다. 이 문제에 대한 여러 가지 견해가 있을 수 있으며, 메리의 문제를 윤리적이고 목회적인 방법으로 다루는 것에 대해서도 논의의 여지가 있다.

메리가 처한 상황의 도덕적 딜레마를 다루면서 내가 처음으로 시도한 방법은 그녀가 제기한 한 가지 질문을 두 가지로 간주한 것이다. 나는 메리의 질문에 응답하면서, (1) "예. 당신은 죄인입니다"; 그리고 (2) "아니오. 당신은 아이를 죽이지 않았습니다"라고 대답했다. 두 가지 대답에 관하여 당신이 나에게 동의하는지의 여부보다는 그 질문에 대해 단순하게 대답하는 것은 훌륭한 목회적 돌봄도 아니고 훌륭한 윤리적 추론과 반응도 아니라는 사실에 동의하는 것이 더 중요하다. 6주 된 태아를 어린아이와 동일시하지 않는다고 해서, 그것이 내가 낙태에 찬성하거나 반대한다는 것을 의미하는 것은 아니다. 우리가 낙태라는 일반적인 문제에 대해서 어떤 입장을 취하건 간에, 여기에서의 주된 관심사는 그것이 아니다. 목회적으로 주된 관심사는 괴로움을 당하고 있는 메리에게 도움을 주고 걱정과 죄의식을 덜어주어 자신이 유산시킨 일 뿐만 아니라 자신의 삶을 보다 폭넓게 볼 수 있게 해줄 믿을 수 있는 관계를 발전시키는 데 있다. 윤리적인 면에서의 주된 관심사는 그녀가 이미 선택한 것뿐만 아니라 그녀의 삶 속에서 아직도 가지고 있는 도덕적 선택들을 자각하는 일을 돕는 것이다. 신학적인 면에서의 주된 관심사는 하나님으로부터 소외된 것이 아니라 하나님과 관계를 가진 인간으로서 그녀의 정체성을 분명하게 하는 것이다. 만일 그녀가 관점을 넓혀 그것을 고찰할 수 있다면, 그녀는 자신의 삶의 정황 전체의 맥락 안에서 낙태를 볼 수 있을 것이며, 괴로움은 점차 진정될 것이다.

  이 사건에는 흥미롭고 다양한 심리 역학적인 문제들이 있지만, 상세하게 탐구할 필요는 없다. 메리가 무의식적으로 임신을 원했을 수도 있다. 그러나 그녀가 자신의 통찰을 동기로 발전시켰다는 것은 그다지 중요하지 않는 듯하다. 60살이 될 때까지 집에 자녀와 함께 있기를 원하는 그녀의 순진한 소원은 매력적이기는 하지만, 추진할 필요가 없는 것이다. 그 문제는 메리가 여생을 어떻게 보낼 것인지에 초점을 둠으로써 해결할 수 있다. 메리는 아마 그것을 적절한 문제로 여길 것이다. "당신은 왜 남편으로부터 당신을 고립시켜줄 아기를 가져야 한다고 생각했습니까?"보다는 "당신은 앞으로 자신의 인생과 남편과의 관계를 어떻게 개선하렵니까?"라는 질문을 제기하여 다루어야 한다.

　그 상황의 윤리적 차원과 목회적 차원은 목회자의 신학적 이해에 의해 풍성해져야 한다. 목회적인 이유 때문에 그러한 이해를 간접적으로 메리에게 전달하겠지만, 목회적이고 윤리적으로 행해진 일은 책임을 져야 하며 구속함을 받을 수 있는 죄인으로서의 인간에 대한 신학적 견해에 의해 심화된다. 신학적인 면에서 볼 때, 목회자는 메리가 자신의 괴로움의 원인으로 지적한 낙태 문제에만 관심을 기울일 수는 없다. 그는 그녀의 아픔과 죄를 보다 깊이 이해해야 한다. 즉 그것을 적극적으로 아기를 보살피거나 보살핌을 받지 못하는 중년 여인으로서 삶에 대처하지 못하는 믿음의 부족과 관련된 것으로 보아야 한다. 메리가 아기를 돌보는 방법을 알고 있으면서도 그대로 행하고 있지 못해도, 목회자는 여러 가지 관계를 통해서 메리의 중요성을 하나님과 사람들에게 전해 주어야 한다. 여기에는 하나님은 죄인을 돌보시며 앞으로도 계속 돌보실 것이라는 믿음을 전해 주는 것도 포함된다.

정리

　폴 프루이저(Paul Pruyser)는 사역자는 어떤 사람의 특별한 돌봄의 욕구를 결정할 때에 그 사람의 삶의 종교적 차원에 관심을 기울이는 전문가가 되어야 한다고 주장했는데, 나도 전문적인 상담 교육을 받지 못한 목회자는 사실상 유효한 소개의 전문가라고 주장했다.

　사람들이 목회자를 쉽게 이용할 수 있다는 것은, 도움을 요청하는 것은 정당하고 합리적인 일일 뿐만 아니라 삶의 모든 단계에서 주고 받는 일의 중요성을 발견하는 수단이 된다는 사실을 전달하는 데 도움이 된다. 목회 상담은 요청이 없으면 제공되지 않는 목회적 돌봄이며, 그 안에 목회상담의 중요성이 있다. 목회 상담은 사람들로 하여금 자신에게 도움이 필요하다는 것을 인정하는 것이 불리한 일이 아니라 유익한 일임을 발견하게 해준다.

토의 문제

1. 목회 상담에서 목회적인 면은 무엇인가? 사역자의 인격은 그의 행동에 어떤 영향을 주는가?
2. 목회 상담에서 "당신이 경청하는 태도를 본다"는 것은 무엇을 의미하는가? 목회자는 어떻게, 무엇을 듣는가?
3. 교회 목회 상담에서 책임과 비밀유지의 관계에 관하여 논하라.
4. 목회 상담 관계에서 목회자는 어떤 힘을 갖는가? 목회자의 성별은 그 힘에 어떤 영향을 주는가? 과거의 관계들을 현재에 가져오는 것이나 전이는 이 힘에 어떻게 영향을 미치는가?
5. 교인이나 내담자를 사람이나 기관에 소개할 때에 가장 중요한 요소는 것은 무엇인가? 소개를 한 후 교인에 대한 목회자의 책임은 무엇인가?
6. 목회상담은 선택이라는 인간적 모험을 가능하게 하는 의사소통을 포함한다는 말은 무엇을 의미하는가?
7. 목회상담의 도덕적 상황에 대한 당신의 이해는 무엇인가? 내담자와의 대화에서 목회자가 도덕적 상황을 사용하는 데 영향을 주는 요인은 무엇인가? 이런 상황에서, 사람의 인격과 행동은 어떻게 연결되는가?

제10장

목회적 돌봄에 관한 신학적 반성

> 신학적 반성에는 특별한 정치적, 경제적, 문화적, 역사적 환경에서의 인간 경험과 규범적 자료 사이의 상호 정보를 제공하는 대화가 포함된다.
> — Shirley C. Guthrie[1]

이 책은 신학에 관한 책이 아니라 목회적 돌봄에 관한 책이지만, 목회적 돌봄을 행하는 것은 물론 그것에 대해 생각하는 것도 중요하다는 것이 이 책 전체와 이 장에서의 가설이다. 그러므로 이 장에서는 목회적 돌봄에 대한 신학적 반성, 그리고 목회적 신학적 방법의 예를 제공한다. 나는 먼저 일반적인 신학, 특히 실천 신학의 방법에 대해 생각하는 데 사용되는 몇 가지 개념을 다루려 한다. 그 다음에는 사역의 실천에 관한 신학적 고찰 방법의 예를 두 가지 제시한다. 마지막으로, 이 책에서 사용한 방법에 대해 고찰하는 데, 그것은 그 방법 자체가 중요하기 때문이 아니라, 목회적 돌봄에 관한 신학적 반성의 또 다른 예를 제시하기 위해서이다.

목회적 신학적 방법

　목회적 돌봄에 대하여 신학적으로 생각할 때에는 신학의 세 가지 언어를 알면 유익하다. 첫째 등급의 언어는 "하나님은 나를 사랑하십니다", 또는 "하나님은 나를 기억하십니다"처럼 이야기나 찬송이나 의식에서 개인이나 공동체가 하나님과의 관계를 확인하는 방법을 표현하는 구절들을 모아놓은 것이다. 그것은 종교 체험을 표현하는 데 우선적으로 사용되는 언어이기도 하다. 그것은 의미가 담긴 것이지만, 근본적으로 무비판적이거나 상대적이다.

　둘째 등급의 언어는 비판과 비교에 의해 구분된다. 이것은 첫째 등급의 언어와 경험에서 생겨난 핵심적인 종교적 의미들을 조사하며, 그것을 특별한 믿음의 공동체의 신조와 비교한다. 그 과정에서 신학은 첫째 등급의 종교적 경험과 관련하여 믿음의 공동체의 교리들을 보다 깊이 있게 밝히고 재-해석한다.

　셋째 등급의 신학적 언어는 신학이 어떻게 행해지는가를 다룬다. 여기에는 신학의 방법이 포함한다. 이것은 첫 등급의 경험과 두번째 등급의 형성에서 물러나 신학을 행하는 과정을 조사한다. 신학의 자료는 무엇인가? 각각의 전거가 지니는 상대적인 권위는 무엇인가? 어떤 방법으로 그 자료들을 모아 예전적 형태나 교리적 형태로 종합하는가?[20]

　테오도르 제닝스(Theodore Jennings)에 의하면, 목회 신학에는 (신학적) 이론과 (목회적) 실천 사이의 두 방향의 움직임이 포함된다. 이론과 실천 사이에서의 이 움직임은 다음과 같이 이루어진다: "목회적 실천은 신학적 반성과 형성을 위한 자료는 물론 규범도 제공한다." 신학적인 주장이나 교리적인 주장은 "실제로 목회적 실천 안에서 조명하고 있을 때에만, 둘째 등급의 강론에 필요한 일반적인 해석적인 힘을 보유할 수 있다. 그러므로, 특정한 제안이나 교리와 관련하여, 그것이 목회적 돌봄과 상담의 상황에 개입하거나 이해를 위한 함축된 의미를 가지고 있는지를 알아 보아야 한다."[3]

실천에서부터 이론까지 생각하는 것은, 목회자가 특정한 목회적 만남에서 발생한 것이 그의 종교적 전통의 교리나 가치관과 일치하는지 질문할 때에 발생한다. 이런 실천들과 신학 사이에는 인정하는 관계나 부당성을 증명하는 관계가 있을 수도 있으며, 따라서 특정의 관습이 인간의 책임과 자유에 대한 신념과 일치하지 않기 때문에 버림을 받는다.

제닝스에 의해 논의되었고 이 책에서 사용한 방법의 일부인 또 다른 쌍 방향 대화는 신학과 인문과학 사이의 대화이다. 이 대화는 다음과 같은 두 가지 조건 아래서 가장 생산적인 것 같다: (1) 대화가 인간 본성 및 그 변화처럼, 두 가지 학문에서 다루는 공통적 현상에 대한 이론에 초점을 둘 때: (2) 각각의 학문이 진지하게 다른 학문의 설명과 해석하는 방식을 진지하게 받아들여 인간 현상을 해석하는 데 이론적이고, 반성적이고 유용한 방법으로 사용할 때. 이런 종류의 대화는 둘째 등급의 언어와 둘째 등급의 언어 사이의 대화이며, 개념과 개념의 대화이다. 그것은 종교 체험이라는 첫번째 등급의 묘사를 두번째 등급의 심리학 범주로 축소하거나, 분명한 종교적 내용이 없이 다만 두번째 등급의 신학적 범주에 합당하지 않다는 이유로 강력한 경험들을 중요하지 않다고 판단하지 못한다. 그러한 대화는 자신의 기본 영역 내에서의 인간에 대한 이해를 풍요롭게 하기 위해서 자신의 영역 밖의 이론적 자료를 사용하는 것을 허락한다.[4]

실천과 관련된 신학적 반성의 방법

사역의 실천과 관련된 신학적 반성의 방법으로 잘 알려진 것은 제임스 화이트헤드와 에블린 화이트헤드의 『사역의 방법』(*Method in Ministry*)이다. 그들은 종교적으로 적절한 정보의 세 가지 원천, 즉, 기독교 전통, 믿음의 공동체의 경험, 그리고 문화의 자원에 대하여 연구하였다.[5] 전통은 나머지 두 원천과는 달리 대문자로 사용되는데, 그것은 전통을 모델로 사용하고 있는 사람들이 말하는 것처럼 제임스와 에블린이 다른 근원들보다 전통을 더 강조한다는 것을 암시한다. 그것이 사실이건 아니건 간에, 제임스와 에블린이 이것을 강조한 방법은 목회적 돌봄에 대해 생각하고 있는 사람들로 하여금 그들이 이러한 전거들에게 부여하는 상대적인 비중에 대한 세번째 등급의 신학적 결정을 그들 나름대로 내릴 수 있게 해주는 격려가 될 수 있다. 제임스와 에블린은 이렇게 말한다.

> 사역자는 현대적인 목회적 질문에 대하여 간단하고 검증된 해답을 마련하기 위해서가 아니라, 해결책을 위한 매개 변수들—신앙을 가진 기독교인들이 비슷한 문제들을 다룬 본보기들—를 마련하기 위해서 기독교 전통을 의지한다. 성서, 교회 교부, 중세 신학, 그리고 20세기 기독교 내에 있는 다양한 반응들은 사역자를 진정으로 기독교적인 해결책에게로 인도해준다.[6]

흥미롭게도, 제임스와 에블린은 많은 기독교인들이 전통과 관련하여 느끼는 소외감에 대하여 말한다. 일반적인 사역자는 전통에 관한 전문가가 되어야 한다는 것이 아니라, 전통에 친해져야 한다는 것이 그들의 논거이다. 그들의 말에 의하면 여기에는 "특수한 목회적 관심사에 관한 전통의 다양한 증거를 비판적으로 의식하며 그것들을 편안히 다룰 수 있게 되는 것"이 포함된다.[7]

믿음의 공동체의 경험에 관하여, 제임스와 에블린은 제2차 바티칸 공의회의 교회교리장전(*Lumen Gentium*)은 강력하고 오류가 없는 기독교 신앙의 표현이라고 인정하지만 "교회를 비롯한 여러 공동체들 내의 다양한 표현"보다는 일치를 강조한 것에 초점을 두려 한다.

문화적 정보에는 문화에 대한 역사적·현대적 분석, 철학, 인간 공동체에 대한 정치적 해석, 인간과 사회를 다루는 사회 과학, 그리고 다른 종교 전통들로부터 입수한 정보 등이 포함된다. 제임스와 에블린의 말에 의하면, "문화적 정보는 구속받지 못한 본성의 영역을 나타내는 것이 아니라, 어떤 면에서는 기독교적인 삶에 대하여 반대되고 어떤 면에서는 보완적인 혼합된 환경을 나타낸다"고 말한다.[8]

신학적 반성을 위한 이 세 가지 전거를 사용하여 제임스와 에블린이 제시한 세 단계 방법은 다음과 같다: (1) 참여(attending)—특정한 목회적 관심사에 관한 정보를 찾는 것; (2) 주장(assertion)—종교적 통찰을 깊게 하기 위한 설명 도전의 과정에서 세 가지 자료로부터 얻은 정보를 사용함; (3) 결정(decision)—통찰로부터 결정을 거쳐 구체적인 목회적 행동으로의 이동.[9]

제임스 화이트헤드는 나중에 저술한 책에서 상상력이 신학적 반성 및 세 가지 전거들의 상호작용 안에서의 주된 요인이라고 말한다. "우리의 가장 심오한 확신과 편견들은 분명하고 이용 가능한 지적 개념들 안에 있는 것이 아니라 우리의 내면 어딘가에 숨겨져 있는 심상들과 환상들 안에 있다."

> 이러한 전거들이 실제로 서로를 사용할 때에 효과적이고 즐거운 상호작용이 발생한다. 만일 전통의 해석과 관련된 어떤 사람의 경험에서 전통이 압도적인 역할을 한다면, 전거들 간의 상호작용은 이루어지지 않는다. 마찬가지로, 만일 어떤 사람의 경험이 지나치게 강조되면, 종교 전통에서 얻는 정보를 무시하거나

거부하게 되며, 전거들 간의 교환이 이루어지지 않는다.[10]

사역에 관한 신학적 반성의 또 다른 방법이 제임스 폴링(James N. Poling)에 의해 계발되었다. 폴링은 도널드 밀러(Donald E. Miller)와 함께 저술한 책에서, 신학적 반성을 현상학적이고 철학적인 전통, 그리고 경험적 신학을 주창한 시카고 학파, 특히 버나드 멀랜드(Bernard E. Meland)의 신학에 연결한다. 그 방법의 요소들은 다음과 같다:

(1) 생생한 경험의 서술.
(2) 자신이나 반성하는 공동체의 편견과 관심에 대한 비판적 인식.
(3) 문화적 관점과 기독교 전통의 상호 관계.
(4) 신학적 확신의 순간, 또는 고백의 순간의 의미와 가치에 대한 해석.
(5) 주장이나 해석에 대한 공동체적 비판.
(6) 실제 적용을 위한 지침들.[11]

폴링과 밀러의 방법에 포함된 요소들을 이렇게 간단히 열거해서는 그 방법의 풍요함을 제대로 설명할 수 없지만, 실천에 관한 신학적 반성에 무엇이 포함되는지를 보여주는 훌륭한 본보기가 된다. 최근에 폴링은 실천 신학에서의 특수한 문제에 입각하여 자신의 방법을 개정했는데, 거기에서는 육체적 학대, 정서적 학대, 그리고 성적 학대를 깊이 다루었다. "사랑과 능력의 참 하나님에 대한 믿음 안에서 새로운 사역 실천을 지향하기 위한 개인적인 삶과 공동체 삶에 대한 전례없는 음성들의 신학적 해석"이라는 그의 실천신학에 대한 정의는, 그의 신학적 반성의 출발점을 "생생한 경험"이라는 일반적인 것에서부터 보다 특수한 것으로 옮겨간다. 그 방법의 개정된 단계는 다음과 같다:

(1) 차이와 다름의 경험(experience of difference and otherness).

차이와 상위를 인식하면 2단계의 경험으로 이동할 수 있다.

(2) 자아 내의 긴장을 인식함. 이런 종류의 반성은 우리로 하여금 자신의 개인적 정체성의 재형성을 요구하며, 결국 신학적 인간론의 재형성을 요구한다. 이것은 다음 단계로 이어진다.

(3) 인간 생활을 형성하는 공동체들의 이데올로기와 제도들 내에 있는 억압과 해방 사이의 긴장을 의식함. 이 의식은 다음 단계로 이어진다.

(4) 자신의 궁극적 지평선에 대한 고찰, 진리나 하나님에 대한 이해, 그리고 하나님을 설명하는 데 사용되는 이미지나 은유들이 학대적인가 구속적인가에 대한 질문.

폴링은 이 네 가지 반성은 신론(doctrine of God)의 재형성으로 이어진다고 생각한다. 폴링의 재형성의 결과보다는, 목회적 실천에서 성장하는 신학은 인간론을 너머 신론에 대해서 말할 수 있다는 그의 대담한 주장이 더 중요하다고 생각된다.[12]

이 책의 방법과 주장에 대한 반성

내가 논의해 온 세 가지 방법은 각기 신학을 위한 두 개 이상의 전거들 사이에서의 대화적인 움직임을 포함한다. 종종 개별적인 목회 사건에서부터 반성이 시작되기도 한다. 때때로 돌봄이나 다른 유형의 사역에서의 경험들의 혼합물을 포함하기도 한다. 지금까지 이 책을 읽어온 독자는 실천에 관한 신학적 반성이 작용하는 방법의 또 다른 본보기로서 이 책의 방법과 논거를 바라보는 것이 요긴하다는 것을 발견하게 될 것이다. 내가 이 책에서 사용한 방법은 특수한 목회적 경험들로부터 신학적 반성으로의 움직임을 포함한다.

그러나 그 방법은 이전의 반성들을 수정하는 경험에 대한 반성과 더불어 30년 간의 경험의 혼합물에서 생겨난 것이다. 이 경험과 관련한 나의 기능은 참여자요 관찰자로서의 기능이라고 설명할 수 있을지도 모른다. 나는 목회적 돌봄을 행하며 나 자신의 경험을 가지고 일하는 목회자인 동시에 그 분야에서 다른 사람들이 행하는 것이나 그들이 그것에 대해 반성하는 것을 관찰하고 해석하는 사람으로 살아왔다.

이 책의 논거와 방법에 관하여, 목회적 돌봄을 하는 사람은 안수 받은 사람만이 아니라는 관찰로 시작했다. 이 일은 그 공동체를 위한 자문가로서, 그리고 교사로서의 목회자를 포함한 돌봄의 공동체 자체의 일이다. 나는 여러 해 동안 교회에서 여러 형태의 평신도 훈련을 실시해 왔지만, 그 이상의 일이 필요한 것 같았다. 이것은 목회적 돌봄을 행하는 사람이 누구인가에 대한 재 해석과 안수 받은 성직자의 기능에 대한 재 해석을 포함한다.

훌륭한 목회적 돌봄을 행하고 있는 평신도와의 만남과 관찰과 대화 등을 통하여, 나는 "목회적"(pastoral)이라는 수식어가 아직까지는 안수 받은 성직자와 연결되어 사용되고 있지만, 평신도도 포함하는 의미로 사용되어야 한다는 신학적 판단을 하게 되었다. "목회적"이란 반드시 안수를 받지 않아도 믿음의 공동체를 대표하거나 책임을 지는 것을 의미한다. "목회적"의 의미에 대한 신학적 판단과 공동체를 포함시키는 데 대한 신학적 가정은 목회 상담의 의미를 확대하거나 변화시켰고, 더 많은 신학적 결정이나 판단을 요구했다.

나는 성직자만이 아니라 돌봄의 공동체에 의해 이루어지는 돌봄을 관찰함으로 시작했고, 그 후에 "목회적"(pastoral)의 의미를 나의 관찰에 적용하기 시작했다. 나의 관찰과 신학적 판단이 둘째 등급의 신학과 상관 없이 이루어진 것이 아니지만, 변화된 나의 생각은 목회적 돌봄에 관하여 내가 과거에 배워 온 것들에 대하여 좀 더 구체적으로 몰입할 것을 요구한다. 나는 그러한 변화들이 관련된 사고의 영역 안에서 해석되는 방법들을 관찰했고, 해석의 도구로서의 패러다임의 변화의 용도에 주목했다. 나는 기독교 신학의 세 가지 패러다임의 형태에 준하여 목회적 돌봄의 세 가지 패러다임을 확인했다: 고전적 패러다임, 임상목회적 패러다임, 그리고 공동체적 상황적 패러다임. 패턴(pattern) 또는 예, 모델로 이해되는 이 세 가지 패러다임은 각기 목회적 돌봄의 다른 요소들을 강조한다. 고전적 패러다임은 목회적 돌봄에서 전달되는 기독교적 메시지를 강조한다. 임상목회적 패러다임은 돌봄의 근본으로서 메시지를 주는 사람과 받는 사람에 대한 이해에 초점을 둔다. 공동체적 상황적 패러다임은 메시지와 메시지를 전하는 사람에 미치는 공동체의 영향을 강조하며, 메시지를 주는 사람과 받는 사람 사이에 중요한 차이점이 있다는 사실을 강조한다.

관찰과 신학적 판단을 통해서, 나는 이 세 가지 패러다임이 특별한 시기에 하나, 또는 나머지 패러다임에게 미치는 영향력이 더 클 수도 있지만, 각기 다른 것보다 우월한 것이 아니라고 이해하게 되었다. 이 책에서는 오늘날의 목회적 돌봄은 이 세 가지 패러다임 모두에게 신경을 써야 한다고 주장한다. 평신도든 안수 받은 사람이든 목회적 돌봄을 행하는 사람들은 기독교의 메시지를 인식해야 하고, 가까이 해야 하고, 나눌 수 있어야 한다. 또 그들은 자기 자신과 접촉해야 하고, 그들 자신에 대한 이해와 다른 사람에 대해 민감해야 한다. 그들이 자신과는 완전히 다른 사람들에게 전하는 돌봄의 메시지는 공동체의 메시지임을 인식해야 한다. 사람들에 대한 그들의 지식은 사람들이 살고 있는 상황과 사람들 사이의 차이점을 진지하게 고려한 지식이다.

이 책의 전개를 주도하는 논제는 패러다임 구조이지만, 그것은 목회적 돌봄이 무엇이며 무엇이 관련되어 있는가에 대한 진술이기보다는 목회적 돌봄과 방법에 대한 지식의 전거들과 관련된 것이었다. 그러므로 나는 논지를 발견하기 위하여 처음에 다루었던 두 가지 개념, 즉 돌봄과 공동체에 관하여 살펴보았다. 돌봄과 공동체는 서로 어떻게 관계하는가? 공동체는 어떻게 돌보는가? 돌봄은 어떻게 공동체에 기여하는가? 얼마 동안의 반성 후에 나타난 대답은 기억이다. 그것은 기독교 공동체의 예배의 중심이기도 하다. 목회적 돌봄에 관하여 나의 경험을 반성하면서, 내가 원목으로 있을 때에 환자들이 나에게 요청했던 말을 기억하곤 했다: "목사님, 나를 기억해 주세요 제발 기억해 주세요." 기억은 공동체와 돌봄의 핵심이다.

　이 책의 신학적 논지는 목회자로서의 나의 경험, 성경의 메시지에 담겨 있는 중요하지만 제대로 탐구되지 못한 주제의 발견, 메시지와 목회적 관계를 분리할 수 없다는 오랜 확신, 그리고 돌봄을 전하는 상황과 공동체의 중요성을 의식하게 된 것 등을 기반으로 한 것이다. 이 책의 신학적 논지는 아래와 같다: "하나님께서는 인간으로 하여금 하나님과의 관계, 그리고 서로의 관계를 갖도록 창조하셨다. 하나님은 우리의 말을 들으시고 우리를 기억하시고, 우리로 하여금 서로 관계를 갖게 하심으로써 피조세계와의 관계를 지속하신다. 하나님께서 우리를 기억하시기 때문에, 인간적 돌봄과 공동체가 가능하다. 그러므로, 돌봄의 공동체의 구성원인 우리는, 우리의 돌봄을 은유적으로 듣고 기억함에 의한 하나님의 돌봄으로 표현한다."

　제1장에서 돌봄과 공동체를 위한 기억의 중요성을 주장했지만, 이 책에서 입증하려는 논제는 그것이 아니었다. 그것은 특별한 인간적인 문제들에 대해 논의하는 과정에서 논의의 방향 및 목회적 돌봄이 무엇인지를 상기시켜 주기 위한 지침으로 간헐적으로 등장한 것이었다. 그것은 문제 해결이 아니며, 경청과 기억으로 표현된 공동체의 돌봄이다.

　경청과 기억은 목회적 돌봄에 대해 생각하는 유일한 방법이나 유일한 논제가 아니다. 그러나 그것은 하나님에 대한 기독교적 믿음의 중심에 근접한 신학적 판단이다. 기독교 전통의 일부이고 목회적 돌봄을 위한 가이드가 될 수 있는 다른 신념들도 있을 수 있다. 그러나 나는 경청과 기억은 보다 깊은 반성을 할 가치가 있는 중요한 것이라고 생각한다.

하나님은 기억하시는 분이시며 하나님의 백성들은 기억하는 사람들이라는 주장은 기독교 전통의 일부이며, 오늘날 목회적 돌봄을 행하는 사람들이 경험하는 것이다. "하나님이 나를 기억하실까?"와 "어떻게 하나님이 나를 기억할까?"는 실질적으로 모든 돌봄의 상황에 함축되어 있는 질문이다. 나는 여러 해 동안 분명하게 표현되었거나 암시적으로 표현된 이러한 질문들을 대해 왔다. 나에게 있어서 그런 질문들에 반응하는 메시지에 접하는 것이 중요한 일이다. 내가 언제 어떤 방법으로 그 메시지를 전해야 하는지를 알기 위해서는 사람들에 대한 충분한 지식이 있어야 한다. 또 사람들이 메시지를 듣고 이해하는 시기와 방법을 알려면 상황도 충분히 의식해야 한다.

이 책에는 신학적으로 반성해야 할 많은 요소들이 있다. 예를 들면, 돌보아야 할 상황의 관계를 다루는 방법, 돌봄을 베푸는 사람들의 특징 해석, 그리고 교사/자문으로서의 목회자의 이미지 등이다. 그러나 목회적 돌봄의 사역자가 다루어야 하는 중요한 문제들을 돌봄의 초점으로보다는 상황으로 다루려는 결정이 논의 전체의 구조와 내용에 보다 큰 영향을 미칠 것이다. 그런 결정에는 목회자가 어떤 사람인지에 대한 신학적 판단 및 목회자가 곤경에 처한 사람에게 효과적으로 제공할 수 있는 것에 대한 경험에 기초를 둔 관찰이 포함된다.

목회적 문제들을 처리하는 방법과 관련하여 두 가지 신학적인 결정이 있다. 첫번째 판단은, 사람들이 직면하는 문제들 중에는 그것이 사람들의 삶에 심오한 영향을 주기 때문만이 아니라 인간은 어떤 존재이며 어떤 존재가 되어야 하는지에 대해 중요한 것을 드러내 주기 때문에 중요한 문제들이 있다는 것이다. 두번째 판단은 단순히 그런 문제들이 무엇인가를 판단하는 것이다. 내가 상실, 환자, 학대, 대인관계 등을 다루기로 결정한 것은 이 네 가지 문제가 사람들에게 도전하고 변화시켜 주며 인간의 본성과 가능성을 드러내 줄 가장 큰 잠재력을 가지고 있다고 판단했기 때문이다. 인간의 문제와 인간의 조건에 관한 지식 사이의 대화는 목회적 신학적 반성의 중요한 요소이며, 이에 대해서는 보다 많은 탐구가 필요하다.

이 책에서 목회적 돌봄에 대한 나의 사고에 대한 이 반성은, 목회적 돌봄을 행하는 사람들이 자신의 믿음에 비추어 돌봄에 대해 진지하게 생각할 때에 필요하다고 생각되는 것들 중 일부를 예증하기 위한 것이다. 이 사고의 일부는 그들을 위한 하나님의 메시지를 듣고 기억하는 그들 자신의 특별한 방법에서 생겨날 것이다. 그 주된 관계 안에서 그들이 들은 것을 이야기하고 반성하는 것에는 "첫 등급"(first-order)의 신학적 언어가 포함된다. 다른 돌봄의 사역자들이 자신이 제공해온 돌봄을 개선하기 위해 노력하며 그것이 삶과 믿음을 위해 의미하는 것에 관해 사람들과 함께 일할 때에, 그들의 공동체 내에서는 돌봄에 관한 다른 신학적 사고가 이루어질 것이다.

매우 고통스럽거나 의미있는 돌봄의 경험이나 실패와 관련한 신학적 반성에는 신학적인 여행, 또는 하나님이 부재하는 것 같을 때에 하나님을 찾는 것이라고 묘사한 것이 포함된다. 다행히도 그러한 여행은 돌봄의 공동체의 다른 구성원들의 확인과 지원을 받을 수 있으며, 에드워드 쉴레벡스나 밤에 병원에서 근무하는 승강기 기사와 같은 사람들의 감화를 받을 수 있다.

부록

이 책 앞 부분에서 제안한 것과 같이, 목회적 돌봄에 대하여 가장 효과적인 학습에는 자신의 돌봄의 경험 및 돌봄을 받았던 경험에 대한 반성(reflection)이 포함된다. 아래의 과제들이 소그룹이나 다른 돌보는 사람과의 대화에서 이런 과정을 촉진하는 데 도움이 되었으면 한다. 이것들은 이 책의 각 장과 관련되어 있다.

제1장

- 당신이 속해 있는 소그룹에서 반성하고 나누기를 바라는 짤막한 이야기를 써 보라. 그 이야기는 돌봄을 받을 때의 느낌이 표현돼야 한다.
- 당신이 참가했던 공동체의 경험에 관하여 간단하게 써 보라.
- 기억되고 있음의 중요성에 대하여 당신이 발견한 사건을 회상하고 반성해 보라.

제2장

- 당신의 상황 및 당신의 상황과는 다른 상황에 대해 무엇인가를 알게 된 경험을 간단히 기술해 보라.

제3장

• "디모데전서 3장 5절에 대한 개인적 반응"이란 주제로 간단히 서술하라.

제4장

• 당신 자신이 감독을 받거나 어떤 사람을 감독하면서 경험한 것에 대해 기록하라. .

제5장

• 당신이 직면했던 유한성과 상실의 경험을 서술하라.

제6장

• 당신이 경험한 아픔(pain)은 어떤 것인가? 당신의 내적 경험을 간단히 기술하라.

제7장

• 자신을 학대한 사람, 또는 다른 사람을 학대했던 사람과의 만남이 있었다면, 그에 대해서 간단히 이야기하라.

제8장

• 특별한 관계의 이야기는 윤리적 원칙이 적용되는 방법에 어떤 영향을 주는가? 당신의 말을 하나의 특별한 관계를 묘사함으로써 예증하라.

주

서언

1) James C. Fenhagen, *Ministry and Solitude* (New York: Seabury Press, 1981), p. 2.
2) Peter Hodgson, *Revisioning the Church: Ecclesiaal Freedom in the New Paradigm* (Philadelphia: Fortress Press, 1988), p. 12
3) Thomas Oden, *Pastoral Theology* (New York: Harper & Row, 1982); *Care of Souls in the Classic Tradition* (Philadelphia: Fortress, 1984); *Becoming a Minister* (New York; Crossroad, 1987); and *Pastoral Counsel* (New york: Crossroad, 1989)을 보라.
4) Edward E Thorton in an editional tribune to Frederick C. Keuether, *The Journal of Pastoral Care 25*, no. 2 (June 1971): 75
5) Hodgson, *Revisioning the Church*, p. 17.
6) William B. Oglesby의 *Biblical Themes for Pastoral Care* (Nashivile: Abingdon, 1980) 참조.
7) Walker Percy, *The Last Gentleman* (New York: Farrar, Straus and Giroux, 1966), p. 4.
8) "소개의 사역자"라는 용어는 1964년에 Westminster에 의해 발간된 Wayne Oates의 *The Christian Pastor*라는 책에서 사용됨.

제1장

1) Annie Dillard, as quoted by Parker Palmer in an address to the Association for Clinical Pastoral Education, November 3-5, 1987.
2) Claus Westermann, *Genesis 1-11* (Minneapolis: Augsburg Publishing House), 1974, pp. 159-60; Jürgen Moltman, *God in Creation* (New York: Harper & Row, 1958), pp. 29-31.
3) Joseph Sittler, *Gravity and Grace: Reflections and Provocations* (Minneapolis: Augsburg Publishing House, 1986), p. 18.

4) Joseph Sittler, "Ecological Commitment as Theological Responsibility", *Zygon: Journal of Religion and Science* 5 (1970): 174.
5) Douglas John Hall은 환경론적 차원의 돌봄을 강조한 신학적 저서에서 Sittler의 연구를 많이 인용하였다. 그 중 한 저서에서는 "청지기" 개념을 "성숙한 성경적 상징"으로 강조하였다. 인간에 대한 하나님의 계약은 인간들에게 "청지기의 과제"를 남겨 주었다. Hall, *The Steward: ma Biblical Symbol Come of Age* (New York: Friendship Press, rev. ed., 1967), p. 78을 보라.
6) John Macquarrie, "Will and Existence", in *The Concept of Willing*, ed. James N. Lapsley(Nashville: Abingdon, 1967), p. 78.
7) Martin Heidegger, *Being and Time*, trans. John Macquarrie and Edward Robinson(New York: Harper, 1962), pp. 370-71, 375.
8) Nel Noddings, *Caring: A Feminist Approach to Ethics and Moral Education* (Berkeley, Calif.: University of California Press, 1984), pp. 40-42.
9) Ibid., pp. 24-26.
10) Ibid., pp. 79-81.
11) Ibid., p. 99.
12) Barbara Houston, "Prolegomena to Future Caring," in *Who Cares?* edited by Mary B. Brabeck(New York: Praeger Publishers, 1989) p. 96.
13) Daniel Day Williams, unpublished lecture dated April 25, 1950, transcribed and distributed by students of the Federated Theological Faculty of the University of Chicago.
14) William H Willimon, "The Priestly Task in Creating Community," in *The Pastor as Priest*, edited by Earl E. Shelp and Ronald Sunderland(New York: The Pilgrim Press, 1987), p. 105.
15) Parker Palmer, *The Company of Strangers* (New York: Crossroad, 1989), pp. 119-20.
16) Ibid.
17) Ibid., p. 125.
18) Douglas John Hall, *Imaging God: Dominion as Stewardship* (Grand Rapids: Wm. B. Eerdmans Publishing Co., 1986), p. 120.
19) Frank G. Kirkpatrick, *Community: A Trinity of Models* (Washington, D.C.: Georgetown University Press, 1986)
20) Ibid., p. 140.
21) Martin Buber, *I and Thou*, translated by Ronald Gregor Smith(New York: Charles Scribner's Sons, 1958), p. 4.
22) Buber, as quoted in Kirkpatrick, *Community*, p. 142.
23) John Macmurray, *The Self As Agent* (New York: Harper & Brothers, 1957), and *Persons in Relation* (New York: Harper & Row, 1961).
24) John Patton, *From Ministry to Theology: Pastoral Action and Reflection* (Nashville: Abingdon, 1990), ch. 2.

25) Peter Hodgson, *Revisioning the Church: A Theology of the Church in the New Paradigm* (Philadelphia: Fortress, 1988), p. 52.
26) Ibid, pp. 22-23 and 35-36. Hans Küng in his *The Church* (Garden City, N.Y.: Doubleday & Co., 1976) developed a similar *baselia-ecclesia* dialectic prior to Hodgson.
27) Peter Hodgson, *Revisioning the Church*, pp. 58-63.
28) Edward S. Casey, *Remembering: A Phenomenological Study* (Bloomington, Ind : Indiana University Press, 1987), pp. 273-74.
29) Palmer, A. C. P. E. Conference Address.
30) 이 부분에 대한 독서와 사고에 영향을 받은 것은 임상목회교육협회의 임원들에게 강의한 두 가지 강연이다. 첫 강연은 Henr. Nouwen의 강연으로 1981년 *The Living Reminder*란 제목으로 Seabury 출판사에서 출판되었고, 또 하나는 Fred Craddock의 강연으로 빌 1:3을 강해한 것이다.
31) Don E. Saliers, *Worship and Spirituality* (Philadelphia: Westminster, 1984), pp. 24-25.
32) Brevard S. Childs, *Memory and Tradition in Israel* (Naperville, Ill.: Alec R. Allenson, 1962), p. 34.
33) Ibid., p. 72.
34) Ralph W. Klein, as quoted by John S, Kselman, "The Book of Genesis: A Decade of Scholarly Research," *Interpretation* 45, no. 4 (October, 1991): 384.
35) Gerhard von Rad, *Genesis: A Commentary* (Philadelphia: Westminster, 1961), p. 128.
36) Walter Brueggemann, *Genesis: A Bible Commentary for Teaching and Preaching* (Atlanta: Joh Knox Press, 1982), pp. 85-87.
37) Ibid., pp. 85-87.
38) 데살로니가전서의 기억하는 관계에 대한 주제를 보라.
39) Casey, *Remembering*, p. 8.
40) Sigmund Freud, "Further Recommendations in the Technique of Psychoanalysis. Recollection, Repetition and Working Through"(1914) in *Collected Papers*, vol. II(London: Hogarth Press, 1953), pp. 366-76.
41) Joachim Scharfenberg, *Sigmund Freud & His Critique of Religion,* trans, O. C. Dean, Jr. (Philadelphia: Fortress, 1988).
42) Milan Kundera, *The Unbearable Lightness of Being*, trans. Michael Heim(New York: Harper & Row, Perennial Library, 1987), p. 5. see also Kudera's *The Book of Laughter and Forgetting* (New York: Penguin Books, 1986).
43) Martin Heidegger, *What is Called Thinking?*, trans. by J. Glenn Gray(New York: Harper & Row, Torchbooks, 1968), p. 11.
44) Ibid., p. 140.
45) John A Mourant, *Saint Augustine on Memory* (Villanova, Pa.: Villanova

University Press, 1980), p. 23.
46) Edward S. Casey, "Imagining and Remembering," an unpublished paper quoted in Barbara DeConcini, *Narrative Remembering* (Lanham, MD: University Press of America, 1989), p. 46.
47) Sailers, *Worship and Spirituality*, pp. 16-17.
48) See *The Confessions of St. Augustine*, Book X. See also J. G. Kristo, *Looking for God in Time and Memory: Psychology, Theology, and Spirituality in Augustine's Confessions* (Lanham, Md.: University Press of America, 1991).
49) 아마도 가장 효과적인 상담의 심리학적 훈련 교과서는 Truax와 Carkhuff의 *Toward Effective Counseling and Psychotherapy* (Chicago: Aldin Publishing Co., 1967)와 Egan의 *The Skilled Helper* (Monteray, Calif. : Bools/Cole Publishing Co., 1982)일 것이다. 최근의 상담훈련에 관한 책들은 Truax와 Carkhuff의 책을 "될 수 있으면 온화하고, 순수하고, 감동적인 사람이 되기를 원하는 사람들에게 필독서, 그리고 이런 차원으로 그들의 진행을 측정하기를 원하는 사람들의 필독서"라고 설명한다. Alfred Benjamin, *The Helping Interview* (Boston: Houghton Mifflin Co., 1987), p. 278. 참조.
50) Eugene Gendlin, "Client Centered Therapy: A Current View," in David A. Wexler and Laura North Rice, *Innovations in Client-Centered Therapy* (New York: John Wiley & Sons, 1974), p. 214.
51) Ibid., p. 215.
52) Casey, *Remembering*, p. 183.
53) Ibid., p. 189.
54) Susan Allen Toth, "The Importance of Being Remembered," *New York Times Book Review* 92 (June 18, 1987): 1.
55) Ibid., p. 37.
56) Henri J. M. Nouwen, *The Living Reminder* (New York: Seabury Press, 1977), pp. 24-25.

제2장

1) Douglas John Hall, *Thinking the Faith: Christianity in the North American Context* (Menneapolis: Augsburg Press, 1989), p. 78.
2) Seward Hiltner and Lowell G. Colston, *The Context of Pastoral Counseling* (Nashvile: Abingdon, 1961).
3) See Douglas John Hall's *Thinking the Faith,* and Peter Hodgson, *Revisioning the Church: A Theology of the Church in the New Paradigm* (Philadelphia: Fortress Press, 1988).
4) Letty Russell, as quoted in David W. Augusburger, *Pastoral Counseling Across Cultures* (Philadelphia: Westminster Press, 1986), p. 239.

5) Elaine Pinderhughes, *Understanding Race, Ethnicity, and Power* (New York: Free Press, 1989), p. 24.
6) Ibid., p. 44.
7) Ibid., pp. 65-66, 69.
8) Clyde Kluckhohn and Henry Murray, *Personality in Nature, Society, and Culture* (New York: Alfred A. Knopf, 1948).
9) Augsburger, *Pastoral Counseling Across Cultures*, p. 18.
10) Ibid., pp. 20-21.
11) Ibid., p. 42.
12) Arthur Kleinman, *The Illness Narratives* (New York: Basic Books, 1988), pp. 232-33.
13) Clifford Geertz, *The Interpretation of Cultures* (New York: Basic Books, 1973), p. 14.
14) Ibid., p. 23.
15) Ibid., p. 33.
16) Ibid., pp. 35-36.
17) Ibid., p. 49.
18) Ibid., pp. 52-53.
19) Eugene Robinson and Miriam A. Needham, "Racial and Gender Myths as Key Factors in Pastoral Supervison," *The Journal of Pastoral Care*, 45, n. 4(Winter 1991): 332-42.
20) Madonna Kolbenschlag, *Kiss Sleeping Beauty Goodbye* (San Francisco: Harper, 1988), p. 12.
21) Robinson and Needham, "Racial and Gender Myths," pp. 340-41.
22) Lynne Iglitzin and Ruth Ross, eds., *Women in the World: A Comparative Study* (Santa Barbara: ABC-CLIO, 1976), p. 15.
23) William J. Doherty, "Can Male Therapists Empower Women in Therapy?" *Women and Power: Perspectives for Family Therapy*, ed. Thelma Jean Goodrich(New York: W. W. Norton & Co., 1991), p. 152.
24) Deborah Anna Luepnitz, *The Family Interpreted: Feminist Theory in Clinical Practice* (New York: Basic Books, 1988), pp. 19-20.
25) Ibid., p. 20.
26) Ibid., pp. 21-22.
27) Ibid., p. 275.
28) Ibid., p. 148.
29) Ibid., p. 195.
30) Pinderhughes, *Understanding Race, Ethnicity and Power*, p. 109.
31) Linda Webb Watson, "The Sociology of Power" in *Women and Power*, p. 53.
32) Carolyn Heilbrun, *Writing a Woman's Life* (New York: Balantine Books, 1989), p. 18.

33) Michael Basch, "Toward a Theory that Encompasses Depression: A Revision of Existing Causal Hypotheses in Psychoanalysis," in *James Anthony and Theresa Benedek*, eds., *Depression and Human Existence* (Boston: Little, Brown & Co., 1975, p. 513.
34) Michael Lerner, *Surplus Powerlessness* (Oakland, CA: Institute for Labor and Mental Health, 1986.) pp. 2-5.
35) Judith Lynn Orr, "Ministry with Working-Class Women," *The Journal of Pastoral* 45, no. 4 (Winter, 1991): 343. 그리고 Judith Lynn Orr, *A Dialectical Understanding of the Psychological and Moral Development of Working-Class Women with Implications for Pastoral Counseling* (Ann Arbor: University Microfilms, 1990) 참조
36) Pamela D. Couture, *Blessed are the Poor?* (Nashville: Abingdon Press, 1991).
37) Christine Y. Wiley, "A Ministry of Empowerment: A Holistic Model for Pastoral Counseling in the African American Community," *The Journal of Pastoral Care*, 45, no. 4 (Winter, 1991): 355-364.
38) Pinderhughes, *Understanding Race, Ethnicity and Power*, p. 111 and p. 138.
39) Monica McGoldrick, "For Love or Money," in *Women and Power*, p. 243.
40) John Patton, "Problem Solving," *Dictionary of Pastoral Care and Counseling*, ed. Rodney J. Hunter (Nashville: Abingdon Press, 1990)., p. 955.
41) Shirley C. Guthrie, *Christian Doctrine* (Altante: John Knox Press, 1968), p. 11.
42) John Patton, "The 'Secret' of Pastoral Counseling," *The Journal of Pastoral Care* 36, no. 2 (June, 1982): 73-75.
43) Shirley C. Guthrie "Human Condition/Predicament(Theological Perspective)," pp. 542-43, and Rodney J. Hunter, "Human Condition/Predicament (Clinical Pastoral Perspective)," p. 541, in *Dictionary of Pastoral Care and Counseling*.
44) Don S. Browning, *Moral Context of Pastoral Care* (Philadelphia: Westminster Press 1976)
45) Pinderhughes, *Understanding Race, Ethnicity and Power*, pp. 24-25.
46) Geertz, *The Interpretation of Cultures*, pp. 52-53.

제3장

1) John Patton and Brian H. Childs, *Christian Marriage and Family: Caring for Your Generation* (Nashville: Abingdon Press, 1988), pp. 213-14.
2) Wayne E. Oates, *The Christian Pastor* (Philadelphia: Westminster, 1964)., p. 72.

3) *COCU Consensus*, ed. Gerald R. Moede, approved and commended to the churches by the Sixteenth Plenary of the Consultation on Church Union, November 30, 1984(Princeton, N.J.: Consultation on Church Union, 1985), p. 42; World Council of Churches, *Baptism, Eucharist, and Ministry*, Faith and Order Paper No. 111. 1982 (Geneva: World Council of Churches, 1982), p. 25. See also *The Documents of Vatican II,* ed. Walter M. Abbott, S.J. (New York: American Press, 1966), pp. 56-60 and 491-95.
4) David Duncolbe, *The Shape of the Christian Life*, Abingdon, 1969.
5) Dabid Duncombe, "Christian Life," *Dictionary of Pastoral Care and Counseling*, ed. Rodney J. Hunter (Nashville: Abingdon Press, 1990). p. 148.
6) Ibid., p. 148-49.
7) Karl Barth, *Church Dogmatics: The Doctrine of Creation*, vol. 3, part 2 (Edinburgh: T. & T. Clark, 1960), pp. 220-243.
8) Ibid., pp. 250, 252, 260, 267, and 273.
9) McKenzie Brown, *Ultimate Concern: Tillich in Dialogue* (New York: Harper 7 Row, 1965), p. 145.
10) Ibid., p. 161.
11) Paul Tillich, *Systematic Theology*, III(Chicago: The University of Chicago Press, 1963), p. 237.
12) Brown, *Ultimate Concern*, p. 185.
13) Tillich, *Systematic Theology*, III, p. 231.
14) Ibid., p. 232-33.
15) Ibid., p. 235-36.
16) Oates, *The Christian Pastor*, ch. 3.
17) Søren Kierkegaard, *Fear and Trembling. Repetition*, ed. and trans. Howard V. Hong and Edna H. Hong (Princeton, N.J.: Princeton University Press, 1983), pp. 38-41.
18) Duncombe, *Shape of the Christian Life*, p. 149.
19) Edward E. Thornton, "Awaking Consciousness: The Psychological Reality in Christ-Consciousness," *Review and Expositor* 76, no. 2 (Spring. 1979): 187.
20) Ibid.
21) Edward E. Thornton, *Being Transformed: An Inner Way of Spiritual Growth* (Philadelphia: Westminister Press, 1984).
22) Seward Hiltner, *Preface to Pastoral Theology* (Nashville: Abingdon Press, 1958), pp. 18-19.
23) Paul Tillich, "The Theology of Pastoral Care," *Pastoral Psychology* 10, no. 97 (October, 1959): 21-26.
24) John D. Caputo, *Radical Hermeneutics*,(Bloomington, Ind.: Indiana University Press, 1987)와 Rodney C. Mozley, *Becoming a Self Before God*

(Nashville: Abingdon Press, 1991), pp. 62-63에 있는 키에르케고르의 반복에 대한 개념을 비교하여 보라.
25) 여기에서는 *The Dictionary of Pastoral Care and Counseling* (Nashville: Abingdon Press, 1990), pp. 62-63에 나오는 나의 article "Authority Issues in Pastoral Care"의 개요를 따르고 있다.
26) Richard Sennett, *Authority* (New York: Vintage Books, 1980).
27) Ibid., p. 63.
28) Patton and Childs, *Christian Marriage*, pp. 227-228.
29) Bernard Cooke, *Ministry to Word and Sacraments: History and Theology* (Philadelphia: Fortress Press, 1976), p. 197.
30) John Hunter, "Dear Master in Whose Life I See," *The Methodist Hymnal* (Nashville: Board of Publication of the Methodist Church, 1964).
31) Paul Tillich, *Systematic Theology*, II(Chicago: University of Chicago Press, 1957), p. 121.
32) Ibid., p. 124.

제4장

1) Heije, Faber, *Pastoral Care and Clinical Training in America* (Arnhem: VanLoghum Slaterus, 1961), pp. 30-32, pp. 59-60.
2) James C. Fenhagen, *Ministry and Solitude* (New York: Seabury Press, 1981), p. 7.
3) World Council of Churches, *Baptism, Eucharist, and Ministry*, Faith and Order Paper No. 11, 1982 (Geneva: World Council of Churches, 1982), pp. 25-26.
4) James C. Fenhagen, *Mutual Ministry* (New York: Seabury, 1977), p. 105.
5) Ronald H. Sunderland, "Training Clergy to be Supervisors: A Mandate for Theological Education,"*Journal of Supervision and Training in Ministry*, 10 (1988): 229.
6) Paul Tillich, "The Theology of Pastoral Care," *Pastoral Psychology* 10, no. 97 (October, 1959), pp. 21-26.
7) Fenhagen, *Mutual Ministry*, pp. 27-28.
8) John T. McNeil, *A History of the Cure of Souls* (New York: Harper & Brothers, 1951).
9) William A. Clebsch and Charles R. Jaekle, *Pastoral Care in Historical Perspective: An Essay With Exhibits* (Eaglewood Cliffs, H.J.: Prentice-Hall, 1964).
10) Thomas C. Oden, *Pastoral Theology: Essentials of Ministry* (New York; Harper & Row, 1983); *Care of Souls in the Classic Tradition* (Philadelphia: Fortress Press, 1984); *Pastoral Counsel* (New York: Crossroad, 1989). See also Philip L Culbertson and Arthur Bradford Shippee, eds., *The Pastor:*

Readings from the Patristic Period (Minneapolis: Fortress Press, 1990).
11) Oden, *Care of Souls,* pp. 12-13.
12) David Tracy의 *Blessed Rage for Order* (New York: Seabury, 1979), pp. 45-56을 보라.
13) David A. Steele, *Images of leadership and Authority for the Church* (Lanham, MD.: University Press of America, 1986), pp. 18-19.
14) John Patton, "Supervision, Pastoral," *Dictionary of Pastoral Care and Counseling,* ed. Rodney J. Hunter(Nashville: Abingdon Press, 1990), pp. 1242-43.
15) Steele, *Images of Leadership,* p. 78.
16) Bernard Cooke, *Ministry to Word and Sacraments: History and Theology* (Philadelphia: Fortress Press, 1976), p. 197.
17) Patton, *Supervision, Pastoral,* p. 1242.
18) Ibid.
19) Cf. Richard Robert Osmer, *A Teachable Spirit: Recovering the Teaching Office of the Church* (Louisville, Ky.: Westminster/John Knox, 1990).
20) 나는 이것이 임상목회교육 과정에서 가장 뛰어난 이론이자 실천이라고 주장하지는 않지만, 이것이 역사 속에서 이 정도로 관계한다고 생각한다. John Patton, "Self-evaluation Through Relational Experience: A C. P. E. Perspective," in *Clergy and Career Development,* ed. Richard A. Hunt, John E. Hinkle, Jr., and H. Newton Malony(Nashville: Abingdon Press, 1990), pp. 123-28.
21) The Sixteenth Plenary of the Consultation in Church Union이 1984년 11월 30일에 인정하고 교회를 위해 추천했으며, Gerald F. Moede에 의해 편집된 *COCU Consensus.* pp. 42-43.
22) WCC에서 발행된 *Baptism, Eucharist, and Ministry,* Ibid., pp. 24-25.
23) Cf also Isidore Gorski, "Commentary on the Decree on the Apostolate of the Laity,"" in *The Church Renewed: The Documents of Vatican II Reconsidered,* ed. George P. Schner, pp. 73-80.
24) Lynn Rhodes, "Supervision of Women in Parish Contexts," *Journal of Supervision,* Ibid., p. 200, 202.
25) Ibid., p. 204.
26) Eldon L. Olsen, "Lay Care Ministries: A Pastoral Theological Assessment," *Journal of Supervision,* Ibid., pp. 170-173.
27) Paul Tillich, "The Theology of Pastoral Care," *Pastoral Psychology* 10, no. 97(October, 1959): 21-22.
28) William Lloyd Roberts, "The Pastoral Supervisor as Participant-Observer in the Small Affection-Centered Church," *Journal of Supervision, and Training in Ministry* 10(1988): 142.
29) Ibid., pp. 146-48.
30) Cf. John Patton, "Self-evaluation Through Relational Experience."

31) O. L. Delozier, "Consultation," *Dictionary of Pastoral Care and Counselling*, p. 223.
32) *The Journal of John Wesley*, as abridged by Nehemiah Curnock (New York: Capricorn Books, 1963), p. 41.

제5장
1) 토마스 오덴은 신학과 역사에서의 위대한 신학자들의 목회적 공헌에 관한 그의 연구에서 고전적 목회적 돌봄의 발달에 크게 기여하여 왔다. 그의 업적은 그 자료들의 가치를 일깨워주고 있다. Thomas C. Oden, *Pastoral Theology* (New York: Harper & Row, 1982); *Care of Souls in the Classic Tradition* (Philadelphia: Fortress Press, 1984); *Becoming a Minister* (New York: Crossroad, 1987); and *Pastoral Counsel* (New York: Crossroad, 1989)을 보라.
2) Daniel L. Migliore, "Death, Meaning of (Christian)," *Dictionary of Pastoral Care and Counseling*, ed. Rodney J. Hunter (Nashville: Abingdon Press, 1990), pp. 261-62.
3) Peter C. Hodgson and Robert H. King, *Christian Theology: An Introduction to Its Traditions and Tasks and Readings in Christian Theology*, rev. eds, (Philadelphia: Fortress Press, 1985).
4) Jaroslav Pelikan, *The Shape of Death* (Nashville: Abingdon Press, 1961), p. 5.
5) Clement, as quoted in Pelikan, p. 52.
6) Pelikan, *The Shape of Death*, p. 123.
7) Karl Barth, *Church Dogmatics*, vol. III, part 2(Edinburgh: T. &. T. Clark, 1960), pp. 514-73.
8) Eberhard Jüngel, *Death: The Riddle and the Mystery* (Westminster, 1974), pp. 115, 120.
9) Migliore, "Death, Meaning of," p. 262.
10) Jürgen Moltmann, "Eschatology and Pastoral Care," *Dictionary of Pastoral Care and Counseling*, ed Rodney Hunter(Nasheville: Abingdon Press 1990), pp. 361-62.
11) Frederick Buechner, *Open Heart*, (New York: Harper & Row, 1984), pp. 129-30.
12) Frederick Buechner, "All's Lost—All's Found," in *A Room Called Remember* (New York: Harper, 1984), pp. 186-87.
13) Judith Voirst, *Necessary Losses* (New York: Ballantine Books, Fawcett Book Group, 1986), pp. 2-3.
14) Jonathan Bloom-Feshbach and Sally Bloom-Feshbach, *The Psychology of Separation and Loss* (San Francisco: Jossey-Bass, 1987), p. 3.
15) Robert J. Lifton, Preface, *The Inability to Mourn*, by A. Mitscherlich and M.

Mitscherlich (New York: Grove Press, 1975), p. vii.
16) Anna Freud, *War and Children* (New York: International Universities Press, 1944), p. 37.
17) John Bowlby, *Attachment and Loss* (New York: Basic Books, 1969), p. 208.
18) Ibid., pp. 27-29.
19) Bowlby, *Separation* (New York: Basic Books, 1973), p. 377.
20) Bowlby, *Loss* (New York: Basic Books, 1980), p. 167.
21) Bloom-Feshbach and Bloom-Feshbach, *The Psychology of Seperation and Loss,* p. 9.
22) Daniel N. Stern, *The Interpersonal World of the Infant: A View from Psychoanalysis and Developmental Psychology* (New York: Basic Books, 1985.)
23) Kerry P. Duncan, "Loss and Suffering and its Impact Upon the Separation-Individuation Process of Mourning," Unpublished Th. M. thesis, Columbia Theological Seminary, 1990.
24) Erich Lindemann, "Symtomatology and Management of Acute Grief," *The American Journal of Psychiatry* 101 (September 1944): 141-48
25) Granger Westberg, *Good Grief* (Philadelphia; Fortress Press, 1962).
26) Elizabeth Kübler-Ross, *On Death and Dying* (new York: Macmillan Co., 1969).
27) C. Knight Aldrich, "The Dying Patient's Grief," *Journal of the American Medical Association* 184, no. 5 (May 4, 1963): 329-331.
28) Vanderlyn R. Pine, et. al, eds., *Unrecognized and Unsanctioned Grief* (Springfield, Ill.: Charles C. Thomas, 1990); and Kenneth J. Doka, ed., *Disenfranchised Grief: Recognizing Hidden Sorrow* (Lexington, Mass.: Lexington Books, 1989).
29) "Your Present and Silence," editorial in *The Journal of Pastoral Care* 26, no 2 (June 1972): 73
30) Larry R. Churchill, "The Human Experience of Dying: The Moral Primacy of Stories Over Stages," *Soundings*, 62(Spring, 1979): 26.
31) Ibid., pp. 29-30.
32) Ibid., pp. 31-32.
33) Ibid., pp. 35-36.
34) Louis Richard Lothman, "Pastoral Family Therapy: Systemic Mourning and the Evocation of Human Vulnerability," unpublished S.T.D. dissertatin, Columbia Theological Seminary, 1989.
34) Ibid., p. 181.
36) Ruth H. Collins, "WHO Cares About Widows," *Response*, January, 1973: 43-44.
37) Tore-Kristian Lang, "A Pastoral Anthropolcgy of Loss and Grief,"

unpublished S.T.D. Dissertation, Columbia Theological Seminary, 1990, pp. 181-85.
38) Ibid.

제6장

1) John Florio, *Firste Fruites*, fo. 44. (1578), from *The Home Book of Proverbs, Maxims and Familiar Phrases*, ed. Burton Stevenson (New York: Macmillan Co., 1948).
2) Eric Partridge, *Origins: A Short Etymological Dictionary of Modern English* (New York: Macmillan Co., 1959), p. 475.
3) Warren Thomas Reich, "Speaking of Suffering: A Moral Account of Compassion," *Soundings*, 72.1 (Spring 1989), pp. 83-85.
4) Andrew Purves, *The Search for Compassion*, (Louisville, Ky.: Westminster/John Knox, 1989), p. 15.
5) Martin Luther, *Letters of Spiritual Counsel*, ed. Theodore G. Tappert, vol. 18 of Library of Christian Classics (Philadelphia: Westminster Press, 1955), p. 39.
6) William A. Clebsch and Charles R. Jaekle, *Pastoral Care in Historical Perspective* (Englewood Cliffs, N.J.: Prentice-Hall, 1964), p. 263.
7) Ibid., p. 265.
8) Reich, "Sspeaking of Suffering," p. 93.
9) Susan Sontag, *Illness as Metaphor and AIDS and its Metaphors*, (New York: Doubleday, Anchor Books, 1990), p. 3.
10) Arthur Frank, *At the Will of the Body: Reflections on Illness* (Boston: Houghton Mifflin Co., 1991), pp. 40-41.
11) Ibid., p. 128.
12) Ibid., p. 85.
13) Virginia Wolff, "On Being Ill," *The Moment and Other Essays* (New York: Harcourt, Brace & Co., 1948), p. 11.
14) Elaine Scarry, *The Body in Pain* (New York: Oxford University Press, 1985).
15) Ibid., p. 4.
16) Wilbert George Patterson, "The Pastoral Care of Persons in Pain," *Journal of Religion and Aging* 1, no. 1(Fall 1984).
17) Quoted in Ibid., pp. 21-22.
18) Wayne E. Oates and Charles E. Oates, *People in Pain* (Philadelphia: Westminster Press, 1985), p. 22.
19) Robert J. Lifton, *The Broken Connection* (New York: Basic Books, 1979), pp. 172-73.
20) Ibid., p. 173.

21) Oates, Ibid., pp. 14-19.
22) David Bakan, *Disease, Pain, & Sacrifice: Toward a Psychology of Suffering* (Chicago: University of Chicago Press, 1968), p. 40.
23) Ibid., p. 50-59.
24) Ibid., pp. 64-66.
25) Ibid., p. 84.
26) James G. Emerson, *Suffering: Its Meaning and Ministry* (Nashville: Abingdon Press, 1986), pp. 21-22.
27) Eric J. Cassell, "Recognizing Suffering," *Hastings Center Report* 21, no. 3 (May-June, 1991): 24.
28) Ibid., p. 25.
29) Cassell, "Life as a Work of Art," *The Hastings Center Report* 14, no. 5 (October 1984): 35-37.
30) Reich, "Speaking of Suffering," p. 86.
31) Ibid., p. 87.
32) Dortothee Soelle, *Suffering* (Philadelphia: Fortress Press, 1975), p. 127.
33) Reich, "Speaking of Suffering," p. 89.
34) Leston Havens, *Participant Observation* (New York: Jason Aronson, 1976) 125.
35) Reich, "Speaking of Suffering," pp. 88-90.
36) Anton Boisen, *The Exploration of the Inner World* (New York: Harper & Brothers, 1936), p. 11.
37) Ibid., p. 56.
38) Ibid., pp. 15-16.
39) Ibid., p. 192.
40) Ibid., p. 202.
41) Ibid., p. 240.
42) Arthur Kleinman, *The Illness Narratives* (New York: Basic Books, 1988) p. 26.
43) A. L. Kroeber, *Anthropology* (New York: Harcourt Brace and Co., 1948).
44) H. K. Beecher, *Measurement of Subjective Differences* (Oxford, 1959).
45) Paul Tillich, *The Courage to Be*, (New Haven, Conn.: Yale University Press, 1952), p. 74.
46) Nel Noddings, *Women and Evil* (Berkeley, Calif.: University of California Press, 1989), pp. 93-95. See also Noddings, "Educating Moral People," in *Who Cares*, ed. by Mary M. Brabeck,(New York: Praeger, 1989), pp. 216-32.
47) 내가 말하는 것을 보여주는 훌륭한 예는 Thomas C. Oden's "A Theodicy for Pastoral Practice," ch. 15 in his *Pastoral Theology*, (New York: Harper & Row, 1982), pp. 223-48이다.
48) Paul S. Fiddes, *The Creative Suffering of God*, (Clarendon, N.J.: Clarendon

Publishing Group, 1988), pp. 212-13.
49) Karl Barth, *Church Dogmatics*, (Edinburgh: T & T Clark, 1960), vol. III part 3, p. 366.
50) Ibid., vol. IV, part I, pp. 175-76.
51) Ibid., vol. III, part 3, pp. 351, 361-65.
52) Alfred North Whitehead, *Religion in the Making*, (New York: Meridian Books, 1960), p. 60.
53) Fiddes, *The Creative Suffering of God*, pp. 262.
54) Ibid., p. 266
55) Belden C. Lane, "Grace and the Grotesque," *The Christian Century* 107, no. 33 (November 14, 1990): 1068.

제7장

1) Virginia Goldner, "Making Room for Both/And," *The Family Therapy Networker* 16, no. 2 (March-April, 1992): 60.
2) Douglas John Hall, *The Steward: A Biblical Symbol Come of Age* (New York: Friendship Press, 1990), pp. 31-32 and p. 71. See also James M. Gustafson's discussion of stewardship in his *Ethics from a Theocentric Perspective* (Chicago: University of Chicago Press, 1984), vol. 2.
3) Hall, *The Steward*, pp. 33-34.
4) S. J. DeVries, "Shame,"*Interpreter's Dictionary of Bible*, vol 4, ed. George Arthur Buttrick et al. (Nsahville: Abingdon Press, 1962), pp. 305-6.
5) Johannes Pederson, *Israel: Its Life and Culture* 1(New York: Oxford, 1926), pp. 241, 243.
6) Gerhard von Rad, *Genesis: A Commentary* (Philadelphia; Westminster Press, 1961), pp. 91-92.
7) Claus Westermann, *Genesis 1-11* (Minneapolis: Augsburg Press, 1984), 250-51.
8) Heinz Kohut, *The Nature of Psychoanalytic Cure* (Chicago: The University of Chicago Press, 1984), pp. 52-53, 63.
9) Kohut, *The Analysis of the Self* (New York: International Universities Press, 1971), pp. 300-307.
10) Kohut, *The Restoration of the Self* (New York: International Universities Press, 1977), p. 197
11) Jerome D. Levin, *Treatment of Alcoholism and Other Addictions* (Northvale, N.J.: Jason Aronson, 1987), pp. 229-31.
12) Rebecca Patton Falco, "Sex Crimes Against Female Children by Trusted Adults: A View From Nineteenth Century American Appellate Court Opinions," unpublished M.A. Thesis, Duke University, 1991, pp. 4-5 and pp. 68-69.

주 355

13) Roland C. Summit, "The Child Sexual Abuse Accommodation Syndrome," *Child Abuse and Neglect*, 7:177-93.
14) Mary Field Belenky, Blythe McVicker Clinchy, Nancy Rule Coldberger, and Jill Mattuck Tarule, *Women's Ways of Knowing* (New York: Basic Books, 1986), pp. 58-59.
15) Nancy Ramsey, "Sexual Abuse and Shame: The Travail of Recovery," *Women in Travail and Transition: A New Pastoral Care*, ed. Maxine Glaz & Jeanne Stevenson Moessner (Minneapolis: Fortress Press, 1991), pp. 114-115.
16) Ibid., pp. 118-19.
17) Ibid., pp. 115-16
18) Ellen Goodman, "If She Says No, Then It's Rape," in *Sexual Assault and Abuse,* by Mary D. Pellauer, Barbara Chester, and Jane A. Boyajian (New York: Harper & Row, 1987), pp. 17-19.
19) Verle A. Fossum and Marilyn J. Mason, *Facing Shame: Families in Recovery* (New York: W. W. Norton & Co., 1986), p. 6.
20) Ibid., p. 8.
21) Ibid., pp. 8-9.
22) Bruce K. Alexander, "The Disease and Adaptive Models of Addiction: A Framework Evaluation," in *Visions of Addiction*, ed. Stanton Peele(Lexington, Mass.: Lexington Books, 1988), pp. 46-47.
23) George e. Vallient, "We Should Retain the Disease Concept of Alcohol," in the *The Harvard Medical School Mental Health Review*, monograph on *Alcohol Abuse and Dependenc*e, 1990, pp. 13-15.
24) Pia Mellody, *Facing Codependence* (New York: Harper & Row, 1989), pp. 207-08.
25) Charlotte Davis Kasl, *Women, Sex, and Addiction: A Search for Love and Power* (New York: Ticknor & Fields, 1989, p. 31.
26) Ibid., p. 33.
27) Wendy Kaminer, "Chances Are You're Codependent Too," *New York Times Book Review*, February, 11, 1990: 1, 26ff, see also, Kaminer, *A Fearful Freedom: Women's Flight from Equality* (Reading, Mass.: Addison-Wesley, 1990).
28) Harriet Goldhor Lerner, "12 Stepping It: Women's Roads to Recovery, A Psychologist Tells Why," *Lilith* (Spring 1991), pp. 15-16.
29) Gail Unterberger, "12 Stepping It: Women's Roads to Recovery, A Feminist Tells How," *Lilith* (Spring 1991), pp. 16-17.
30) Fossum and Mason, *Facing Shame.*, p. 72.
31) James Newton Poling, *The Abuse of Power: A Theological Problem*, (Nashville: Abingdon Press, 1991), p. 69.
32) Fossum and Mason, *Facing Shame*, p. 79.

33) Marie M. Fortune, *Sexual Violence: The Unmentionable Sin: An Ethical and Pastoral Perspective* (New York: Pilgrim, 1983), pp. 87-89, 135-137.
34) 목회상담의 비밀유지에 관해서는 Sissela Bok, "The Limits of Confidentiality," *A Hastings Center Report* (February 1983), pp. 24-25을 보라.
35) Marie M. Fortune, "Confidentiality and Mandatory Reporting: A Clergy Dilemma," cited in Lee W. Carlson, *Child Sexual Abuse* (Valley Forge: Judson Press, 1988), p. 33.
36) Peggy Halsey, "What can the Church Do?" in Pellauer, et. al., *Sexual Assault and Abuse*, p. 219.
37) Poling, *The Abuse of Power*, p. 148.
38) Mary D. Pellauer, Barbara Chester, and Jane A. Boyjian, *Sexual Assault and Abuse*, (New York: Harper & Row, 1987), p. xi.
39) John Patton, *Is Human Forgiveness Possible* (Nashville: Abingdon Press, 1985).
40) Richard P. Lord, "Personal Perspective," *The Christian Century*, October 9, 1991: 902-3.
41) Sidney B. Simon and Suzanne Simon, *Forgiveness: How to Make Peace with Your Past and Get on With Your Life* (New York: Warner Books, 1990), pp. 15-20.
42) Carl D. Schneider, "Shame," *Dictionary of Pastoral Care and Counseling*, ed. Rodney J. Hunter (Nashville: Abingdon Press, 1990), pp. 1162-63.
43) Karen Lebacqz, *Professional Ethics: Power and Paradox* (Nashville: Abingdon Press, 1985), and Karen Lebacqz and Ronald G. Barton, *Sex in the Parish* (Louisville: Westminster/John Knox, 1991).

제8장

1) Anne Tyler, *Dinner at the Homesick Restaurant* (New York: Berkley Publishing Group, 1983), p. 189.
2) Richard Bondi, *Fidelity and the Good Life: Special Relationships in Christian Ethics* (Ann Arbor, Mich.: University Microfilms, 1981), p. 38.
3) Ibid., pp. 38-39, 43-44.
4) John Patton, *Is Human Forgiveness Possible? A Pastoral Care Perspective* (Nashville: Abingdon Press, 1985), p. 26.
5) Lillian B. Rubin, *Just Friends: The Role of Friendship in Our Lives* (New York: Harper & Row, 1986), p. 34.
6) Ibid., p. 26.
7) 대부분의 모든 관계는 이야기와 함께 원칙을 포함한다고 나는 생각한다. 그러나 내가 여기서 말하려는 특별한 경우에는, 관계의 이야기나 역사가 상당히 포함된다.

8) John Patton and Brian H. Childs, *Christian Marriage and Family: Caring for Our Generations* (Nashville: Abingdon Press, 1988).
9) Martin Luther, in Volume XVIII of The Library of Christian Classics, ed. and trans. Theodore G. Tappert (Philadelphia: Westminster Press, 1955), pp. 263-64.
10) Ibid., pp. 272-74.
11) William Johnson Everett, *Blessed Be the Bond* (Philadelphia: Fortress Press, 1985), pp. 10, 20, and ch. 3.
12) Roland H. Bainton, *What Christianity Says About Sex, Love, and Marriage* (New York: Association Press, 1957), pp. 17-18.
13) Ibid., p. 63.
14) Ibid., p. 100.
15) Everett, *Blessed the Bond,* ch. 6.
16) Peter L. Berger, *Facing Up to Modernity: Excursions in Society, Politics, and Religion*, (New York: Basic Books, 1977), p. 7.
17) Ibid., p. 10.
18) Lyman Wynne and Adele Wynne, "The Quest for Intimacy," *Journal of Marital and Family Therapy*, 12 (1986), no. 4, 383-394.
19) Lyman Wynne, "An Epigenetic Model of Family Processes," in *Family Transitions*, ed. Celia Jaes Falicov (New York: Guilford, 1988), pp. 81-106.
20) Wynne and Wynne, "Quest for Intimacy," pp. 383-94.
21) Thomas Patrick Malone and Patrick Thomas Malone, *The Art of Intimacy*, (Englewood Cliffs: Prentice Hall, 1987).
22) Ibid., pp. 22, 24.
23) Ibid., pp. 26-27.
24) Ibid., pp. 27-29.
25) Ibid., p. 49.
26) Ibid., p. 64.
27) Ibid., p. 90.
28) Ibid., p. 152.
29) Deborah Anna Luepnitz, *The Family Interpreted: Feminist Theory in Clinical Practice* (New York: Basic Books, 1988), pp. 21-22.
30) Ibid., p. 110-11.
31) Ibid., p. 145.
32) Ibid., p. 180.
33) Ibid., p. 183.
34) Ibid., p. 20.
35) Nancy Boyd-Franklin, *Black Families in Therapy* (New York: Guilford, 1989), pp. 5ff.
36) Ibid., p. 247.
37) Patton and Childs, *Christian Marriage*, p. 78.

38) Ibid.
39) Kenneth R. Mitchell and Herbert Anderson, "You Must Leave Before You Can Cleave," *Pastoral Psychology* 30, no. 2 (Winter 1981), pp. 71-88.
40) Patton and Childs, *Christian Marriage*, p. 81.
41) Ibid., p. 96.
42) Ibid., pp. 93-95.

제9장

1) Seward Hiltner, *Pastoral Counseling* (Nashville: Abingdon Press, 1949), p. 121.
2) John Patton, "Pastoral Counseling," *Dictionary of Pastoral Care and Counseling*, ed. Rodney J. Hunter (Nashville: Abingdon Press, 1990), p. 849.
3) John Patton, *Pastoral Counseling: A Ministry of the Church* (Nashville: Abingdon Press, 1983).
4) Patton, "Pastoral Counselling," p. 850.
5) Thomas C. Oden, *Pastoral Counsel* (New York: Crossroads, 1989), p. 5.
6) Kittel's *Theological Dictionary of the New Testament,* ed. Gerhard Kettel, trasn. and ed. Geoffrey W. Bromiley, vol. 5 (Grand Rapids: Wm. B. Eerdmans Publishing Co., 1967), pp. 343-50.
7) John Patton, *Pastoral Counseling*, pp. 20-22.
8) John Patton, "A Not So Private Practice," ch. 3 in *Pastoral Counseling*, pp. 58-82을 보라.
9) Elaine Pinderhughes, *Understanding, Race, Ethnicity & Power* (New York: Free Press, 1989), p. 139.
10) Ibid., p. 138.
11) Karen Labacqz, *Professional Ethics: Power and Paradox* (Nashville: Abingdon Press, 1985) and Karen Labacqz and Ronald G. Barton, *Sex in the Parish* (Louisville, Ky.:Westminster/John Knox, 1991).
12) 내가 회원이면서 감독으로 있는 결혼과 가족치료사협회에서는 결혼과 가족치료를 전문직으로 정의했다. 이것은 자격증을 취득하기를 원하는 집단을 위한 정치적인 전략으로 이해된다. 나는 결혼과 가족치료를 포함한 심리치료는 사역자를 포함한 다양한 전문직종에 의해 실행될 것이라고 생각한다.
13) Brian H. Childs, *Short-Term Pastoral Counseling* (Nashville: Abingdon Press, 1990).
14) Translator's note in Gabriel Maecel's *Creative Fidelity*, trans. Robert Rosthal (New York: Farrar, Straus & Co., 1964), p. 57.
15) Joe McCown, *Availability: Gabriel Marcel and the Phenomenology of Human Openness* (Missoula, Mont.: Scholars Press, 1978), pp. 17-21.

16) Gabriel Marcel, *The Philosophy of Existence* (New York: Philosophical Library, 1949), pp. 25-26.
17) Marcel, as quoted in McCown, *Availability*, p. 74.
18) Henri J. M. Nouwen, *Reaching Out* (Garden City, N.Y.: Doubleday, 1975), pp. 45-78; and Thomas W. Ogletree, *Hospitality to the Stranger* (Philadelphia: Fortress Press, 1985), pp. 1-9.
19) John Patton "The Dialectical Relationship Between Mystery and Ministry," *Quarterly Review* 1, no. 4 (Fall 1981).
20) Patton, *Pastoral Counseling*, pp. 90-93, 139-42, 182.
21) Paul Pruyser, *The Minister as Diagnostician* (Philadelphia: Westminster Press, 1976).
22) Charles V. Gerkin, *The Living Human Document* (Nashville: Abingdon Press, 1984).
23) Wayne E. Oates, *The Christian Pastor* (Philadelphia: Westminster Press, 1964), pp. 220-21.
24) Ibid., p. 224.
25) John Patton, *Pastoral Counseling*, pp. 164-66. See also William B. Oglesby, Jr. *Referral in Pastoral Counselling* (Engldwlld Cliffs, N.J.: Prentice-Hall, 1968), pp. 36-37.
26) Oates, *The Christian Pastor*, p. 232.
27) John Patton, "Harry Stack Sullivan's 'Expert in Interpersonal Relations,'" *Journal of Religion and Health* 9, no. 2 (April 1970).
28) Oates, *The Christian Pastor*, p. 236.
29) Don S. Browning, "Pastoral Theology in a Pluralistic Age," in *Practical Theology*, ed. Don S. Browning (New York: Harper & Row, 1983), pp. 188, 190.
30) 여기서의 나의 논의의 정보는 켈리포니아의 루터교 목사인 Brad Binau의 발간되지않은 논문에서 얻은 것이다.

제10장

1) Shirley C. Guthrie, "Theology, Christian." *Dictionary of Pastoral Care and Counseling*, ed. Rodney J. Hunter (Nashville: Abingdon Press, 1990), p. 1266.
2) Theodore Jennings, "Pastoral Theological Methodology," *Dictionary of Pastoral Care and Counseling*, pp. 862-63.
3) Ibid., p. 863.
4) Ibid., p. 864.
5) James D. Whitiehead and Evelyn Eaton Whitehead, *Method in Ministry* (New York: Seabury Press, 1981), p, 13. 나의 신학적 반성의 구조는 나의 책 *From Ministry to Theology: Pastoral Action and Reflection* (Nashville:

Abingdon Press, 1990)에서 찾아 볼 수 있다.
6) Ibid., p. 15.
7) Ibid., p. 17.
8) Ibid., p. 21.
9) Whitehead와 비슷한, 경험에 관한 신학적 반성의 방법이 워싱톤의 가톨릭 대학의 교수인 Robert L. Kinast에 의해 발전되었다. Cf. Robert L. Kinast, "How Pastoral Theology Functions," *Theology Today* 37(1981), pp. 425-38; "A Process Model of Theological Reflection," *The Journal of Pastoral Care* 37(1983), pp. 144-55; and *Handbook for Theological Reflection: Let the Ministry Teach,* The Center for Theological Reflection, P.O. Box 86035, Madeira Beach, FL 33738-6035.
10) James D. Whitehead, "The Practical Play of Theology," in *Formation and Reflection*, ed. Lewis S. Mudge and James N. Poling (Philadelphia: Fortress Press, 1987), p. 40.
11) James N. Poling and Donald E. Miller, *Foundations for a Practical Teology of Ministry* (Nashville: Abingdon Press, 1985), pp. 62-99.
12) James Newton Poling, *The Abuse of Power: A Theological Problem*, (Nashville: Abingdon Press, 1991), pp. 186-91.

색인

A. L. 크뢰버 210
blepete 297
disponibilité 305

㉠

가까움과 친밀함 270-276
가부장적 사회구조 76-78
가브리엘 마르셀 305-306
가정: 미국흑인 가정 278
　아버지 부재의 가정 277
　자녀를 아는 아버지 277
　진단 용어로서의 "불균형" 286
　가정의 체계를 적극적으로
　구성하는 목회적 돌봄 287-290
　균형을 언급하는
　목회적 돌봄 279-291
　문제의 재정의를 포함하는
　목회적 돌봄 289
　가족들 각자에게 반응하는
　목회적 돌봄 286-288
감독과 자문 22, 138-142, 146-147
거하드 폰 래드 50, 227-228
게일 운터버거 245-246
결혼: 교제로서의 결혼 268
　계약으로서의 결혼 267-269

성례로서의 결혼 266
소명으로서의 결혼 267-269
경청과 기억 5-20, 24, 31, 49, 51,
　　55-60, 64-66, 191, 193,
　　224, 246, 308, 315, 336-338
고난 194-196, 198, 202-208
　고난과 악 210-212
　고난의 유형과 단계 204-208
공동체의 의미 20, 37-48
공동체적 상황적 패러다임
　　4-5, 59, 80
관찰과 묘사로서의
목회적 돌봄 69
교회의 모호성 44
그랜저 웨스트버스 179
기독교 메시지와의 대화 169
기독교경청사역 151-153
기억 48-60, 80-81, 296
　기억과 대면 224-225
기억: 하나님의 기억 49-50, 336-337
　목회적 문제인 기억 51
　공유된 기억 39
남성과 여성의 역할 규정 82, 85-88
남용(학대)
　알코올 남용과 약물 남용 237-246

고전적 패러다임에서의
  이해 225-228
임상목회적 이해 229-231
공동체적 상황적 이해 232-237
대처하기 위한 지침 249-252
타인 학대 및 그에 대한
  목회적 반응 246-253
타인학대와 남자 가장제 234
자아 학대 및 그에 대한
  목회적 반응 237-246
영역 침해 236, 246-249

ⓝ

낸시 램지 234-235
낸시 보이드-프랭클린 278
넬 노딩스 34-36, 210-211

ⓓ

단 브라우닝 91, 313-317
단 세일러즈 49
더글라스 존 헐 42-43, 64, 226-227
데니얼 미글리오르 332
데이널 데이, 윌리엄즈 37
데이비드 던콤 103-105, 110
데이비드 베이컨 203
데이비드 아웁스버거 66-68
데이비스 스틸 134-136
도널드 E. 밀러 332
도로시 죌레 207
돌보는 사람의 특징:
  묘사 104-110
  분별 110-120
  양육 119-123
돌봄 학습:
  고전적 패러다임에서의
    학습 132-139
  임상목회적 패러다임에서의
    학습 138-142
  공동체적 상황적
    패러다임에서의 학습 143-149
돌봄:
  행위로서의 돌봄 224
  돌봄의 균형 259
  고전적 패러다임의 공헌 263-269
  임상목회 패러다임의 공헌
    270-276
  돌봄의 실패 229-231
  돌봄과 죄의식 35
  돌봄의 의미 31-37
  돌봄이 불가능할 때 191
돌봄에서의 상호성 145
돌봄을 위한 상황으로서의 도덕
  90-91
돌봄의 사역자의 자격 108-110
돌봄의 상황으로서의 문제 87-90
동료의식으로부터의 후퇴
  140-142, 146-149, 156
동정 193-194, 140, 213-214
드보라 루프니츠 80-81, 94, 276-278

ⓛ

랠프 W. 클라인 50
레티 러셀 66
로널드 H. 선더랜드 129, 150-151
로드니 J. 헌터 89-90
로렌스 콜버그 315
로버트 J. 리프튼 171, 202
롤랜드 베인톤 266-269
루이스 로트먼 184-185
리아먼과 에덜리 271-273
리처드 P. 로드 252
리처드 세넷 117
리처드 스턴바흐 200
린 로즈 142-144

릴리언 루빈 260-262

ㅁ

마가렛 말러 174-178
마마라 쉐한 150-153
마이클 러너 83-84
마이클 배쉬 83
마이클 폴라니 115
마틴 루터 195, 264-266
마틴 부버 42-43
마틴 하이데거 34, 53
망각 52
매도나 콜벤슈랙 75
매리 포춘 249-250
매릴린 메이슨 239-241
맬론 273-275
멀 포섬 239-241
메리 필드 벨렌키 234
모니카 맥콜드릭 86-87
목회 상담 295-325
목회 상담자 296, 304-313, 308, 322
목회 태도 114
목회상담 144-149, 335
목회적 권위 115-119
목회적 능력 114-116
목회적 돌봄과 상담 사전
　88-90, 164, 168
목회적 돌봄을 위한
　고전적 패러다임 4-5
목회적 돌봄의 이중 초점
　87, 189, 322
　관계적으로 생각하는
　법을 학습함 279
　결혼 전 목회적 돌봄 281-285
　목회적 돌봄에 관한 신학적 반성
　　327-338
목회적 정체성 111-120

문화적/상황적 의식 67-68
미국목회상담인협회 125, 304
미리엄 니드햄 71-77
민족지학 68, 70
밀란 쿤데라 53

ㅂ

바바라 후스톤 35
바실레이아 45-47
버나드 E. 멀런드 332
버나드 쿡 120, 136
버지니아 울프 199
벨덴 레인 217
병행 과정 74
부정성과 비존재 214-216
브라이언 H. 차일즈 264, 282
브레바드 차일즈 50
비밀성 232-234

ㅅ

사역: 일반화와 전문화 131, 156
　그리스도의 사역에 동참함
　　136-138
사역자의 기대 97-99, 109-110
상호의존성 243-246
상황: 상황과 문화 67-68, 301-303
상황들:
　목회적 돌봄을 위한 상황들 64
　신학을 위한 상황들 64
상황에 민감한 목회적 돌봄 71, 81
성별 71-82, 302
세 가지 관계 139-142
세계교회협의회 99, 128, 143
셜리 거스리 88-90
소개의 사역 309-313
수잔 손탁 140
수잔 앨런 토스 57

수치	223, 227-231, 236
목회적 관계에서의 수치와 학대	254-255
수치를 모름	228, 247-249
슈워드 힐트너	64, 114, 295, 306
스데반 사역	149-150
시드니 사이몬과 수전 사이몬	252-253
신약성서에서의 지도력과 권위	134-137
신학적 여행	212-217
신화	71-77, 278

◎

아더 크라인먼	68, 71, 209-210
아더 프랭크	198
아픔	198-204
아픔과 고난 204-206	
아픔의 유형	200-202
알렉산드리아의 클레멘트	165
알프레드 노스 화이트헤드	216
애너 프로이드	173
애도	171-175, 183-185
앤톤 보이즌	208-209, 313
어거스틴	54, 60
에드워드 손톤	16, 111-113
에드워드 쉴레벡스	214, 338
에드워드 케이시 57	
에드워드 팔리	115
에리히 린데만	179-180
에릭 카셀	205-206
에버하드 정겔	168
에벌린 화이트 헤드와 제임스 화이트 헤드	330-334
에이즈 사역	188-189
에클레시아	45-46
엘레인 핀더휴즈	66, 85, 92
엘레틴 스커리	199
엘렌 굳먼	235
엘리자벳 퀴블러-로스	179-183
오리겐	166-167
용서	
학대의 용서	252-254
특별한 관계에서의 용서	260
우리 세대를 돌봄	24-26, 259, 284-285
우정과 혈연관계	261-263
워렌 토마스 라이히	140, 206-207
워커 펄시	19, 113
월터 부르그만	50
웨인 오츠	98, 108, 201-203, 309-313
위르겐 몰트만	168
윌리엄 A. 클렙쉬	134, 196-197
윌리엄 J. 도허티	79
윌리엄 로이드 로버츠	145
윌리엄 존슨 에버렛	266-269
윌버트 조지 패터슨	200
유진 겐들린	55, 56
유진 로빈슨	71-77
유한성과 상실	163-190
이레내우스	166
인내와 환자	195-212
인종:	
상황적 문제로서의 인종	71-77, 302
인종과 성	72, 76
임상목회 패러다임	4-5, 36, 55, 97, 111, 124, 134, 142-143, 146-147, 155
임상목회교육	97, 138-142
임상목회적 돌봄에서의 개인주의	142-143
임상적 학습	145

ㅈ

장소에 대한 의식	56-57
쟈로슬라브 펠리칸	165-167
제2차 바티칸 공의회	17, 99, 331
제롬 레빈	231
제리미 테일러	196
제임스 C. 펜하겐	16, 128, 132-134
제임스 G. 에머슨	204
제임스 N. 폴링	249-251, 332-333
조 맥카운	306
조셉 시틀러	33
조아힘 샤르펜버그	53
조안네스 패더슨	227
조지 밸리언트	242
존 T. 맥닐	134
존 도미닉 크로산	137
존 맥머레이	42-43
존 볼비	172-173
죄렌 키에르케고르	110, 116
주디스 린 오르	84
주디스 비오르스트	23, 171
중독:	
순응적 모델	241-243
병적 모델	241-246
중독의 병적 모델	241-246
지그문트 프로이드	53, 171, 179
질병의 의미	199, 207-209

ㅊ

찰스 R. 재클	134, 196-140
찰스 오츠	201-203
찰스 핫션	206
책임(책무)	22, 115-120, 123, 299, 334
책임지는 사역	304-309, 324
청지기직	225-226, 237

친밀: 친밀과 지식	274
돌봄의 제공에 기초를 둔 과정으로서의 친밀	271-273

ㅋ

카렌 레바크즈	304
칼 로저스	55
칼 바르트	105, 117-168, 216
칼 슈나이더	254
캐롤린 헤일번	83
케네스 미첼	283
케네스 헉	149-150
케리 P. 던컨	175-178
크리스틴 윌리	85
클라우스 베스터만	32, 228
클리포드 거츠	69-71, 93
키프리안	166
타티안	166

ㅌ

테오도르 제닝스	327-329
토르-크리스티안 랭	186-188
토마스 B. 오덴	134, 296
토마스 W. 오글레트리	306
특별한 관계들	259-260
특별한 관계의 규범인 세대간의 돌봄	263-264

ㅍ

파커 팔머	31, 40-42
패러다임들:	
기독교신학을 위한 패러다임들	4
목회적 돌봄을 위한 패러다임들	4
평신도 사역자	128-134

폴 틸리히　　　36, 61, 105-108,
　　　114, 118-122, 145, 156, 204
폴 프뤼저　　　　　　　　323
폴 피즈　　　　　　　215-217
프랭크 G. 커패트릭　　　　42
프레데릭 부흐너　　　168-169
피터 버거　　　　　　271-272
피터 하지슨　4, 5, 45-46, 61, 64

ⓗ

하나님의 형상　　　　　　33
하인츠 코훗　　　　　229-231

학대 관련법　　　232-234, 251
학대 이론의 이데올로기 224-225
해리 스택 설리번　　　312-313
해리엣 골드홀 러너　　　　245
행위와 존재의 일치 추구 121-122
허버트 앤더슨　　　　　　283
헨리 나우웬　　　　　60, 306
힘:
　힘의 남용　　　　　223-224,
　　　　　　　　230-236, 302
　목회적 돌봄에서의
　　힘의 유형　　　　　　　82
　돌봄의 상황으로서의 힘 82-46

저자 존 패턴
John Patton

저자 존 패턴은 미국 목회상담학계의 지도적 인물 가운데 한 사람으로 C.P.E 수퍼바이저이며 미국목회상담협회 회장을 역임했고, 조지아주 목회상담협회 실행위원장이자 콜롬비아 신학교(Columbia Theological Seminary)의 목회 상담학 교수이다.

그는 *Dictionary of Pastoral Care and Counceling*의 편집인 가운데 하나이며 저서로는 *Pastoral Counseling: A Ministry of the Church, Is Human Forgivness Possible?, From Ministry to Theology· Pastoral Action Reflection, Christian Marriage and Family: Caring for our Generation* 등이 있다.

역자 장성식

연세대학교 신학과 졸업
서울 세종고등학교 교사
미국 University of South Florida(M.ed)
미국 Columbia Theological Seminary(M. div. Th. M.)
한양대학교 대학원 상담심리학(박사과정)
미국 Atlanta Veterans Hospital(C.P.E.)
미국장로교회(CUSA)한인 이민교회 목회
현재 천안대학교 신학부 교수

역서

『가면의 삶』(웨인 오츠)
『선의의 모반』(도날드 메서)
『기독교 사역에 대한 현대적 이미지』(도날드 메서)
『기독교인의 결혼과 가족』(존 패턴, 브라이언 차일즈)
『남자는 권위? 여자는 순종?』(낸시 그롬)
『인간이란 무엇인가?』(브라이언 차일즈, 제이비드 원더)